# GUANG HUA LAW REVIEW

# 光華法学

## 第十三辑

《光华法学》编委会　编
杨继文　执行主编

法律出版社
LAW PRESS · CHINA
北京

**图书在版编目(CIP)数据**

光华法学：第十三辑／《光华法学》编委会编. --北京：法律出版社，2021
ISBN 978-7-5197-5944-5

Ⅰ. ①光… Ⅱ. ①光… Ⅲ. ①法学－文集 Ⅳ. ①D90-53

中国版本图书馆 CIP 数据核字(2021)第 195388 号

**光华法学(第十三辑)**
**GUANGHUA FAXUE(DI SHISAN JI)**

《光华法学》编委会 编
杨继文 执行主编

策划编辑 郑 导 曲 杰
责任编辑 郑 导 曲 杰
装帧设计 李 瞻

**出版发行** 法律出版社
**编辑统筹** 学术·对外出版分社
**责任校对** 晁明慧
**责任印制** 陶 松
**经　　销** 新华书店

**开本** 787 毫米×1092 毫米 1/16
**印张** 18.25 **字数** 304 千
**版本** 2021 年 10 月第 1 版
**印次** 2021 年 10 月第 1 次印刷
**印刷** 三河市龙大印装有限公司

地址：北京市丰台区莲花池西里 7 号(100073)
网址：www.lawpress.com.cn
投稿邮箱：info@lawpress.com.cn
举报盗版邮箱：jbwq@lawpress.com.cn
销售电话：010-83938349
客服电话：010-83938350
咨询电话：010-63939796


**书号**：ISBN 978-7-5197-5944-5
**定价**：78.00 元
凡购买本社图书，如有印装错误，我社负责退换。电话：010-83938349

兼之之长

聚内精华

西南财大法学院

发展法学题之

江平

2005

12月

# 《光华法学》（第十三辑）编委

# 西南财经大学法学院简介

西南财经大学法学院是学校“211 工程”和“985 工程”优势学科创新平台重点建设学院。

西南财经大学前身院校之一的正阳法商学院,其前身是创建于 1946 年的重庆朝阳学院,1949 年更名为私立重庆正阳法商学院。当时的院长、院董事长均为国民政府“司法院”院长居正兼职,副院长由国民政府“司法行政部”次长、“最高法院”院长夏勤担任。同样为西南财经大学前身院校之一的、创建于 1946 年 8 月的相辉文法学院也设有法律专业。1987 年 5 月,在原学校基础部经济法教研室和人口研究所基础上组建法学系,开设经济法专业和人口学专业。1992 年,西南财经大学法学系在企业管理专业下招收经济法方向硕士研究生;1998 年,法学系本科经济法专业调整为法学专业;2001 年 10 月,组建法学院。

西南财经大学法学院是学校“211 工程”重点建设学院,经 2010 年国务院学位委员会第二十八次会议审议获批成为法学一级学科博士学位授权点,招收民商法学、经济法学、刑事法学、理论法学专业博士研究生;拥有法学一级学科硕士学位授权点,有权招收法学各专业硕士研究生,目前招收民商法学、经济法学、刑事法学、国际法学、法律经济学、法学理论、诉讼法学和法律硕士专业学位(J. M) 8 个专业硕士研究生。法学学科整体实力连续多年稳居全国财经院校前列,在 2012 年教育部公布的学科评估排名中,法学一级学科在全国 600 多所法学院中并列排名第 21 位。学院先后获得教育部应用型复合型卓越法律人才培养基地、国家级大学生校外法学实践基地、教育部法学专业综合改革试点项目和国家级特色专业(法学)等一系列省部级以上教育教学改革项目。2014 年,据武汉大学中国科学评价研究中心(RCCSE)和中国科教评价网评级,法学院在 2014 ~ 2015 年中国法学类专业大学竞争力排名第 16 位。

西南财经大学法学院的法学专业为国家级特色专业、省级教学质量工程项目及省法学本科人才培养基地,法学一级学科是省级重点学科,经济法教学团队为省级优秀教学团队。法学院拥有经济法、民法、刑法、国际经济法、商法五门四川省精品课程。学院现有学生 1400 余人,其中,全日制在校本科生 700 余人,硕士研究生700余人,博士研究生60余人。二十年来,学院累计培养毕业生近四千人,并为全国党政系统和金融系统完成研究生课程等各类培训上万人。

西南财经大学法学院一贯坚持“人才兴院”的发展战略,大力引进海内外优秀人才。截至2016年5月,有专职教师51名,其中教授21人,副教授29人;有博士生导师20人;50岁以下的中青年教师占教师总人数的90%;已获得博士学位及在读博士的占全院教师的85%左右。学院教师中有数名教师分别担任国务院部委的顾问、教育部高等学校法学学科教学指导委员会委员,以及中国商法研究会、中国刑法学研究会、中国经济法学会、中国国际经济法研究会和中国劳动法学研究会的常务理事、理事等学术职务。同时,法学院还聘请了二十多名国内外知名的法学专家担任特聘教授或兼职教授。

西南财经大学法学院设有法学系、法经济学研究所、经济法学研究所、民商法学研究所、刑事法学研究所、国际法学研究所、欧盟法律研究中心。此外,学院与教育部人文社会科学重点研究基地西南财经大学中国金融研究中心、财税学院合作设立金融法研究所、中国税法研究中心。西南财经大学法学院还成立了全国首家以信息工程学和统计学进行法治理论与应用研究的四川省高校“法治量化与信息工程重点实验室”,国内唯一的金融法省部级哲学社会科学重点研究基地“中国金融法研究中心”,四川省高校人文社会科学重点研究基地“中国经济法治研究中心”,四川省高校“环境与资源法学”科研创新团队。

西南财经大学法学院始终坚持“科研强院”的科研发展思路,实施科研精品工程,强化科研激励机制,学院教师科研水平和科研成果质量稳步提高。截至目前,学院教师在《中国社会科学》《法学研究》《中国法学》《经济研究》《管理世界》及 *Economic Inquiry* 等中外权威期刊发表论文600多篇,并在中国、德国、日本等中外知名出版社出版专著90余部(并在法律出版社等知名出版社出版专著80余部)。迄今为止,本院教师主持国家社科基金重大招标课题、国家社科基金重点课题及省部级社科课题百余项,获得省部级以上奖励70余项,先后获得中宣部“五个一工程”奖、全国青年优秀社科成果奖、教育部、司法部以及四川省哲学社会科学优秀成果奖等省部级以上奖励,学院教师的博士论文还成为全国首篇获得优秀博士论文提名的经济法博士论文。

# Introduction of SWUFE Law School

The development of the Law School has been a key effort of Southwestern University of Finance and Economics (SWUFE) since it was listed in both "Project 211" and "Project 985" of the Chinese government as part of the national endeavor to build world-class universities in the 21st century.

The predecessor of SWUFE Law School was the former Chongqing Sunrise College founded in 1946 which later changed its name into Zhengyang Business and Law School in 1949. The president and director of the college at that time was Ju Zheng, President of Judicial Department of the Republic government and the deputy president was Xia Qin, the vice minister of the Judicial and Administrative Ministry. Xianghui College of Humanities and Law, which was one of the predecessors of SWUFE, also had its own law department. In May 1987, the Department of Law was established with staff from the Teaching and Research Office of Economic Law and Institute of Demographics from the university and it offered two bachelor's degree programs, i. e. —Economic Law and Demographics. In 1992, a master's degree program in Economic Law was offered as a branch of the Corporate Management major. In 1998, the bachelor degree program of Economic Law was adjusted into a bachelor degree program in law. In October 2001, the SWUFE Law School was formally founded.

SWUFE Law School was the key part of the university's endeavor in the "Project 211". It was authorized, by the Degree Commission of The State Council in its 28th annual meeting in 2010, to award doctoral degrees in four disciplines. At present, SWUFE Law School enrolls doctoral candidates in Civil and Commercial Law, Economic Law, Criminal Law and Jurisprudence. It is also authorized to award master's degrees in eight disciplines [that is, Civil and Commercial Law,

Economic Law, Criminal Law, International Law, Jurisprudence, Law and Economics, Litigation Law and a Jurist Master (JM) program]. For years, it has been ranked as one of the best law schools in universities and colleges of finance and economics. In the Discipline Assessment Rankings released by the Ministry of Education in 2012, the discipline of law was ranked 21st among more than 600 law schools throughout the country. In January 2013, SWUFE Law School was selected into the first batch of National Education and Training Base for Outstanding Legal Talents. Update in 2014, SWUFE Law School increased by 16th among law school in China according to RCCSE of Wuhan University.

Law discipline in SWUFE Law School was accredited as the National-Level Featured Major. It is also a provincial-level key talent training base for educating and training undergraduate law majors in Sichuan Province. Its courses of Economic Law, Civil Law, Criminal Law, Commercial Law and International Law are among the best college courses of Sichuan Province. At present, it has an enrollment of more than 700 undergraduates, more than 700 post-graduates and more than 60 doctoral candidates. For twenty years, SWUFE Law School has trained nearly four thousand graduates, and also has offered master level training courses to tens of thousands of people for the national party and government system and the financial system.

SWUFE Law School always sticks to the strategy of development through Human Talents and brings in talents from home and abroad. By May 2016, among the total 51 faculty members, 21 are professors and 29 associate professors, 20 doctoral advisors. Over 90% faculty members are below 50 years of age and about 85% of them have obtained or are studying for doctoral degrees. Several faculty members are advisors of different ministries of the State Council, commissioners of the Guidance Commission on Legal Education of Law Schools under Ministry of Education of P. R. C, executive members of China Commercial Law Association, China Criminal Law Association, China Economic Law Society, China International Economic Law Association, and China Labor Law Association. In addition, SWUFE Law School has invited over 20 famous experts of law from home and abroad and lawyers with high theoretical levels and extensive practical experiences as visiting professors or guest professors.

SWUFE Law School has established the Department of Jurisprudence, Institute of Law and Economics, Institute of Economic Law, Institute of Civil and

Commercial Law, Institute of Criminal Law, Institute of International Law, Institute of European Union Law. Through cooperation with China Financial Research Center (which is a key research base in social sciences and humanities as recognized by the Ministry of Education) and the College of Finance and Taxation, SWUFE Law School established Institution of Financial Laws and China Research Center of Taxation Laws. As a pioneer of empirical legal studies and justice statistics, Quantitative Law and Information Technology Laboratory was created and sponsored, which is the first in the nation to study legal theories and applications using information engineering and statistical methods. What's more, it's famous for the China Financial Law Research Center, which is the only provincial and ministerial level key research base in the field of philosophy and social sciences, and the China Economic Law Research Center, which is a provincial level key research base for Social Sciences and the Humanities. SWUFE law school also established the the Scientific Research and Innovation Team of Environmental and Resources Law.

SWUFE Law School has always adhered to the principle of "emphasizing research" and gives great effort to the development of outstanding projects. It has strengthened the incentive mechanism for research. As a result, the scientific research level and the quality of Law School faculty have been making steady progress. Up to now, over 600 thesis have been published in such authoritative periodicals as *Social Science in China*, *CASS Journal of Law*, *China Legal Science*, *Economic Study*, *Management of the World*, *Economic Inquiry* and over 90 books have been published by such well-known press as the Law Press. Since 2000, faculty members of Law School have organized 100 research projects of national and provincial levels. They have won the Award of "Five Ones" Project, the Award of Outstanding Social and Scientific Research Result, Outstanding Philosophy and Social Science Research Result of the Ministry of Education and the Ministry of Justice, National Outstanding Social Scientific Research Award for Young Scholars and other 70 some provincial and ministerial level awards. The doctoral thesis of one of Law School teachers was the first on economic law to be nominated for National Excellent Doctoral Theses award.

# 寄　语

《光华法学》是法学院老师和研究生共同编辑的出版物。在世界上，法科学生编辑高水平的学术出版物已不乏其例，饮誉全球并成为世界法学研究水平代表的《哈佛法律评论》就是其中的佼佼者。就这些出版物为法学研究所做的卓越贡献而言，它们至少是世界法律学说与法律制度发展历史的一个见证。在各种数据与现实面前，人们已经相信法科学生完全有能力办好一份学术出版物。西南财经大学法学院经过二十年的开拓与发展，或许也应该有一份法科学生自己编辑的出版物。但是，由于众所周知的各种原因，创办《光华法学》这项工作是难能可贵的。

在首卷的编辑过程中，主持编辑的老师和我谈及了他们办《光华法学》的思路、其所承载的学术理想、具体的制度建设等方面的设想，我觉得他们对《光华法学》的出版已经做好了准备，并且非常重视《光华法学》的发展。创办之后，在老师和学生编辑的辛苦努力下，《光华法学》已经顺利出版了10辑，取得了良好的社会评价。本辑也经过艰辛的组稿和编辑工作，即将在法律出版社出版，我希望《光华法学》能越办越好！

令人欣慰的是，我在交谈中发现同学们以能成为一名《光华法学》的编辑而自豪，并深深感受到了责任感。我既为他们这些初生牛犊所特有的创新精神与严谨的工作态度而高兴，也为他们高涨的学术热忱与踏实的工作作风而感动。我相信学子们的这种自豪与追求是发自内心的，也坚信他们能够以学术为乐趣，以《光华法学》为寄托，珍惜自己的“羽毛”，呵护《光华法学》。

西南财经大学法学院已成为首批国家卓越法律人才培养基地，我相信我们的学生编辑团队能发扬学院的学术和科研精神。学生编辑具有流动性，《光华法学》可以经常获得新鲜的“血液”补充，而有利于保持学术与“世俗”之间的适当距离，从而有利于学术的净化与健康。与此同时，每届编辑部都有可能出于对学术的高尚情感而产生超越前辈的思想，从而为《光华法学》的发展提供了源源不断的动力。如若达此境界，学子们便在编辑《光华法学》的过程中实现了自我价值与社会价值的统一，这正是法学教育的基本诉求。从而，《光华法学》的问世对于提升西南财经大学法学院的研究水准和学术影响，对于进一步提高法学院的教育水平都具有重要的意义。

《光华法学》的编辑一再要求我在首卷为他们写点东西，我却唯恐自己的语言给《光华法学》造成某种选择的偏好，而一直有所踌躇。然而，内心的感动使我不能自已，很想借此对学子们创办《光华法学》的努力和精神表达鼓励与赞赏，于是应允下来。“千里之行，始于足下”，我希望《光华法学》在不断地学习与反思中创造奇迹，在不懈的努力中追求卓越，我更期待《光华法学》最终能够为中国的法治建设与社会进步作出应有的贡献。

**高晋康**

# 卷首语

自英伦以利器叩开中国大门以来，泱泱大国竟为列强争相鱼肉，令人黯然神伤。炎黄子孙为中华之崛起而上下求索，从救亡图存到求富求强，“革命”、“改革”与“社会转型”简约为中国近代的符号。民族革命的胜利开辟了华夏复兴的道路，制度变迁与社会转型迎来了中国空前的繁荣。尤其是随着市场经济理念与法治精神的传播，社会、政治与经济所取得的进步更今非昔比，这为中国法学研究带来了前所未有的机遇，但挑战更甚。公平与效率、个人与社会、国家与市民、本土与国际化这些问题日益成为国人关注的焦点，亟需更多的志士努力以解决此中冲突、争端。

中国正重新赢得世界尊重，现代化、全球化与本土化的激荡编织成当下的语境，为学术研究提供了丰富的场域，也是我国学术繁荣的契机。因为社会转型和制度变迁为我们的研究提出了许多新的课题，为解决这些重大问题而进行的探究注定会为知识积累作出贡献，并由此推动法学理论的进步。

法学的语境依赖性决定了法学研究需要对社会现实更为密切的关注。作为法学灵魂的公平与正义，也只能在特定的语境中才获得实效。但是法学精神时刻以特有的保守消解着所在语境的不谐音符，并最终消融于该语境中。或许，法学由此而有别于其他学科，我们大抵也由此找到了法学研究分为自然法学、纯粹法学与实证法学等诸多学术之根源。这或许还是法学富有吸引力而值得我们为之倾洒热血的重要缘由。

然而，由于众所周知的一些原因，中国法学在相当长时期内对社会现实的回应不够，法学的特性没有得到很好的彰显，甚至在一段时期仅为注脚。法学研究受到了或多或少的束缚，甚至法学本身的独立性都曾受到质疑。是故，致力于中国法学进步的学人理应承担更多的责任，在回应中国现实需求的基础上不断夯实法学之基础，张扬法学之特质，推动法学研究方法之创新。

《光华法学》以此为宗旨，“点滴之光、聚而为华”，以期在社会进步的大潮中略尽绵薄之力。我们感念于“图大学问、治万世平”，以积累知识、解读社会与关涉民生为目标。为此，我们将格外关注现实与前沿的法学理论，积极倡导多种学科的融合与方法的创新，力求为法学研究方法与学术范式的转换和积淀提供一块兼容并蓄的“试验田”，并在同仁的宽容与支持中获得进步，共同为推进中国法学研究的鼎兴作出应有的贡献。

《光华法学》编辑部　谨记

# 编者按

在法学研究进入精细化的新时代，法律体系、司法制度和程序运行中的难题逐步凸显，并成为中国法治完善的重点和难点问题之一。不断涌现的新技术对实体法与程序法产生了猛烈冲击，对于这些新兴技术所引发的法律问题仅用法教义学处理很难实现，还需借助社科法学。借用赫尔曼·坎托罗维奇的话说就是“没有社会学的教义学是空洞的，没有教义学的社会学是盲目的”。因此，对于法学研究我们需要寻求两条进路的合作：一是运用教义法学，探究法律与法律之间、法律与司法解释之间、实体法与程序法之间的协同关系和完善思路；二是运用社科法学开放思想，通过扩展跨学科思维和方法突破法律专业槽标签，进一步促使法学回归社会科学的“港湾”。通过探索教义法学与社会科学的良性互动，最终将推动中国法治的进一步发展与完善。

在本辑中，编辑部特组织专题研究，以“制度与改革”为主题选取两篇文章，分别对“英美陪审团指示制度”和“刑事司法改革的方向、方法和方案”进行了研究，以更好探索制度革新和深入改革之间的关系。

在《英美陪审团指示制度及其借鉴意义》一文中，高一飞教授指出了陪审团指示制度兴起于英国，在美国得到了发展。英国法官可以评论证据和事实且指示法律，美国法官只提供法律指示。英国的法律指示时间主要为结辩陈词前、后两次，美国法官对指示时间可以自由裁量；英国采用口头方式而美国则采用书面方式进行法律指示。如果陪审团指示错误，英美两国都可以通过上诉撤销指示错误的案件，但美国还通过新指示直接纠正错误律指示。英美陪审团指示出现了新发展，英国要求公开陪审员对法官指示的回答情况，美国则改革范本指示、允许陪审员对法律问题向法官提问。我国可以借鉴英美陪审团指示制度，增加规定庭审前、庭审中可以进行口头法律指示，应当对法律指示记录在案并允许律师提出异议。而在《刑事司法改革：方向、方法与方案——从庞德〈美国刑事司法制度〉谈起》一文中，李鑫副教授与王瑞坤深入分析了庞德在书中提出的研究刑事司法制度的独特观点。他们认为，庞德的社会工程学视角能够为中国的刑事司法制度改革提供重要的洞见,但需基于本土经验,回应社会现实,方能推动现代法治的改革与发展。

在本辑中,我们加入了一个全新的板块,即新技术与科学的专题研讨。在这一专栏中,我们选取了三篇文章,意在讨论新兴技术对法学理论研究和实践所带来的影响,以探索法律教育与跨学科研究的良性互动。

在《区块链技术在证券结算领域的应用与监管应对》一文中,杨一提出区块链技术应用于证券结算领域,在带来颠覆性创新的同时,也给传统证券结算体系和监管制度带来了严峻的挑战。作者认为,在区块链技术落地应用的过程中,我国应当遵循循序渐进的路径策略,坚持平衡风险防范和创新发展的监管理念,应用"边监督边学习"的监管方式,结合区块链技术自身特点探索其在证券结算领域的应用模式,加快建立通用的技术标准,进一步完善我国法律、法规及配套制度。在《冷冻胚胎的权利归属及权利行使问题研究》一文中,王浩明提出根据权利来源的不同,冷冻胚胎的原始权利主体为选择辅助生殖技术的夫妻双方,其内部的具体权利归属可以根据婚姻关系的存续状态和双方是否达成合意两个标准进一步划分。继受权利主体包括医疗机构、科研机构和受赠夫妻三种可能。这些权利主体在行使权利时,需要视情况遵循一些共性和个性的原则。在《智能法学时代证据法学教学改革的基本路径》一文中,杨继文博士后指出,人工智能时代的证据法学教育,需要重视法学实验教学实践,关注个体意义上的学生,侧重虚拟现实技术的应用,强调学生—教师—实验教学系统(机器人)的共享教学模式。

延续之前的板块设计,我们设置了"法学制度与理论"与"实证法学"两个专栏。

在"法学制度与理论"专栏中,邓鹏法官与张理恒检察官在《特定关系人参与国家工作人员受贿问题研究》一文中,明确对于特定关系人利用国家工作人员职务便利为请托人谋取利益并收受财物,国家工作人员事后知情并未退还或上交的行为,考虑到国家工作人员怠于履行退还上交义务(故意的不作为)进一步强化了贿赂的不法占有状态,国家工作人员成立受贿罪。对于特定关系人作为国家工作人员的代理人向请托人索取或收受贿赂超出了国家工作人员的授意范围,特定关系人成立受贿罪的间接正犯或共同正犯,不成立利用影响力受贿罪或诈骗、侵占等普通财产犯罪。杨志利副教授在《论合同法对交易的关注——以原因和约因为重点》一文中,以原因和约因为重点,阐释了法律对某些交易形式进行拣选所采取的制度安排以及其中的道理,明确大多数国家的合同法关注交易行为,其中也包括中国,我国民法典虽未规定原因和约因原则,但相关制度与原因和约因原则运行机制一致,结果也一样。刘禹甸在《亚当·斯密法理学的伦理基础——以同情共感为核心的体系》一文中,明确斯密的政治经济学、伦理学、法学都建立在同情共感这一人性禀赋之上,也正是这一基础使"斯密问题"——经济自利与道德同情的悖论得到解答。张源在《"赔礼道歉"民事责任的理解与适用》一文中指出,赔礼道歉不侵犯不表意自由和良心自由,在适用上,需要明确其适用范围,述明其执行方式,鼓励道德义务的赔礼道歉,强制法律责任的道歉行为,使赔礼道歉在法律责任和道德义务两种不同的形式上施展社会控制。汤文承在《工伤医疗待遇给付中强制性的偏离及其矫正》一文中,通过分析我国工伤医疗待遇的给付存在的问题,指出强制性要求下工伤医疗待遇给付的应然状态,即明确工伤保险关系建立的时间点和工伤医疗待遇开始给付的时间点、不以缴纳保费作为工伤医疗待遇给付的条件及治疗工伤所需的合理必要的自费医疗费用由用人单位承担。

在"实证法学"专栏中,安琪博士在《司法政策与法官办案负荷的互动关系解构——基于对西南地区某基层法院的实证观察》一文中提出,为应对案多人少的压力,未来应当尽量摒除司法政策的短期效应和反向效果,基于现代化法院的建构目标,调整法院在纠纷解决机制中的定位和作用。德格县人民法院课题组在《认罪认罚案件二审裁判实证研究——基于1557份刑事裁判文书》一文中指出,法院应对量刑建议进行实质审查而非形式审查,应采取一种"保守"的立场分情况决定是否采纳量刑建议。同时,还需要加强法检之间的量刑协调机制,联合制定量刑细则。

在本辑中,我们又新加入了比较法与海外法学板块,该板块选取了两篇文章。其中,宁茜、辜岸、王安琪在《美国〈拜杜法〉及其实施条例译注》一文中,分别对《美国法典》United States Code, U. S. C 第5编《美国专利法》第18章联邦政府资助的发明专利权以及《联邦法规汇编》Code of Federal Regulation. CFR 第37编第401条和第404条进行了译注。蔡环宇的《欧洲罚金刑》一文指出,与更实质性的制裁相比,被处罚金刑之后的再犯率通常会有所下降。同时,并不是所有的罚金都是自愿支付的,因此,需要一个罚金刑的保障系统。如果因未缴纳的罚金而科以监禁,那么金钱处罚的优势就会丧失。

本辑收入的15篇文章,既包括对传统部门法学的理论研究与实证研究,也包括对新科学技术与法学之间互动关系的探索研究,虽然分属不同的研究领域,但各具优势,各有特点。我们相信,跨学科范式的分析和探讨,必将在社会科学的滋养下,逐步实现中国法学研究者所特有的理论贡献和学术标识。

最后，衷心感谢广大读者、各位作者对《光华法学》的大力支持。

学术研究的探索和精进，永远在路上！

《光华法学》执行主编　杨继文

2021年4月27日凌晨于光华村

# 目　录

## Contents

（第十三辑）

# 专题研讨：制度与改革

# 英美陪审团指示制度及其借鉴意义*

■ 高一飞** 陈人豪***

[内容摘要] 陪审团指示制度兴起于英国,在美国得到了发展。英国法官可以评论证据和事实且指示法律,美国法官只提供法律指示。英国的法律指示时间主要为结辩陈词前、后两次,美国法官对指示时间可以自由裁量;英国采用口头方式、美国采用书面方式进行法律指示。如果陪审团指示错误,英美两国都可以通过上诉撤销指示错误的案件,但美国还通过新指示直接纠正错误律指示。英美陪审团指示出现了新发展,英国要求公开陪审员对法官指示的回答情况,美国则改革范本指示、允许陪审员对法律问题向法官提问。我国可以借鉴英美陪审团指示制度,增加庭审前、庭审中可以进行口头法律指示的规定,应当对法律指示记录在案并允许律师提出异议。

[关键词] 陪审团指示 法官总结 指示范本 上诉审查

---

* 本文为2018年度国家社科基金课题《看守所法立法研究》(编号:18BFX078)的阶段性研究成果。

** 高一飞,1965年生,湖南桃江人,广西大学君武学者、法学院教授、博士生导师。

*** 陈人豪,1994年生,河南光山人,西南政法大学刑事诉讼硕士研究生。

## 引言

在英美陪审团审判中，法官会向陪审团释明与系争案件相关的法律规则，并要求陪审团根据法官指示的法律规则作出裁决。除提供法律指示之外，英国法官比美国法官拥有更大的权限，就是简要地总结案件证据和事实为陪审团裁决案件提供参考。尽管英国和美国在陪审团指示内容上有所不同，但都有一个共同目的，即协助陪审员发现案件事实真相，保障陪审员独立的事实判断权。

"陪而不审""审而不议"是我国人民陪审员制度长期存在的弊病，为了解决这一问题，2018 年 4 月 27 日，第十三届全国人大常委会第二次会议通过了《人民陪审员法》，其中第 20 条规定了在法庭审判和评议时，"审判长应当履行与案件审判相关的指引、提示义务"，这里的"指引、揭示"，简称"法律指示"。此后，司法解释对此进行了解释。中国对陪审员的法律指示制度产生的时间仅 3 年，而英美陪审团在法官指示制度方面历史悠久、发展更加完善。本文将全面介绍英美陪审团指示制度，以期为中国的陪审员法律指示制度改革和完善提供有益参考。

## 一、英美陪审团指示制度的形成

### （一）陪审团指示在英国的兴起

陪审团指示的起源和陪审团历史的起源一样令人充满疑问。但是，至少有一点可以肯定的是，最初形态的陪审团并不参与案件裁判，只有当陪审团发展到参与司法审判的阶段时，法官才协助陪审团裁决案件。[①] 陪审团最初是作为案件见证人出现在审判当中，陪审团成员都是来自案件发生地的周围邻居，又事先了解案情，他们唯一职责就是回答法官所就案件真实情况所提出的问题，法官根据陪审团成员的回答裁决案件，这个时候并不存在陪审团指示。

1215 年，第四次拉特兰宗教会议废止了神明裁判，提供信息咨询性质的陪审团开始转化为审查证据效力的陪审团。由于陪审团是作为神明裁断事实问题的替代物而出现的，法官对事实的认定只能求助于陪审团，法官在陪审团裁决基础上作出判决。[②] 1285 年的《初审法官法》规定了法官不可以强迫陪审员判断案件事实，但陪审员可以就法律效力问题寻求法官帮助。[③] 但面对陪审员的提问，

---

① Wylie A. Aitken, *The Jury Instruction Process-Apathy or Aggressive Reform*, Marquette Law Review, Vol. 49(1956), pp. 137, 138.

② 参见高一飞：《陪审团一致裁决原则的功能》，载《财经法学》2018 年 6 期。

③ Stat. 13 Edw. I. C. 30.

法官可以不回答。在 1314 年的特克斯伯里修道院院长诉卡勒威案(*Abbot of Tewkesbury v. Calewe*)中,陪审团被要求裁定系争土地是"自由教役保有的封地"还是"俗界封地",陪审团表示"我们不懂法律",陪审团实际上是暗中提示法官协助他们作出裁决。但是,法官回答道:"你们自己判断即可。"①英国的法官认为自己不需要向陪审团说明什么,陪审团应当根据内心良知对案件作出裁决,这样做的目的是为了防止法官司法专断。

当陪审团依据良知对案件作出裁决,他们就可以不受法官约束,甚至可以不顾证据证明的事实而得出自己的结论。陪审团正是通过这样的"违法"宣布法律无效,这种现象被称作"陪审团废法"。② 当陪审员违背法官给出的法律指示,作出令法官不满意的裁决时,陪审员可能要受到惩罚。③ 基于陪审团指示强制适用的特点,法官就可以通过惩罚陪审团成员的方式来控制陪审团。

1670 年的布希尔案(Bushel's Case)可以说是陪审团制度一个重要的转折点,即该案确立了陪审员不能因作出与法官意见向左的裁决而受到惩罚的先例。此案中,首席大法官沃恩作出裁决,认为法官不能在陪审员作出裁决过程中进行威胁,更不能因作出违反法律的裁决而受到惩罚。④ 这也是最早的"陪审团废法"的判例。

布希尔案之后,法官转向其他途径控制陪审团,法官认为陪审团不再拥有不受限制的自由裁量权,当陪审团违背法官的法律指示、作出明显违背法律的裁决时,法院不可以惩罚陪审团成员,而是可以重新审判。⑤ 布希尔案过后,虽然仍出现过对违背陪审团指示的陪审员处以罚款的情况,但陪审团指示逐渐不再强制适用。

### (二)陪审团指示在美国的发展

自英格兰殖民者开始对北美大陆殖民以来,陪审团制度便被引入北美殖民地。殖民地时期的陪审团也遵循着英国陪审团的基本原则,即陪审员负责事实认定。如果陪审员根据法官作出的法律指示,作出与自己内心良知相违背的裁

---

① Peter M. Tiersma, *The rocky road to legal reform Improving the language of jury instructions*, Brooklyn Law Review, Vol. 66:1081(2001), p. 1082, (citing J. H. Baker, An introduction English law history, Oxford University Press, 1990).

② 高一飞:《陪审团一致裁决原则的功能》,载《财经法学》2018 年 6 期。

③ See Theodore Plucknett, *A Concise History of the Common Law*, Liberty Fund Press (1956), pp. 342 – 346.

④ See Kevin Crosby, *Bushel's Case and the Juror's Soul*, Journal of Legal History, Vol. 33:251(2012), p. 257 – 258.

⑤ See William W. Schwarzer, *Communicating with Juries: Problems and Remedies*, California Law Review, Vol. 69:731(1981), p. 734.

决，是极为荒诞的一件事。[①] 这一观点的典型代表是1735年国王诉曾格案（*Crown v. John Peter Zenger*）。[②] 陪审团仅用了几分钟就裁决曾格无罪。曾格案并不是殖民地时期陪审团独立决定法律适用的先例，因为在整个殖民地时期的所有诽谤案几乎都被陪审团宣判无罪。[③] 陪审员有权决定法律的原因之一是人们对法官专业性的普遍不信任。美国建国后的很长一段时间里，受到专业法律训练的法官并不多，例如，新罕布什尔州独立后，高级法院的3名法官中，1名是牧师，另1名是内科医生；1814年至1818年间，罗德岛州最高法院的一名法官是一名铁匠。法官通过口头形式提出判决意见，他们没有属于自己的法律，也不知道法律是什么。[④] 法官同从普通大众遴选出来的陪审员一样不精通法律。相较法官而言，陪审团汇聚了公共智慧，比法官更能代表公平正义，更何况陪审员作出的决定容易获得公众的认同，法官往往也不会对陪审员作出法律指示。美国陪审团与英国早期陪审团所不同的是，如果陪审员违背法官给出的法律指示造成裁决明显违反法律时，陪审员并不会受到惩罚。

随着社会工业化的发展，法律纠纷变得复杂起来。人们逐渐怀疑陪审员裁判案件的依据不是法律，而是陪审员的偏见。一些州开始通过立法或司法判例要求法官对陪审员作出法律指示。[⑤] 1895年的斯帕夫和汉森诉美国案（*Sparf and Hansen v. United States*）标志着美国陪审团对法律问题独立决定权逐渐走向衰落。斯帕夫和汉森因涉嫌杀害一名船员以谋杀罪被起诉至法院，陪审团根据法官指示的法律认定斯帕夫和汉森谋杀罪名成立。随后，两被告提出上诉，认为：陪审团不需要遵从法官对法律适用的指示，法律问题应该由陪审团独立判断。联邦最高法院驳回了两被告的上诉，法院认为陪审团的责任是认定事实，法官没有义务告诉陪审团可以独立决定法律的适用。[⑥] 此案后，关于陪审团是否可以独立决定法律的适用仍存在争议。

法官和陪审团在审判中权力范围的尝试性界分已经在20世纪30年代初步形成，一些州的立法机关开始规定：法官发出指示时，应当尊重陪审员对事实的

---

① See Albert Alschuler, *A Brief History of the Criminal Jury in the United States*, The University of Chicago Law Review, Vol. 61:867(1994), p. 906.

② See Valerie p. Hans & Neil Vidmar, *The Evolution of the American Jury*( *excerpt from Judging the Jury*), http://law2. umkc. edu/faculty/project//ftrials/juryseminar/EvolutionJury. html.

③ See Albert Alschuler, *A Brief History of the Criminal Jury in the United States*, The University of Chicago Law Review, Vol. 61:867(1994), p. 874.

④ 参见［美］罗斯科·庞德：《普通法的精神》，曹相见译，张平华、袁瑜琤校，上海三联书店2016年版，第61页。

⑤ See William W. Schwarzer, Communicating with Juries: Problems and Remedies, California Law Review, Vol. 69:731(1981), p. 736.

⑥ See *Sparf and Hansen v. United States*, 156 U. S. 51(1895).

认定。[①] 因此,法官不能强迫陪审员认定某一事实,但可以指引陪审员运用法官给的法律去认定案件事实。至此,美国陪审团指示已经基本形成。

律师的传统作用是协助法官向陪审团指示法律,一些州甚至将提供法律指示的责任转移给律师。同一个法律问题可能会有不同的法律指示,法律指示之间的矛盾造成法律适用不统一,陪审团指示迫切需要改革。所以,法官开始借助律师的法律知识来解决这一问题。1935 年,加利福尼亚州成立了一个由律师和法官组成的委员会对上诉案件涉及的法律指示进行汇编。1938 年,委员会发布了《加利福尼亚州民事陪审团指示手册》,又于 1946 年推出了《加利福尼亚州刑事陪审团指示》。[②] 在加利福尼亚州的影响下,联邦和一些州纷纷效仿,编纂统一的刑事或民事陪审团指示,这些指示被称为范本指示(pattern jury instructions or model jury instructions)。这些范本指示都普遍存在一个问题:作为法律门外汉的陪审员仍然很难理解法官作出的这种格式化的法律指示。在往后长达数十年的时间里,学者、法官和律师对陪审团指示的注意力大多集中在如何通过改革陪审团指示来提高陪审员对法律的理解能力上。

## 二、英美陪审团指示的内容和程序

陪审团作为对抗恶法、反抗政府以立法的方式压迫人民的工具,对于民主、公正、自由、人道价值的实现具有不可替代的作用。[③] 同时,陪审员由于专业法律素养的匮乏,很难从众多复杂的案件信息中抽丝剥茧,准确、快速整理案件争议事实。为了保证陪审团裁决的公正,英美两国对陪审团指示的内容和程序都做了细致的规定,同时,在很多具体问题上英国和美国表现出了不同的立场。

### (一)英美陪审团指示的内容

#### 1. 英国法官评论证据和事实且指示法律

英国法官除了向陪审团提供法律指示之外,还会评论证据、总结事实,为陪审团裁决案件提供参考,其内容既有法律问题,也有证据问题。因此,英国的陪审团指示被称为“法官总结”(Judge's Summing Up),而不是美国法上所称的“法律指示”(Jury Instructions)。

18 世纪中叶,英国允许重罪和叛国罪的被告人辩护律师对证人交叉询问。交叉询问需要准确记录证人的证词,以免出现证词前后不一致的情形,英国法官

---

① See R. J. Farley, *Instructions to Juries-Their Role of the Judicial Process*, Yale Law Journal, Vol. 42:194(1932), p. 205.

② See John C. Bouck, *Pattern Jury Instructions in the Criminal Cases*, The Advocate, Vol. 48:209 (1990), pp. 210 - 211.

③ 参见高一飞:《陪审团的价值预设与实践障碍》,载《北方法学》2018 年第 4 期。

于是开始在庭审中对证词进行记录。随着法庭赋予辩护律师在重罪中向陪审员发言的权利，有着庭审记录习惯的法官意识到：如果不对证据进行评论，陪审员很可能被错误的信息所误导，并作出错误裁决。① 此时起，英国法官开始在控辩双方辩论最后陈词之后评论证据。1909 年，刑事上诉法院进一步确认：法官应当对陪审团提供法律问题和事实问题的帮助。

20 世纪 70 年代以后，刑事上诉法院重申了这一立场，认为法官必须向陪审团提交一份控辩双方证据和论点的摘要，法官不对证据会导致程序不规范进行总结。② 虽然，英国法官对证据进行评论的做法，会使陪审员能很快聚焦案件的事实。但是，有人担忧这种权力会侵害陪审员独立决定事实部分的职责，让对被告人有偏见的法官指引陪审员作出符合法官意见的裁决。

至于这种担忧是否有实证上的支持。因为英美法律禁止披露陪审员商议的情况，所以，无法查证法官指引对陪审员裁决的影响。这一禁令来源于 1981 年颁布的《藐视法庭法》，该法第 8 条规定："获取、披露或索取陪审团成员在任何有关商议过程的法律程序中所作出的陈述、表达的意见、提出的论点或投票的情况，都构成藐视法庭罪。"这一禁令的出台，阻碍了英国法官评论证据和总结事实究竟是如何影响陪审员裁决的学术研究。在《藐视法庭法》颁布之前，伦敦政治经济学院教授 W. R. 康沃尔在对模拟陪审团的研究中就指出："法官评论证据对陪审员裁决的影响力很小，因为人有一种自然的倾向，就是无视他人的看法。"③ 无论怎样，法官评论证据早已成为英国陪审团审判的传统，法官在评论证据时要遵循"清晰、公正、不夸张"的原则。④

英国法官在履行总结证据和事实的职责时，做法各不相同。一些法官只是简单地宣读主要证据；一些法官努力阐明案件中的事项并将其与证据联系起来；另一些法官则间接或直接地表达自己对事实的观点。⑤ 无论采取哪种做法，法官都要明确告诉陪审员可以忽略法官意见，优先考虑自己的意见。检察长诉斯通豪斯（*DDP v. Stone House*）案⑥等一系列的判例都表明：即使所有证据都证明了只有一种事实可以成立，在任何情况下，法官都不能明示或暗示陪审团必须接

---

① See David Wolchover, *Should Judges sum up on the facts*? Criminal Law Review, Nov 1989, pp. 783 – 784.

② See Paul Marcus, *Judges Talking To Jurors in Criminal Cases: Why U. S. Judges Do It So Differently From Just About Everyone Else*, Arizona Journal of International & Comparative Law, Vol. 30 (2013), p. 11.

③ Summing up-a judge's perspective, http://nicmadge.co.uk/media/Summing_Up_CrimLR_.pdf.

④ David Wolchover, *Should Judges sum up on the facts*? Criminal Law Review, Nov 1989, p. 783.

⑤ ［英］约翰·斯普莱克：《英国刑事诉讼程序》，徐美君、杨立涛译，中国人民大学出版社 2006 年版，第 451 页。

⑥ See Blackstone's Criminal Practice, United Kingdom: Oxford University Press, 2013, p. 1813.

受那唯一成立的事实,绝不能够僭越陪审团决定事实的权力。

2. 美国法官只提供法律指示

早期的美国陪审团继承了英国陪审团审判惯例,法官可以评论证据、整理争议事实,但法官这项权力的改变始于北卡罗纳州律师和法官之间的冲突。法官经常不加限制地对案件发表自己的看法削弱了辩论在审判中的重要性,引起了律师的极度不满。律师呼吁限制法官权力的呼声越来越强烈,1795 年的《北卡罗纳州法》对法官评论证据的权力进行了禁止规定,该法规定:"……法官在向陪审团作出指示时,不得就事实部分发表全面或充分的意见……这是陪审团的职责范围。"①其他州也紧跟其后进行了类似规定。如今,美国绝大多数州都禁止法官评论证据,也不允许就事实问题指导陪审团。这一原则体现在各州的法律文件中。

然而,联邦法院却保留了法官评论证据的权力,在美国诉费城雷丁公司(*United States v. Philadelphia & Reading R. Co.*)案中,美国联邦最高法院对《宪法第六修正案》规定的"陪审团审判"作出这样的宪法解释:为了维护司法公正的需要,法官可以解释、评论证据,甚至能够发表对案件事实的看法,但前提是将事实问题交给陪审团。② 但是,联邦法院对法官评论证据的权力保持一种谨慎的态度。这种态度体现在 1933 年奎尔西亚诉美国(*Quercia v. United States*)案,初审法官看到被告人在作证时擦了擦手,并告诉陪审团说话后擦手是撒谎的表现,被告人提供的证词不可信。随后,奎尔西亚以法官不公正评论案件为由上诉至联邦最高法院。联邦最高法院对初审法官评论证据的权力认可的同时,也作出了限制,即法官不能歪曲或补充证据。联邦最高法院认为,初审法官并没有客观、公正地分析被告人证词,发表的意见相当于向陪审团额外提供了一份对被告人不利的证据。③ 因此,联邦最高法院推翻了有罪裁定。

与英国不同的是,美国更愿意相信法官会向陪审员施加不正当的影响,造成陪审员的判断力下降,侵犯陪审员对事实问题的独立裁判权。在 1891 年之后,大量刑事案件被允许上诉,联邦最高法院开始审查初审法官就案件事实和证据发表的评论是否实质影响到案件的公正性,这一做法大大限制了初审法官的对案件证据和事实的评论权。④ 为了避免案件被推翻,法官极不愿意评论案件证

---

① Kenneth M. Johnson, Province of the Judge in Jury Trials, Journal of the American Judicature Society, Oct 1928, p. 78.

② *United States v. Philadelphia & Reading R. Co*, 123 U. S. 113 (1887).

③ *Quercia v. United States*, 289 U. S. 466 (1933).

④ Rene Lettow Lerner, *How the creation of appellate courts in England and the united states limited judicial comment on evidence to the jury*, The Journal of the Legal Profession, Vol. 40(2016), pp. 219, 269.

据。在今天，即使在法律上允许法官评论证据的加利福尼亚州和联邦法院，也很少有法官会评论案件证据、总结事实。法官为了避免承担侵犯陪审团事实裁判权的风险，实际上就只向陪审团指示法律。

（二）陪审团指示的时间

传统上，英美法官通常依照不同的指示方式在结辩陈词（辩论结束的最后总结陈词）之后为陪审团指示法律。但是，当冗长、烦琐的法律指示在一个时间集中向陪审员展现的时候，欠缺专业法律素养的陪审员就会感觉信息量太大，这种集中时间指示的做法开始改变。

1. 英国：主要为结辩陈词前、后两次

英国法官习惯在法庭总结阶段，也就是结辩陈词之后，第一次向陪审员指示法律，这个时间点与举证阶段间隔的时间较长，陪审员不能很好地利用得到的法律指示审查证据。英国首席大法官发布的《刑事审判指南》建议可以分两个时间段进行法官总结，一次是在结辩陈词前，一次是结辩陈词后。① 至于在这两个时间段需要作出什么样的法律指示，应当由法官根据案件情况自由把握。法官在结辩陈词前作出的法律指示可以包括陪审团和法官的作用、职责分工；举证责任及证明标准；传闻证据规则；专家证人规则等。2015 年《刑事诉讼规则》也作出了类似规定，其中 25.14 规定："法官随时都可以向陪审团提供法律指示以帮助他们审查接触到的证据。"法官在结辩陈词前作出法律指示时，应当在陪审团不在场的情况下提前和辩护人沟通协商，听取辩护人意见，还要在后续根据审判情况随时进行修订、补充。

2. 美国：法官对指示时间自由裁量

美国《联邦刑事诉讼规则》第 30 条规定：在举证结束时或此前的合理的时间内法庭可以作出法律指示，但没有规定应当在何时提供何种指示，法官对此有较大自由裁量权。但美国学者对法官作出法律指示时间进行的实证研究表明：如果法官在结辩陈词前作出更多的法律指示，如犯罪构成要件、消极辩护事由、证人可信度规则等，能够让陪审员集中关注案件的焦点，较好地将证据与事实联系起来，陪审团在理解法律基础上作出的裁决也会更加公正。② 在实践中，美国法官法律指示的时间可以在以下阶段：审判开始时的指示、审判过程中的指示、

① See Criminal Practice Directions 2015 Division VI, https://www.justice.gov.uk/courts/procedure-rules/criminal/docs/2015/crim-practice-directions-VI-trial-2015.pdf.

② See Neil P. Cohen, *The Timing of Jury Instructions*, Tennessee Law Review, Vol. 67 (2000), pp. 688 – 694.

结辩陈词之前的指示、结辩陈词之后的最终指示。[①]

但是,最终指示并不是最终的,陪审员在审议过程中就每一个问题无法达成一致意见时,陪审团会请求法官进行补充指示。当法官提供补充指示时,也会通知对方到场,提供一个辩论与异议的机会。

(三)陪审团指示的方式

1. 英国采用口头方式

英国法官指示时,喜欢用自己的话解释法律并通过口头方式指示陪审团。这样的指示方式具有灵活、方便的特点,口头指示的非正式性也增加了指示出现错误的概率,因此英国自 1987 年开始制定自己的书面指示。

2016 年,英国司法协会发布的《刑事法院资料汇编》[②]整合和修改了之前有关陪审团书面指示的内容,为法官总结提供参考。以法官如何向陪审员说明传闻证据为例,《刑事法院资料汇编》对此分为 3 个部分:第一部分是法律摘要,摘取了司法判例的观点和法律规定,说明什么是传闻证据,是否具有可采性;第二部分是向陪审员归纳传闻证据的相关要点,如传闻证据可采性的例外、传闻证据使用的风险等;第三部分,通过假定案件事实的方式进一步向陪审员说明如何审查传闻证据。相比美国范本指示的笼统,英国《刑事法院资料汇编》在内容上规定比较具体。英国法官不必每一个法律指示都遵循《刑事法院资料汇编》给出的固定格式,可以根据案件的具体情况灵活运用。根据《刑事诉讼规则》25. 14(4)规定,法院可以通过书面指示的方式协助陪审员。可见,英国的书面指示并不具有强制适用性,但法官通过书面的方式指示陪审员越来越普遍。

2. 美国采用书面方式

在美国,越来越多的初审法官喜欢使用范本指示,这样的好处之一就是上诉法院不太可能以法律指示未能准确描述法律为由撤销判决。因此,法官一般不会对法律作出口语化解释,而是遵循书面指示范本的样式。

美国没有全国统一强制适用的范本指示,各个州和联邦都有自己的一套或多套范本指示,指示样式也不相同。美国第九巡回法庭发布的《刑事陪审团指示手册》[③]把陪审团指示分为两个部分,第一部分是对所要指示法律问题的一般概述,第二部分是评论,通过援引司法判例观点的形式进一步澄清法律问题和提示法官在指示时应注意的事项。如法官向陪审员指示什么是直接和间接证据时,

---

① See Debra L. Worthington, *What You Should Know about Juror Reform Part III: Using Preliminary Jury Instructions*, The Jury Expert, May 2007, pp. 7 – 8.

② See Judicial College, The Crown Court Compendium: Part 1, May 2016.

③ *The Ninth circuit Jury Instructions Committee*, Manual of Model Criminal Jury Instructions, 2010 Edition.

第一部分通过简短的法律语言定义直接证据和间接证据；第二部分通过判例的观点向陪审员说明如何使用间接证据和建议法官不能就某些事实问题向陪审员指示。纽约州《刑事陪审团指示》[①]对间接证据的法律指示比较简单明了，通过举例的形式说明什么是间接证据以及运用间接证据进行推论应当注意的问题。虽然，美国有的范本指示繁琐，有的简单，但不管怎样，法律指示的内容一般都有上诉法院判例的支持。

## 三、英美陪审团指示错误的救济

错误的陪审团指示有两种救济途径：一是在陪审团作出裁决之前，诉讼一方对陪审团指示提出异议，法官经审查认为存在错误的，重新作出陪审团指示或者法官主动对发现的错误进行纠正；二是通过上诉撤销指示错误的案件。

### （一）英国通过上诉撤销指示错误的案件

在英国，上诉人不需要任何理由就可以对陪审团有罪裁定提起上诉。但是，针对陪审团有罪裁定的上诉需要得到上诉法院的许可，上诉人为了保证上诉成功，往往会提出具体的理由。1995 年之前，上诉理由如果满足法官错误地决定法律、审判程序严重不规范、定罪不安全或令人不满意中的任意一个，上诉法院就会进一步审查上诉理由是否足以导致有罪裁定被撤销。这些上诉理由都说明了有罪裁定存在法律错误，法律错误大多涉及法官总结内容，常见的法官总结错误主要有：(1)法律指示错误，包括未释明法律或法律解释不充分；(2)剥夺陪审团独立判断事实的权力，如法官总结的事实具有唯一性，且只能导致有罪裁定；(3)错误地陈述事实，对重要的事实表述不正确或没有表述；(4)法官对事实不公正地评论，如法官对事实的看法带有明显的偏见；(5)不公正地评论被告人品格的证据，如法官将被告人之前的恶劣品行与本案的犯罪行为联系起来。[②] 如果这些错误没有出现，上诉法院就会驳回上诉。1995 年修订的《刑事上诉法》确定上诉理由只有一个，即定罪不安全，定罪不安全是主观性极强的标准，法官对有罪裁定是否感到可靠，这种感觉要依靠法官的经验，而不是对证据进行严格的审查判断，[③]上诉法院认为定罪是不安全的，就会撤销有罪裁定。有英国学者认

---

① Criminal Jury Instructions & Model Colloquies: Circumstantial Evidence-Entire case, http://www.nycourts.gov/judges/cji/1-General/CJI2d.Circumstantial_Evidence.pdf.

② Blackstone's Criminal Practice, United Kingdom: Oxford University Press, 2013, pp. 2051 – 2052.

③ Archbold Criminal Pleading, Evidence and Practice, United Kingdom: Thomson Reuters (Legal) Limited Press, 2011, pp. 1071 – 1072.

为,这一标准和之前的审查标准并无实质区别,只不过是大大简化而已。[①] 因为上诉法院法官最终会参照 1995 年之前的具体标准来判断什么是"定罪不安全"。

《欧洲人权公约》成为英国国内裁判的依据时,英国对撤销有罪裁定是依据定罪不安全还是依据违反公平审判,是存在着争论的。可以肯定的是,当法官总结错误所造成的审判缺陷严重违反《欧洲人权公约》第 6 条规定的公平审判权导致定罪不安全时,上诉法院才会撤销有罪裁定。例如,盗窃罪和抢劫罪最大不同在于是否使用暴力,法官没有就这一重要区别向陪审团释明,陪审团没有得到法官有效法律帮助就属于法官错误引导,这会导致陪审团的不安全定罪并被上诉法院撤销。如果出现了法官总结错误,但综合全案情况来看,该错误尚未严重侵犯被告人公平审判权时,上诉会被驳回。在肖卡特(Shokat Chenia)案中,肖卡特被控欺诈罪,他在审前阶段拒绝回答警方的问题。在庭审过程中,肖卡特却将之前被警方要求但未提及的事实作为辩护理由,陪审团在法官总结之后裁定指控罪名成立。肖卡特以法官未向陪审团释明《刑事司法与公共秩序法》第 34 条[②]为由提起上诉。上诉法院认为,虽然初审法官没有依据该法第 34 条向陪审团释明是不正确的,但法官已经就第 35 条完整地向陪审团指示,况且控方的所有证据都对被告人不利,陪审团没有理由相信肖卡特无罪。即使法官向陪审团指示了第 34 条,陪审团依然会对肖卡特作出不利推论,被告人肖卡特得到了公平审判并且定罪是安全的。[③] 上诉法院因此驳回上诉、维持原判。

(二)美国通过新指示和上诉纠正错误指示

在美国,诉讼双方可以通过"法律指示会议"提出异议来纠正错误指示。法官会考虑是否采纳异议,并向陪审员发出新的指示。因此,指示会议是审判的一个重要阶段,具有强制性,即使诉讼一方没有请求,法官也会召开指示会议。如北卡罗来纳州规定指示会议是庭审的必经程序,如果不召开指示会议,就构成对正当程序的违反,可以进行重新审判。法官对提出的异议经审查后,认为需要纠正的,可以召回陪审团给予新的指示并告诉陪审团忽略之前错误的指示。如果法官指示出现错误时,一般是由控方提请法官注意。如果法官在总结阶段没有就举证责任或证明标准的含义向陪审团充分释明,控方也没有及时提醒法官纠

---

① 参见[英]约翰·斯普莱克:《英国刑事诉讼程序》,徐美君、杨立涛译,中国人民大学出版社 2006 年版,第 635 页。

② 英国《刑事司法与公共秩序法》第 34 条、第 35 条对被告人沉默权进行了限制,当被告人在审前阶段不告诉被警方或控方合理要求且应当提及的事实,但在庭审阶段作为其辩护理由以及被告人被法庭要求作证,无正当理由不作证或拒绝回答法庭的问题时,法官可以指示陪审团作出对被告人不利的推论。

③ *Shokat Chenia V. Regina*[2002] EWCA Crim 2345.

正错误，陪审团作出的有罪裁定就会被上诉法院撤销。辩护人为了被告人的利益，通常不会对法官总结中的错误提出异议，而是将该错误作为上诉理由以达到推翻有罪裁定的目的。

控辩双方法律指示异议的提出，既可以口头也可以书面，法院会进行记录以便上诉法院审查。异议不能泛泛而谈，需要明确理由，如密西西比州法院指出，仅仅指出没有证据支持或错误陈述法律是不足够的，理由需要具体化，如法官过度解读了证据、不符合本司法辖区的范本指示、指示与司法判例相冲突。① 如果在此阶段没有提出异议，拟给的法律指示就构不成根本错误。但存在这样的例外，如果法律指示出现根本错误，未提出异议并不视为对上诉权的放弃。

另外，诉讼双方还可以在指示会议上提交特别指示，这类指示并非直接来自范本指示，而是当事人自己提前准备的，当范本指示不能准确描述法律时，法官会考虑向陪审团宣读特别指示。

美国上诉法院审查陪审团指示是否错误时，适用无害错误规则。法官作出的法律指示可能存在错误，但并不是所有的错误都对当事人的权利造成实质性影响。换言之，只有遗漏了陪审团作出裁决所必须考虑的相关要素时，才是根本错误。② 这种错误属于宪法性错误，宪法性错误又可分为结构性错误和审判错误。③ 当陪审团指示错误导致剥夺了当事人的权利，无法满足最低的诉讼公正，如错误的指示“证明有罪的责任由被告人承担”，这种判决会被强制性撤销。

大多陪审团指示错误并非必然撤销的情况，其指示错误影响到了陪审团对证据的认定，判断指示错误是否会对判决造成实质或重大影响，需要具体分析。不过，学者认为，如果法官在陪审团定罪之前要求他们对黑人进行道德评价，容易导致定罪不准确的后果。④

美国学界对法官遗漏指示要素是否属于无害错误存在不同观点，但错误的陪审团指示侵犯了被告人获得陪审团审判的权利。⑤ 从司法实践来看，法律指示不充分，并不一定构成有害错误，如上诉人认为法官在给出“什么是精神病人”的法律指示并不充分，把举证责任不当转移给了自己。但是上诉法院认为即

① See Christine Davis, *The Key to Jury Instruction Preservation: Objecting with Precision and Completeness*, Feb. 14, 2017, https://www.jdsupra.com/legalnews/the-key-to-jury-instruction-37698/.

② See Michael M. Giel, *Avoiding fundamentally erroneous Jury Instructions: Pointers for Counsel in Criminal Trials and Appeals*, Florida Bar Journal, Vol. 81 (2007), p. 61.

③ 参见蒋鹏飞：《美国刑事诉讼中的无害错误规则及其启示》，载《国家检察官学院学报》2008 年第 4 期。

④ Jody Armour, Where Bias Lives in the Criminal Law and Its Processes: How Judges and Jurors Socially Construct Black Criminals, 45 Am. J. Crim. L. 203, 2018.

⑤ Daniel Epps, Harmless Errors and Substantial Rights, 131 Harv. L. Rev. pp. 2117, 2018.

使指示不充分,但陪审团指示很清楚地说明了控方必须证明被告人构成犯罪的所有要素以达到排除合理怀疑标准。[①] 因此,上诉法院认为不充分的法律指示并不构成有害错误。通常来讲,法院必须就指控罪名的基本构成要素向陪审团作出正确指示,如果犯罪的某一个基本要素在一般人看来就是理所当然的,不大可能发生争议和误解,那么,没有向陪审团发出指示不是有害错误。

## 四、英美陪审团指示制度的新发展

### (一)英国:公开陪审员对法官指示的回答情况

《欧洲人权公约》第 6 条规定了公平审判权,其中就要求公开判决理由。但是,英国陪审员被假定理解并遵循法官给出的指示,能够做出一个公正的判决,而且,英国陪审员也不需要公开他们作出决定的理由。陪审员决定理由的不公开遭受质疑,当陪审员在不理解法律或对事实作出错误认定的时候而作出无罪裁定的情况下,上诉法院会显得无能为力。

比利时陪审团公开裁决推理过程的做法引起了英国的注意。《比利时刑事诉讼法》规定了一种“结构化裁决”模式,即主审法官根据起诉书的内容向陪审团提交一份正式的问题清单,陪审员必须对问题作出答复。因此,英国大法官罗宾. 奥尔德(Robin Auld)于 2001 年提交了一份刑事法院审查报告,他建议法官应设计书面问题清单提供给陪审员,这些问题与案件事实相关联,在逻辑上能够导致有罪或无罪,在适当的情况下,陪审员可以在法庭上公开他们的回答。[②] 这种公开陪审员推理过程的做法被称为“裁决路线”(route-to-verdict)公开,这种指示陪审员的模式直到 2010 年才被英国司法协会批准使用。[③]《刑事规则》25. 14(3)(b)规定:“在必要的时候,法官对陪审员提出问题并要求其在作出裁决时回答。”《审判指南》对前述条款进一步明确规定,法官可以根据需要制作“裁决路线”协助陪审员认定案件事实。[④] 立法虽然没有规定法官必须采用“裁决路线”指示陪审团,但这一指示模式在提高陪审员法律的理解能力,帮助其准确认定案件事实的同时,也减少了有罪裁定被推翻的概率,受到了法官们的热烈欢迎。

除了英国之外,类似“裁决路线”的指示模式被引入了加拿大、新西兰等普

---

① See *Holiday v. State*,753 So. 2d 1264 (Fla. 2000).

② See Robin Auld,*Review of the Criminal Courts of England and Wales* (2001),pp. 537 – 538.

③ See Mark Coen & Jonathan Doak,*Embedding Explained Jury Verdicts in the English Criminal*,Legal Studies,Vol. 37 (2017),p. 797.

④ See Criminal Practice Directions 2015 Division VI, https://www. justice. gov. uk/courts/procedure-rules/criminal/docs/2015/crim-practice-directions-VI-trial-2015. pdf.

通法系国家。[①] “裁决路线”可以通过不同的形式表现出来，如文本、要点、流程图或其他图表形式，陪审员需要对法官给出的事实问题回答“是”或“否”，不同的回答会引出不同的事实问题或案件结论，直至陪审员作出有罪或无罪裁定。在英国，除了一些简单案件，“裁决路线”指示模式在其他案件中被法官广泛采用。法官根据案件的事实、证据以及法律预先制定出“裁决路线”中的问题，再同辩护人协商确定最终要向陪审员发问的问题。法官向陪审员发问时，还会就问题所涉及的法律和证据指示陪审团。

（二）美国：改革范本指示和允许陪审员提问

为了提高陪审员对法律的理解能力，准确认定案件事实，美国学者对陪审团指示进行了大量实证研究。无论是从数量还是内容上来看，美国陪审团指示的研究成果远超过英国。其中的一些建议被法院采纳，推进了对陪审团指示的改革，除前文所述陪审团指示时间的改革外，这些研究内容还包括以下两个方面：

一是改革范本指示语言。这些范本指示是由律师和法官组成的委员会编写的，充斥着大量复杂的法律术语，晦涩难懂。理解陪审团指示至少需要12年级的阅读水平，大约有14%的美国成年人（大约3000万）阅读技能处于基本水平以下，即不能处理不熟悉或复杂的信息。[②] 美国对陪审员的英语水平要求是能够完整地填写好陪审员资格表就足够了，并且陪审员都是非专业法律人士，陪审员理解范本指示时存在困难就不足为奇了。语言简洁、通俗易懂成为改革的主要目标。例如，法律语言专家彼得·M. 蒂尔斯马（Peter M. Tiersma）在《陪审团沟通：如何起草易理解的陪审团指示》一文中对范本指示可理解性的提高提出许多切实可行的建议，如使用可理解的词汇、避免复杂语法结构、以举例子的形式解释法律术语等。[③] 马萨诸塞州最高法院研究小组在编写范本指示的时候，还吸收警方参与，因为警方经常与公众接触，比法官和律师更了解陪审员。

二是改革法律指示配套措施，允许陪审员做庭审笔记和就法官的法律指示提问。在过去，法庭不允许陪审员做庭审笔记，因为记笔记不仅费时，还会分散他们的注意力。一些实证研究表明上述担忧不仅不会出现，反而会带来很多好处，如更好地回忆证据、理解法律的能力提高、准确认定案件事实等。[④] 联邦和

① Paul Marcus, Judges Talking To Jurors in Criminal Cases: Why U. S. Judges Do It So Differently From Just About Everyone Else, Arizona Journal of International & Comparative Law, Vol. 30 (2013), p. 54.

② Steven E. Perkel & Benjamin Perkel, Jury Instructions: Work in Progress, The Jury Expert, May 2015, p. 22.

③ Peter M. Tiersma, Communicating with Juries: How to Draft More Understandable Jury Instructions, National Center for State Courts, 2006.

④ Debra L. Worthington & Julie E. Howe, What you should know about Jury reform: Part 1 Examining Juror Note-taking, The Jury Expert, Oct 2006, p. 9.

大部分州法院就允许陪审员在审判中做笔记,但是,法官要对笔记的使用作出一定的限制——应当向陪审员指示笔记不能作为证据,不能受其他陪审员笔记影响等。在庭审中,陪审员对证人证词的疑惑一旦被带到评议阶段,就可能影响到证据的审查。如果允许陪审员向证人提问,就可以减少对事实的误解,对法官指示有更清晰的认识。有人担忧陪审员提问会拖延庭审效率,如果提问不被允许,陪审员会误认为法官暗示该证据不重要等。实证研究证明,这种担忧不必要:陪审员会将问题以书面形式传给法官;律师会在陪审团不在场的情况下对该问题提出异议;如果法官同意问题被提出,则由法官向证人发问。这些配套机制克服了陪审员向法官提问可能带来的问题。

尽管,美国陪审团指示改革取得了不少成果,但整体上进程缓慢,例如,学者们对陪审团指示时间的实证研究自 20 世纪 70 年代就开始,30 年后美国国内法院才普遍对陪审团指示的时间进行改革。学者认为,阻碍陪审团指示改革的原因有 4 个:①第一,陪审团指示的起草者由律师和法官组成,主要目的是为了避免上诉成功、推翻一审裁决,陪审员是否理解成了次要目标;第二,法律用通俗易懂的语言让普通大众理解的同时,会丧失法官权威;第三,法官们对实证研究的结论普遍持怀疑态度,因为研究者们的研究对象是模拟陪审团审判,并不是真实发生的审判,模拟的数据不代表真实;第四,各州的陪审团指示都符合各州法官利益,为了防止裁定被上诉推翻,各州也拒绝改变。

## 五、我国对英美陪审团指示制度的借鉴

我国人民陪审员制度中的七人合议庭在裁决权范围上吸纳了英美国家和大陆法系国家优点。我国 2018 年《人民陪审员法》规定了人民陪审员与法官的职权划分:人民陪审员参加三人合议庭的,对事实和法律问题有决定权;七人合议庭由审判员三人和人民陪审员四人组成,在七人合议庭中,人民陪审员只对事实问题有决定权。评议和决定程序分两步走,先由审判员和人民陪审员共同对事实问题进行评议和表决,再由审判员三人对法律问题进行评议和表决。

在法官对陪审员的法律指引方面,规定了总体规则和具体的两种方式。

首先,立法总体上规定了法官对陪审员的法律指示义务。《人民陪审员法》第 20 条规定:“审判长应当履行与案件审判相关的指引、提示义务,但不得妨碍人民陪审员对案件的独立判断。合议庭评议案件,审判长应当对本案中涉及的事实认定、证据规则、法律规定等事项及应当注意的问题,向人民陪审员进行必

① J. Brittany Cross, *Juror Incomprehension: Advocating for a Holistic Reform of Jury Instructions*, Kentucky Law Journal, Vol. 98(2009), pp. 358 – 363.

要的解释和说明。”总体上规定了法官应当随时进行法律指示，也特别强调了评议时应当对陪审员进行法律指示的内容。

其次，采用了大陆法国家通常采用的问题列表制度。2019年4月24日，最高人民法院《关于适用〈中华人民共和国人民陪审员法〉若干问题的解释》（以下简称《陪审员法司法解释》）第9条规定：“七人合议庭开庭前，应当制作事实认定问题清单，根据案件具体情况，区分事实认定问题与法律适用问题，对争议事实问题逐项列举，供人民陪审员在庭审时参考。事实认定问题和法律适用问题难以区分的，视为事实认定问题。”第13条规定：“七人合议庭评议时，审判长应当归纳和介绍需要通过评议讨论决定的案件事实认定问题，并列出案件事实问题清单。人民陪审员全程参加合议庭评议，对于事实认定问题，由人民陪审员和法官在共同评议的基础上进行表决。对于法律适用问题，人民陪审员不参加表决，但可以发表意见，并记录在卷。”最高人民法院的司法解释规定了七人合议庭开庭前、评议时两个阶段都应当由审判长制作事实问题清单，问题列表是英国陪审团“指示范本”的升级版，也是大陆法系问题列表制度的中国化，这是用特定的书面方式，在开庭前、评议时进行的法律指示。

再次，同时采用了英美国家的法官法律指示制度。《陪审员法司法解释》第11条规定：“庭审过程中，人民陪审员依法有权向诉讼参加人发问，审判长应当提示人民陪审员围绕案件争议焦点进行发问。”第12条规定：“合议庭评议案件时，先由承办法官介绍案件涉及的相关法律、证据规则，然后由人民陪审员和法官依次发表意见，审判长最后发表意见并总结合议庭意见。”这两条规定了法官在制作和出示问题列表之外，可以在庭审过程中、评议案件时进行口头法律指示。

综上，我国陪审员指示制度，兼采大陆法系国家问题制度和英美国家陪审团指示制度，审判前通过问题列表方式的指示、审判中通过口头方式进行法律指示、评议前同时向陪审员展示问题列表和进行口头指示；既有问题列表这样的书面指示，也有口头指示。我们已经形成了具有中国特色的陪审员指示制度。

我国兼采问题列表与法官指示相结合的做法，充分考虑了陪审员作为外行人对法律不理解可能带来的审判困难，这符合我国公民参与司法不够充分的现实，值得肯定和坚持。但是，庭审中只规定“应当提示人民陪审员围绕案件争议焦点进行发问”，没有规定陪审员对法律问题不清楚时是否可以指示；立法中“不得妨碍人民陪审员对案件的独立判断”的内容在立法和司法解释中并无具体保障性措施。对以上两点，我们可以借鉴英美陪审团指示的有益做法。

### （一）增加庭审前和庭审中的口头指示

在我国，开庭前“应当制作事实认定问题清单”，没有明确规定可以再进行口头法律指示；而在庭审中，法官“应当提示人民陪审员围绕案件争议焦点进行发问”，可以认为这仅仅是一个法庭指挥条款，并不包括法律指示。为了让陪审员在庭审前后的任何时间都有机会听到法官的法律指示，我国应当明确规定法官在庭审前、庭审中有口头法律指示的权力，当然，这也是法官的责任和义务。

首先，开庭前指示除了现在已经规定的陪审员问题列表之外，还应当规定，针对陪审员就问题列表提出的问题，还可以进行口头法律指示。事实上，在实践中，陪审员就问题列表中不清楚的问题，一般会提出问题，法官也会进行回答，立法应当肯定实践中这一做法。

其次，在庭审过程中，法官可以根据所审理的案件的情况，就实体法和审判程序以及证据等与案件相关的法律规则，向人民陪审员作出指示。如当辩方提出证据排除的申请时，法官应当根据刑事诉讼法和相关司法解释，说明“证据能力先行调查”原则的程序和制度。

对于在法庭上的法律指示，可以由法官根据陪审员提问情况主动作出，也可以根据陪审员的要求回答有关法律问题。但是，庭审中的法律指示应当在法庭公开发出，让诉讼各方都能了解，以避免法官对陪审员进行不当引导，影响其独立审判。

### （二）对法律指示记录在案并允许异议

陪审团指示的受众主要有 3 个：陪审员、律师、上诉法院。在英美国家，陪审员需要依据法律认定独立案件事实，律师通过举证让法官向陪审员提供对自己有利的法律指示，上诉法院需要审查错误的法律指示是否对有罪裁定造成实质影响。

但是，在我国，人民陪审员的立法与司法解释并不允许律师了解陪审员指示的内容。我国学者建议通过限定指示的内容为陪审员指示设定边界，保障人民陪审员独立参与审判。[①] 法官对人民陪审员的指示错误应当根据故意的指示错误、过失的指示错误和无指示的错误三种情形进行审查并进行评估。[②] 还有人提出，我国当前的法官指示不能进行模糊立法，而应当将法律条文和证据规则作为法官指示的内容。[③] 上述学者对法官指引责任的研究中，只是针对指示内容进行了阐述，并没有从发现法官指示错误的角度进行研究。

实际上，法官有方法对陪审员独立裁判进行影响，特别是法官作出口头指示

---

① 参见唐力：《法官释法：陪审员认定事实的制度保障》，载《比较法研究》2017 年第 6 期。

② 参见刘梅湘、孙明泽：《刑事陪审团指示制度研究——论中国刑事诉讼人民陪审员指示的完善》，载《重庆大学学报（社会科学版）》2019 年第 2 期。

③ 参见步洋洋：《中国式陪审制度的溯源与重构》，载《中国刑事法杂志》2018 年第 6 期。

时，律师有能力和动力发现和判断这样的影响。所以，我国应当学习英美国家的做法，规定：律师在场时应当公开进行法律指示，无论律师是否在场，法官指示内容都应当记录在案供律师查阅；错误的指示应当成为上诉和改判理由；对于法官故意发布错误指示、影响陪审员独立裁判的，应当承担司法责任。

## 结语

我国陪审员指示制度与英美陪审团指示制度的根本区别在于，我国的陪审团指示兼采英美法律的法律指示制度和大陆法系国家的问题列表制度，周到而细致地考虑了陪审员不懂法带来的对公正与效率的影响。但从我国陪审员指示的立法内容来看，立法者对法律指示影响陪审员独立审判的问题没有采取必要的防范措施。究其原因，是因为我国人民陪审员制度与英美陪审团制度的根本目的和基本功能不同。

我国《人民陪审员法》第 1 条规定，陪审员参与审判的目的在于“保障公民依法参加审判活动，促进司法公正，提升司法公信”，其目的在于促进公正与公信；而英美陪审团是基于“人民不会犯错”、陪审团被认为是“自由的灯塔”等理念，根本目的是“防止政府用立法的手段压迫人民”。[①] 同时，在功能上，我国陪审员审判的结果可以通过二审进行纠正，而陪审团承担“事实审一次性”的重任，上级法院不能对事实问题进行重审，只能以程序问题推翻审判并要求重审。因此，在我国，法官不当影响陪审员独立审判的后果是可以随时纠正的。尽管如此，我国立法中“不得妨碍人民陪审员对案件的独立判断”的表述表明，立法者看到了陪审员独立审判的意义。

本文的主要目的是让中国读者全面了解英美陪审团是如何通过法律指示解决陪审员正确适用法律又能独立审判这一对矛盾的，但本文在中国如何借鉴英美陪审团指示方面，只是提出了粗浅的建议，如何借鉴各国立法设计中国法律指示的方案，还有待其他学者或者作者本人通过专门论文进行探讨。

**Jury instruction system in Britain and America and its reference**

Gao Yifei  Chen Renhao
（Guangxi University，Nanning，530004；
Southwest University of political science and law，Chongqing，400031）

**Abstract**：Jury instruction system was raised in England and developed in

① 高一飞：《陪审团的价值预设与实践障碍》，载《北方法学》2018 年第 4 期。

America. British judges can comment on evidence and facts and direct the law, while American judges only provide legal instructions. In British, the time of legal instruction is mainly before and after the concluding statement, and the American judges can make their own discretion on the time of instruction; in British, the legal instruction is given orally, while in the United States, the instruction is given in writing. If the jury's instruction is wrong, the British will withdraw the wrong instruction through appeal, and the United States will directly correct the wrong legal instruction through the new instruction, or correct the wrong instruction through appeal. There are new developments in jury instructions in Britain and the United States. In Britain, it is required to disclose the answers of jurors to the judge's instructions, while in the United States, it is required to reform the model instructions and allow jurors to ask questions to the judge on legal issues. China can learn from the British and American jury instructions, and add the provision that legal instructions can be given before and during the trial. Legal instructions should be recorded and lawyers should be allowed to raise objections.

**Key words**: jury instruction; judge summary; model instruction; appeal review

# 刑事司法改革：方向、方法与方案*
## ——从庞德的《美国刑事司法制度》谈起

李　鑫** 王瑞坤***

［内容摘要］　随着美国从农业拓荒时代向工业化时代转型，社会背景发生了显著变化，这一变化为刑事司法制度带来了沉重的负担。庞德以社会工程学的视角，将法律视为社会控制的方式之一，注重研究刑事司法制度的实际社会效果。他以需求、欲望和期望为轴心，构建起利益理论；并将其分为社会利益、公共利益与个人利益三个部分，作为刑事司法研究的切入点。在对刑事司法制度的先天缺陷和后天不足作出诊断后，他倡导通过立法、执法、司法的各自改革与相互协调，构建起兼具预防与惩罚功能的刑事司法体制，以实现理想的法律秩序。

［关键词］　社会学法学　庞德　刑事司法制度　司法改革

* 基金项目：四川省高校人文社会科学重点研究基地——基层司法能力研究中心项目“电子诉讼体系建设的理论基础与实践路径”（JCSF2020－11）；四川大学“从0到1”创新研究项目“面向司法知识管理和应用体系支撑的司法知识引擎构建”（2020CXQ20）。

** 李鑫：法学博士，四川大学法学院副教授，硕士生导师。

*** 王瑞坤：四川大学法学院智慧司法研究所助理研究员。

## 引 言

刑事司法是社会治理体系的有机组成部分,其制度的构建体现了国家对社会秩序的维系。同时,在社会环境变革的背景下,刑事司法制度运行中凸显的问题,反映的是社会秩序在自我调节中遇到的瓶颈。从这个角度来看,刑事司法制度也是“微观社会矛盾纠纷的灵敏显示器和社会治理状态的预警机”。①

关注刑事司法制度,有助于发现国家治理中核心矛盾冲突的变化,并及时通过刑事司法制度的改革,调适社会秩序,维持其平稳运行。美国社会学法学代表人物庞德在《美国刑事司法制度》②一书中,针对19世纪美国盛行的分析法学理论进行了反思,发现了一种评估法律价值的新准则和理论上的新构建,并将其应用于对美国刑事司法制度的研究中,提出了研究刑事司法制度的独特观点。

庞德认为,法学家思考法的范围与本质问题,不应当“基于抽象个体的抽象性质立场,也不是基于抽象个体的自由意志的逻辑蕴含立场”,③而应当是“基于文明社会中具体个人的欲望与主张的立场”,④即庞德关心的是法律有什么用。⑤庞德的这一提法,摒弃了分析法学等学派局限于研究法律本身结构的窠臼。他以社会学的视角,关注在工业革命时期的社会剧变下,法律在社会控制中的作用,并试图透视刑事司法制度在变革与重构中的价值取向。

庞德的这一研究视角,使其研究具有超越具体对象的可能,为理解刑事司法制度和推动刑事司法制度改革提供了一般性的路径。通过对《美国刑事司法制度》一书的研读,不仅可以帮助回顾和梳理美国刑事司法的发展历程,更重要的是,通过对其研究方法的学习,以及具体阐释的借鉴,能够推动刑事司法制度建设经验的迁移,将其应用到本土的刑事司法制度改革中来。本文旨在梳理庞德对美国刑事司法制度探讨的理论路径,并探究刑事司法制度存在的问题症结与改革的内在动因,以期为我国刑事司法制度改革提供方向、方法和方案的参考。

## 一、功能论视野下的刑事司法制度

读懂《美国刑事司法制度》的一大前提,是要理解庞德在根本上是从功能论

① 杨建军:《通过司法的社会治理》,载《法学论坛》2014年第2期,第15页。

② 参见[美]罗斯科·庞德:《美国刑事司法制度》,黄涛译,商务印书馆2020年版。

③ [美]罗斯科·庞德:《美国刑事司法制度》,黄涛译,商务印书馆2020年版,第3页。

④ [美]罗斯科·庞德:《美国刑事司法制度》,黄涛译,商务印书馆2020年版,第3页。

⑤ 参见[澳]朱利斯·斯通:《庞德的黄金时代》,载翟志勇主编:《罗斯科·庞德:法律与社会——生平、著述及思想》,广西师范大学出版社2004年版,第46页。

的角度对刑事司法制度展开研究的。在庞德看来，刑事司法制度的重要价值在于发挥社会控制功能。他对美国刑事司法制度的一系列阐发，均以这一认识为前提。社会学法学的代表人物埃利希提出："无论是现在还是其他任何时候，法律发展的重心不在立法，不在法学，也不在司法判决，而在社会本身。"①庞德在埃利希的基础上有所发展，"将法律视为实践社会控制的工具"。② 从功能论视角来看，法律首先是一种使社会有序化的力量。

"功能概念最关切的是：在生命系统中，某种在经验上可资辨认的结构与过程，其存在与特性有些什么后果。"③因此，基于功能论视角，首先需要追问的就是刑事司法制度对社会有怎样的功能，也就是刑事司法对社会做出了怎样的贡献。而在这一过程中，刑事司法制度必然需要与其他社会部门相互配合，共同维持社会的有序状态。刑事司法制度，乃至整个法律制度的发展，与历史进程、社会结构的关系极为紧密。庞德在书中提到，人们对司法体系重视程度的提高，与家庭和宗教影响力的减弱是几乎同步的。在美国 19 世纪的社会生活中，家庭组织同样具有社会、经济和法律上的效力，而作为舆论极端形态的宗教组织，也发挥着近似的作用。它们在很大程度上承担起法律的职能，通过家法族规、宗教律令等形式规训人们的日常生活。到 19 世纪末 20 世纪初，也就是美国历史上的进步时代，生产力的革新引发社会形态的剧变。从农业社会到工业社会、从自由资本主义到垄断资本主义，维系社会秩序的方案也需要随之更新。概言之，进入工业社会之后，司法制度的重要性得到凸显，逐渐取代了家庭与宗教，成为维系社会秩序的重要保障。基于社会背景的变化，庞德认为，刑事司法制度理应"承担全部的社会控制任务"，④从而通过法律实现对社会的控制，维护社会整体的平稳运行，这给刑事司法制度带来了沉重的负担。

（一）功能论视角下的利益理论

进一步来看，刑事司法制度的社会控制功能，是通过对利益的保护来实现的。庞德认为："利益可以看作是人们——不管单独地还是群体或社团中或其联系中——寻求满足的需求、欲望或期望。"⑤法律并不创造社会利益，而是发现需要保障的利益。在广泛的利益中，法律对其加以选择和分类，对于值得保护的利

---

① ［奥］欧根·埃利希：《法社会学原理》，舒国滢译，中国大百科全书出版社 2009 年版，第 3 页。

② 邹立君：《从知识增量的角度解读罗斯科·庞德〈法理学〉第一卷》，载《吉林大学社会科学学报》2005 年第 3 期，第 152 页。

③ ［美］帕深思、莫顿等：《现代社会学结构功能论选读》，黄瑞祺编译，台北，巨流图书公司 1981 年版，第 106 页。

④ ［美］罗斯科·庞德：《美国刑事司法制度》，黄涛译，商务印书馆 2020 年版，第 12 页。

⑤ ［美］罗斯科·庞德：《法理学》（第 3 卷），廖德宇译，法律出版社 2007 年版，第 14 页。

益予以承认,并制定保护该利益的合理机制。从发现到选择,再到承认和保障,庞德构建起了以需求、欲望和期望为轴心的利益理论,并将其分为社会利益、公共利益与个人利益三个部分,作为刑事司法制度研究的切入点。

其中,社会利益是“与社会的维系、活动与运行相关的主张”,[①]实际上就是在探讨整个社会集团的主张,是文明社会所追求的集体利益。公共利益则是指“个人以政治组织社会的名义或代表政治组织社会而明确肯定的主张”,[②]它是对政治生活中共性欲望的集合,是基于政治组织的地位而予以确认的利益。个人利益是指“单一个体所提出的主张或要求”,[③]它只有经过归纳才能被法律保护。在以上三者中,社会利益作为最广泛、最普遍、最顶层的利益,是法律保护的利益中的首要问题。保护社会利益,即是在通过回应一系列的主张来维系社会整体的稳定。在廓清利益的层级概念之后,庞德着重地探讨了社会利益的具体表现,即保障社会安全、满足人类需求、实现个人合理欲望等。对利益内涵的细致讨论,本质上也是在阐明刑事司法制度社会控制功能的核心价值。

(二)刑事司法保障社会安全

在社会利益层面,刑事司法制度应当对社会的普遍安全予以保障,通过法律限制威胁社会安全的各类行为。庞德在论述普遍安全的时候,着重强调了几大范畴,如国民的生命与健康安全、治安与公共秩序安全,宗教相关安全利益,以及随着经济发展,越发重要的并购与交易安全。为了实现普遍安全,需要充分重视社会制度的安全利益,保护和保障社会中各项基本制度的有效运行。对普遍安全的保障,为社会的运行提供了基本的准则。它是最重要的社会利益,也是社会集团最基础的主张,是任何司法活动不可忽视的维度。

不难发现,无论是对普遍安全的讨论,还是对社会制度的关注,庞德的侧重点均与社会整体的需求是紧密联系起来的。事实上,刑事司法制度的价值,正是体现在对社会问题的回应之中。社会问题是不断更新的,所以在法律发展的不同时期,刑事司法制度重点关注的利益价值的位阶次序也在发生着变化。即在社会利益理论中,社会保障的具体利益对象是流动的,能够随着社会环境变化吸收和容纳新事物。特别是在社会转型的新时期,他指出,一种新的利益迫切需要被认可——与一般道德相关的社会利益。这是一种用以维护社会机制的伦理习俗利益,在庞德看来,道德是法律出发的根基之一,但并不是要求法律对伦理习俗进行权威性的阐发,而是“对传统规范所做的技术性处理,或是读权威的法外

① [美]罗斯科·庞德:《美国刑事司法制度》,黄涛译,商务印书馆2020年版,第4页。
② [美]罗斯科·庞德:《美国刑事司法制度》,黄涛译,商务印书馆2020年版,第4页。
③ [美]罗斯科·庞德:《美国刑事司法制度》,黄涛译,商务印书馆2020年版,第4页。

命题所做的技术性改编”，[①]通过维护伦理习俗，最终要达到的目的依然是对社会秩序的维系。其本质上，是一种文明社会生活的主张。从普遍安全到一般道德，庞德为刑事司法制度对社会整体利益的价值奠定了基础。

（三）刑事司法满足人类需求

在公共利益层面，刑事司法制度以限制特定行为的方式维护公共利益，但从另一个角度来看，刑事司法制度其实也具有满足人类需求的功能。在这方面，庞德主要关注的是与全面进步和个体生活相关的公共利益。所谓全面进步，是指“本着满足人类需求的目的，人类自身能力及人类对自然的支配力应不断取得进步”。[②] 此类进步，一方面是人类对自然的支配能力的进步，另一方面则是强调人类自身发展程度的提升。

在个人利益层面，刑事司法制度的作用则体现为对单一个体生活的关注，强调尽可能合理地满足个体的部分欲望，使其达到人类生活水平的最低限度。此种利益分为自我肯定、个人机遇与最低限度的生活条件三个方面。由此可以发现，个体生活构成全面进步的微观实践，全面进步则是个体生活的最终趋向。通过法律的形式对二者同时关注与保障，来实现对于人类需求的满足。

值得注意的是，利益之间并不是毫无关系的，它们可能存在冲突，同时也具有一定的互异性。由于社会利益是这些利益的最高概括形式，当谈及个人利益时就会发现，其必然也是社会利益的一个缩影。与个人生活相关的利益，可能与社会整体的利益之间存在关联。因此，法律制度面对利益冲突问题的时候，大多在谋求的利益的协调。“社会通过法律对自身进行调整，这是满足、协调或者调整这些相互重叠或经常产生冲突的主张或要求的尝试。”[③]这提醒着法律的制定者和实施者，通过刑事司法制度实现社会控制，需要在保障社会最重要利益的同时，将个人可能会做出的牺牲减少到最小。概言之，在保障社会安全与满足人类需求之间，需要寻找到适切的平衡。

## 二、刑事司法的研究方法

（一）社会工程学的视角

基于对刑事司法制度社会功能的关注，在《美国刑事司法制度》一书中，庞德开篇便引入了社会工程学这一重要概念。虽然这一概念与其所在时代思想路径有所不同，但在一定程度上说，“他受益于前人的努力，在他身上，你可以明显

① ［美］罗斯科·庞德：《法律与道德》，陈林林译，商务印书馆 2018 年版，第 90 页。

② ［美］罗斯科·庞德：《美国刑事司法制度》，黄涛译，商务印书馆 2020 年版，第 6 页。

③ ［美］罗斯科·庞德：《美国刑事司法制度》，黄涛译，商务印书馆 2020 年版，第 7 页。

发现萨维尼、奥斯丁、耶林、撒莱耶、柯勒、施塔姆勒、霍姆斯的影响。在他的体系内,存有分析法学派、历史法学派和哲学法学派的精髓”。[①] 庞德深受詹姆斯实用主义哲学的影响,他对美国刑事司法制度的探究,也具有实用主义哲学“不问原初事物、原则、范畴和假定的必要条件的态度,只关注最终事物、成果、结果事实的态度”[②]的倾向。他的社会学法学概念,在吸纳中各家学说的同时对其进行归纳、排序和平衡,并最终形成了其社会工程学的理论内核。

对社会工程学概念,庞德解释道,“它将法律对社会的调整视为实现人类欲望并消除冲突与浪费的实践过程”。[③] 在此视角下,法的最终目的即是调解矛盾,以维系社会文明。之所以使用工程概念进行类比,是因为在庞德看来,刑事司法制度中首先需要关注的是司法的过程,即法律如何进行社会模式的设计,以及对社会模式构建的过程。在对司法制度进行价值判断的时候,需要强调所产生的实际效用,以及探讨这项工程展开过程的理论和方法,而非它是否符合某种法律理论模型。

“在人类知识体系中可以有两类知识:一类是关于事物本身特点的真理性知识,另一类是关于新事物形成的模式性知识。”[④]在刑事司法制度视域下,前者是对法律的概念、法律体系、法律的内涵与外延进行研究的认知性科学;后者则是将关于刑事司法的抽象性认识转化为具体操作的知识,探究法律社会控制功能实现的步骤与方法。两者对于刑事司法的研究都不可或缺,“现有的社会科学学科谱系的主要特征是带有浓厚的科学主义特征。从社会科学学科的分类结构与目录来看,还缺少了社会工程学”。[⑤] 社会工程学是将科学理论转化为实践范式的学说,它所关注的是社会改革方案的制定,所想要构建的是推动社会发展的规则体系。也就是说,社会工程学试图制定出社会发展的蓝图,并通过社会管理实践,实现建构对象的目的。应当说,社会工程学在本质上是建构主义社会学。

社会工程学的研究,往往极为关注社会结构的变化。具体是指“变化的社会结构对‘模式设计’的约束和‘模式设计’对社会结构变化的影响”,[⑥]即社会与

① 吴经熊:《庞德的法律哲学》,载翟志勇主编:《罗斯科·庞德:法律与社会——生平、著述及思想》,广西师范大学出版社 2004 年版,第 145 ~ 146 页。

② 吴经熊:《法律哲学研究》,清华大学出版社 2005 年版,第 289 页。

③ [美]罗斯科·庞德:《美国刑事司法制度》,黄涛译,商务印书馆 2020 年版,第 2 页。

④ 王宏波:《论社会工程学的意义、内容与学科特征》,载《西安交通大学学报(社会科学版)》2011 年第 1 期,第 66 页。

⑤ 王宏波:《论社会工程学的意义、内容与学科特征》,载《西安交通大学学报(社会科学版)》2011 年第 1 期,第 66 页。

⑥ 王宏波:《论社会工程学的意义、内容与学科特征》,载《西安交通大学学报(社会科学版)》2011 年第 1 期,第 68 页。

制度之间的互动关系。这一关系，贯穿于《美国刑事司法制度》一书关于刑事司法制度问题的探究过程，用以洞察社会转型时期，刑事司法制度面临的困境与应对策略。

（二）实证与历史研究相结合

《美国刑事司法制度》一书在研究方法上的另外一个特点则是注重结合实证研究与历史研究的路径，从横、纵向两个维度，对刑事司法制度进行了思考。如此一来，便能通过对材料的分析触及社会的内在构成，从而将刑事司法制度的种种特征与社会整体的运行状态进行联系，理解法律制度的社会根源。在横向方面，该书在数据实证与案例实证方面内容翔实，有效规避了理论体系僵化的风险。例如，为了论证城市人口的快速增长对法律秩序带来的冲击，庞德以纽约市为例，指出其人口在100年内增长了46倍。为了说明城市生活的普遍化以及工业社会的到来，推动了法律在数量上的快速增长，他以罗德岛州为例，指出同样是关于犯罪与刑罚的论证，在法典更迭过程中，从128种增长至212种。此外，书中关于刑事司法制度的论述，建立在对克利夫兰市刑事司法现状调查材料基础之上，并从中发展出刑事司法制度理论的普遍性，是一个从个性到一般的过程。从本质上来看，这种实证倾向是社会学法学研究的必然选择。在通常的研究中，特别是上文提到的科学主义研究中，"人们总是习惯用观念来想象事物，将对事物的思考置于科学的证实之前，科学只是为了证实人们思考的方法"。[①] 这会导致事实往往是已经预设的思考目标，而非证实的对象，使人们无法认清事物的本质和原貌，只能得到一些概括性的、粗略的表象，导致科学研究落入用思想过程去证明思想认知的陷阱。而社会学法学的方法，"要求人们不能用常识代替科学，凡是未经科学检验的概念，不能随便使用，更不能用来代替事物本身"。[②] 基于此，社会学法学学者沿袭孔德对实证的含义界定，找寻现实的、可靠的、确切的实证方法，来观察社会现象的真实面貌，在已经确定的事实中寻找共性的规律，并以此构建法学在社会控制中的理想模式。

在纵向方面，庞德注重对法律史的梳理。他在介绍了美国刑事司法制度从英国移植、发展和壮大的进程中，并从中发现了该制度的问题根源。他对美国刑事司法制度的剖析和诊断，实际上也是一部美国刑事司法制度发展史。他认为，"历史将给人们讲述许多有关人类来龙去脉以及人类本质等方面的知识，历史也将给人们讲述许多有关环境如何演变以及哪些事物是永恒不变且具有重要意义

---

① 吕世伦主编：《西方法律思想史论》，黑龙江美术出版社2018年版，第131页。

② ［法］迪尔凯姆：《社会学研究方法论》，胡伟译，华夏出版社1988年版，第19页。

等方面的相关知识”。[①] 对历史脉络进行考察，有助于在变与不变中寻找到分析对象的本质属性，从而正确地对其进行理解。因此，他对美国刑事司法制度研究的具体展开，就是从美国刑事司法对英国的刑事司法的继承与批判开始的。

庞德在书中所体现出来的，对实证与历史研究的偏好，是社会学法学视野的具体延伸，即反对只强调法律的抽象性质，关注法律在社会中的运行和功能。正是这种关注，才让具体的数据与历史，具有了相当的价值。从另一个角度来看，对材料的收集，其目的在于勘测法律的具体实践状态。对此，邓正来曾总结道："社会学法学派却试图把分析、历史、哲学和社会学的方法统合起来并通过某种形式的社会哲学而把法理学与其他社会科学统合起来。"[②]从理论框架到具体路径，庞德借助社会学法学的思想资源，寻找到了研究美国刑事司法制度的适切入口。

## 三、阻碍刑事司法发挥社会功能的因素

### （一）刑事司法制度与生俱来的问题及其成因

刑事司法制度难以发挥社会功能，其根源在于刑事司法与生俱来的两个核心问题：有法司法的困境和刑事司法的二律悖反。所谓有法司法，是指“根据权威性律令、规范（模式）或指示而进行的司法”。[③] 有法司法是经归纳和推理形成的、明确的且平等适用于每个主体的制定法，能够满足人们最基本的平等需求。与之相对，无法司法，则主要是指法官根据公共道德情感以及个人意志，针对个案案情，进行的判断性的判决过程，即法官拥有较广泛的自由裁量权。

法律对社会问题反映的滞后性，是有法司法困境的核心原因。“法律必须对生活起到支配性作用，而生活的精髓在于变化。”[④]对于立法者来说，他无法预测人类在复杂社会生活中对制定法可能存在的违背样态，也就无法穷尽其可能的法律后果。如此，法律的发展进程与社会调控的需要之间就出现了缝隙。为解决法律与社会发展异步的冲突，庞德提出了有法司法和无法司法的概念。在有法司法的制度框架下，对法律的社会效果评价体系形成一个多层级的金字塔结构，从底层至顶层依次为律令要素、法的技术要素和理想要素。由于律令要素往往是一般性规定，在拟制的过程中，虽然其着重保护以普遍安全为核心的社会利益，但不免会在经验和推理的指引下，对旁支要素进行排除，而被排除的要素在

---

① ［美］罗斯科·庞德：《美国刑事司法制度》，黄涛译，商务印书馆2020年版，第67页。

② ［美］罗斯科·庞德：《法律史解释》，邓正来译，商务印书馆2016年版，第232页。

③ 吕世伦主编：《现代西方法学流派》（上卷），西安交通大学出版社2016年版，第311页。

④ ［美］罗斯科·庞德：《美国刑事司法制度》，黄涛译，商务印书馆2020年版，第30页。

某些纠纷解决中恰恰处于核心位置，从而导致严重依赖制定法时出现信赖滑坡。如此，人们便积极寻求一种适当的法技术要素，以经验累积的方式试图补充制定法的漏洞，但“因为它缺少权威性技术的需求与价值的普遍评价”，[①]而问题频出，甚至出现了对真正标准的质疑和厌烦。在将希望转至理想要素时，又会发现职业的法律人与广泛的社会舆论对法律理想的认知不一致，导致整个有法司法从评价体系的根基上，存在先天不足。对此，美国刑事司法曾做出过极度依赖制定法，抑或重点强调自由裁量权的尝试。庞德则持其一贯稳健的态度，认为应当保有对有法司法的信任，同时，“为了使司法适应新的道德观念和变化了的社会和政治条件，有时或多或少采取无法的司法是必要的”。[②]

刑事司法制度存在内部矛盾，是刑事司法二律背反的核心体现。这种内部矛盾，本质上与刑事司法既需要保护普遍安全利益，又需要关照个体生活利益的任务息息相关。具体来看，刑事司法一方面颁布针对个人行为规范的禁令，另一方面又通过实施这些禁令相关的限制性规定来保障个人生活。这样的状态在相对稳定的利益诉求中保持着平衡。但当文明社会逐步推进，刑事法律出现制度短缺，就会出现“刑事法律的发展历程强行导致了形式法律内部相互对立的情形”。[③] 一方面，原本合法的法律非法化，即“法律的不法”；[④]另一方面，“非法律的法”[⑤]在填补法律空缺时凸显了重要意义。如此形成了刑事司法制度的二律背反，这种现象在庞德看来，是刑事司法过程中与生俱来的困境。

（二）刑事司法制度在演变发展中的困境与阻碍

除了对内在问题的洞察，庞德同样在书中，对美国刑事司法制度在外界遭遇的困境进行了归纳和分类，从而较为完整地勾勒了刑事司法制度在发挥社会功能上遇到的阻碍，主要来自政治与刑事司法的纠葛与分离、舆论对刑事司法的干预与影响以及体制对刑事司法的掣肘与消耗。

在政治方面，政治与刑事司法的紧密联系，导致司法活动具有负担过重的趋势。在现代国家，国民通常将法律视作普遍意志的表达，人们习惯于通过立法的方式，来实现其愿望诉求。然而，成文法并不能解决美国刑事司法制度全部的问题，当其无法与诉求相契合时，很难通过立法实现较好的社会控制。

庞德在书中举了两种无效的立法：其一，是源自君主命令的立法活动，此种

① ［美］罗斯科·庞德：《美国刑事司法制度》，黄涛译，商务印书馆2020年版，第35页。

② ［美］罗斯科·庞德：《依法审判》，载《哥伦比亚法律评论》1914年第14期。转引自昌世伦主编：《现代西方法学流派》，中国大百科全书出版社2000年版，第471页。

③ ［美］罗斯科·庞德：《美国刑事司法制度》，黄涛译，商务印书馆2020年版，第47页。

④ 卢建平：《刑事政策与刑法变革》，中国人民公安大学出版社2011年版，第30页。

⑤ 卢建平：《刑事政策与刑法变革》，中国人民公安大学出版社2011年版，第30页。

立法的目的在于为即将发生的事,寻找正当的理由。其二,是意在教化的立法。对刑事司法制度而言,此类并不以在诉讼程序中有效实施为目的的律令,只会导致人们失去对法律的尊重。从更抽象的角度来看,“法的实施在很大程度上依赖于立法者所认为的社会利益与个人利益相等同的范畴,然后在获得个人欲望支持的基础上得以实施其制定的律令”。[①] 刑事司法制度,需要能够反映社会公众的利益诉求,并与政治保持良好的互动关系。

舆论对刑事司法的关注,使刑事司法制度背负了额外的压力。在新闻报道中,刑事法律一贯是法律类型中的主要部分。这是因为社会公众偏爱讨论刑事案件,特别是在城市娱乐生活无法覆盖到的农村地区,对刑事案件的讨论,是人们日常生活中的重要消遣。但是,为了追求娱乐性与商业价值,新闻报道往往夸大事实,耸人听闻,或是只片面介绍刑事司法活动。这无疑会歪曲案件事实,影响人们对法律的尊重。另外,人们在立法过程中,也会较多地讨论即将出台的刑事法律,这可能导致新法案会迫于舆论的压力,增加刑罚的种类,从而致使额外刑事诉讼的发生。人们总是期望,法律能够在适宜的范畴之外,还能够有更大的作为。但是,“这注定最后以失败而告终,而这种失败也将给整个法律秩序造成伤害”。[②]

除了政治与舆论的影响,刑事司法制度中,还存在体制对其的掣肘与消耗问题。按庞德的说法,美国刑事诉讼程序“具有冗长拖沓、画蛇添足的诉讼程序特征”。[③] 具体来看,其司法诉讼过程中,至少存在以下三个重要缺陷。一是其诉讼程序过于烦琐,其中,对案卷法定形式过于严格的审查,在部分法院甚至到了荒谬的程度。二是竞技主义司法现象层出不穷,这导致人们往往以击败法律为目标,从而满足自己的利益需求。寻其根源,这是对证据规则的刻板实施所导致的,从侧面也体现出美国刑事司法活动对切实实现目标的忽视。三是在陪审团制度下,制约与减刑机制大多背离了最初目的,成为审判双方都加以抵制的对象。导致其成为部分律师利用法律的路径,挑战刑事审判的公平。

## 四、凸显刑事司法社会功能的改革方案

### (一)关注司法制度内部秩序与外部生态环境的协调

在19世纪初,居住在美国的大多是农业社会的拓荒者,人口构成单一,社会结构稳定。但在20世纪,刑事司法制度的基本运行环境是以工业为主的多元化

---

① [美]罗斯科·庞德:《美国刑事司法制度》,黄涛译,商务印书馆2020年版,第56页。

② [美]罗斯科·庞德:《美国刑事司法制度》,黄涛译,商务印书馆2020年版,第58页。

③ [美]罗斯科·庞德:《美国刑事司法制度》,黄涛译,商务印书馆2020年版,第148页。

都市社会。从社会学法学的视角来看，法律制度的根本目的在于作为一种社会控制手段，维系文明社会的平稳运行。因此，改革刑事司法制度，首先需要关注与外部社会环境的协调，以在社会控制中发挥积极的效用。

具体来看，在20世纪的美国社会中，家族法规、邻里舆论，以及宗教训诫的影响力逐渐减弱，美国的政治制度逐渐趋向法律化。庞德指出，“在政治制度、法律制度与宗教制度日益与时代脱节的情况下，各种前所未有的社会控制机构已经形成。这些社会控制机构包括等级制组织、贸易组织、商业组织以及形形色色的专业机构，它们在调整行为的过程中扮演着重要的作用”。[①] 因此，如何协调好刑事司法制度与其他各类制度、组织的环境，以实现社会工程整体的推进，是刑事司法制度改革不可忽视的逻辑起点。

随着社会转型的加速，刑事司法在与外部生态环境协调的过程中，社会矛盾类型更加多样化，社会利益诉求走向多元化，社会结构逐步多层化。现有的刑事司法制度相对薄弱，纠纷不能及时解决，导致矛盾升级进而演化为群体性或者阶层性的矛盾，引发更多社会公众对其的关注和讨论。在此压力下，刑事司法的发展呈现了复杂化的趋势，这一趋势主要体现在三个方面。其一，刑事法律规范数量的急剧增多。“每一部新法规至少在众多已规定刑罚的基础上在再增加一种刑罚，这可能导致一次刑事诉讼的发生。”[②]这是刑事司法复杂化趋势中最为直观的体现。但也带来了一些问题，如刑事司法审判负担沉重，频繁的法律修改将减损刑事法律的威严性，法律条文庞杂却不成体系等。其二，刑事司法的管理范围发生变化。随着新型社会问题的凸显，更多的冲突调节的任务归入刑事司法的范畴中。然而，刑事司法是调整严重犯罪的手段，对刑事司法的盲目滥用，会打破社会秩序与人权保障之间的稳定平衡。其三，刑事司法内部结构的复杂化。刑事司法需要对其内部结构进行完善，包括对刑事司法保护的利益的再梳理，以及新旧司法体制在融合与交锋中如何取舍。

（二）推进刑事司法制度体系化进程

庞德认为，对于20世纪的美国而言，需要的是“司法体制实现体系化与一体化”，[③]这对于刑事司法制度发挥社会功能至关重要。实际上，当时美国已经在联邦法院系统的体系化上投入了大量的精力，州一级单位，也在逐渐开展体系化工作。之所以如此，是为了防止在移送和上诉中，造成不必要的对司法权、时间和精力的浪费。另外，由于初审法院与刑事司法制度关系极为紧密，庞德就初审

---

① ［美］罗斯科·庞德：《美国刑事司法制度》，黄涛译，商务印书馆2020年版，第58页。

② ［美］罗斯科·庞德：《美国刑事司法制度》，黄涛译，商务印书馆2020年版，第57页。

③ ［美］罗斯科·庞德：《美国刑事司法制度》，黄涛译，商务印书馆2020年版，第172页。

法院中存在的问题进行了总结。他指出,“初审法院通常存在管辖权重叠、权限不清与责任分散等种种问题”。[①] 这些问题,都是拓荒时期的遗留。在这之前,人们往往通过增加法官数量和一些临时的调整措施来掩盖问题。但实际上,这一系列问题需要通过推进司法体制体系化来解决。这种体系化不仅指各审级的法院职能需要划分明确,同时,这也是指立法、执法与司法需要协调配合,来实现刑事司法制度运行成本的最小化。在一定程度上说,这是通过司法制度的改革反观立法与执法的良好契机。

在立法层面,制定法的数量应当限制在合理的范围内。一方面,刑事司法制度不能满足民众对其全部的期望,要求制定法面面俱到。即使立法过程中有行业组织和专家意见做参考,也要警惕,其背后往往是组织严密的利益集团。他们提出的提案往往是基于各自的立场,要求刑事司法在旁枝末节的问题上进行的细碎修补,以实现其利益,并不能真正代表社会事实。以之为刑事司法的全部参考,必然会使立法工作偏离实际。另一方面,由于制定法有限,在多样化的刑事案件中,自由裁量权起着十分重要的作用,也应该将对其的使用限制在合理的范围内。与民事法律不同,刑事司法具有功能上的独特性与运作上的封闭性。[②] 刑事司法中的罪责刑相适应原则的要求,使法官必须根据刑事案件具体情况,进行罪与罚的适用,也就赋予了法官较大的自由裁量权。并且在社会转型过程中,自由裁量权逐渐呈现滥用的趋势。这其实在一定程度上要求立法者提高立法技术,有效地平衡制定法的规范范围与自由裁量权的行使限度,以科学立法促进司法制度的稳定发展。

在执法层面,“刑事执法既包括刑事执法机关对法院刑事判决的执行,也包括警察等刑事执法机关在打击犯罪过程中的执法行为,如侦查、审讯、羁押等”。[③] 美国刑事司法中主要的执法者是警察。对于警察的信任应当保持在合理限度。民众对执法者的不信任感会导致其职业尊荣感降低,当其搜查的证据频频受到质疑时,就有执法与司法各自为政、相互倾轧的风险;但是,如果给予执法者过多的信任,也存在为其职权的滥用制造温床的风险。通过司法制度的改革反观立法与执法,可以发现,良好的法律制度改革,应当能够实现法院上下层级之间的权责分工,并且能带动立法与执法的调整,实现立法、司法与执法之间的协调与平衡。

---

① [美]罗斯科·庞德:《美国刑事司法制度》,黄涛译,商务印书馆 2020 年版,第 173 页。

② 参见周维明:《刑法解释学中的前理解与方法选择——刑事裁判的实践理性保障》,知识产权出版社 2018 年版,第 142～143 页。

③ 程琳主编:《警察法学通论》,中国人民公安大学出版社 2018 年版,第 237 页。

（三）设立法律实施效果监督机制

立法机关对法庭诉讼行为的干预，极大地阻碍了司法的高效运行，从而阻碍了刑事司法制度社会功能的发挥。立法机关在法律规则制定上，向来“过于拖沓、复杂低效与孤陋寡闻”。① 因此，需要设立一个司法改革的常设性机构，以专门监督法律的实施。该机构的主要任务是关注司法活动如何实现既定的目标，亦或它为何失败。在新的时期，有必要放弃美国拓荒时期的错误观念，意识到立法机关并不是万能的。需要通过专业机构的设立与运行，对法律的效用进行科学、客观与持续的研究，从而为立法活动的推进提供参考。

同时，该法律效果监督机构应当从中立的角度出发，在独立的位置衡量刑事司法的实际效用。让社会公众，特别是社会底层公众能够尊重法律，能够自觉守法。大家普遍地习惯从立法到执法到司法再到守法的思考路径，考量刑事司法制度的效能。而庞德提供了一个刑事司法制度研究的独特视角——从社会底层守法情况来看制度构建。他指出，“社会最底层的法律呈现出一种更粗陋、更直接与更易懂的形式，当人们认真思考社会底层的法律受到藐视的原因时，人们千万不能无视这些现象”。② 当法律对商业的调整无法适应商人的正常经营时，规避法律的行为就被视为是合法的；当人们认为法律取决于统治者的心情或构想时，他们只会尊重他们那认为的真正的法律。这对法律的威严性与神圣感无疑是一记重击，而其根源在于刑事司法制度只关注立法者应该如何制造法律，而忽略了守法者如何看待法律。在一定程度上，立法机关本身是难以实现这一视角转换或兼顾的，而法律效果监督机构作为司法改革的常设机构，肩负协调与平衡的职责。

（四）构建预防性司法制度

在美国普通法的历史中，预防性司法的传统并不浓厚。在刑事司法领域，让第三人为危险性罪犯进行担保，属于预防性机制之一种。但此种机制，是较为原始的，需要加以彻底的改进。在以社会工程学为旨归的庞德看来，美国刑事司法制度中完善预防性司法的相关内容，才是发挥刑事司法作用的最佳路径与最终目的。他谈到，建设预防性刑事司法的目的，在于“在法律手段与其他社会性手段、法学与其他社会科学、律师与其他社会工作者之间展开一次真正意义上的较量”。③

实际上，在民事领域，关于预防性司法有诸多经验可以参考。比如，作为治

---

① ［美］罗斯科·庞德：《美国刑事司法制度》，黄涛译，商务印书馆2020年版，第190页。

② ［美］罗斯科·庞德：《美国刑事司法制度》，黄涛译，商务印书馆2020年版，第53页。

③ ［美］罗斯科·庞德：《美国刑事司法制度》，黄涛译，商务印书馆2020年版，第195页。

安手段之一种,衡平法院广泛应用禁制令,以提前限制可能出现的危险行为。另外,司法局的创建,则为公民咨询其个人应享有的权利提供了渠道,从而让它们不至于在司法活动中处于过于被动的状态。虽然整体上看,预防性司法当时在民事领域的应用也尚且稚嫩,但它代表着法律未来发展的方向。因而,庞德指出,"无人涉足的更广阔发展领域则属于刑事法律,预防性司法在这个领域内可能要取得更大的成就"。[①] 少年法院则是刑事法律制度中实践预防性司法的一个例证。在当时的美国,针对青少年犯罪,主要采取的是预防性司法的管理,而非对其实行过于严厉的惩罚。虽然此类行为的出发点不是谋求司法制度的改革,但其经验值得关注。

"如同预防医学的发展对于医学一样,对于法理学而言,预防性司法的发展注定具有着划时代的意义。对于这一点,人们不应有所怀疑。"[②]发展预防性刑事司法,就是关注刑事司法制度对社会运行的积极促进作用,谋求司法活动在审判程序之外能够参与到社会控制中的可能。从始至终,庞德都是将刑事司法制度放在具体社会语境中进行考察,他关注的从来都是具体的司法过程和切实的司法效用。应当说,他通过对美国刑事司法制度的研究,充分展示了社会学法学的理论路径与价值取向,其清晰的逻辑演绎与充满人文情怀的现实关照值得学习与借鉴。

## 五、余论:启示与反思

《美国刑事司法制度》论述的是 20 世纪 20 年代美国刑事司法制度面临的诸多问题。得益于其社会工程学的视角,书中的不少洞见在当下仍然具有价值,可以为中国的刑事司法制度改革提供参考。其中,特别值得关注的是其以法律的社会效用为准绳,对刑事司法制度进行反思。当下的中国社会,实际上同样处于转型期,信息社会的来临与城市化进程的加速,让社会结构急剧变动。"社会转型中的刑事司法改革既不能无视刑事司法对于社会转型的促进作用,也不能忽视其相对滞后的刑事司法体制和运行机制对于社会转型所带来的不利影响。"[③]因此,庞德对美国社会转型时期的回应,是重要的学术资源。法律及时反映社会变迁,也是现代法治的基本特征之一。

### (一)完善我国刑事司法具体法律规范

在刑事司法实践中,刑事司法的具体法律规范最直接地与社会公众接触,它

---

① [美]罗斯科·庞德:《美国刑事司法制度》,黄涛译,商务印书馆 2020 年版,第 27 页。

② [美]罗斯科·庞德:《美国刑事司法制度》,黄涛译,商务印书馆 2020 年版,第 29 页。

③ 张能全:《社会转型中的刑事司法改革与制度创新研究》,中国政法大学出版社 2017 年版,第 117 页。

承载着公众对刑事司法能够维护社会普遍安全的期望，但也往往在司法制度无法满足社会特定需要时首当其冲。所以，观察具体法律规范的适用情况，是了解司法制度是否发挥了社会控制功能最迅速、最直观的方式；完善具体法律规范，则是刑事司法改革中的基础工程。庞德指出，在社会迅速发展变化的时期，由于新的生产关系、利益关系、矛盾关系涌现，法律规范容易出现漏洞与不足，法律创制需要专业知识与专业指导。我国的刑事司法改革中，同样遇到过这样的问题。"在我国单轨制形式立法模式下，由于大量采用空白罪状、参见罪状等立法形式，不少刑法规范中犯罪构成要件的具体描述大都存在于相应的其他非刑事法律规范中。"①具体来看，随着刑事司法的复杂化，在一些新场所、新技术、新案由领域，刑事司法的具体法律规范无法独立完成司法过程，需要辅之以专业的视角、特定的技术手段抑或交由专门性的部门法进行甄别和判断。从这个意义上说，完善刑事司法具体的法律规范，一方面体现在我们通常对法律完善概念理解中的增加条文，更重要的一方面则体现在对具体法律规范的解释，即妥善处理刑事司法具体的法律规范与非刑事法律规范的关系。后者往往是容易被忽略和遗忘的，也正是庞德在梳理了立法与司法的关系后，指出立法无须面面俱到，但需要对社会需要进行回应的意旨所在。②

在这个层面上，完善刑事司法具体的法律规范主要任务有两个：其一，需要明确具体法律规范的内涵与外延。在立法技术层面，要把握好刑事司法用语的明确性与概括性。明确性与概括性不是绝对对立的关系，也并没有绝对的优劣关系，而是要根据所需保护的法益进行个性化立法。对于我国司法改革，"从绝对罪刑法定主义到相对罪刑法定主义的进化同步，刑法规范在绝对明确性和概括性之间寻求动态平衡的过程，实际上就是刑法规范的相对明确化"。③ 其二，需要明确刑事司法的独特性。刑事司法在对故意杀人、放火、强奸等社会恶性极大的犯罪中具有独特的规范作用，虽然其与非刑事法律规范具有一定程度上的相互依赖，但"非刑事法律规范中的指引规则并不当然适用于刑法领域"。④

（二）明晰我国刑事司法制度的改革方向

在近年来的司法制度发展中，特别是刑事诉讼实践中，能够发现我国刑事司

---

① 吴允锋：《刑法规范对非刑事法律规范的独立性阐释研究》，载《法学杂志》2012 年第 4 期，第 91 页。

② ［美］罗斯科·庞德：《美国刑事司法制度》，黄涛译，商务印书馆 2020 年版，第 58 页。

③ 付立庆：《论刑法用语的明确性与概括性——从刑事立法技术的角度切入》，载《法律科学（西北政法大学学报）》2013 年第 2 期，第 93 页。

④ 吴允锋：《刑法规范对非刑事法律规范的独立性阐释研究》，载《法学杂志》2012 年第 4 期，第 95 页。

法制度格局具有社会化的转向。“一些代表社会因素的主体开始参与刑事诉讼制度的建设,并成为推动刑事诉讼制度变迁的重要力量。”①在国家主导的刑事司法模式之外,更多的社会主体参与到刑事司法之中,其中包括颇具影响力的专家学者、法律从业者、知名律师等。他们逐渐走进公众视野,并对社会关注度较高的刑事司法案件评析和发声。此外,社会化转向还体现在案件当事人公开发声、社会公众对刑事案件的普遍关注以及主流媒体的报道与评价中,各主体以不同方式参与到刑事司法诉讼的评价与影响中来。“以往完全由国家垄断刑事诉讼制度运作与变革的局面事实上已经被打破,刑事诉讼制度的变革具有了鲜明的开放性色彩,不同主体均能表达自己的意见,影响刑事诉讼制度的发展。”②

同时,我们也需要关注到,刑事司法制度在改革的过程中具有一定的风险。这是因为改革难免会对现有刑事司法制度体系进行更新和调整,甚至打破陈旧的运行制度。这必然会在一定程度上调整原有的利益模式。因此,需要把握好改革的时机与步调,遵循改革的渐进性特征,“制度是否适应既存环境以及能否有效运行,往往只有在制度实施之后方能显现,此前的决断不过是改革决策者基于自身主观判断的选择而已”。③ 也就是说,改革中不免会有构想与现实之间的冲突出现,使刑事司法制度改革具有一定风险。但并不是有风险就不应该进行改革,我国的刑事司法制度改革可以选择循序渐进的改革方式,在发展中试错,在实践中修正,在改革中完善。

(三)细化我国刑事司法实践

社会学法学受实用主义影响较大,因此,具有较强的务实趋势。当下的中国社会面临的诸多社会问题,必然需要刑事司法制度改革对此类现象予以回应。从社会学法学的角度出发,可以认为“法律秩序意义上的法律的作用和任务在于确定、承认和保障各种利益以求达到社会控制的目的”。④ 任何改革方案的提出,都必须针对具体的社会实践困境,而不是盲目寻找某种永恒的理论模型。在每个司法实践的具体环节,也应当秉持这种社会学视角,形成整个司法体制的协调与平衡。应当说,无论制度设计如何庞大,最终都还是需要回归到具体的司法实践中来。从庞德的社会工程学的视角出发,发现刑事司法中的问题和需要,绘制司法改革的草案和图景,付诸刑事司法制度改革大厦的施工建设,最后还是再落到司法实践的一砖一瓦。

① 左卫民:《刑事诉讼制度变迁的实践解释》,载《中国法学》2011 年第 2 期,第 124 页。

② 左卫民:《刑事诉讼制度变迁的实践解释》,载《中国法学》2011 年第 2 期,第 124 ~ 125 页。

③ 郭松:《中国刑事诉讼制度进一步改革的路径选择》,载《现代法学》2017 年第 6 期,第 174 页。

④ [美]罗斯科·庞德:《法律史解释》,邓正来译,商务印书馆 2016 年版,第 255 页。

总的来看，虽然庞德在书中提到了具体的改革方案，但其针对的是百年以前的美国刑事司法。中国的刑事司法制度改革，需要基于中国特有的社会生态展开。庞德就曾言："将英国法移植于无英国法传统的国家与地区是最无益的，特别是在短时间内模仿英美法以刻板地适应中国的环境，再由法庭直接适用是不可能的。无论是程序与形式的专断主义、动产与不动产技术上的区别、普通法与衡平法的双轨制以及陪审形成的证据法等都会给传统的中国社会造成困扰。"① 社会工程学的视角同样能够为中国的刑事司法制度改革提供重要的洞见，基于本土经验，回应社会现实，方能推动现代法治的改革与发展。

**Criminal Justice Reform: An Exploration of Directions, Methods and Options**

**—Notes on a Study of Pound's the American Criminal Justice System**

Li Xin　Wang Ruikun

**Abstract**: As the United States transitioned from the era of agricultural pioneering to the era of industrialization, the social context changed significantly, and this change placed a heavy burden on the criminal justice system. With a social engineering perspective, Pound views law as one of the ways of social control and focuses on the actual social effects of the criminal justice system. He constructed a theory of interests on the axis of needs, desires and expectations; and divided it into three parts: social interests, public interests and individual interests, as the entry point for criminal justice research. After diagnosing the congenital defects and acquired deficiencies of the criminal justice system, he advocates the construction of a criminal justice system with both preventive and punitive functions through the respective reforms and mutual coordination of legislation, law enforcement, and justice, in order to realize the ideal legal order.

**Key words**: Sociological Jurisprudence; Pound; Criminal Justice System; Judicial Reform

① 王健编：《西法东渐——外国人与中国法的近代变革》，中国政法大学出版社2001年版，第63页。

# 专题研讨：新技术与法学

# 区块链技术在证券结算领域的应用与监管应对

■ 杨　一*

[内容摘要]　区块链技术应用于证券结算领域，可自动同步数据，简化中间环节，提高市场效率，推动T+0全额结算的实现。在带来颠覆性创新的同时，区块链技术的应用给传统证券结算体系和监管制度带来了严峻的挑战。在区块链技术落地应用的过程中，我国应当遵循循序渐进的路径策略，坚持平衡风险防范和创新发展的监管理念，应用"边监督边学习"的监管方式，结合区块链技术自身特点探索其在证券结算领域的应用模式，加快建立通用的技术标准，进一步完善我国法律法规及配套制度，从而有效应对金融科技应用带来的风险与挑战，维护证券市场的稳定繁荣。

[关键词]　区块链　证券结算　货银对付　联盟链　监管科技

随着金融和科技的融合，金融科技迅猛发展，以"去中

* 杨一：复旦大学法学院硕士研究生。

心化”为关键特征的区块链技术逐步成为全球焦点。其凭借分布式计算机网络的加密算法及实时调整不可逆的账本记录模模式，[①]创建了无须第三方介入即可实现的点对点网络交易系统，实现了信息互联网到价值互联网的转变。[②] 随着区块链理念的传播和技术的普及，区块链技术逐渐拓展到跨境支付、资产托管、票据、保险等金融领域。在证券领域，区块链技术以“去中心化”“去信任”的方式为证券结算的业务模式和架构创新带来了巨大的想象空间，引起全球金融机构的密切关注和竞相布局。国际证监会组织、美国证监会、澳洲证券交易所、加拿大证券交易所、我国香港交易所等都已经开始探索区块链技术在证券结算领域的应用实践。

我国传统的中心化证券结算体制为我国资本市场的发展提供了制度保障，但也面临程序烦琐、周期较长、成本高昂等问题。在区块链等新兴金融科技席卷全球的背景下，通过区块链技术对我国证券结算体制进行变革和完善具有较强的现实意义。然而，当区块链技术融入证券结算领域，其自身蕴含的风险漏洞和技术“瓶颈”，以及由此形成的新型业务模式和运行架构会对当前的证券市场和监管体系造成巨大冲击。因此，如何在我国现行法律框架下构建区块链证券结算系统，如何应对区块链技术应用带来的新格局和新风险，如何实现科技创新与金融监管的平衡从而维持我国在全球金融科技领域的优势地位，都是亟待解决的问题。本文以上述问题为导向，以我国现行证券结算体制为基础，从区块链对证券结算的优化视角出发，分析区块链技术在证券结算领域应用带来的风险与挑战并尝试探索应对路径，以期为我国证券结算的发展提供一定指引，为科技创新与金融监管的平衡提供一定思路。

## 一、区块链技术与证券结算的融合

证券结算，是指对应收证券和应付价款的转移交收全过程，包括证券的清算和资金的交收两个环节。[③] 我国证券结算体制一定程度上为我国资本市场的有序发展提供了保障，但也存在操作风险高、透明度低、耗时长、成本高等问题。区块链技术提供了一套安全稳定、高效透明且可审计的方式记录传递数据信息，与智能合约等相关技术的结合可以实现实时交易，高度契合证券结算的现实需求。

### （一）我国证券结算体制存在的主要问题

目前，全球多数国家的证券结算采用中心化的集中模式，即由单一主体独立

---

① 参见[英]凯伦·杨：《区块链监管："法律"与"自律"之争》，林少伟译，载《东方法学》2019 年第 3 期，第 121～136 页。

② 参见曹锋、宋天玮：《区块链技术在证券市场中的应用探索》，载《清华金融评论》2017 年第 4 期，第 42～45 页。

③ 参见中国证券登记结算有限公司：《证券结算服务》，载中国证券登记结算有限公司官网，http://www.chinaclear.cn/zdjs/zqsfw/201306/1c6ed41ccf7946d5bbd288f74a53cceb.shtml，2020 年 9 月 1 日访问。

负责证券结算业务的运营。我国证券登记结算业务也采取全国集中统一的运营模式，[①]证券结算是以中心化的金融机构为基础进行的：作为证券买卖委托中心的证券公司、作为交易撮合中心的交易所、作为资金存托中心的银行、提供结算服务的中国证券登记结算有限公司（中国结算）等。

我国证券结算工作的主要部分是A股交易的结算，遵循的主要规则有分级结算、[②]净额结算、[③]货银对付（delivery versus payment，DVP）、[④]中央对手方（central counterparties，CCP）[⑤]等。在证券结算的过程中（见图1），主要面临信用风险聚集、无法实现货银对付、效率低下等问题。

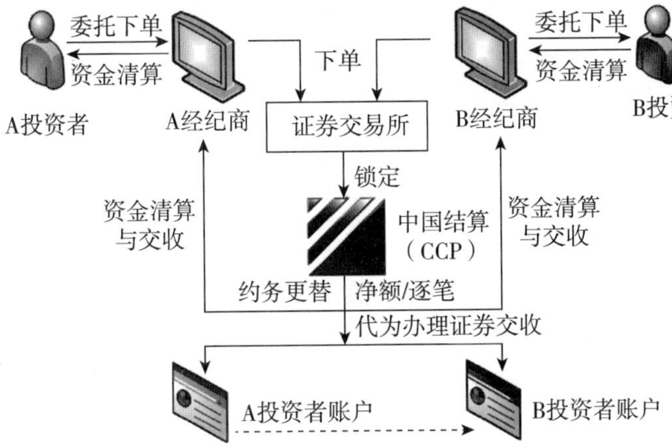


**图1　我国A股证券结算流程[⑥]**

① 参见《证券法》第148条。

② 中国结算不直接参与普通投资者的证券结算服务，而是负责办理与结算参与人（证券公司、托管银行和其他机构）之间的集中清算交收，完成证券和资金的一级清算交收；由结算参与人负责办理与其客户之间的清算交收，进行资金和证券的二级清算交收，并委托中国结算代为划拨证券。参见《证券登记结算管理办法》第43条；中国证券登记结算有限公司：《证券结算服务》，载中国证券登记结算有限公司官网，http://www.chinaclear.cn/zdjs/zqsfw/201306/1c6ed41ccf7946d5bbd288f74a53cceb.shtml，2020年9月1日访问。

③ 登记结算机构对各结算参与人的应收应付证券、资金进行冲抵轧差，计算出应收应付资金、证券的净额。参见《证券登记结算管理办法》第45条、第47条；中国证券登记结算有限公司：《证券结算服务》，载中国证券登记结算有限公司官网，http://www.chinaclear.cn/zdjs/zqsfw/201306/1c6ed41ccf7946d5bbd288f74a53cceb.shtml，2020年9月1日访问。

④ 当结算参与人交付其应付的资金或证券时，中国结算给付其相应的证券或资金，即证券的交割与资金支付同步进行并且互为约束条件，也就是俗称的"一手交钱，一手交货"。参见《证券法》第158条；《证券登记结算管理办法》第45条、第78条。中国证券登记结算有限公司：《证券结算服务》，载中国证券登记结算有限公司官网，http://www.chinaclear.cn/zdjs/zqsfw/201306/1c6ed41ccf7946d5bbd288f74a53cceb.shtml，2020年9月1日访问。

⑤ 在结算过程中，中国结算介入证券交易中成为所有买方和卖方的交收对手，通过担保交收的方式保证交收顺利完成。参见《证券法》第112条；《证券登记结算管理办法》第44条。

⑥ 参见中国证券登记结算有限公司：《证券结算服务》，载中国证券登记结算有限公司官网，http://www.chinaclear.cn/zdjs/zqsfw/201306/1c6ed41ccf7946d5bbd288f74a53cceb.shtml，2020年9月1日访问。

1. 风险集聚

在我国中心化证券结算模式下，中国结算作为中央对手方将交易双方面临的信用风险转移至自身承担，[①]在一方违约的情况下其仍要向守约方履约。这无异于“把所有的鸡蛋放进同一个篮子里”，中央对手方成了证券结算违约风险的聚集点。[②] 尽管我国设置了抵押品、结算备付金、结算保证金、交收担保品结算风险基金等风险防范制度，[③]但如果证券交易双方频繁违约，可能会引发中央对手方的流动性风险，金融市场的稳定性将受到严重威胁。[④] 此外，在中心化证券结算模式下，如若中心机构的数据、程序发生单点故障[⑤]或者管理不当造成大规模数据丢失泄露，整个结算系统可能会陷入瘫痪，产生连锁性的不利影响，进而扩散到整个市场。

2. 难以实现货银对付（DVP）

在货银对付机制下，证券交割与资金支付同步进行，一旦结算参与人出现交收违约情形，证券结算机构可以暂时不向违约参与人交付应收证券或资金，降低交易对手方的信用风险。然而，在我国证券结算实践中，中国结算对于 A 股等主要证券品种仍然实行“T 日证券过户，T + 1 日资金交收”的方式，尚未完全实现货银对付结算。[⑥] 就理论而言，证券的结算周期与信用风险成正比，在证券已经交收完成的情形下，如果资金的交付方发生违约，在中央对手方流动性出现问题时证券的卖方很有可能面临钱货两空的风险。[⑦]

3. 风险管理标准较低

我国对 A 股等主要证券品种的结算实行多边净额结算制度，中央对手方对

① 参见冯小兵：《关于中央对手方清算模式系统风险的内部化问题研究》，上海社会科学院出版社 2016 年版。

② 例如，著名的光大证券“乌龙指事件”，在中国结算已经将证券由卖方名下变更到买方名下时，资金并未到账。参见佚名：《8 · 16 光大证券乌龙指事件》，载百度百科，https://baike.baidu.com/item/8 · 16 光大证券乌龙指事件/9509216？fr = aladdin，2020 年 9 月 1 日访问。

③ 参见《中国证券登记结算有限责任公司深圳分公司证券资金结算业务指南》（2020 年 6 月修订版）、《中国结算北京分公司证券资金结算业务指南》、《中国证券登记结算有限责任公司上海分公司结算账户管理及资金结算业务指南》、《金融市场基础设施原则和职责》。

④ 历史上中央对手方破产的案例很少，但一旦发生，对金融市场的冲击巨大。例如，1987 年，中国香港期货保证公司破产，中国香港股票和期货交易所被迫关闭 4 天；2013 年，印度国家现货交易所出现结算资金明显缺口。参见孙国茂：《区块链技术的本质特征及在证券业的应用》，载《上海证券报》2017 年 2 月 8 日。

⑤ 单点故障（single point of failure），是指系统中的一点失效，就会让整个系统无法运作的部件。换句话说，单点故障即会整体故障。参见单点故障词条，载维基百科，https://zh.wikipedia.org/wiki/%E5%8D%95%E7%82%B9%E6%95%85%E9%9A%9C，2020 年 9 月 1 日访问。

⑥ 参见《中国证券登记结算有限责任公司上海分公司结算账户管理及资金结算业务指南》（2020 年 9 月）、《中国证券登记结算有限责任公司深圳分公司证券资金结算业务指南》（2020 年 6 月）、《中国结算北京分公司证券资金结算业务指南》（2020 年 6 月）。

⑦ 参见国际货币基金组织、世界银行编著：《关于中国遵守〈证券结算系统和中央对手方建议〉详细评估报告》，中国人民银行、中国证券监督管理委员会译，中国金融出版社 2012 年版。

所有交易产生的债权债务予以冲抵轧差，一定程度上分散了风险，但也因此缺乏审查评估每一笔交易信用风险的动力。① 此外，在中央对手方制度下，中央对手方在交易对手方出现履约不能的情况下会垫付证券或资金，同时承担者买方的信用风险和卖方的交付风险。这无疑会使各投资者降低风险管理标准，对交易对手方的信用背景、财务状况及履约能力等并不非常关注，参与高风险交易。②

4. 成本高昂且效率低下

在我国中心化证券结算模式下，证券结算涉及多个中介机构，各中介机构都有自己的基础设施架构、业务流程、处理标准、交易记录。为统一各方对交易的确认意见，中介机构之间往往需要进行人工对账及调整。③ 根据中国证券登记结算有限责任公司发布的报告，2019 年中国结算存管 20,785 只证券，总市值达到 72 万亿元。沪市证券结算系统参与人家数有 192 家，结算总额达到 970 万亿元；深市证券结算系统参与人家数有 173 家，结算总额达到 250 万亿元。④ 面对数以万亿元的证券交易，结算工作不可避免地存在效率低下、成本高昂等诸多问题。

如前所述，为防范信用风险，我国确立了一系列风险管理制度。结算参与人和证券投资人须缴纳一定数量的资金和证券来防范和弥补中央对手方面临的结算风险和损失，且这些资产只能存放于特设的账户，不得挪作他用，这无疑降低了相关资产的使用价值，不利于资金和证券的流动性。⑤

（二）区块链技术对现行证券结算体制的优化

区块链技术是分布式账本的一种形式，⑥由一串使用密码学方法相关联产生的数据块组成。区块链技术的工作原理是利用计算机算法和非对称加密

① See Will Kenton, *Corporate Finance &Accounting-corporate Finance-Multilateral Netting*, available at https://www. investopedia. com/terms/m/multilateral-netting. asp, visited on September 1,2020.

② See Anupam Chander, Randall Costa, *Clearing Credit Default Swaps: A Case Study in Global Legal Convergence*, available at https://poseidon01. ssrn. com/delivery. php? ID = 760122118067098090109088127089067011060032009000902308500512411512500911402511502309204110302710110906304107911702202712302900705006902907303703006611708701712500109300608408308302612211810309502406711908706406807902811907011912212502900709608610306&EXT = pdf, visited on September 1,2020.

③ 参见刘瑜恒、周沙骑：《证券区块链的应用探索、问题挑战与监管对策》，载《金融监管研究》2017 年第 4 期，第 89～109 页；任春伟、孟庆江：《区块链与证券清算结算》，载《中国金融》2017 年第 5 期，第 61～62 页。

④ 参见中国证券登记结算有限责任公司：《中国证券登记结算统计年鉴 2019》。

⑤ 参见卜学民：《论区块链对中央对手方结算的挑战及应对》，载《北方法学》2019 年第 6 期，第 147～157页。

⑥ 并非所有的分布式账本都必须采用区块链式的连锁区块提供安全有效的分布式共识，区块链属于分布式账本的一种数据结构。See World Bank Group, *Distributed Ledger Technology (DLT) and Blockchain*, FinTech Note No. 1, available at http://documents1. worldbank. org/curated/en/177911513714062215/pdf/122140-WP-PUBLIC-Distributed-Ledger-Technology-and-Blockchain-Fintech-Notes. pdf, visited on September 1,2020.

技术[①]将数据压缩为一个256位字节的代码——“哈希值”，[②]一定数量的“哈希值”组成一个“区块”，一定数量的“区块”再按时间顺序线性联结成“链”，便形成了所谓的“区块链”。[③] 区块链技术利用分布式系统结构验证和存储数据，利用共识机制[④]生成和更新数据，利用非对称密码学和哈希算法保证数据传输的安全稳定，具有去中心化、不可篡改、可溯源、可编程等特点，高度契合证券结算的需求，为解决我国证券结算面临的上述问题提供了可能。

1. 智能合约自动结算无需担保

智能合约不同于传统意义上的合同，是使用分散式加密机制进行自我执行的数字交易，[⑤]表现形式是一段存储在区块链上的代码，只要各方满足了代码内置的条件，则会触发相关软件自动执行。[⑥] 智能合约体现了合约与代码合二为一：合约由代码表示并同时由代码执行。[⑦]

（1）实现货银对付

在证券结算中引入智能合约，一旦两个交易对手达成交易，证券交收和资金交收会以代码形式包含在同一个操作指令中。[⑧] 智能合约将提前锁定相关资产，当满足预先设定的条件时自动触发结算行动，无须依赖任何机构的信用背书和担保验证，[⑨]交易同时成功或失败，实现T+0模式，从交易前端及时阻缺了非因客观原因履行不

---

① 非对称加密算法是一种密钥的保密方法。非对称加密算法需要两个密钥：公开密钥和私有密钥。如果用公钥对数据进行加密，只有用对应的私钥才能解密。参见姚前：《数字货币的前世与今生》，载《中国法律评论》2018年第6期，第169~176页。

② 哈希（也称为散列）算法将任意长度的输入值映射为较短的固定长度的二进制值。例如，SHA256算法就是将任意长度的输入映射为长度为256位的固定长度输出，这个二进制值称为哈希值（也称为散列值）。参见何蒲、于戈等：《区块链技术与应用前瞻综述》，载《计算机科学》2017年第4期，第1~7、15页。

③ 参见刘瑜恒、周沙骑：《证券区块链的应用探索、问题挑战与监管对策》，载《金融监管研究》2017年第4期，第89~109页。

④ 区块链共识机制的实质是全网所有节点参与的规则制定和维护机制，用以保障各节点的分类账本记录内容一致，进而保证数据不可伪造或篡改。参见石超：《区块链技术的信任制造及其应用的治理逻辑》，载《东方法学》2020年第1期，第108~122页。

⑤ See Kevin Werbach, Nicolas Cornell, *Contract Ex Machina*, available at https://scholarship.law.duke.edu/cgi/viewcontent.cgi?article=3913&context=dlj, visited on September 1, 2020.

⑥ See Gideon Greenspan, *Beware of the Impossible Smart Contract*, available at https://www.the-blockchain.com/2016/04/12/beware-of-the-impossible-smart-contract/, visited on September 1, 2020.

⑦ See Tim Swanson, *A Guide to Smart Contract, Smart Property, and Trustless Asset Management*, available at https://s3-us-west-2.amazonaws.com/chainbook/Great+Chain+of+Numbers+A+Guide+to+Smart+Contracts%2C+Smart+Property+and+Trustless+Asset+Management+-+Tim+Swanson.pdf, visited on September 1, 2020.

⑧ 参见刘瑜恒、周沙骑：《证券区块链的应用探索、问题挑战与监管对策》，载《金融监管研究》2017年第4期，第169~176页。

⑨ 参见长铗、韩锋：《区块链：从数字货币到信用社会》，载 https://yuedu.baidu.com/ebook/67566a1a7c1cfad6185fa7ae?pn=4&pa=2，2020年9月1日访问。

能而产生的履约风险。不仅如此,区块链技术还提供了 T+N 的证券结算周期,交易双方可根据实际情况通过程序设定任意结算时间,提升了灵活度和资金流动性。①

关于在区块链技术下执行货银对付的具体方法,根据欧洲央行(European Central Bawk,ECB)与日本央行(BOJ)于 2018 年 3 月联合 Stella 项目发布的报告,主要有单独分类账货银对付(single-ledger DVP)和交叉分类账货银对付(cross-ledger DVP)两种方法。② 前者是指证券和资金记录在同一台账本上,两种资产的交换将作为单个交易处理。后者是指证券和资金记录在两台单独的账本中,账本之间存在某种机制将两种资产的交易联系起来。交叉分类账货银对付可以进一步分为不同分类账之间有联系的交叉分类账货银对付和不同分类账之间无联系的交叉分类账货银对付。货银对付实现方式的选择主要基于风险的识别与防范、货银对付的完成效果、流动资金使用效率、结算速度、隐私保护、基础设施设计等多个因素的考量。③

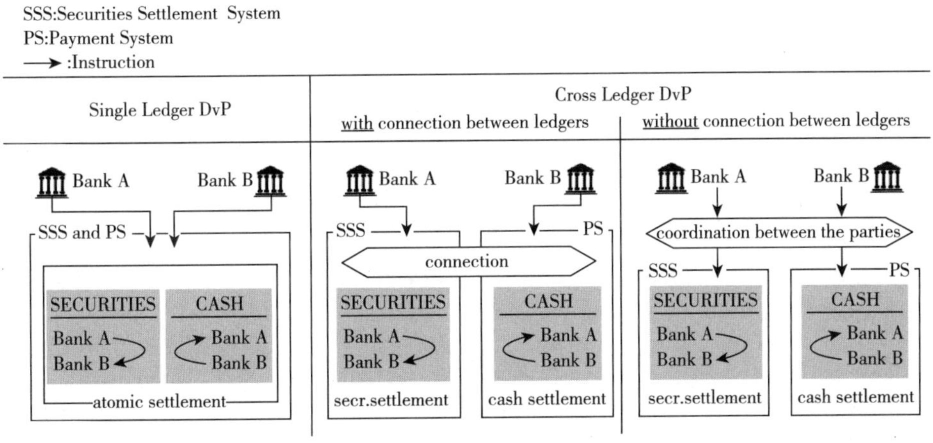


**图 2　在 DLT 环境中实现货银对付的方法④**

---

① 例如,区块链初创公司 BlockEx 开发的区块链债券平台使债券发行公司能够使用智能合约来确定债券的利率、息票利率、付款日期和到期日,为了推动债券零售市场运作,息票可以指定每月、每周或每天支付。See Morgan Stanley, *Global Financials/ Fintech Blockchain in Banking*: *Disruptive Threat or Tool*? available at https://assets. ctfassets. net/sdlntm3tthp6/resource-asset-r174/22918464bf946f1b8409e100d79e5232/086cc8d6 - 50bc - 4de4 - 9c4c - 3ee9681e1c5f. pdf, visited on September 1,2020.

② European Central Bank, Bank of Japan, *Securities Settlement Systems*: *Delivery-versus-payment in a Distributed Ledger Environment*, available at https://www. ecb. europa. eu/pub/pdf/other/stella_project_report_march_2018. pdf, visited on September 1,2020.

③ 参见吴凌畅:《分布式账本技术在金融市场基础设施中的应用——以 DVP 结算方式为例》,载郭峰主编:《证券法律评论》(2018 年卷),中国法制出版社 2018 年版,第 172 ~ 191 页。

④ See European Central Bank, Bank of Japan, *Securities Settlement Systems*: *Delivery-versus-payment in a Distributed Ledger Environment*, available at https://www. ecb. europa. eu/pub/pdf/other/stella_project_report_march_2018. pdf, visited on September 1,2020.

（2）结算方式：逐笔全额结算①或者净额结算

货银对付并不要求证券交易达成后立即结算，重点在于证券交收和资金交收要同时完成。区块链证券结算实质上属于逐笔全额结算，双方当事人达成每一笔交易后，该笔交易会送至节点进行验证，经过区块链规定的节点验证成功后证券和资金自动进行划付，实现了实时全额结算。② 但基于市场需求的考量例如投资者出于风险管理及投资组合提升的需要想要延长某些金融衍生品的交易结算周期，也可在智能合约中对期限进行设定，到期自动实现双边净额结算。

（3）无须担保：算法信用替代中介信用

在我国现行中心化证券结算体制下，中心化的信任机制是支撑货银对付的关键。智能合约的应用为证券结算提供了一种特殊的算法担保，资金和证券以数字化形式自动嵌入智能合约，在满足合约条件后资产将自动转移至对方账户，若交易失败，则返回原账户。③ 在算法信用担保货银对付的情况下，不再需要证券抵押品、互保金和备付金等制度，把对中介的信任转化为对算法和既定规则的信任，有助于提升交易效率和资金利用率，减少成本。

2. 分布式存储实现数据对称共享

在分布式存储和共识机制下，数据经过特定数量节点确认后所有节点共同记账，同一区块链结算系统内所有节点存储的数据实时更新且保持一致，④大幅减少结算参与人记账和对账环节，有效避免了手工操作过程中的差错，⑤还能进一步提高数据传输的效率，缩短机构内部审批流程，打破机构间的数据壁垒，大大降低了证券结算的周期和协作、合规成本。此外，区块链技术也有助于证券结算中其他目标的实现。例如，根据沪深两地交易所发布的文件，证券结算机构须根据交易参与人申报的最高额度和自设额度计算关联交易单元的全天净买入申

---

① 实时、逐笔、全额结算，即结算机构通过"实时全额支付系统"（RTGS）实时发送、逐笔处理并全额结算证券，单次结算对象为双方当事人达成的一次交易。参见中国人民大学课题组：《证券登记结算法律制度完善研究》，载黄红元、徐明主编：《证券法苑》，法律出版社 2014 年版，第 355～392 页。

② Financial Industry Regulatory Authority, *Distributed Ledger Technology: Implications of Blockchain for the Securities Industry*, available at https://www.finra.org/sites/default/files/FINRA_Blockchain_Report.pdf, visited on September 1, 2020.

③ 参见卜学民：《论区块链对中央对手方结算的挑战及应对》，载《北方法学》2019 年第 6 期，第 147～157页。

④ See World Bank Group, *Distributed Ledger Technology (DLT) and Blockchain*, FinTech Note No. 1, available at http://documents1.worldbank.org/curated/en/177911513714062215/pdf/122140-WP-PUBLIC-Distributed-Ledger-Technology-and-Blockchain-Fintech-Notes.pdf, visited on September 1, 2020.

⑤ See William J. Magnuson, *Financial Regulation in the Bitcoin Era*, available at https://scholarship.law.tamu.edu/facscholar/1301/, visited on September 1, 2020.

报金额,并对其总量实施额度控制。[①] 在分布式存储、共识算法机制的共同运作下,上述信息可以与整个交易流程同步归纳更新,并自动控制额度,无须再在结算环节进行额外的数据处理,降低了证券结算的构建成本,也有利于控制中心化结算下的系统性风险。

3. 提高数据可信性和系统安全性

区块链技术下各节点实时验证账本内容,共同协作维护记录的稳定性和完整性。首先,数据一旦被纳入区块链系统,除非一定比例节点按照特定规则联合成为"矿池"发起指令,否则无法删除、撤销或修改。[②] 而中心化证券结算体制下,交易各方均拥有自己的交易记录,可以自行修改或者删除。[③] 区块链技术大大提高了证券结算系统的透明度,有效防止记录作假,保证每笔交易有据可查,增强交易安全,便利监管。其次,区块链网络无须依靠单一中心机构的信用背书,链上所有节点都可以进行分布式数据存储。在部分节点停止记账、受到攻击、出现故障时,其他节点可以继续正常运作,并不会影响整个数据库的运转,也不会影响现有数据的存储和更新,可以大幅减少单点故障对整个结算系统的影响。最后,非对称加密技术、哈希算法、时间戳技术保障了传输数据真实、可追溯。在整个交易过程中,区块链采取数字签名的方式发送数据信息,每次交易都会留下时间戳,避免了"双花"问题,保障了交易的隐私性、安全性和可信性。

## 二、区块链应用于我国证券结算领域的风险和挑战

区块链技术的发展经历了1.0数字货币时代、2.0智能合约时代以及当下的3.0"区块链+"时代,但区块链技术在各行各业的应用落地依旧步履维艰。在证券结算领域,区块链应用所面临的不仅是相关技术引发的风险,还涉及与现有法律法规的冲突问题和监管难题。

### (一)区块链应用面临的技术风险

区块链的应用发展很大程度上取决于其底层技术的成熟可靠,目前区块链技术尚在发展中,很多核心问题有待完善和解决。

① 参见上海证券交易所:《上海证券交易所证券交易资金前端风险控制交易参与人业务指南》(2018年4月4日);参见深圳证券交易所:《深圳证券交易所证券交易资金前端风险控制交易参与人业务指南》(2018年4月4日)。

② 参见张亮、刘百详等:《区块链技术综述》,载《计算机工程》2019年第5期。

③ 例如,2016年全球市值最大银行富国银行被指未经客户同意,在过去多年秘密开设200多万个账户,这些虚假账户用来收取费用,使富国银行员工得以提升销售业绩和多赚奖金。参见佚名:《美国最大银行被罚1.85亿美元　巴菲特竟是银行大股东》,载中金网,http://www.cngold.com.cn/20160911d1985n86102027.html,2020年9月1日访问。

1. 智能合约

智能合约的出现使区块链技术得以充分的应用和发展，但其本身所蕴含的“不可修改”“不可停止”等特性在提高效率的同时也带来了相应风险。首先，关于智能合约的代码瑕疵问题。一方面，代码作为机器语言，难以精准把握合约双方的意志表达、权利义务等；另一方面，代码无法体现合约真实内容，也并不包含违法判断职能，很容易被犯罪分子利用。例如，当事人编写代码恶意串通损害第三人利益或者社会公共利益等，智能合约无法对此识别并终止执行。① 其次，开源软件必然存在漏洞。② 区块链及智能合约等相关技术还不够成熟，存在漏洞与错误风险。“THE DAO”事件下，黑客通过编程语言的递归调用漏洞“正当”转移价值超过5300万美元的以太币。最后，相比于传统合同在合同订立及后续进展过程中的灵活性，智能合约建立在区块链技术之上，不可变更，不可撤销，只能按照预先设定的代码严格执行，过于刚性，难以应对变更、撤销的现实需求。

2. 性能挑战与安全问题

目前，区块链技术难以处理高频次的交易。当前比特币和以太坊的吞吐量分别为7 TPS和25 TPS，而Visa、支付宝等支付工具能够完成每秒上万笔的交易，上海证券交易所现有业务系统的TPS可以达到10万至30万。③ 区块链上参与节点越多，运算压力越大，缓慢的处理速度将严重限制区块链证券结算平台的工作效率。此外，区块链去中心化的特性使得之前由中心机构承担的职能由各个独立节点共同承担。证券结算所要处理的海量数据需要巨大的存储空间和高速的宽带系统，各节点需要承担极高的算力成本。④

就区块链技术的安全问题而言，区块链技术蕴含的隐匿性在保护隐私安全的同时为违法犯罪行为提供了“保护伞”，可能助长洗钱、非法集资等犯罪。同时，区块链上资产的安全性取决于对私钥的保护，私钥一旦被盗取或者丢失，在没有中央机构控制风险、检测可疑活动、阻止访问的情况下，权利人可能会彻底丧失对资产的访问权。⑤ 此外，基于Pow共识的区块链还面临51%的攻

---

① 参见赵磊、石佳：《依法治链：区块链的技术应用与法律监管》，载《法律适用》2020年第3期，第33~49页。

② 开源代码大致每1000行就含有一个安全漏洞，表现最好的Linux kernel 2.6版本的安全bug率为每1000行代码0.127个。参见王延川：《智能合约的构造与风险防治》，载《法学杂志》2019年第2期，第43~51页。

③ 参见朱立、俞欢等：《高性能联盟区块链技术研究》，载《软件学报》2019年第6期，第1575~1593页。

④ 参见朱涛、姚翔等：《分布式账本技术的应用价值和挑战》，载《中国信息化周报》2017年2月13日。

⑤ See Jennifer J. Xu, *Are Blockchains Immune to All Malicious Attacks*, available at https://jfin-swufe.springeropen.com/articles/10.1186/s40854-016-0046-5, visited on September 1, 2020.

击问题,[①]虽然理论上很难暴力破解,但随着节点的不断扩张和量子计算机技术的发展,通过挟持大批僵尸机,或采用工会集群运作模式,仍有篡改数据的可能。[②]

3. 证券结算的最终时点不确定

证券结算的最终时点指资金和证券所有权发生转移且不可撤销的时点,涉及金融风险的转移,是风险管理的关键。[③] 区块链采用网络广播的方式传递发布信息,[④]每一笔待结算任务从第一个节点验证成功后会继续由特定数量的节点进行验证,当所有节点验证完毕后,证券交易才会被 100% 确认并实时结算。第一个节点与最后一个节点的验证存在一定的时间差,在宽带资源紧张和网络利用率过高时还可能出现信息传输堵塞。因此,以哪个时间点的验证结果作为证券结算终局性的标准便存在疑问。

(二)区块链应用面临的法律监管挑战

区块链引发了证券结算的革新,但建立在中心化登记结算制度基础之上的法律法规、体系架构、运行模式等都面临着重构压力。

1. 区块链证券结算对现行法律制度的挑战

我国政府对区块链技术及其应用落地持积极态度,2019 年《区块链信息服务管理规定》出台,旨在明确区块链信息服务提供者的信息安全管理责任,规避区块链信息服务安全风险。随后,在中央政治局区块链学习会议中,习近平总书记强调要把区块链作为核心技术自主创新的重要突破口,加快推进区块链技术和产业的发展,发挥区块链技术在各领域的应用。具体到金融领域,《中国金融业信息技术"十三五"规划》《关于发布金融行业标准推动区块链技术规范应用的通知》《区块链技术金融应用评估规则》等政策文件都表示要支持和推动区块链在金融领域的应用和发展,中国证监会在 2020 年的系统工作会议中进一步强调要积极探索区块链等创新金融科技的应用。但上述规范以政策性文件为主,效力层级较低,局限于对区块链技术及其应用的政策性、原则性支持,缺乏明确、具体的运作规则和风险防范监管措施,无论在法律位阶还是内容上都明显不足。因此,当区块链技术应用到证券结算领域,数据的归属、使用权限、责任追究以及

---

① 节点通过掌握全网超过 51% 的算力就有能力成功篡改和伪造区块链数据。参见邵奇峰、金澈清等:《区块链技术:架构及进展》,载《计算机学报》2018 年第 5 期,第 969 ~ 988 页。

② 参见王硕:《区块链技术在金融领域的研究现状及创新趋势分析》,载《上海金融》2016 年第 2 期,第 26 ~ 29 页。

③ See Bank for International Settlements, International Organization of Securities Commissions, *Principles for Financial Market Infrastructures*, available at https://www.bis.org/cpmi/publ/d101a.pdf, visited on September 1,2020.

④ 参见邵宇:《区块链技术对金融监管的挑战》,载《上海政法学院学报(法治论丛)》2017 年第 4 期,第 30 ~ 40 页。

如何救济等都会面临无法可依的局面。

区块链和智能合约等相关技术的应用还会导致与现有法律法规的冲突。我国作为成文法国家，对新兴事物的规制不可避免存在滞后性，区块链证券结算所涉法律、法规范围较广，层级复杂，不限于合同、物权、债权等领域的具体制度，并直接挑战着具体规则的设计逻辑、实施路径和适用效果。我国目前实行集中统一的登记和托管、清算和交收一体化制度，采用多边净额结算模式，区块链技术应用到证券结算领域实现了点对点实时自动清算交收，与现行证券集中登记托管结算制度存在矛盾。同时，数字证券对我国证券法律关系客体也有所突破，我国《证券法》对证券类型采取列举式规定，包含股票、公司债券、存托凭证和国务院依法认定的其他证券，弹性和包容性较小，难以将数字证券纳入其中。此外，智能合约在法律性质、效力认定、救济体系等方面给我国合同法带来众多挑战，例如我国目前认可了电子合同的效力及证据力，①但立法和司法实践尚未对以代码形式存在的智能合约的法律效力作出规定。

2. 区块链证券结算对传统证券市场结构的冲击

区块链技术在证券市场有广阔的应用前景，但其“去中心化”和“去信任”的特性将在很大程度上改变传统证券市场主体和交易结构，对传统的证券监管模式形成冲击。

首先，区块链证券结算会削弱传统中介机构在证券结算过程中的职能和地位。区块链技术使得证券交易双方越过传统中介机构自行结算成为可能，这会对既有利益集团——交易所、券商、结算机构等产生巨大冲击。具体而言，区块链技术为证券结算提供一个应用平台，减少证券市场各参与主体、各运作环节对传统物理空间如交易所的依赖；在分布式账本和智能合约的运作下，个体投资者作为区块链节点可进行点对点的直接对接，智能合约的自动执行实现每笔证券交易实时自动清算交收，各节点记载链上交易的完整账本，并能自动保存、实时更新，替代了传统证券结算机构集中托管结算职能。从理论上看，传统的中介机构在区块链证券结算系统中无存在的必要，传统的证券法律关系被打破，交易所、券商、结算机构、监管部门、投资者等主体之间的权利义务关系面临着“回炉重造”的境况。

其次，区块链证券结算会弱化传统证券市场上中介机构信义义务的履行。传统证券市场上各中介机构不仅仅提供承销、经纪、登记、清算、交收等中介服务，还作为证券市场的“看门人”承担着对发行人进行尽职调查，监督发行人履行信息披露义务，调查分析投资者的适当性，监测证券交易结算各环节等职能。

① 《电子签名法》第4～7条；最高人民法院《关于审理买卖合同纠纷案件适用法律问题的解释》第4条；《民事诉讼法》第63条；最高人民法院《关于适用民事诉讼法的司法解释》第116条。

如前文所述，区块链证券结算实现了点对点的实时自动清算交收，传统的中介机构职能被大大弱化甚至从理论上可被完全替代。由此，中介机构"看门人"的功能丧失，增加了证监会的行政监管及行业协会自律监管的压力。①

最后，区块链技术的实际应用使证券法律关系主体范围进一步扩大，增加代码编写者、软件开发者、平台提供者等参与主体，上述主体的法律性质和属性突破了现行《证券法》的规定。但这些主体又参与了区块链证券结算全过程，如不对其进行法律界定，将会影响后续监管以及责任认定。

证券结算系统内传统主体的地位在区块链技术的应用下遭受了冲击，新型主体在区块链证券结算系统中应当扮演何种角色，传统中介机构在区块链技术的应用下是否应当退出历史舞台，尚没有明确的答案。

3. 分布式共享记录对法律责任认定的挑战

在我国传统中心化证券结算体系中，存在公共服务机构与私人服务机构两类证券结算服务主体，前者包括登记机构、存管机构、中央对手方以及结算合作机构例如托管银行，后者包括证券服务商。② 不同的公私服务机构运营各自不同的服务系统，各主体之间的权利义务关系较为明晰，如某一证券结算服务主体未能及时、合理提供证券结算服务，或者对某一证券结算存在异议时，便于证券持有人确定相关责任人，主张违约责任或者侵权责任，寻求司法救济。③

区块链系统中各结算主体具有隐蔽性和匿名性，呈现分散化态势，没有所谓的"中心"，所有的节点都是平等的法律主体，每一个环节都可能存在网络安全、技术风险、外部攻击等问题，④因而难以追踪问题来源及背后的责任主体。此外，智能化的运作模式具有一定的技术中立性，在实践操作过程中较少受到人们主观意识的支配。若投资者因为实际运行中的问题利益遭受损害，难以确定责任承担主体、归责原则和责任承担比例。例如，提供区块链技术及相关产品的机构或组织若没有主观上的过错，是否需要对所有技术、运作设计上的漏洞最终给投资者带来的损失承担责任？例如，区块链平台提供者、监管者若没有主观上的

① 参见袁康：《区块链技术在证券市场应用的监管问题研究》，载黄红元、卢文道主编：《证券法苑》（第二十三卷），法律出版社 2017 年版，第 315 ~ 338 页。

② 参见柯达：《区块链证券结算的法律规制》，载《大连理工大学学报（社会科学版）》2020 年第 41 卷第 5 期，第 77 ~ 87 页。

③ 参见柯达：《区块链证券结算的法律规制》，载《大连理工大学学报（社会科学版）》2020 年第 41 卷第 5 期，第 77 ~ 87 页。

④ See Dirk A. Zetzsche, *The Distributed Liability of Distributed Ledgers: Legal Risks of Blockchain*, available at https://illinoislawreview.org/wp-content/uploads/2018/10/BuckleyEtAl.pdf, visited on September 1, 2020；万国华、孙婷：《证券区块链金融：市场变革、法律挑战与监管回应》，载《法律适用》2018 年第 23 期，第 57 ~ 66 页。

过错，是否需要对所有结算过程中的问题承担责任？而若是追究上述主体的过错责任，各主体应当基于其何种过错程度来承担责任，承担担责任的范围又该如何界定。这些都是区块链技术应用到证券结算领域面临的新型法律问题，现行证券法律规则无法有效应对。

## 三、区块链应用于我国证券结算领域的监管应对

区块链为证券结算的发展带来了新的机遇，但也面临技术层面的漏洞风险及法律层面的规范不足。在传统证券结算和区块链证券结算均存在不足的情况下，如何取舍是不得不考虑的问题。本文认为，传统证券结算程序烦琐、周期较长、成本高昂等问题由来已久，无法兼顾安全性、高效率和低成本的多元化目标。区块链技术应用到证券结算领域具有理论和实践上的可行性，相关技术问题和法律风险能够通过合适的路径和制度设计予以规避解决。此外，区块链技术作为战略性前沿技术已被列入国家规划，推行区块链技术的应用落地是加强国家创新体系建设、强化战略科技力量的表现。在国外证券市场已经大力探索落实区块链技术在证券结算领域的应用形势下，我们不能以抱残守缺的姿态面对挑战，只有积极思考探索如何攻克区块链核心技术、如何推进区块链应用落地与推广，才能在国际竞争赛道中保持领先地位。因此，本文将结合上述风险挑战的现实考量，从技术和法律层面探索区块链技术应用于证券结算领域的监管应对，推动区块链技术健康有序发展。

### （一）技术层面的应对方案

1. 区块链证券结算应用模式的选择：联盟链

区块链的应用发展分为公有区块链、私有区块链及联盟区块链模式，三种模式最大的区别在于去中心化和开放的程度不同（见表1）。公有区块链通过公共域软件运行，任何人都能够自由参与并读取区块存储的数据，无须中央权威机构参与。① 联盟链是指根据联盟协议，由多个预先授权的节点共同维护的一个区块链总账簿。② 私有链则以牺牲“去中心化”为基础，由单个中心节点控制的区块链，相较传统中心化系统增加加密审计功能。③

---

① See Financial Industry Regulatory Authority, *Distributed Ledger Technology: Implications of Blockchain for the Securities Industry*, available at https://www.finra.org/sites/default/files/FINRA_Blockchain_Report.pdf, visited on September 1, 2020.

② 参见马春光、安婧等：《区块链中的职能合约》，载《信息网络安全》2018年第11期，第8～17页。

③ See Financial Industry Regulatory Authority, *Distributed Ledger Technology: Implications of Blockchain for the Securities Industry*, available at https://www.finra.org/sites/default/files/FINRA_Blockchain_Report.pdf, visited on September 1, 2020.

**表1　三类区块链在节点接入和共识机制方面的区别**①

| | 公有链 | 联盟链 | 私有链 |
|---|---|---|---|
| 中心化程度 | 云中心化 | 多中心化 | 中心化 |
| 参与主体控制 | 任何人可接入 | 预先设定、具有特殊特征的成员 | 中心控制着指定的可以参与的成员 |
| 信任机制 | 工作量证明 | 共识机制 | 自行背书 |
| 记账者 | 所有参与者 | 参与者协商决定 | 自定 |
| 优势 | 1. 完全解决信任问题<br>2. 全球用户可访问 | 1. 容易进行控制权限定<br>2. 具有很高的可扩展性 | 1. 一般而言没有挖矿过程，网络能耗低<br>2. 规则修改容易，交易量、交易速度无限制<br>3. 节点通过授权进入，不存在51%攻击风险 |
| 缺点 | 交易量受限，挖矿能耗高 | 不能完全解决信任问题 | 1. 接入节点受限<br>2. 不能完全解决信任问题 |
| 使用场景 | 网络节点之间没有信任的场景 | 连接多个公司或中心化组织 | 节点之间高度信任场景 |

（1）模式选择：有限的中心化

去中心化程度的选择不可避免地要面对提高效率、防范风险和消费者保护等多重价值的矛盾：去中心化程度越高，效率提升越显著，周期和成本越低；但与此同时，区块链技术的安全和隐私问题也越突出，不利于对消费者的保护。

基于金融市场的高风险和消费者保护的考量，在证券结算领域实行完全的“去中心化”模式是不切实际的。一方面，证券行业对于风险可控性要求较高，涉及客户的金融数据也需要极高的隐私性。公有链的读写权限对所有人开放，匿名账户可自由进出，监管者难以了解市场动态，追溯责任主体，整个证券结算市场的安全稳定难以得到保障。另一方面，区块链技术对高性能的需求在事实上限制了为区块链网络提供算力的参与者，通常中小投资者难以承担相应的算力成本，且个体投资者对于证券市场的风险识别能力较弱，自主结算对个体投资者而言挑战不小。② 而采用私有链的模式则与传统中心化组织并无本质区别，其主要作用在于对单个节点内部的管理进行重构，从而降低组织内部的沟通交流成本，机构之间仍然需要对账，也无法实现货银对付，无法有效发挥区块链技术的“去中心化”作用。

---

① 参见季家友等、中国人民银行总部课题组：《区块链技术对支付清算系统发展的影响及应用前景研究》，载《上海金融》2018年第4期。

② 参见廖淇、刘建强：《试论金融消费者权益保护》，载《光华法学》编委会编：《光华法学》（第六辑），法律出版社2011年版，第113～120页。

本文认为，联盟链的方式较为可行，任何市场主体想要加入和退出区块链系统都必须经过审批和授权。首先，联盟链的模式实现了对于区块链节点身份的控制，有助于监管机构对于市场的整体监督，也有助于追溯相关主体打击违法犯罪行为；其次，联盟链的应用在遵循金融市场监管规律、规避金融高风险的同时高度融合区块链“去中心化”的场景应用需求，通过联盟链构建多中心的网络，为各节点安排数据访问、业务审核等不同权限，有助于实现金融风险监管控制和分布式共治优势的动态平衡；[①]再次，联盟链中特权节点的设定有助于缓和区块链技术给证券市场结构带来的巨大冲击，传统的中介机构在区块链证券结算系统中仍然可以承担一定的监管职能，不至于无用武之地；最后，联盟链的选择也有助于与我国《证券法》第 148 条要求的“证券登记结算应当采取全国集中统一的运营方式”的衔接，监管机构仍然享有优先一级的权限，决定其他机构是否可以参与到区块链网络中来成为节点，坚守了一定程度的“集中统一”。

（2）节点设计：明确准入条件及权限安排

①监管节点

出于防范各类风险的考量，本文认为，可采用“以链治链”[②]的方式在区块链证券结算系统内部为监管机构提供“接入点”。在区块链系统中将传统证券监管者、司法机构等设置为特殊节点，并为其设计不同权限。例如，依法冻结特定账户资产，依法对已经达成的交易进行暂缓交收，发生紧急状况时采取停牌停市等，[③]使监管部门能够实时掌握交易动态、全面监测交易风险，提升监管的及时性与有效性。

就证券登记结算机构而言，其在区块链证券结算系统中并未失去存在的基础，可将原本的结算功能转变为对区块链智能化结算程序和参与节点的监管规制功能。具体可从以下几点考虑：一是作为准入资格审查者，任何参与到系统中成为节点的机构须经过身份核验和资质审查，同时，出于安全考虑，可以突破区块链节点“匿名”色彩[④]；二是作为代码合约管理者，代码、智能合约及相关技术产品必须经过监管部门审计、检测和批准后方可使用，且监管者有权暂停涉嫌

---

① 参见张晓朴：《互联网金融监管的原则：探索新金融监管范式》，载《金融监管研究》2014 年第 26 期，第 6 ~ 17 页；范鑫、冯岳：《证券市场区块链应用监管的“中心化”博弈：金融稳定与业态创新》，载《证券法律评论》2019 年卷，第 382 ~ 399 页。

② 参见杨东：《以区块链技术解决金融领域“灯下黑”问题》，载《国家治理》2020 年第 24 期。

③ 参见万国华、孙婷：《证券区块链金融：市场变革、法律挑战与监管回应》，载《法律适用》2018 年第 23 期，第 57 ~ 66 页。

④ 《区块链信息服务管理规定》第 8 条规定：区块链信息服务提供者应当按照《中华人民共和国网络安全法》的规定，对区块链信息服务使用者进行基于组织机构代码、身份证件号码或者移动电话号码等方式的真实身份信息认证。用户不进行真实身份信息认证的，区块链信息服务提供者不得为其提供相关服务。

非法活动的异常交易；三是作为系统运行维护者，证券登记结算机构应当确保结算系统操作的连续性和稳定性；四是作为系统性风险的处置者，实时监测统运行状况，分析交易结算违约风险，在异常情况下有权决定紧急方案无须等待共识；五是引导解决因欺诈、黑客、结算失败等原因引起的结算争端等问题。①

②其他结算参与节点

理论上各证券投资者的账户可以分布在区块链信息链条上，无须借助证券公司等中介服务机构即可自行交易结算。但正如前文所述个体投资者识别金融风险能力有限，难以承担相应的算力成本，且个体投资者成为参与节点后监管节点没有足够的资源和能力对普通投资者进行一线监管。因此，成为节点的结算参与者应当是能够承担相应算力成本且具有丰富经验的机构，可适当发挥"看门人"的功能。本文认为，可考虑将节点定位于具有结算参与人身份的证券公司、银行和其他机构，监管节点要加强对其资质和真实身份的审核备案，对偿债能力、资金流动性、操作可靠性、信息披露服务等设立准入条件，加强事前把关。架构上可参考香港交易所的做法，如图 3 所示。

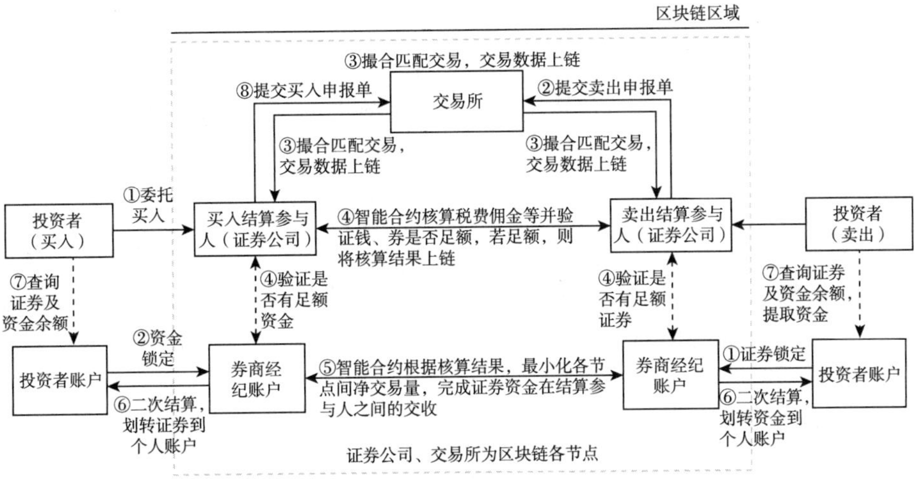


**图 3　香港交易所区块链技术应用于证券结算的方案架构②**

③区块链平台提供者功能及定位

一旦区块链证券结算平台出现问题，会引发证券市场波动、投资者受损，甚至导致系统性风险，从而影响证券结算的安全和证券市场的稳定。为了确保平

① 参见姚前：《基于区块链的新型金融市场基础设施》，载《中国金融》2019 年第 23 期，第 24～26 页。

② 参见香港交易所《金融科技的运用和监管框架》，载 https://www.hkex.com.hk/-/media/HKEX-Market/News/Research-Reports/HKEx-Research Papers/2018/CCEO_Fintech_201810_c.pdf? la = zh-HK，2020 年 9 月 1 日访问。

台的健全性、连续性和公正性，并基于财力、人力、技术、市场、信息等多方面优势的考量，本文建议，可由中国登记结算有限公司和证券交易所牵头搭建证券结算平台，并受证监会的指导监督。

2. 建立通用、安全、高效的区块链底层技术

确保区块链底层技术的通用性、安全性和高效性，是将其应用于证券结算的基本前提，也是促进不同技术、不同区块链系统之间兼容互通、信息共享的首要保障。① 目前，国际电信联盟（International Telecommunication Union，ITU）、国际标准化组织（International Standard Organization，ISO）、万维网联盟（World Wide Web Consortium, W3C）、全球通信系统协会（Global System for Mobile Communications Association，GSMA）、互联网研究专门工作组（Internet Research Task Force，IRTF）、互联网工程任务组（The Internet Engineering Task Force，IETF）等国际标准化组织已在区块链技术参考架构、智能合约安全等相关方面开展了大量的标准化工作。我国紧跟国际步伐，也发布了《区块链技术金融应用评估规则》《区块链技术架构安全要求》等有关区块链的技术标准和评估办法。

区块链底层技术的下一步发展可从两方面推进：其一，我国监管机构应当积极参与到区块链技术国际标准化的建设中，制定全球统一的区块链技术标准有助于实现不同技术、不同区块链系统之间的兼容互通、信息共享，也有助于提升我国在该领域的国际话语权和规则制定权；其二，多方协同推进共识机制、密码学、算法、吞吐量、网络基础设施等核心技术研发。目前，已有研究者提出，可通过构造高算力和高内存 Pow 共识算法来解决 51% 攻击问题。② 实践中也出现了像 DPOS、DAG、HashGraph 等新型的高性能共识算法，其中，HashGraph 在联盟链环境下实现每秒超过 1 万笔交易的处理速度。

3. 建立代码审查协调机制和智能合约修正退出机制

（1）构建代码审查协调机制

其一，应当建立代码与法律法规、技术标准的融合机制，将相关法律法规和技术标准的内容、理念内置于区块链程序中，作为编写代码、执行代码的基础，从而确保代码、合约法律内核的确定性和开发流程的规范性；③其二，将审计验证

---

① 参见袁康、冯岳等：《从主体信用到算法信用——区块链的信用基础与法制回应》，载《银行家》2018 年第 5 期，第 137 ~ 139 页。

② See Vitalik Buterin, *Ethereum White Paper—A Next-generation Smart Contract and Decentralized Application Platform*, available at https://blockchainlab. com/pdf/Ethereum_white_paper-a_next_generation_smart_contract_and_decentralized_application_platform-vitalik-buterin. pdf, visited on September 1, 2020.

③ 智能合约初创企业 Eris Industries 采取了该种办法，将法律合同纳入智能合约机制。See Eris, *Legal*, available at https://erisindustries. com/components/erislegal. html, visited on September 1, 2020.

合格作为技术产品上链的前置条件。在相关技术产品应用之前，各开发者和监管者应当建立有效的安全审查机制，对代码架构、逻辑流程、关键功能、攻击模式、算力集中度等开展源代码安全检查和测试工作，及时识别各层面存在的安全漏洞并采取应对措施。①

(2)构建智能合约修正退出机制

智能合约不可更改、缺乏灵活性是区块链的核心问题之一。智能合约不仅要面对传统合同下的欺诈、胁迫、重大误解等问题和代码漏洞等新型技术风险，还要应对证券交易结算领域的撤单问题。如果区块链技术想要进行大规模的现实应用，就必须重新思考其绝对不可更改的特性。目前，学术界和理论界提出了两种解决方法：一是构建“可编辑区块链证券结算框架”，即在维护交易链条完整性的前提下，允许监管主体在特定授权后编辑、撤回或者删除之前区块链中的信息。“可编辑区块链”是通过安装在两个区块之间的“虚拟挂锁”实现的，当需要修改某个区块上的信息时，用密钥解开需要修改的区块与下一个区块之间的虚拟挂锁即可(见图4)。② 但该项允许用户重写历史记录的技术可能会带来金融欺诈的风险，因此，必须严格限定“可编辑”的应用条件和权利主体，且在区块链中内置相关程序，以便使任何修订都留下连权利授权方也无法删除的必然“痕迹”。二是建立智能合约的自动终止和修复机制，在满足特定条件时监管主体可终止执行相关合约防范风险。③

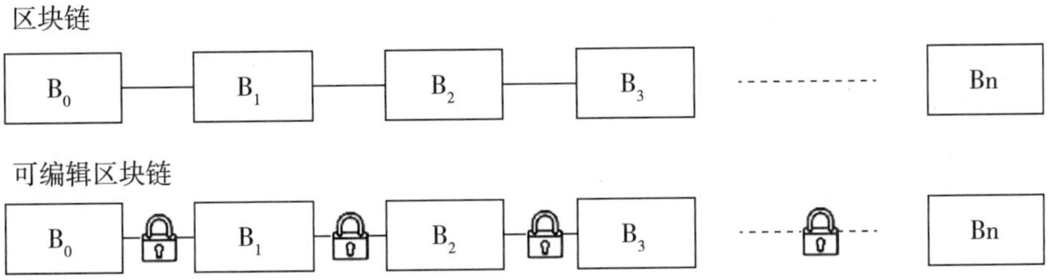


**图4　虚拟挂锁示意**

4. 考虑“六次节点验证”作为区块链证券结算的终局性标准

基于区块链分布式共识机制验证信息的属性，证券结算只有经过负责最后

---

① 参见中国信息通信研究院：《区块链安全白皮书——技术应用篇(2018版)》，载中国大数据产业观察网，http://www.caict.ac.cn/kxyj/qwfb/bps/201809/P020180919411826104153.pdf，2020年9月1日访问。

② 参见埃森哲：《让区块链技术适应不完美的世界》，载 https://www.accenture.com/cn-zh/insight-outlook-zhanwang-block-chain-technology，2020年9月1日访问。

③ 参见翟晨曦、徐伟等：《区块链在我国证券市场的应用与监管研究》，载《金融监管研究》2018年第7期，第33~54页；刘瑜恒、周沙骑：《证券区块链的应用探索、问题挑战与监管对策》，载《金融监管研究》2017年第4期，第89~109页。

验证的节点验证完成且执行了智能合约后，证券与资金的交收才具有终局性。

本文认为，经过6次验证的时间宜作为证券结算终局性的时间点。一方面是由于数据的不可变更性一定程度上依赖于节点的验证，验证的节点越多，数据越不容易被改变。从技术上看，当交易经过6次确认之后，攻击者的替代链追上真正区块链的概率将降低至千分之一以下。① 另一方面是因为确定证券结算终局性的时间点还需考量证券市场的流动性，确认时间过长不利于证券市场的流动性，6次验证在稳定性和流动性之间取得了相对平衡。②

（二）法律监管层面的应对方案

1. 重构区块链法律监管的顶层思路

区块链金融在我国经历了较长时期的野蛮生长后，监管主体基于“父爱主义”监管理念对其持严格禁止态度，放弃金融创新追求金融稳定的单一价值。③ 但这一规制对策不利于我国金融科技的长远发展，本文以为对区块链金融的规制要在风险防范、金融稳定、技术发展以及消费者保护等多个价值追求之间取得平衡，在严防金融风险外溢的前提下为金融科技创新提供一定的生长土壤和适度的容错空间，避免严苛的监管权力和滞后的法律法规对创新活动的不正当干预。④ 毕竟法律是区块链的必由之路，而非其毁灭的根源。⑤ 具体而言，监管当局应当重点关注防范金融风险，加强金融市场监管部门之间的信息交流与监管合作，促进金融科技发展的整体目标，在监管制度设计上应以强制性规范为辅，任意性规则为主，最大程度上赋予当事人法律自由。⑥

此外，还需改变传统单一的“命令和控制”式的监管方式，在监管实践中充分考察监管效果，并根据监管效果灵活修正完善监管手段。⑦ 区块链证券结算的技术应用、模式架构及监管诉求处于探索和发展阶段，尚未形成一套清晰有序、成熟完善的制度安排，难以继续适用“命令和控制”式的监管方式，而应“边

---

① See Satoshi Nakamoto, *Bitcoin: A Peer-to-Peer Electronic Cash System*, available at https://bitcoin.org/bitcoin.pdf, visited on September 1, 2020.

② 参见卜学民：《区块链下证券结算的变革、应用与法律回应》，载《财经法学》2019年第3期，第66～78页。

③ 参见朱娟：《我国区块链金融的法律规制——基于智慧监管的视角》，载《法学》2018年第11期，第129～138页。

④ 参见范鑫、冯岳：《证券市场区块链应用监管的“中心化”博弈：金融稳定与业态创新》，载《证券法律评论》2019年卷，第382～399页。

⑤ ［美］凯文·沃巴赫：《信任，但需要验证：论区块链为何需要法律》，林少伟译，载《东方法学》2018年第4期，第83～115页。

⑥ 参见王刚：《国际对冲基金法律监管制度比较研究与启示》，载《光华法学》编委会编：《光华法学》（第四辑），法律出版社2009年版，第158～169页。

⑦ 参见李晓楠：《区块链金融基础设施监管研究》，载《金融监管研究》2020年第10期，第85～97页。

监督边学习”。[①] 例如,监管机构可引入监管沙箱制度,可由中国登记结算有限公司及沪深证券交易所牵头探索区块链证券登记、存管、结算一体化试点工作,全面了解底层技术细节、架构模式,并研析潜在风险点和问题,与时俱进地完善相关设计及监管制度安排。

2. 完善相关法律法规以提升监管适应性

处理好技术变革与传统法律制度、运行规则的关系有助于推动新技术的落地发展。本文认为,首先应尝试将区块链技术的应用及监管纳入现有立法的覆盖范围,同时,对不合时宜的规范应做出相应的删减或变通。本文在此就数字证券、区块链数据的证据资格、智能合约和破产隔离 4 个主要问题的法律规制作出一定的分析与构思。

(1)数字证券

区块链证券结算系统要求将证券转化为数字资产嵌入智能合约内部,这会突破我国证券客体的适用范围和品种。本文认为,可以借鉴我国证券法草案中曾经出现的“投资性合同”[②]理念,以描述性语言定义证券客体的属性和内涵,引入实质性证券判断标准,将数字证券依法纳入证券法监管轨道上来。[③]

(2)明确区块链数据的证据资格

区块链证券结算系统中,资金和证券会转化为数字资产,其流转记录及权属状态会全部自动保存并显示到区块链上,虽然我国法院判决承认了区块链记录的法律效力,[④]司法解释也认可了区块链作为收集、固定和防篡改数据的技术手段,[⑤]但我国并未从立法上明确承认区块链上的记录是否具备法律效力,[⑥]尤其是能否成为我国诉讼法上的电子数据尚有疑问,法院将区块链数据作为证据的论证也仅具有个案参考作用。区块链上的数据以代码形式存在,分布式存储实现数据对称共享,账本内容无法删除、撤销或者修改的特点赋予其客观真实性。

---

① 参见周仲飞、李敬伟:《金融科技背景下金融监管范式的转变》,载《法学研究》2018 年第 5 期,第 3 ~ 19 页。

② 《证券法(草案)》(2015 年 5 月稿)第 3 条规定:“本法所称证券是指代表特定的财产权益,可均分且可转让或者交易的凭证或者投资性合同。”

③ 例如,美国 1933 年《证券法》和 1934 年《证券交易法》对证券采取包括但不限于的列举方式,且在美国司法实践中,大大发展了证券法的调整范围。参见蓝寿荣、李成:《美国证券法之证券含义探讨》,载《光华法学》编委会编:《光华法学》(第四辑),法律出版社 2009 年版,第 144 ~ 157 页;姚海放:《论证券概念的扩大及对金融监管的建议》,载《政治与法律》2012 年第 8 期。

④ 参见(2018)浙 0192 民初 81 号判决书。

⑤ 最高人民法院《关于互联网法院审理案件若干问题的规定》第 11 条规定,当事人提交的电子数据,通过电子签名、可信时间戳、哈希值校验、区块链等证据收集、固定和防篡改的技术手段或者通过电子取证存证平台认证,能够证明其真实性的,互联网法院应当确认。

⑥ 美国的部分州承认了区块链数据的证据资格,如亚利桑那州确认了区块链签名和智能合约的法律地位,明确了区块链上的数据为合法的电子记录。See 2017 Bill Text AZ H. B. 2417, Section 2, Article 5.

因此，我国应当在立法层面明确区块链上数据记录的性质，并认定其法律效力和证据资格，存证上链在我国不再是一纸空谈，而可以成为维权的有力手段，也有助于推动区块链在证券结算中的应用。

（3）智能合约的合同法规制

首先，关于智能合约的订立问题。判定智能合约的法律性质是规制智能合约的前提，学界中关于智能合约的法律性质主要有三种认识：计算机程序、自助行为与合同。[①] 在大陆法系下，自助行为说难以成立，智能合约（合同）无法满足自助行为内含的"情势紧迫且公力救济所不及"和"行为须为维护自身权益"两个要件。[②] 计算机程序理论仅仅将智能合约作为一种事实行为进行规制，排除了合约内部当事人的意思表示及法律关系，并不符合智能合约的本质特征。本文认为，智能合约本质上属于合同，应当受到《合同法》等相关法律法规的规制。其一，智能合约符合合同的形式要件。代码是智能合约的载体，学界中对于代码的属性尚有争议。基于《民法典》第469条和《电子签名法》第4条的规定，[③]本文认为，智能合约属于书面合同中的数据电文形式。所谓"数据电文"，是一种对于信息的代码化描述，由数字进位制符号组成并以机读数字代码逻辑序列。[④] 而依托于区块链技术的智能合约也是以代码形式表达合约内容，因而可以被视为数据电文。即使在当下无法就智能合约的合同形式达成一致意见，《民法典》第469条中的"其他形式"无疑为智能合约留下了适用空间。此外，智能合约符合当事人意思表示一致的要件。智能合约当事人通过计算机程序将主观意思转化为外在代码的表现形式，这种表现形式虽然不同于合意的传统线下表达方式，但并未排除合意本身，也并未改变合同的本质。[⑤] 智能合约系统具有自动发出要约和承诺的功能，也无须当事人的直接介入。[⑥] 在证券结算领域，先发出买入证券或者卖出证券的信息可以理解为一种要约，后发出的与之相匹配对应的卖出或者买入证券信息可以理解为是承诺，两者匹配成功即对合约内容达成一致，

---

① 参见蒋大兴、王彦光：《区块链合同的法律属性》，载《人工智能法学研究》2018年第1期。

② 参见焦清扬：《民事自助行为的价值定位及其制度构建》，载《法学杂志》2014年第7期，第125～133页。

③ 《民法典》第469条规定："当事人订立合同，可以采用书面形式、口头形式或者其他形式……以电子数据交换、电子邮件等方式能够有形地表现所载内容，并可以随时调取查用的数据电文，视为书面形式。"《电子签名法》第4条规定："能够有形地表现所载内容，并可以随时调取查用的数据电文，视为符合法律、法规要求的书面形式。"

④ 参见于海防：《论数据电文意思表示形式问题的体系化解决》，载《法学》2014年第11期，第116～127页。

⑤ 参见许可：《决策十字阵中的智能合约》，载《东方法学》2019年第3期，第44～45页。

⑥ 参见赵金龙、任学婧：《论电子合同》，载《当代法学》2003年第8期。

随后该内容将被写入智能合约并自动执行交易结算。[①] 实际上,智能合约的订立与传统合同并无本质区别,只是传统合同的订立与履行可以进行明显的区分,而未设定特殊履行期限的智能合约订立与履行重合在一起,订立即履行。有学者指出,在智能合约中要约发出后无法撤回,无法适用传统合同法中要约可以在特定期限内撤回的理论。[②] 本文认为,结算参与点可根据客户的指令在交易匹配成功之前撤回申报单,视为合同法上的撤回要约。但证券交易结算成功后则无法撤单,这也与我国现行的证券交易制度相匹配。

其次,关于智能合约的效力认定问题。根据《民法典》第 502 条的规定依法成立的合同,自成立时生效。本文认为,在区块链证券结算系统中,各结算参与节点交易匹配成功上链的时间点即智能合约成立及生效的时间点。就智能合约的无效而言,具体规则主要根据《民法典》第一编第六章有关民事法律行为的规定及合同编第三章合同效力进行认定,主要包含缔约主体不适格和合同内容不合法两个方面的内容。就智能合约的可撤销认定而言,可根据《民法典》第 147 条至第 151 条所规定的民事法律行为的可撤销情形予以认定,即当智能合约出现重大误解、一方或第三人实施欺诈或胁迫,以及显失公平时可予以撤销,在技术操作上可通过前文所提到的智能合约退出机制来实现。至于在合约被认定无效及撤销后产生的责任承担和权利救济,则可交由法院或者仲裁机构来判断。

再次,关于智能合约的抗辩权问题。同时履行抗辩权、先履行抗辩权和不安抗辩权是为合同当事人在合同订立及履行过程中出现异常情况时提供的救济手段,但在智能合约场景下,这三大抗辩权发挥作用有限。在区块链证券结算系统中,双方提交交易需求时便会锁定相关资产,匹配成功后立即结算或设置一定的结算期限,通过智能合约实现了“一手交钱,一手交货”。因此,智能合约场景下不存在双方先后履行各自债务的情况,三大抗辩权难以适用。

最后,智能合约的变更、解除问题。就协议变更、约定解除而言,根据《民法典》第 543 条和第 562 条的规定,双方当事人协商一致可以变更、解除合同。具体到智能合约应用下的证券结算,如前所述,本文认为,在交易匹配成功之前,结算参与点可根据客户的指令通过技术手段变更申报单的内容,双方客户协商一致即可对智能合约的内容进行变更或者解除,但证券交易成功后根据现行证券交易规则无法变更内容,也无法撤单。就法定解除而言,根据《民法典》第 563

① 可类比于自动贩卖机的要约承诺模型,销售者在自动贩卖机中陈列货物,可以被理解为一种要约,而客户投入硬币的行为,则可以被视为一种承诺,自动贩卖机自动出货,是机器代替销售者履行合同。参见吴烨:《论智能合约的私法构造》,载《法学家》2020 年第 2 期,第 1 ~ 13 页。

② 参见吴烨:《论智能合约的私法构造》,载《法学家》2020 年第 2 期,第 1 ~ 13 页。

条的规定，本文认为，智能合约语境下资产的提前锁定和强制执行在一定程度上排除了第1款第1~4项法定解除的情形。① 因而，对于智能合约的法定可解除情形有待进一步确定。

综上，本文认为，智能合约总体上可纳入《民法典》合同编的调整范围。区块链证券结算下各结算参与点实名注册认证，一定程度上缓和了智能合约的效力认定及法律救济等问题。同时，应用于证券结算的智能合约与复杂的商业合同不同，通常商业合同难以精准描述双方权利义务及责任分配，需要后续的磋商和补充协议完善合同内容，而智能合约的主要内容是证券的交割与资金的交收，涉及的是数字资产的变动，含有的不确定因素较少，在很大程度上能够被预定的代码范本和简单的计算机逻辑所囊括，对合同内容的后续变更及补充需求较小。但新技术的出现和应用不可避免地会带来无法调适的情况，考虑到法律的稳定性及修改的繁杂性，可通过司法解释或者行政法规、部门规章等形式，对无法规制、难以调适的部分进行细化规定及阐释。

（4）破产隔离制度的适用

在区块链证券结算系统中资金和证券以代码的形式嵌入智能合约内部，如果证券买卖双方约定了一定时间的结算期限因而尚未触发证券结算，此期间内任意一方发生破产，属于合同成立后履行完毕前的破产，管理人可根据《企业破产法》第18条的规定解除合同，不利于维护证券交易市场的稳定性和交易对手方的现实利益，因而本文认为，可以适用资产证券化中的破产隔离制度进行规制。破产隔离制度，是指将证券化的基础资产与原始权益人、特殊目的公司（Simplified Payment Verification，SPV）、特殊目的公司母公司的破产风险相隔离，在上述公司企业破产清算时，证券化的资产不得用于偿还破产主体的债务。② 应用到区块链证券结算领域，即破产管理人不能对证券交易合同行使解除权。就法律依据而言，本文认为，可先行参考适用《证券法》第159条的规定，"证券登记结算机构按照业务规则收取的各类结算资金和证券，必须存放于专门的清算交收账户，只能按业务规则用于已成交的证券交易的清算交收，不得被强制执行"。虽然在区块链证券结算系统中证券登记结算机构不再承担证券结算的职能，但该条款仍然隐含了破产隔离的含义，仍须应用于智能合约锁定的用于履行合同的证券和资金，以维护证券市场的稳定性。但随着区块链技术的不断

① 《民法典》第563条第1款规定："有下列情形之一的，当事人可以解除合同：（一）因不可抗力致使不能实现合同目的；（二）在履行期限届满前，当事人一方明确表示或者以自己的行为表明不履行主要债务；（三）当事人一方迟延履行主要债务，经催告后在合理期限内仍未履行；（四）当事人一方迟延履行债务或者有其他违约行为致使不能实现合同目的；（五）法律规定的其他情形。"

② 参见周扬培、刘玲：《略论破产隔离机制》，载《经济论坛》2003年第4期，第19~20页。

应用落地,参考适用现行法律法规并非长远之计,需要做出相应的调整与完善。

3.构建基于节点义务的法律责任体系

良好的责任分配机制不仅使权利主体在遭到不法侵害后获得充分救济,还有预防损害发生的功能。涉及区块链证券结算交易的主体主要有代码合约编写设计者、监管节点、结算参与节点、投资者等,各主体之间权利义务的合理配置是妥善解决结算系统内外部归责问题的基础。根据《区块链信息服务管理规定》的相关规定及前述联盟链模式的选择和节点权限设计,本文认为,可依据各主体间的功能定位差异确定权利义务内容,并进而确定结算系统内外部的责任分配机制。

(1)提供区块链信息服务的监管节点

提供区块链信息服务的监管节点,在区块链证券结算领域即提供该平台系统的监管节点,根据前文分析可初步暂定为中国结算和证券交易所,主要有以下三个方面的义务:其一,建立信息内容安全管理制度,维护系统平台的安全稳定和高性能。其二,制定并公开管理规则和平台公约。监管节点应当制定平台管理规则,审核各参与节点身份及资质,保障适格用户的非歧视访问并与各节点签订服务协议,明确双方权利义务等。其三,建立安全审查制度,监管节点应当对区块链新产品、新应用和新功能进行安全评估,对代码合约等进行审计、检测。《区块链信息服务管理规定》中有关安全审查制度的规定较为笼统,在具体操作上可先行参考《网络产品和服务安全审查办法(试行)》第3条和第4条的规定。①

就具体责任承担而言,监管节点作为参与节点的审核管理主体,若参与节点不符合资质要求或者履职不当,监管节点与参与节点对外应当承担连带责任,同时,监管节点可基于相关协议、平台公约等追究参与节点的内部责任。针对系统平台设计问题、代码合约编写及安全漏洞等技术方面的问题,监管节点应当是对外承担责任的主体,对内可向提供技术服务支持的组织机构追责。

(2)参与节点

区块链证券结算系统内的参与节点,即经批准审核的证券公司、银行及其他机

① 《网络产品和服务安全审查办法(试行)》第3条规定,坚持企业承诺与社会监督相结合,第三方评价与政府持续监管相结合,实验室检测、现场检查、在线监测、背景调查相结合,对网络产品和服务及其供应链进行网络安全审查。第4条规定,网络安全审查重点审查网络产品和服务的安全性、可控性,主要包括:(1)产品和服务自身的安全风险,以及被非法控制、干扰和中断运行的风险;(2)产品及关键部件生产、测试、交付、技术支持过程中的供应链安全风险;(3)产品和服务提供者利用提供产品和服务的便利条件非法收集、存储、处理、使用用户相关信息的风险;(4)产品和服务提供者利用用户对产品和服务的依赖,损害网络安全和用户利益的风险;(5)其他可能危害国家安全的风险。

构等，主要有两项义务：其一，遵守与结算平台的协议规定，验证、存储信息以及维护系统正常运作和安全稳定，不得滥用自身享有的系统权力和资源，不得利用系统漏洞等；其二，为投资者提供结算服务。就具体责任承担而言，结算参与节点未能按照监管节点的要求勤勉地履行义务，监管节点可根据协议和平台公约追究责任。此外，参与节点还要根据与投资者之间的协议对投资者独立承担责任。

（3）提供技术支持的机构或组织

提供技术支持的机构或组织的主要义务即按照合同约定编写代码合约及设计技术产品等。就具体责任承担而言，如果提供技术支持的机构或组织未按照合同约定编写代码合约或设计技术产品，应当根据合同承担违约责任；如若设计的代码合约或产品本身存在缺陷或漏洞而使投资者遭受了不利影响，本文认为，可参考《民法典》侵权责任编第四章产品责任的规制路径进行归责。具体而言，可将代码合约及其他技术产品视为一种“产品”，生产者是提供技术支持的机构或组织，销售者是向社会公众提供区块链信息服务的监管节点。因而，权利人既可向提供技术支持的机构或组织请求赔偿，也可向监管节点请求赔偿。就规则原则而言，本文认为“过错推定原则”较为合适，一旦提供技术支持的机构或组织无法证明自己没有过错，就要承担相应的民事责任，传统产品责任中适用的严格责任对于区块链这类新兴技术而言较为不合理，不利于技术的应用与推广。此外，设计者还应当承担一定的披露责任，应当向相关监管机构披露证券结算运行机制的代码架构、算法逻辑等，充分提示固有缺陷和使用风险，满足监管需要。①

此外，对于传统监管模式和现行法律法规覆盖领域内的主体，如登记结算机构、交易所、券商等传统证券结算参与者，现有监管逻辑和法律法规依然可以在很大程度上继续发挥作用。例如，各主体应自动遵守反洗钱制度，各节点应当为投资者的信息保密，不得非法买卖、提供或者公开投资者的信息等。

4.法定数字货币推动区块链证券结算系统的构建

中心化证券结算依赖于传统银行间的法币支付系统的配合。如果在区块链证券结算中仍然遵循传统支付系统，各系统标准存在较大差异，货银对付效率较低。法定数字货币作为由中央人民银行提供的一种支付工具，以代表具体金额的加密数字串为表现形式，具有价值稳定、公信力强等特点。在区块链证券结算

① 《关于规范金融机构资产管理业务的指导意见》指出，金融机构运用人工智能技术开展资产管理业务除了要遵守投资者适当性、投资范围、信息披露、风险隔离等一般性规定外，金融机构还应当向金融监督管理部门报备人工智能模型的主要参数以及资产配置的主要逻辑，充分提示人工智能算法的固有缺陷和使用风险。

领域,法定数字货币可以与智能合约技术实时联动实现点对点即时支付结算,省去对账环节,自动化执行,降低结算成本和错误率,提高结算效率。此外,实名制法定数字货币还能有效地支持数字经济反洗钱、反恐怖融资、反逃税漏税工作的开展。

中国人民银行公布的《中国人民银行法(修订草案征求意见稿)》为我国法定数字货币提供了法律依据,第18条正式明确了人民币不仅包含纸币、硬币等实物形态,也包括数字形式。目前,我国法定数字货币的顶层设计已基本完成,正在逐步推进试点工作。① 例如,北京国际大数据交易所已正式设立,在中国人民银行的指导下,开始探索法定数字货币在数据交易支付结算用的应用。

5. 监管方式的创新:监管科技的应用

监管科技的核心是利用技术实现对于监管数据的触达、辨别和获取。② 一方面,对区块链的规制需要跳出传统思维,区块链不仅是被监管对象,其本身也可以作为治理工具为监管科技赋能实现以链治链。③ 我国可将监管规则通过代码等方式嵌入证券结算系统中,并在系统中设立监管节点,从而实现全链条的监管覆盖,进一步提高监管透明度,减少监管难度。④ 在区块链技术广泛应用的未来,还可探索监管机构和金融区块链系统间的跨链协作机制。另一方面,区块链还可与人工智能、大数据等科技结合构建证券交易结算的风险预测、智能化治理机制以及科技驱动型监管体系。⑤ 目前,我国地方政府就监管科技已进行有益尝试。例如,贵阳市"主权区块链"尝试构建区块链+数据治理、监管互信、民生服务等场景应用;湖南娄底运用区块链改善政务;重庆"渝快办"作为区块链政务平台被用于政府监管。

## 四、结语

证券登记结算对一国或地区的资本市场至关重要。区块链技术应用于证券结算领域,传统中心化的结算模式转变为点对点结算模式,有助于提高市场效

---

① 2017年1月,中国人民银行数字货币研究所正式成立,截至目前,已为数字货币及其相关内容提交多项专利申请,涵盖数字货币的发行、流通、应用的全流程,形成了完整的产业链,已完成技术储备,具备了落地条件。

② 参见黄尹旭:《区块链应用技术的金融市场基础设施之治理——以数字货币为例》,载《东方法学》2020年第5期,第56~65页。

③ 参见杨东:《"共票":区块链治理新维度》,载《东方法学》2019年第3期,第56~63页。

④ 传统金融监管下行政机关想要获取企业内部数据必须获得行政许可,且企业会以业务规则、商业机密、隐私数据等对抗监管。参见黄震:《区块链在监管科技领域的实践与探索改进》,载《人民论坛·学术前沿》2018年第12期,第24~32页。

⑤ 参见黄尹旭:《区块链应用技术的金融市场基础设施之治理——以数字货币为例》,载《东方法学》2020年第5期,第56~65页。

率，减少结算成本，便利监管。在区块链技术发挥优势作用的同时，如何预防和消解其带来的新风险和新挑战，是区块链技术能否在证券结算领域落地的关键。因此，我国可借鉴相关国家及地区在区块链金融监管方面的先进经验，积极推动相关技术效能的提升和标准的统一，并提请修改完善相关法律法规，明确区块链金融基础设施中有关主体的法律地位和具体的监管要求，在推动区块链技术在证券结算领域应用的同时，实现监管效能的不断提升。

## Application of Blockchain Technology in the Field of Securities Settlement and Regulatory Response

Yang Yi

**Abstract**: Applying blockchain technology in the field of securities settlement can simplify intermediate links, and improve market efficiency. While, the application of blockchain technology will brought severe challenges to traditional securities settlement system and regulatory system. China are supposed to follow a gradual path strategy, holding a regulatory concept of balancing risk prevention and innovative development, and exploring the application mode of blockchain in the field of securities settlement based on the characteristics of technology itself. At the same time, it is necessary to establish universal technical standards, and further improve related laws, regulations and supporting systems, so as to effectively cope with the risks and challenges brought by the application of new technology, and maintain the stability and prosperity of securities market.

**Key words**: Block Chain; Securities Settlement; Delivery Versus Payment; Consortium Blockchain; RegTech

# 冷冻胚胎的权利归属及权利行使问题研究

■ 王浩明*

[内容摘要] 随着技术的发展,就冷冻胚胎的权利归属和权利行使等问题,实践中已涌现出诸多纠纷。冷冻胚胎作为处于物与人之间的一种过渡性存在,蕴含发育成为生命之潜能。这种过渡兼有准主体与准客体的双重法律属性,应当被给予更多的尊重和保护。就权利归属而言,根据权利来源的不同,冷冻胚胎的原始权利主体为选择辅助生殖技术的夫妻双方,其内部的具体权利归属可以根据婚姻关系的存续状态和双方是否达成合意两个标准进一步划分。继受权利主体包括医疗机构、科研机构和受赠夫妻三种可能。这些权利主体在行使权利时,需要视情况遵循一些共性和个性的原则。

[关键词] 冷冻胚胎 辅助生殖 权利归属 权利行使

* 王浩明:上海交通大学凯原法学院硕士研究生。

## 一、问题的引出

自1988年我国境内体外受精技术(in vitro fertilization,IVF)首次应用成功以来,基于庞大的社会需求,越来越多的生命通过这一方式被孕育。随着手术人数的增加,平均每年有数万计的冷冻胚胎被创造和保存于各医疗机构之中。与此同时,试管婴儿的数量正在不断地增长,每年约有20万个试管婴儿诞生,[①]这一数字在未来很可能继续上升。

2014年的“江苏宜兴冷冻胚胎案”中,[②]沈氏夫妻通过辅助生殖技术成功培育出了十几枚受精胚胎,但二人意外离世,双方父母都希望可以由自己保管遗留的冷冻胚胎,无锡市中级人民法院就此案进行了判决。这一案件在社会上迅速引起巨大反响,成为2014年度十大民事案件之一。其后,江苏、山东等地相继出现多起类似案例。

数十年来,人工辅助生殖技术在全球范围内逐步推广,并不断发展完善。这一技术在为不孕不育患者带来福音的同时,也对道德、宗教、法律、社会秩序等造成了巨大而深远的影响。冷冻胚胎的出现,使人们重新审视以往的认知,迫切地希望回答这些疑问:生命在萌芽过程中需要何种程度的保护?生物学、伦理学及法律层面上的“人”有何区别?具体而言,冷冻胚胎在现有法律框架下如何定位,怎样接受现有秩序的规制?谁享有对冷冻胚胎包括管理、保护、决定其归宿等在内的一系列权利?这些权利的边界在哪里,又应当如何行使?而对这一系列问题的回答都有赖于生物、伦理、政治及法律等各领域的态度和认知。对新技术衍生出的新事物,在社会广泛需求之时采取立法的形式予以规制,这不仅是通过立法更好地调节社会关系,[③]也是对冷冻胚胎所蕴含的人格属性的尊重、对生命个体的敬畏。[④]

## 二、冷冻胚胎的概念及其性质

### (一)冷冻胚胎的概念

在有性生殖之中,卵子在受精之后开始分裂、发育,经过约3周的时间后所

① 参见佚名:《我国不孕不育率达12% ~15%》,载新京报电子报网,https://baijiahao.baidu.com/s?id=1615685763800131987&wfr=spider&for=pc'2018-10-30/2019-02-20,2021年1月25日访问。

② 参见沈某南、邵某妹与刘某法、胡某仙监管权和处置权纠纷案,无锡市中级人民法院(2014)锡民终字第01235号民事判决书。

③ 参见刘秋岑、王冬梅:《俄罗斯法中的“主观法”与“客观法”概念解读》,载《光华法学》编委会编:《光华法学》(第七辑),法律出版社2013年版,第118页。

④ 参见欧阳晨雨:《“冷冻胚胎”是人还是财产,立法不要落后现实》,载搜狐网,http://mini.eastday.com/mobile/180302165351758.html'2018-03-02/2019-02-20,2021年1月25日访问。

形成的、具备发育成新个体之潜能的雏体被称为胚胎。就时间阶段而言，其对应的是卵子在受精后 3 ~ 8 周的状态。根据受精时配子所处的位置可以将胚胎分为体内胚胎和体外胚胎。体外胚胎的产生方式只有一种，就是体外受精。体外受精技术是辅助生殖技术下属的一个类别，它是指使卵子与精子在体外结合，再对受精卵继续进行培养，使其分裂、发育，进而将早期胚胎移植到女性体内。目前，这一过程已不在试管中进行，而是采用了多种其他的载体，[①]此处不再赘述。

胚胎冷冻保存技术（embryo cryopreservation），是指将体外受精形成的胚胎保存于零下 196 摄氏度的液氮之中。1972 年，Whittingham 等发明了胚胎冷冻保存的慢速冷冻法，标志着胚胎冷冻保存技术的基本成熟。[②] 1983 年，Trounson 和 Mohr 首次报道了用冷冻保存的人类早期胚胎进行子宫内移植后成功受孕和分娩的案例，[③]“冷冻胚胎”的概念也由此而生。

（二）冷冻胚胎的性质

我国尚无法律法规对冷冻胚胎的法律性质进行明确规定。而在国外法学理论及司法实践中，大致可以分为生命权性质、纯粹财产权性质和特殊利益性质，分别与我国法学理论中的主体说、客体说和折中说相对应。

1. 主体说

主体说认为，胚胎具有生命权，应当受到法律的保护，即将受精胚胎拟制为法律上的“人”。

主体说内部存在两种观点：一是将此类胚胎作为有限的自然人；二是将此类胚胎作为法人。[④] 有限自然人说的思想最早体现于《阿根廷民法典》，该学说对自然人属性的限制主要在于享有权利的条件和享有权利的范围两个方面。法人说中的“法人”并不是我国《民法典》第 57 条中关于相关组织的概念，这一学说的主要推动者 John Bologna Krentel 认为：受精胚胎是两性生殖细胞的结合，这一联合类似于社团名义下自然人的联合。因此，由于“联合”这一共同特征，体外受精胚胎与社团法人取得了同一性，因此，获得“法人”（judicial person）的称谓。[⑤] 美国《路易斯安那民法典》认为体外受精胚胎作为法人可以起诉和被诉。

---

① 参见李善国等：《辅助生殖技术法研究》，法律出版社 2005 年版，第 2 页。

② 1972 年，Whitingham D. G.，Leibo S. P.，Mazur P. 在《科学》上发表文章，宣告胚胎冷冻保存技术的基本成熟。

③ 1983 年，Trouson A.，Mohr L. 在《自然》第 305 期联名发表文章，公布了世界上首次用冷冻保存的人类早期胚胎成功进行生育的案例。

④ 参见杨永华：《人类冷冻胚胎的法律属性及处置问题研究》，载《云南民族大学学报（哲学社会科学版）》2018 年第 2 期，第 149 ~ 150 页。

⑤ 徐国栋教授在《体外受精胚胎的法律地位研究》一文中对 John Bologna Krentel 主张的“法人说”进行了详细阐述，并对此持否定意见。

当然，由于胚胎尚未真正成人，更尚未具备相应的民事行为能力，因此，这里应当理解为赋予胚胎以被代理权。①

虽然明文将胚胎规定为法律主体的国家不多，但由于冷冻胚胎主体说的观点得到了反堕胎人士与宗教人士的高度认同，一些宗教色彩浓厚的国家还是专门对此进行了立法，如意大利和南美诸国；也有一些国家和地区，如西班牙和美国新墨西哥州通过立法规定冷冻胚胎强制植入等，在事实和制度上将胚胎作为主体来保护。②

持主体说的学者反对冷冻胚胎属于客体的理由主要包括：冷冻胚胎并不具备民法上的物所必须具备的价值或使用价值。③ 也有学者认为由于胚胎具有天然的发育成人的可能性，而人与物之所以区分，就在于人所具备的自我意识和行为的可归责性是与生俱来的，这一人格特征不能通过后天变化而得来。因此，胚胎显然不是一种物。④

主体说的观点虽然在道德上具有尊重人格尊严的正义价值，具有一定的伦理正当性，但将在生物学性质上仅仅为细胞组织的冷冻胚胎视为法律地位上的人，则存在对客观说矫枉过正的嫌疑。

2. 客体说

客体说主张将冷冻胚胎划归民事法律关系客体的范畴，冷冻胚胎的本质不过是试管中一团尚未成型的细胞组织而已，其所具备的基因的独特性以及发育成人的潜在可能性并不能当然地使其立即成为民法上权利义务的承担者。

客体说之内也存在两种观点，分别是财产说和私生活利益说。在财产说的框架下，有学者认为，冷冻胚胎与其他人体组织的性质是一样的；也有学者认为冷冻胚胎作为体源财产具有特殊性，应由所有人进行处置。迄今为止，尚无某一国家与人工生殖相关的法律明确采用财产说的观点，但在美国的经典判例 *York v. Jones* 案中，法院采用了物的定性，认为冷冻胚胎属于保管合同的标的物。私生活利益说的应用则主要体现在美国的经典判例 Kass v. Kass 案中。在该案中，法官认为本案涉及私生活权，此权利包括生殖自由的内容。

在客体说的基础上，有学者对物进行类型化阐释，将物整体上分为三类，而将冷冻胚胎划归其中的最高等级——伦理物，以使其在物的类型中具备最高的

---

① 参见徐国栋：《民法的人文精神》，法律出版社 2009 年版，第 236 页。

② 参见吴坤、夏吟兰：《论冷冻胚胎的法律性质及处置原则——以宜兴冷冻胚胎继承案为切入点》，载《法律适用同法案例》2017 年第 22 期，第 9 页。

③ 参见刘士国：《人工生殖与自然法则》，载《人民司法》2014 年第 13 期，第 33 页。

④ 参见刘长秋：《人类辅助生殖现象的伦理判定与法律裁度》，载《人民司法》2014 年第 14 期，第 10 页。

法律地位，同时尽量对其权利行使进行限制，以更好地保护这种特殊物。

针对客体说的观点，也有学者表达了不同的意见。倘若将人体胚胎划归物的范畴，即使是具有最高格的“伦理物”，都意味着当事人可以任意制造或处分，这将导致诸多伦理和法律问题。[①]

3. 折中说

折中说认为，冷冻胚胎是处于人与物之间的一种过渡性存在，是蕴含发育成生命之潜能的特殊存在。这种过渡兼有准主体与准客体的双重法律属性，应当被给予更多的尊重和保护。

折中说是目前国内外判例和学说中关于冷冻胚胎法律性质争议的最主流观点。1992 年美国的经典判例 Davis v. Davis 案中，田纳西州最高法院做出最终裁定：体外胚胎既不能被当作人，也不能被当作物，应当将其看作一种过渡的中间体，此中间体由于具有发育为人的潜在可能性而应当被给予足够的尊重。[②]

西班牙《关于辅助生殖技术的法律》正式采用了折中说，确定了体外受精胚胎介于主体与客体之间的地位。在徐国栋教授看来，凡是与西班牙类似的，允许将受精胚胎用于研究用途，但同时又禁止滥用人工辅助生殖技术的立法，即使其并未明确表达对冷冻胚胎法律属性的立场，本质上采用的都是折中说。

4. 本文观点

对于体外冷冻胚胎的法律定性自其存在之时便争议不断，我国现有的法律法规也并未进行明确界定；司法实践中，法官也往往对这一问题进行回避。在介绍了国内外理论界最具代表性的三种观点之后，笔者试从以下几个方面提出支持折中说的依据：

(1) 折中说自身具有可取性

首先，冷冻胚胎不属于“人”的范畴。如前所述，怀孕八周之内的雏体被称为胚胎，八周之后则被称为胎儿。在我国法律体系下，只有在出生时是活体的胎儿，才可以被称为“人”。很显然，冷冻胚胎并不具有“人”所必需的生命特征。无论是在科学伦理还是最严格的法律概念上，冷冻胚胎都不能被纳入“人”的范围之内，无法获得与“人”一样的法律地位。域外立法对这一点也有所体现，例如爱尔兰高等法院认为“冷冻胚胎不是宪法意义上‘未出生的孩子’”。[③]

同时，冷冻胚胎亦不属于“物”的范畴。与民法体系下的“物”相比，冷冻胚

---

① 参见徐海燕：《论体外早期人类胚胎的法律地位及处分权》，载《法学论坛》2014 年第 4 期，第 148 页。

② *Davis v. Davis*, 842 S. W. 2d 588 (Tenn. 1992).

③ 孙良国：《夫妻间冷冻胚胎处理难题的法律解决》，载《国家检察官学院学报》2015 年第 1 期，第 111～112 页。

胎具有以下不同：第一，其具有发育成为“人”的潜在可能。通常意义上的“物”中，有机物和无机物显然没有发育成为“人”的可能，动物胚胎也只具备发育成动物的可能。而“人”显然具有更高的价值位阶，法律制度也是以“人”为中心进行建构的。第二，冷冻胚胎不具有使用价值。民法上的“物”均具有使用价值，而使用价值的典型表现在于具备消费性，很显然，冷冻胚胎并不具备这一性质。

总之，冷冻胚胎的法律性质并不能在传统“人——物”二分的格局下进行界定，其需要获得特殊的尊重和对待，而折中说正是采取了这样的态度。

（2）我国相关部门规章的潜在态度支持折中说

根据《人类辅助生殖技术管理办法》（以下简称《管理办法》）、《人类辅助生殖技术规范》（以下简称《技术规范》）、《人类辅助生殖技术和人类精子库伦理原则》（以下简称《伦理原则》）等规章，我们可以窥见官方对这一问题的潜在态度。

一方面，上述规章的条款表明需要对冷冻胚胎潜在的发育成人的可能性予以充分尊重。《管理办法》第二章以及《技术规范》都对可以实施辅助生育技术的医疗机构的资质进行了严格的限定。前者的第 3 条、第 22 条，后者的第三部分“实施技术人员的行为准则”等内容都绝对禁止以配子、合子或胚胎为标的物进行交易，禁止进行性别选择，禁止将胚胎赠送，禁止异种体内移植等。这些条款最大限度地排除了胚胎被用于商业用途的一切可能——否定它们是物的可能，同时也给予了这些可能发育为人的胚胎以必要的尊重。但另一方面，上述规章并没有像采取“主体说”（尤其是“自然人说”）的国家（如意大利、阿根廷）的立法一样，对冷冻胚胎的制作数量、剩余胚胎的用途等内容进行规定；同时，《技术规范》允许减胎，规定了详尽的减胎的适用情况和技术程序，这在“主体说”尤其是“自然人说”的框架下显然是不可想象的。

由上述可知，我国卫生行政部门就这一问题的立场采纳的显然是典型的折中说。

（3）折中说符合生殖医学理论

在胚胎发育过程中，自受精起 14 日内尚处于二胚层阶段。[①] 此时的胚胎系一般的生物细胞，不具备自然人的属性，既无各器官系统的雏形，也无神经系统，更不具备任何知觉和意识。尽管如此，但它作为生命的初始状态，具备发育成为自然人的固有可能性，故而不属于物的范畴。[②] 因此，出于上述理由，我国医学

① 在第二周胚泡植入时，内细胞群的细胞增殖分化，逐渐形成一个圆盘状的胚盘，此时的胚盘有内、外两个胚层。

② 参见孙良国：《夫妻间冷冻胚胎处理难题的法律解决》，载《国家检察官学院学报》2015 年第 1 期，第 112 页。

会生殖医学分会第四届委员会的专家组成员达成共识："将冷冻胚胎的法律属性界定为人与物之间的过渡性存在是一种恰当的选择。"①

(4)折中说可以与现有法律制度保持一致

生物学中，胎儿是胚胎自受精起发育到第8周以后的状态。《民法典》第16条使胚胎只有在母体孕育到可以被评价为生物学意义上的胎儿之时方可以附条件地享有继承权。② 从中我们可以推导出相应法律制度对冷冻胚胎法律地位的解释，由于冷冻胚胎尚未发育到胎儿的阶段，且其是否能够发育到胎儿阶段尚不可知，因此，冷冻胚胎在其所处的状态之下显然并非权利主体。同时，由于权利主体所具备的人格特征是与生俱来的，而不可能通过后天的变化而得来，而冷冻胚胎被植入母体后经过一定时间的发育在满足法定条件的情况下其具备享有权利的可能性，因此，其显然不是单纯的客体。

综上所述，采取折中说不仅是卫生行政部门的隐含态度，也符合生殖医学理论，更可以与我国现有的法律体系保持一致。接下来需要做的，是在立法过程中反映或提炼这种已为理论和实践所支持的中介性的存在。虽然"中介"的范围尚待讨论，但其性质已无疑问。

## 三、冷冻胚胎的权利归属

近年来，我国的不孕不育患者人数已达到5000万，整体不孕不育率已达15%，且这一比例还有上升的趋势。③ 自1988年辅助生殖技术在我国首次应用成功以来，越来越多的人选择这一方式来孕育子女。与此同时，我国的离婚率也已达到30%，而且逐年提高。④ 实践中，针对冷冻胚胎的保存和利用也出现诸多纠纷，且此类纠纷多发于夫妻离婚的情况下。因此，夫妻离异时，冷冻胚胎如何处理便成为亟待解决的问题。而冷冻胚胎作为体外配子在医疗技术干预下生成的产物，在其制造及后续过程中，除了配子供体及受术夫妻外，⑤还可能涉及包括实施辅助生殖技术的医疗机构、科研机构及受赠夫妻等在内的多方主体，这就意味着其权利主体可能是多样的。而在冷冻胚胎从产生到被处分的过程中，不同的主体所享有的权利内容有所不同，其权利行使的要求也不同。

---

① 全松等：《冷冻胚胎保存时限的中国专家共识》，载《生殖医学杂志》2018年第10期，第929页。

② 《民法典》第16条规定：涉及遗产继承、接受赠与等胎儿利益保护的，胎儿视为具有民事权利能力。但是，胎儿娩出时为死体的，其民事权利能力自始不存在。

③ 参见佚名：《我国不孕不育率达12%～15%》，载新京报电子报网，https://baijiahao.baidu.com/s?id=1615685763800131987&wfr=spider&for=pc'2018-10-30/2019-02-20，2021年1月25日访问。

④ 参见佚名：《中国人婚姻数据：晚婚现象明显，离婚率逐年走高》，载人民网，http://ah.people.com.cn/n2/2018/0817/c229939-31946070.html2018-08-17/2019-06-04，2021年1月25日访问。

⑤ 通常情况下，配子供体与受术夫妻是重合的。

（一）原始权利主体

在绝大多数辅助生育案例中，最终产生的冷冻胚胎的配子都来自受术夫妻双方，这种方式在医学上的称谓是“同质人工体外受精”。在这种情况下，由于配子分别来自夫妻双方，因此，供体双方——夫妻双方共同对配对成功的合子以及后续发育成的胚胎享有权利，成为冷冻胚胎的原始权利主体。① 有关冷冻胚胎的保存、销毁、捐赠等事宜，都应由双方共同决定。

但在“异质人工体外受精”（配子来源者并非夫妻双方）的情况下，②此时原本预期成为父母之夫妻双方能否取得权利以及取得权利的依据是什么？根据《原则》第二部分的规定，“捐赠精子、卵子者对出生的后代既没有任何权利，也不承担任何义务；遵照我国抚养—教育的原则，受方夫妇作为孩子的父母，承担孩子的抚养和教育”，以及第三部分的规定“凡是利用捐赠精子、卵子实施的辅助生殖技术，捐赠者与受方夫妇、出生的后代必须保持互盲，参与操作的医务人员与捐献者也必须保持互盲”等，可知，在配子捐赠者和受赠者双方均匿名的情况下，捐赠行为意味着对所捐赠配子之权利的放弃，更不会拥有对辅助生殖技术所创造的冷冻胚胎的权利。

由此可知，无论是“同质人工体外受精”还是“异质人工体外受精”，预期成为父母者是冷冻胚胎的原始权利主体，夫妻双方共同享有对冷冻胚胎的权利。

1. 原始权利主体享有的权利内容

迄今为止，尚无法律法规就权利人对冷冻胚胎所享有的具体权利内容进行明确规定，在“宜兴冷冻胚胎案”中，法官将此权利认定为“监管权和处置权”，理论界对该案法官“创设”的权利名称进行了广泛讨论。笔者认为，可以将权利人（受术夫妻双方）对于冷冻胚胎所享有的具体权利内容概括为：管理、保护和在不违反法律及社会道德的前提下对其进行处分。

（1）管理

管理意味着创造者对冷冻胚胎在法律意义上的控制，它具有与所有权中的“占有”权能类似的功能，即权利人对冷冻胚胎具有实质上管领和控制的权利。但权利人的此种“占有”和控制往往是间接的，这是由冷冻胚胎自身的特殊性所

① “原始取得对冷冻胚胎的权利”等说法可参见刘瑞爽：《浅议冷冻胚胎权属纠纷与公民自由》，载《中国卫生法制》2015 年第 5 期，第 3 ~ 8 页；杨立新：《单方废弃夫妻共有的人体胚胎之侵权责任认定》，载《法律适用》2018 年第 9 期，第 47 ~ 55 页。本文根据取得权利的依据不同，将权利主体划分为原始权利主体和继受权利主体。

② “异质人工体外受精”的权利主体不同于下文将要提及的“受赠夫妻”。在“异质人工体外受精”的情况下，受赠者接受的只是配子的赠与，冷冻胚胎的原始权利主体就是预期成为父母的夫妻双方；而在第二种情况下，“受赠夫妻”受赠的是已经形成的冷冻胚胎，受赠夫妻通过冷冻胚胎赠与这一方式继受取得权利。

决定的。在医学上，冷冻胚胎的保存对于环境和技术有着较为严格的要求。同时，根据我国《规范》等部门规章，只有具备相应资质的医疗机构方可实施辅助生殖技术，促使冷冻胚胎的产生和保存冷冻胚胎。因此，这就决定了受术夫妻对冷冻胚胎的管理是间接的，往往是由具备相应资质的医疗机构来直接管领、控制冷冻胚胎。受术夫妻和医疗机构之间是一种类似于保管合同双方当事人的关系。

（2）保护

这里的保护包含两个层面的意思：一是保护冷冻胚胎的物理形态和医学性能的完整性。由于冷冻胚胎都由专业的医疗机构进行保存，因此，这一点基本都可以实现。二是确保所享有权利状态的平稳维持以及确保权利的行使不受侵害。这些侵害不仅可以表现为直接对冷冻胚胎进行物理形态或医学性能上的破坏，还可以表现为非法干涉创造者的意志自由。无论是哪一种侵害行为，实际上都是对创造者生育权的损害。

（3）处分

在不违反法律及社会道德的前提下对冷冻胚胎进行处分，决定其归宿是权利人享有的权利中一项至关重要的内容。处分方式较为多样，包括用于家庭生育、捐赠给其他不孕夫妻或销毁胚胎等。

首先，用于生育是权利人（受术夫妻）处分冷冻胚胎最为常见的一种形态。现代医学科技的发展和进步，使人类可以通过技术干涉乃至控制生殖过程。作为一种医学治疗手段，辅助生殖技术可以解决不孕不育问题，实现部分疾病患者生儿育女的心愿。冷冻胚胎的诞生以“创造”人为目的，其典型意义在于形成胎儿并孕育成人。此种典型的处置行为是冷冻胚胎“用途”的具体体现，也是接受辅助生殖技术的夫妻双方的核心关切。

其次，实践中受术夫妻还可以选择将剩余的冷冻胚胎捐赠给其他不孕夫妻。这一处分方式在美国称为“胚胎收养”。所谓胚胎收养，指的是胚胎的合法管理人将剩余冷冻胚胎送给其他不孕夫妻，在胚胎“转让”的同时，原管理人对胚胎所享有的权利和承担的义务也一并移转。胚胎收养并不是一个医学概念，医学上的名词为“异源胚胎移植”。2009 年 5 月，美国佐治亚洲的《收养选择法案》是第一次在立法中明确使用“胚胎收养”概念的法律。[①] 笔者认为，胚胎收养的说法更具合理性。“捐赠”是一个财产法上的概念，表达的是无偿的所有权转移的意思，不能反映出冷冻胚胎的特殊性，也不能体现出对其所蕴含的潜在生命的尊

① 参见吴文珍：《美国的胚胎收养实践与立法及其对我国的启示》，载《社会科学》2011 年第 6 期，第 102 页。

重。在我国的不孕不育患者之中，很大一部分夫妻都可以通过人工辅助生殖技术受孕，这意味着会出现更多的剩余胚胎。尽管我国现行胚胎捐赠的要求、程序等具体内容尚无明确法条予以规定，但在未来随着对这一领域的深入了解，可以借鉴胚胎收养制度，既可以抑制现有非法捐精、捐卵甚至有偿交易胚胎等行为，也可以从根本上解决部分不孕不育夫妻的难题。

最后，销毁胚胎也是权利人处分冷冻胚胎的一种方式。由于冷冻胚胎在被植入人体之前，尚且处于一种可以较为轻易地被支配处境的特殊状态之下，因此，其命运具有一定的不确定性。只要有一方权利人改变意志，其用于生育的目的或许就不能实现。如果夫妻双方在冷冻胚胎植入人体之前一致改变意见，不愿将其捐赠给其他不孕夫妇或用于科研，决定放弃对冷冻胚胎行使权利，它的唯一命运就是被销毁。但是，对冷冻胚胎权利的放弃必须采取谨慎的态度，不能像对物权的放弃一样轻易。一则是因为其特殊的地位值得被给予尊重。二则是因为与物权法中权利人对物权的放弃不同，对冷冻胚胎权利的放弃是不可逆的，其不仅意味着权利人对冷冻胚胎管理、控制、保护等一系列权利的放弃，同时也包括对冷冻胚胎本身的抛弃和对其生理性能的摧毁，二者是一并产生的。① 一旦被放弃，不仅权利人无法再次享有此权利，且权利人之外的其他任何人都无法享有。而在物权法体系下，权利人的放弃既可以表现为对物的摧毁，也可以表现为对管领力、控制力的放弃（在这种情况下，物权可以被新的权利主体所享有），二者是可以选择性地产生的。

2. 权利的性质：夫妻生育权的延伸

1968 年，《德黑兰宣言》首次规定了生育权作为基本人权，其内容包括自由负责地决定子女的人数和生育间隔。1979 年，《消除对妇女一切形式歧视公约》首次将生育权明确写入，中国是该公约最早的缔约国之一。该公约规定“缔约国应采取一切适当措施……并特别应保证她们……有相同的权利自由负责地决定子女人数和生育间隔，并有机会获得使她们能够行使这种权利的知识、教育和方法”。在我国，《宪法》《民法典》《婚姻法》《妇女权益保障法》等法律都对生育权进行了直接或间接的规定。而冷冻胚胎作为辅助生殖技术的产物，是受术夫妻选择体外受精的方式来孕育孩子的必要载体。虽与传统的生育方式不同，但对于无法自然孕育孩子的夫妻而言，以人工方式干预生育过程、孕育下一代依然属于行使生育权中“如何生育子女的权利”的表现。因此，笔者认为，辅助生育是受术夫妻行使生育权的一种较为特殊的方式，对于由此产生的冷冻胚胎的管理、

---

① 由于冷冻胚胎均被保存于医疗机构的特殊设备之中，因此，受术夫妻对冷冻胚胎的抛弃即将其遗留在医疗机构任由其成为“无主胚胎”，而实践中对此类“无主胚胎”的一般处理方式就是销毁。

保护以及决定其命运等一系列权利是夫妻生育权的基本延伸。

3. 具体情况下的权利归属

(1)确定权利归属的标准

由前述可知,当受术患者双方之间不再是夫妻关系之时,权利的归属将会受到影响。在一般情况下,夫妻双方共同享有对冷冻胚胎的权利。这里有两个需要强调的要素:一是夫妻双方,意味着受术男女双方之间必须具有法律所保护的婚姻关系,且该关系处于存续状态;二是共同享有,这意味着夫妻二人对冷冻胚胎的权利是平等的,需要达成一致意见,共同行使。

但值得注意的是,婚姻关系并不是绝对不变的,出于某种因素可能会发生婚姻关系破裂等情况;而双方意志在特殊因素的影响下很有可能不一致。夫妻双方共同享有冷冻胚胎的权利的两个要素并不能保证在任何情况下都满足。因此,这也就决定了冷冻胚胎的权利归属会随着婚姻关系的状态及双方是否达成合意而发生变化。

(2)夫妻离异时的权利归属

夫妻意见一致时的权利归属。由于预期成为父母者是冷冻胚胎的原始权利主体,对冷冻胚胎的包括管理、保护等在内的一系列权利由夫妻双方共同享有。当原受术夫妻双方因感情破裂等因素离异时,如果双方未对冷冻胚胎的权利归属进行专门的协议约定,由于双方权利主体仍然具备,因此,权利归属状态并不会受到影响,离婚后的男女双方仍然共同享有对冷冻胚胎的权利。

夫妻双方未表达特定意见时的权利归属。根据我国《办法》的规定,夫妻双方在接受人工辅助生殖技术时需要与医疗机构签署《知情同意书》,而《知情同意书》往往会对特殊情况下冷冻胚胎的权利归属进行事先约定。因此,如果夫妻离异时未表达新的特定意愿,亦不曾对同意书的条款表示否定,笔者认为,出于尊重当事人意思自治的缘由,可以按照双方事先签订的《知情同意书》确定权利的归属。

夫妻双方意见不一致时的权利归属。在实践中,由于缺乏事前协议等因素,夫妻双方离异时对冷冻胚胎的权利归属意见不一致而引发的纠纷非常普遍。由于人工辅助生殖技术所需费用大、周期长,生殖细胞的提取过程较为复杂,尤其对女性而言,刺激排卵、取卵等过程对身心造成的影响和带来的压力都比男性要大。因此,在多数情况下女性往往希望冷冻胚胎的权利单独归于自己,以便在不需要考虑男方意志的情况下继续保存冷冻胚胎乃至继续进行人工辅助生殖流程,而男性则相反。在此种情况下应当如何确定权利的归属?笔者认为,可以借鉴域外经验,由法官按照利益平衡的原则来处理类似纠纷,确定权利的归属。

在以色列的典型案例 Nachmani v. Nachmani 案中，[①]Nachimani 夫妻通过试管受精的方式生育自己的孩子。但与辅助生殖医疗机构签订的合同中并未包含特殊情况下冷冻胚胎的权利归属条款。二人离婚后，妻子希望利用冷冻胚胎实现生儿育女的心愿，遭到丈夫的反对。案件经过两次反转到达再审法庭之后，最终，11 名法官组成再审庭并以 7∶4 的结果支持了妻子 Ruthi 的诉求。支持法官的主要观点为：在辅助生殖医疗机构产生的数枚冷冻胚胎是 Ruthi 毕生成为血缘母亲的唯一机会，生命至上的价值和 Ruthi 的这一利益要远远重于 Danni 拒绝成为父亲行使自己生育自决权的利益，因此，天平应当向女方倾斜，冷冻胚胎的权利应归于女方，且只应归于女方。

这一案件充分体现了再审法官对利益平衡原则的运用。同样，在美国的类似案例 *Davis v. Davis* 和 *A. Z. v. B. Z.* 案中，法官也运用了这一原则。但几乎是同样的案情，却产生了截然相反的结果。两个案件的法官都认为冷冻胚胎的权利平等地归属于夫妻双方，但在冷冻胚胎的最终处理上都作出了有利于不希望植入受精胚胎一方（男方）的判决，两个案件的法官均认为生育权应让位于不生育权，不能强迫男方成为“父亲”。原因在于，在后两个案件之中，所产生的冷冻胚胎并不是女方成为血缘母亲的唯一机会。

综上，利益平衡原则的价值在于衡量双方对于冷冻胚胎的利益分别是什么。一般情况下，如果想要通过这些胚胎孕育孩子的一方还有其他方法可以获得孩子的话，那么，不愿意生育一方的利益应当被优先考虑；但如果这些胚胎是想要生育一方唯一获得拥有血缘孩子的方法时，这一方的利益应当被优先考虑。

当然，利益平衡原则虽然可以较为公平地估计夫妻双方的利益，但难免会受到文化、宗教和法官个人的情感倾向等因素的影响。因此，在运用利益平衡原则确定冷冻胚胎的权利归属之时，务必要结合具体案件事实，在不违背法律的情况下进行理性的判断。

（3）夫妻一方失踪或死亡时的权利归属

实践中，夫妻双方在完成体外受精程序已培养出冷冻胚胎期间一方失踪或死亡的事件也有发生，有些甚至进行了行政或司法程序以解决冷冻胚胎的权利归属问题。笔者认为，在此情形下，冷冻胚胎的一系列权利单独归于生存一方。[②]

2004 年，广东的王女士与其丈夫通过辅助生殖技术获得了数枚冷冻胚胎。

---

① 参见祝彬、蒋柏生：《夫妻离异时冷冻受精胚胎所有权的归属》，载《医学与哲学（人文社会医学版）》2008 年第 4 期，第 29 页。

② 但具体行使方式视情况受到限制，详见第四部分。

而男方却在胚胎移植成功前意外离世，后王女士主张独立对冷冻胚胎享有权利并要求医院继续手术，遭到医院拒绝。医院认为，根据卫生行政部门的规定，每次辅助生殖之前，都需要夫妻双方和医院三方知情签字，任何单位不得给单身女性实施人类辅助生育技术。医院将情况报请原卫生部裁决。数个月后，卫生部认定：在冷冻胚胎形成之前，王女士并非“单身女性”，而胚胎的移植只是多个受术环节的其中一个，且由男方生前的行为可以推知其对胚胎移植是同意的态度。① 本案得出的一个结论是——可以由当事人生前行为及意思表示推知夫妻双方对胚胎权利归属的合意，但遗憾的是，或许因为本案多种偶然因素组合以致过于特殊，卫生行政部门并未就夫妻合意前提下一方死亡时胚胎的权利归属问题进行统一的规定。

再如，2016 年杨某与舟山市妇幼保健院医疗服务合同纠纷一案，②首先，定海区人民法院经审理后认为：对于胚胎的一系列权利尤其是处理的权利属于生育权的正常延伸，具有人身专属性，因此，辅助生殖机构显然不享有此项权利。其次，在杨某是否为“单身女性”的问题上，定海区人民法院借鉴了上述案件中原卫生行政部门的认定。最终，法院认为杨某单独享有对冷冻胚胎的一系列权利。

最近的案例发生于 2020 年，无锡的陈女士的丈夫意外亡故后，其在父亲及公婆支持下要求无锡妇幼保健院继续进行辅助生殖手术，但医院以仅有一方签字为由拒绝。无锡市梁溪区人民法院做出一审判决，要求无锡妇幼保健院于判决生效之日起，继续履行与陈某之间的体外受精胚胎移植医疗服务合同，为陈某实施移植手术。③

结合前述案例的判决结果可知，法院对于“夫妻一方死亡或失踪时，胚胎权属归于生存一方”持肯定态度。

(4)夫妻双方失踪或死亡时的权利归属

在夫妻双方均失踪或死亡的情况下，由于双方权利主体均缺失，故而此种情况下的冷冻胚胎即成为实践中所称的“无主胚胎”。

值得注意的是，有人认为在夫妻双方死亡的情况下，两者对冷冻胚胎享有的权利可以被继承，甚至有观点认为冷冻胚胎可以作为患者夫妻的遗产被继承。

---

① 参见佚名：《全国首例：单身女子获卫生部特批为亡夫生育》，载搜狐网，http://news.sohu.com/20041029/n222751068.shtml，2021 年 4 月 9 日访问。

② 杨某某诉舟山市妇幼保健院医疗服务合同纠纷案，浙江省舟山市定海区人民法院(2016)浙 0902 民初 3598 号民事判决书。

③ 参见周思、林昱、郑伟：《女子想用冷冻胚胎为亡夫生子，遭医院拒绝！法院这样判》，载腾讯网，https://xw.qq.com/cmsid/20200623A0O1QD00，2021 年 1 月 25 日访问。

笔者认为这些意见均有待商榷。

首先，患者夫妻对冷冻胚胎享有的权利是否可以被继承？笔者认为答案是否定的。如前所述，夫妻双方对冷冻胚胎处理方式的选择实际上是在行使自己的自主决定权，而自主决定权作为生育权的一种延伸，带有鲜明的人身属性，是不能被转移或承继的。故而患者夫妻对冷冻胚胎享有的权利不得继承。

其次，冷冻胚胎能否被当做患者夫妻的遗产被亲属继承？或者冷冻胚胎作为人与物之间的过渡性存在，其是否可以准用关于继承的法律规定？继承的意义在于使得公民的合法私人财产通过继承这一方式进行权利主体的更替从而继续进入流通领域发挥其经济作用和使用价值，而冷冻胚胎自身的特殊性决定了夫妻双方之初创造其的唯一目的在于家庭生育，法律明文禁止胚胎其他任何形式的流转。而代孕在我国现行法律体系下是被禁止的；未来是否会有限地开放代孕尚未可知，且就代孕可能带来的伦理和法律问题来看，这一希望并不明显。这也就意味着冷冻胚胎在不能发挥其生育之作用之后就丧失了任何经济价值和使用价值。因此，冷冻胚胎不具备遗产所需具备的必要属性，其不能准用关于继承的法律规定，不能为患者夫妻的亲属所继承。

故而，在冷冻胚胎丧失双方原始权利主体的情况下，包括权利主体的亲属在内的其他任何人都不能继承冷冻胚胎或者继承对冷冻胚胎享有的权利。笔者认为，在此种情况下，由于双方权利主体业已不复存在，因此，只能依据《知情同意书》中的相关条款对冷冻胚胎进行销毁或捐赠给科研机构。

（二）继受权利主体

由于辅助生殖技术流程较多，在实践中，除了配子捐献者及患者夫妻外，还可能涉及实施辅助生殖技术的医疗机构、科研机构以及冷冻胚胎的受赠夫妻等多方主体。而这三者在不同情形下可以从原始权利主体处继受取得权利。

1. 医疗机构

在通常的辅助生殖手术流程中，由于冷冻胚胎的产生和储存条件都对技术和环境有诸多的要求，只能在零下196℃的液氮中才能保持其完整的物理状态及生理性能。因此，医疗机构实际上是以一个直接管理人的身份存在的，由其在受术夫妻的授权下直接对产生的冷冻胚胎进行管理和保护。例如，在美国的经典判例 *York v. Jones* 案中，法院即认为患者和医疗机构之间的合同性质为保管合同，医疗机构只是基于此合同对冷冻胚胎进行保管，并无处分权。

但是，如前所述，实践中医疗机构与患者会在手术前签署《知情同意书》，其中一般都包括了某些特殊情况下冷冻胚胎的归属。例如，约定在手术成功后，由医疗机构享有对剩余的冷冻胚胎的权利，以将其直接废弃或用于医学研究等特定目的。那么，在这种情况下，医疗机构实际上取代了患者夫妻，成为剩余冷冻胚胎新的权利主体。

值得注意的是，如果夫妻双方改变意志，不希望将冷冻胚胎用于自己生育或他人生育，可以选择授权医疗机构对冷冻胚胎进行销毁。此种情况下，医疗机构并不是新的权利主体，而只是代患者夫妻行使对冷冻胚胎的处分权。

2. 科研机构

冷冻胚胎的生物学属性决定了其除了生命繁殖的价值之外，对于科研事业具有重大的潜在价值，如可以将其用于干细胞研究以解决诸多健康问题。随着对人类基因等生命科技领域的研究日益深入，冷冻胚胎的可利用价值亦将日益增加。包括我国在内的大部分国家都允许将冷冻胚胎用于科研目的。

按照《技术规范》的规定，受术夫妻双方可以在合意的基础之上将自己享有权利的冷冻胚胎捐赠给法律允许的研究机构，这也是权利行使的一种特殊方式。实践中，也存在受术夫妻将剩余冷冻胚胎捐赠给科研机构的例子。那么，在此种情况下，科研机构便取代受术夫妻成为冷冻胚胎的继受权利主体。当然，科研机构在成为权利主体之后，其权利行使方式需要受到一定程度的限制，这一问题将在第四部分展开进行论述。

3. 受赠夫妻

在实践中，由于种种原因，受术夫妻可能会改变生育目的，选择将已经产生的冷冻胚胎捐赠给其他需要的夫妻，接受胚胎赠与的夫妻即为此处的受赠夫妻。冷冻胚胎的捐赠相较于单纯的捐精、捐卵更为敏感，因为此种情况下孕育出的后代与受赠夫妻双方均不具有血缘关系。

根据相关部门规章中关于“维护供受双方和后代利益的原则”及“互盲和保密的原则”的规定，原始权利主体的捐赠行为意味着对所捐赠冷冻胚胎之权利的放弃，其对冷冻胚胎及可能出生的后代既不再享有任何权利，也不再承担任何义务，受赠夫妻取代受术夫妻成为新的权利主体。

## 四、冷冻胚胎的权利行使

在原始权利主体内部，根据夫妻是否达成合意以及婚姻关系的存续状态两个标准，冷冻胚胎的权利归属状态有所不同，因此，权利行使规则也有所不同。而继受权利主体的权利行使规则也会因具体权利内容的不同而产生差异。需要说明的是，这些规则首先要具备大家普遍认可的合理性、正义性和客观性，[①]因此，需要满足几个基本原则。

---

① 参见李亮：《公平价值：经济分析法学的软肋？》，载《光华法学》编委会编：《光华法学》（第四辑），法律出版社 2009 年版，第 65 页。

（一）行使权利应遵循的原则

1. 维护社会公序良俗原则

权利人在行使对冷冻胚胎所享有的包括管理、保护、处分等一系列权利的过程中需要以维护社会公序良俗为前提。

首先，冷冻胚胎作为人工辅助生殖技术的产物之一，其基本目的在于繁衍后代，而在我国的法律框架下，生育权的行使需要符合现有婚姻法律体制。只有合法生育的夫妻才有权利要求进行辅助生殖技术，获得冷冻胚胎以及行使对冷冻胚胎享有的一系列权利。我国部门规章严禁任何单位为单身女性实施人类辅助生育技术，还规定"实施授精前，不育夫妻必须签订《知情同意书》及《多胎妊娠减胎术同意书》"，均表明受术双方必须为合法的夫妻关系。这一要求是辅助生育技术应当遵循的首要伦理原则，也是出于维护社会公益的需要。

其次，在一般情况下，接受辅助生育技术，创造冷冻胚胎需要夫妻双方的共同同意。原因在于，生育权与不生育权是相对的，即使在人工干涉的条件下，一方生育权的行使也需要另一方的同意和配合，这不仅是出于对双方行使基本人权的尊重，也是为了保护冷冻胚胎可能孕育出的新生命的利益。

最后，尽管辅助生育技术的发展水平已经足够成熟，但仍然不能触碰一些法律和道德底线，如利用技术水平进行性别筛选等。此类行为不仅违背人类自然生育规律，也是对冷冻胚胎所蕴含的人格利益的极大不尊重，更将损害可能诞生的胎儿的利益。

2. 绝对禁止商业化原则

辅助生殖技术应当被用于解决病症、提高生命质量、推动社会发展等公益性事业，而不应当被视为一种商业性的技术。否则，如果冷冻胚胎被作为商品可以任意转让，在巨大利润的驱使下，该技术定将被加以滥用而失去其本身目的。这不仅是对冷冻胚胎所蕴含的人格利益的绝对物化，也将会给整个社会带来不可逆转的危害。因此，必须对冷冻胚胎的移转进行约束，绝对禁止任何以商业性为目的而实施的移转行为，要更为规范有序地进行辅助生殖技术。

3. 限制科研用途原则

冷冻胚胎的生物学属性决定了其除了生命繁殖的价值之外，对于科研事业具有重大的潜在价值，如可以将其用于干细胞研究以解决诸多健康问题等。①如果按照《技术规范》的规定，医疗人员在患者知情并得到其授权的情况下将胚胎进行捐赠，那么受术夫妻双方可以在合意的基础之上将自己享有权利的冷冻

① 参见蔡民、廖秋桃、骆海萍：《丈夫车祸身亡，妻子为留种要求继续胚胎移植》，载新浪网，http://informationtimes.dayoo.com/gb/content/2004-10/29/content_1789004.htm，2021年1月25日访问。

胚胎捐赠给法律允许的研究机构,这也是权利行使的一种特殊方式。

从医学进步的角度来看,胚胎研究不仅会给病症患者带来希望,而且对一些医学难题的解决也是大有裨益的。因此,包括我国在内的一些国家对将胚胎用于科学研究这一行为并不绝对否定。以英国为例,其于1990年通过专门法案对胚胎研究进行了适当的开放。[①]

但是,值得注意的是,随着技术的发展,储存在医疗机构的冷冻胚胎数目不断增长,而且可以预见的是:这一数字在将来的增长速度将会更快。另外,辅助生殖技术的潜在社会危害性也日益为公众所认识。作为一项可能对整个社会都产生巨大负面效应的新型技术,立法需要对冷冻胚胎用于科研的目的、范围及程序等一系列问题进行严格的规定。立法者需要事先对有待规范的生活关系、对现存的规范可能性、对即将制定的规范索要加入的那个规范的整体、对即将制定的这一部分规范必然施加于其他规范领域的影响进行仔细的思考和权衡。[②] 例如,严格禁止包括克隆人、跨种杂交实验等的研究和应用。这些行为不仅严重违反科技伦理及生命伦理,是对辅助生殖技术的滥用,更会从根本上改变人类社会的存续秩序,对社会伦理造成冲击。

(二)原始权利主体的权利行使规则

1. 夫妻离异时的权利行使规则

(1)夫妻意见一致时的权利行使规则

由第三部分的分析可知,即使是在夫妻离异的情况下,如果双方未进行特别约定,则冷冻胚胎的权利仍然由双方共同享有。在离异的情况下,如果双方一致同意终止胚胎的冷冻保存,应当充分尊重夫妻双方的合意,按其意志由医疗机构对冷冻胚胎进行销毁。如果双方表达出新的意愿,可以在不违背现有法律法规及公序良俗的条件下按照其一致意见对冷冻胚胎进行销毁、捐赠或用于科研。

(2)夫妻未表达特定意见时的权利行使规则

根据我国相关部门规章的规定,夫妻双方在接受人工辅助生殖技术时需要与医疗机构签署《知情同意书》,其中往往包括对剩余冷冻胚胎在特定情况下的具体处理条款。如果夫妻离异时未表达新的特定意愿,亦不曾对同意书的条款表示否定,那么,出于对当事人事前意思表示的尊重,也为了维护意思表示的稳定性,可按照事先协定来对冷冻胚胎进行处分。同时,对事前协定的遵守也可以在一定程度上保证效率。

---

① 参见李蕊佚:《英国法上的人体胚胎规制体系》,载《华东政法大学学报》2015年第5期,第70页。

② 参见何远琼:《"立法先行"现象的制度分析——从构建社会信用体系切入》,载《光华法学》编委会编:《光华法学》(第四辑),法律出版社2009年版,第41页。

(3)夫妻意见不一致时的权利行使规则

由于受婚姻关系变动及当事人意志变动的影响,往往会发生“一方要求终止胚胎冷冻保存,一方要求继续保存乃至继续进行辅助生殖手术”的情况。在此种情形下,权利的行使会受到较大限制。

由于我国卫生行政部门的规章禁止单身女性实施辅助生殖技术,因此即使法院裁决认为权利归属于女方,但鉴于此时婚姻关系已经破裂,作为单身女性,女方一般无法继续使用冷冻胚胎生育孩子。当然,如果是男性希望继续进行辅助生殖手术,而女性持有相反看法,即使确定权利归属于男方,也不能强迫女方配合继续进行胚胎植入。

我国生殖医学专家对此的建议是:由于婚姻关系仍有可能恢复,因此可以允许续费保存冷冻胚胎,但保存时间不宜超过10年(冷冻胚胎的最大保存年限)。

2. 夫妻一方失踪或死亡时的权利行使规则

由于我国禁止代孕行为,因此在这种情形下,权利的行使会因为生存对象的不同而产生差异。只有在女性为生存一方时才可能继续行使权利。而如果男性为生存一方,虽然仍可以在法律上确定冷冻胚胎的权属,但无法进行胚胎移植以及后续的手术流程。

在夫妻一方失踪或死亡的情况下,由于死者(失踪)一方已无法行使自己的权利,而对冷冻胚胎的此种“自主决定权”作为生育权的一项延伸,具有明显的人身专属性不能转移。[①] 而辅助生殖医疗机构对冷冻胚胎的保管仅是基于夫妻双方的授权,因此,若无特别的合意授权,其当然无权对冷冻胚胎行使权利。

综上,可以分为两种情形:其一,死者(失踪者)事前明显的意思表示或可以推知的死者的意愿与生存一方意见一致,则从合意,可以由生存一方按照双方事前合意单独行使对冷冻胚胎的权利。其二,若死者(失踪者)生前(失踪前)明显的意思表示或可推知的意愿与生存一方不一致,虽然冷冻胚胎的权利主体现在只有生存一方,应由其单独享有权利,但出于尊重死者(失踪者)生前(失踪前)意志的考虑,不宜由生存一方直接对冷冻胚胎进行处理。若生存一方愿意续费继续保存冷冻胚胎,则可继续,但不得超过一定的年限;[②]若生存一方不愿续费继续保存冷冻胚胎,则冷冻胚胎只能被废弃。

(三)继受权利主体的权利行使规则

1. 医疗机构的权利行使规则

在实践中,由于种种原因,有诸多冷冻胚胎被受术夫妻“遗弃”在医疗机构

---

① 参见黄丁全:《医疗法律与生命伦理》,法律出版社2007年版,第56页。

② 该年限以可使冷冻胚胎保持良好的生理性能为宜,按医学专家的意见为10年。

中,“即使病人已经十几年没来了,胚胎还存着……从医生的角度来讲,毕竟胚胎有发育成孩子的可能,如果销毁,在心理上也很抵触”。[①] 多数医疗机构一般在长时间联系不到原始权利主体之后会选择将此类胚胎销毁。

笔者认为,除了销毁之外,不妨赋予医疗机构一定的权利,同时对其权利进行限制。例如,允许医疗机构将被“遗弃”的冷冻胚胎捐赠给科研机构用于研究,毕竟这一处理相较于直接丢弃或销毁而言,可以更大限度地发挥冷冻胚胎的社会价值。

2. 科研机构的权利行使规则

我国允许将冷冻胚胎用于干细胞研究,允许原始权利主体将冷冻胚胎赠与科研机构用于医疗目的,但科研机构作为新的权利主体在行使权利时需要受到一系列限制。科研机构应当在符合生命基本伦理规范的前提下,遵守国际公认的生命伦理准则,在法律和捐赠协议规定的条件下行使对冷冻胚胎享有的特定权利,只能将其用于特定的科学研究范围,不得进行减损冷冻胚胎所象征的人的尊严的行为。明显违反道德伦理的研究,如克隆人、跨物种胚胎培育等应被绝对地明令禁止,这也是规定限制科研用途原则的意义所在。

3. 受赠夫妻的权利行使规则

受赠夫妻对冷冻胚胎的权利行使规则与原始权利主体相同。理由在于:《原则》明确规定“捐赠……胚胎者对出生的后代既没有任何权利,也不承担任何义务”,因此,捐赠冷冻胚胎意味着原始权利主体对权利的完全放弃,受赠夫妻成为新的权利主体,对冷冻胚胎享有不低于原始权利主体的全部权利。

## 五、结语

辅助生殖技术经过数十年的发展,已然进入较为成熟的阶段,其在为人类造福的同时也具备给社会造成巨大负面效应的可能性,同时,也已经对现有法律框架产生了冲击。现有法律对这一技术的研究尚有太多的缺漏,仅就冷冻胚胎这一辅助生殖技术的产物而言,就存在大量的理论和实际问题需要解决。例如,受术夫妻在接受手术之前所签订的《知情同意书》多由医疗机构自行制定,其中多包括了对冷冻胚胎的处理条款,这一现行状况是否会损害受术夫妻的权益?冷冻胚胎的保存时限以多长时间为宜?在什么条件之下,大量无主冷冻胚胎可以被用于科研或销毁;如果进行这一选择,其程序又是怎样的?随着技术的发展,选择辅助生殖技术的夫妻会越来越多,大量的冷冻胚胎将会被制造出来,这些问

① 孙玉良:《中国试管婴儿 30 年:无主胚胎库存近满,不忍扔不敢扔》,载新华网,http://www.xinhuanet.com/2018-08/14/c_1123265495.htm 2018-08-14/2019-04-08,2021 年 1 月 25 日访问。

题都需要得到回答。

笔者相信，对冷冻胚胎的特别尊重将会成为各国共同的选择，也期待在未来的理论研究和司法实践中，上述问题可以尽快得到解决。

**Study on the Ownership and Exercise of the Rights of Frozen Embryos**

Wang Haoming

**Abstract**: With the development of technology, many disputes have emerged in practice regarding the ownership and exercise of rights of frozen embryos. As a transitional existence between things and people, frozen embryos contain the potential to develop into life. This transition has the dual legal attributes of quasi-subject and quasi-object, and should be given more respect and protection. With regard to the ownership of rights, according to the different sources of rights, the subjects of the original rights of frozen embryos are the couples who choose assisted reproductive technology. The specific ownership of rights can be further divided according to the two criteria of the existence of the marriage relationship and whether the two parties reached an agreement. The subject of succession rights includes three possibilities: medical institutions, scientific research institutions, and recipient couples. When these rights subjects exercise their rights, they need to follow some principles of commonality and individuality depending on the situation.

**Key words**: Frozen Embryos; Assisted Reproductive Technology; Ownership of Rights; Exercise of Rights

# 智能法学时代证据法学教学改革的基本路径

■ 杨继文*

[内容摘要] 新一代法律人应该是跨学科的、融合性的人机结合的法律人才。人工智能时代的证据法学教育,需要重视法学实验教学实践,关注个体意义上的学生,侧重虚拟现实技术的应用,强调学生—教师—实验教学系统(机器人)的共享教学模式。智能法学时代的证据法学教学改革路径,需要实现从实验法学到智能法学的迭代发展;需要借鉴资源,更新和升级法学实验教学系统;需要整合思维,促进法学思维与技术思维的交错;最后需要关注智能法学教学机器人的风险管理和规制。

[关键词] 人工智能 法律大数据 法学教育 智能法学

* 杨继文:法学博士、经济学博士后,华东政法大学中国环境犯罪协同治理研究中心/刑事法学院,讲师。

## 一、问题提出

在证据分析应用与实践中，证据制度优化和证据资源合理配置的要求下，证据法学实践对于法律人才的需求和法学教学改革提出了新的挑战和新的应对模式，即形成一种所谓的基于“智能法学”[①]的教学模式理论构建。这需要重视法学实验教学实践，关注个体意义上的学生，侧重虚拟现实技术的应用，强调学生—教师—实验教学系统（机器人）的共享教学模式。针对目前法学实验教学的问题和困境，需要改革路径，实现从实验法学到智能法学；需要借鉴资源，更新和升级法学实验教学系统；需要整合思维，达成证据司法实践与法学教学的融合；最后需要关注智能法学教学机器人的风险管理和规制。

随着《高等学校人工智能创新行动计划》的颁布，以大数据、云计算、人工智能等为核心的信息技术正逐渐渗入人们社会生活的各个方面，法学教育的智能化改造成为时代必需。智能法学背景下的证据实践及其法学教学创新，将促使他们所具有的未来核心能力是体验与智慧的竞争，数据分析能力将是新一代法律人必须拥有的能力。[②] 在此背景下，利用法律大数据和人工智能的技术优势，深化传统法学教育中实验教学改革，拓展法学课堂教学方式，提升法学教育的质量成为重要而又亟待研究的基本问题之一。为了推动法学教育的智能化和个性化发展，我们需要转变法学教育的实验教学模式和升级虚拟仿真系统，真正提高和培养法学学生的法律知识素养、人机交互能力和数据分析思维，使学生能够主动适应法律大数据和人工智能的时代挑战和素质要求。

## 二、智能法学时代证据法学实践教学需求的变化发展

法律大数据和人工智能的发展必然促使教育思维和观念改变，引起一场“教学与学习”的革命。这为法学教育的教学改革带来了机遇和挑战，我们需要树立从实践到实验、从集体到个人、从二维主体到三维主体的共赢和共享思维，让教师和学生在这场“ + ”的改革中都有所受益。

### （一）重视证据法学实验教学实践

传统的证据法学教育及其实践教学，注重的是对法学学生基本理论知识谱系的学习和培养，往往忽略法学教育的实践能力和应用价值，导致法学院校培养

---

① 参见高晋康、杨继文主编：《迎接智能法学的到来》，法律出版社 2019 年版，第 11 页；杨继文：《从实验法学到智能法学》，载《检察日报》2018 年 12 月 18 日，第 3 版。

② 参见高晋康、杨继文等：《迎接智能法学的到来——首届中国法律大数据人工智能 30 人论坛会议综述》，载《中国法学教育研究》2018 年第 1 辑，第 3 ~ 14 页。

的法科生难以适应复杂多变的法律职业、证据分析和司法实践。“探索法学理论和法律现实之间的确定性联系,使法学理论能真正地概括和反映法律现实,必须进行法学实验”,[①]重视人工智能时代的证据法学实验教学。例如,法学高等院校应该在法学教育中更加重视法学实验教学,中南财经政法大学(Legal Experimental Teaching System,LETS)课题组自主研发的“法学实验教学系统”(IETS)正是这一思路指导下的产物。法学实验教学系统的研发成功及其在国内众多高校的有效应用,标志着一种基于 LETS 软件的法学实验教学体系的初步形成。[②]

(二)关注个体意义上的学生

在当前的人工智能时代初级阶段,作为集体意义上的法科学生往往具有一定的法学专业知识,但是很难熟练运用大数据和云计算等分析工具,来为解决法律相关疑难问题提供方法和产出合格的法律产品。而在未来的人工智能时代,法律市场正朝着个性化和多样化方向发展,这对传统集体培养模式的法学教育和法律职业人才培养提出了更加严格的要求。法学实验教学改革要求先研究学生,即所谓“备课前应先备学生”。“只有了解个体意义上的学生,知晓其文化基础、学习特点、接受能力、思维能力,才能找准学生需求,采用法律大数据和人工智能多元化的方式改进教学方法,并根据不同授课内容进行‘私人定制’式地选择更有效的实验教学方式和个性化拓展。”[③]在具体的法律职业、证据分析和司法实践,往往需要更加强调的是作为个体的法律职业人才的跨学科知识储备和法律应用能力。[④]

(三)侧重虚拟现实技术在证据法学实验教学中的应用

虚拟现实技术是在人工智能时代的新兴信息技术领域,在证据法学教育中具有应用空间大和实效性强等特点。《中国虚拟现实应用状况白皮书(2018)》指出,虚拟现实技术在可以解决用户体验、技术创新与内容板块的深入融合。证据法学教育的实验教学应当侧重虚拟现实技术的应用创新,丰富证据法学实践中的虚拟现实场景应用,通过智能证据分析场景构建,极大地助力法学教育和证据实践教学的转型和升级。

(四)强调学生—教师—实验教学系统(机器人)的共享教学

传统的法律制定并未考虑自动化。相反,这些法律往往具有一定的模糊性,

① 朱景文:《法学实验论纲》,载《比较法研究》2013 年第 4 期,第 24 ~ 34 页。

② 参见刘茂林等:《基于 LETS 软件的法学实验教学体系》,载《法学教育研究》2015 年第 1 期,第 69 ~ 85 页;方玉珍:《教育信息化 2.0 视域下的法学实验教育大平台建设》,载《人民法治》2018 年第 16 期。

③ 冯果:《大数据时代的法学教育及其变革》,载《法学教育研究》2018 年第 2 期,第 1 ~ 13 页。

④ 参见王欣:《大数据时代法学教育的困境与改革》,载《高等财经教育研究》2016 年第 4 期。

这也要求教师在教学过程中需要提醒学生关注法院判决和社会规范的发展修改问题。而在法学实验教学系统（机器人）中，机器人系统中运行的数字代码需要极高的精确度和严格度，而这样的要求在传统的非数字化法律应用中是欠缺的。最关键的缺陷是书本上人类可读的法律与自动化系统要求的机器可处理的算法之间模糊不清的转译过程。① 这就要求教师在学生与教学机器人的互动、转译的过程中发挥管理者和风险防范者的角色和作用。在人工智能时代，证据法学教育需要面向智能化方向发展。而面对大多数学生对法学相关课程的死记硬背和难以应用的问题，需要证据法学实验教学系统进行更新和完善，探索构建具有智能算法和学术能力的证据法学以及法学教学系统，通过数据联通意义上的证据分析共享，实现参与者的满足感和获得感，如图 1 所示。

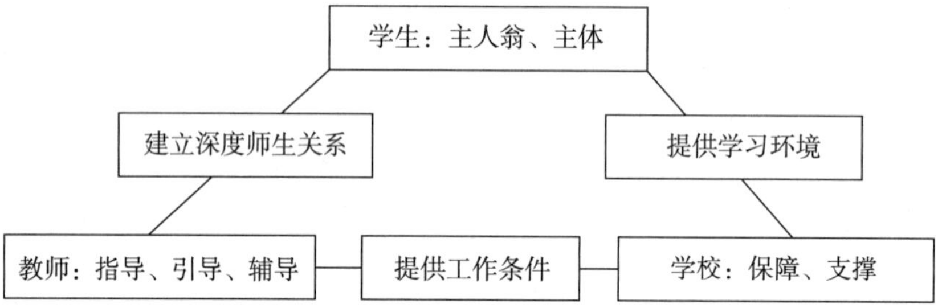


**图 1　传统法学实践教育中的主体关系**

## 三、证据法学教学的智能模式构建

### （一）证据法学教育需要拥抱人工智能

法学课是社会科学课程，对其进行实践可能需要漫长的过程。因此，证据法学实验智能课程，需要突出强调在人工智能时代的司法实践场景和证据法律应用情形（见图 2）。② 信息技术及其应用能为证据法学教育注入活力是不争事实，我国证据法学教育和教学方式拥抱信息技术在人才培养模式、教学模式与方法等广泛领域进行改革是必然选择。③ 证据法学教育和证据实验教学也不例外，在人工智能时代迫切需要及时升级、更新和完善，发挥传统课堂教学所不具有的

① 参见［美］丽莎·A. 谢伊、［美］伍德罗·哈特佐格、［美］约翰·尼尔森、［美］格雷戈瑞·康蒂：《机器人欢迎电子法吗？一个法律内部的算法实验》，载［美］瑞恩·卡洛、［美］迈克尔·弗鲁姆金、［加］伊恩·克尔编：《人工智能与法律的对话》，陈吉栋、董惠敏、杭颖颖译，上海人民出版社 2018 年版，第 278 页。

② 参见杨继文：《证据法学研究进入电子证据新时代》，载《检察日报》2018 年 2 月 6 日，第 3 版。

③ 参见朱继萍：《"互联网 +"时代法学教育改革的踌躇与抉择》，载《法学教育研究》2018 年第 1 期，第 301 ~ 315 页。

比较优势，扩大学生受众，培养专业师资和完善实验系统。

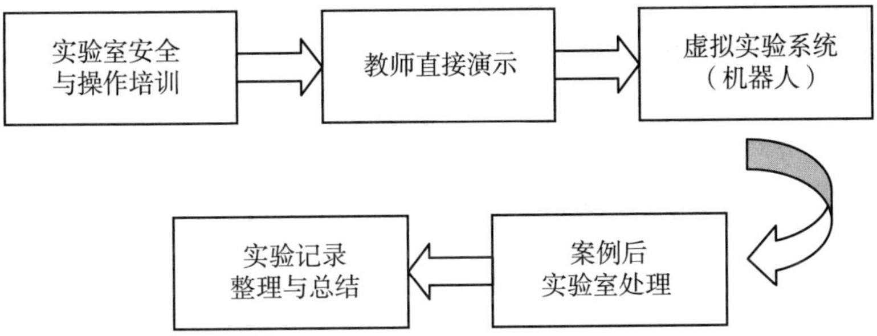


**图2　证据法学实验教学应用过程**

（二）技术路径：从实验法学到智能法学

从前述分析来看，从实验法学到智能法学的法学教育与证据法学教学，需要借鉴其他技术资源和法律应用技术，更新和升级法学实验教学系统；需要整合技术与理性思维，达成证据司法实践与法学教学的融合；同时需要关注智能法学教学机器人的风险管理和规制。

人类在21世纪的主要工作，将是借由确保机器人工业持续地合作，来保护自身在工作乃至退休后的福利。① 在智能证据教学系统的构建过程中，需要注重机器人伦理规范构建。在人工智能时代的法学教育中，教学机器人需要试图保证教学工作的最终目的，即在于为了学生的个性学习和老师的精细教学而服务。具体来看，法学教学机器人需要面临伦理规范的重构，即法学教学机器人需要提高法学教学中人机互动的质量；必须服从教师和工程师的命令；必须保证和促使法学教学互动的良好开展。同时，教学机器人的使用管理伦理和规范，也要求机器人具有使用的便利性，允许学生能够脱离人工智能并较为容易地重新控制人工智能。当人工智能教学机器人的自动化技术失败时，能够向周围的人发出警告。②

同时，需要重视常识的缓冲作用。在工程学原理中，常识可以为像智能法学教学系统这样的动态复杂系统提供缓冲以避免风险和灾难。在强调人机交互的智能法学教育系统中，可能会出现典型的交互复杂性情形。也就是在智能法学教学系统中可能会出现未计划的意外事件序列，而这些事件要么是不可见的，要么是不能立即被理解的。在紧密耦合系统中，一般的运作要求每个部分与其他

① 参见［德］汉斯·摩拉维克：《机器人：由机器迈向超越人类心智之路》，韩定中、刘倩娟译，台北，台湾商务印书馆2004年版，第203页。

② 参见［美］约翰·弗兰克·韦弗：《机器人是人吗?》，刘海安、徐铁英、向秦译，上海人民出版社2018年版，第82页。

部分紧密相连，一个部分的改变将影响到其他部分乃至整个系统的状态。因此，智能法学教学系统应当被构建为松散耦合系统，充分发挥常识在机器智能风险中的缓冲作用，也许这种机器人的常识会使自主机器人的行为变得更可预测，从而使人们更容易应用传统的法学理论。①

## The Basic Approach to the Teaching Reform of Evidence Law in the Era Ofintelligent Law

Yang Jiwen

**Abstract**: The new generation of legal personnel should be interdisciplinary, integrated human-computer combination of legal personnel. In the era of artificial intelligence, legal education needs to attach importance to the practice of legal experiment teaching, pay attention to students in the sense of individual, and lay stress on the application of virtual reality technology. This paper emphasizes the sharing teaching mode of Experimental Teaching System (robots). The reform path of evidence law teaching in the era of intelligent law needs to realize the iterative development from experimental law to intelligent law; to update and upgrade the experimental teaching system of law by drawing on resources; and to integrate thinking. Finally, it is necessary to pay attention to the risk management and regulation of intelligent law teaching robot.

**Key words**: Artificial Intelligence; Legal Big Data; Legal Education; Intelligent Law

① 参见［美］柯蒂斯·E. A. 卡诺：《运用传统侵权法理论"迎接"机器人智能》，载［美］瑞恩·卡洛、［美］迈克尔·弗鲁姆金、［加］伊恩·克尔编：《人工智能与法律的对话》，陈吉栋、董惠敏、杭颖颖译，上海人民出版社2018年版，第71页。

# 法学制度与理论

# 特定关系人参与国家工作人员受贿问题研究*

■ 邓 鹏** 张理恒***

[内容摘要] 对于特定于关系人利用国家工作人员职务便利为请托人谋取利益并收受财物,国家工作人员事后知情并未退还或上交的行为,考虑到国家工作人员怠于履行退还上交义务(故意的不作为)进一步强化了贿赂的不法占有状态,国家工作人员成立受贿罪。对于特定关系人作为国家工作人员的代理人向请托人索取或收受贿赂超出了国家工作人员的授意范围,特定关系人成立受贿罪的间接正犯或共同正犯,不成立利用影响力受贿罪或诈骗、侵占等普通财产犯罪。

[关键词] 特定关系人 受贿 未退还上交 超额索贿

* 本文系四川省人民检察院2017年检察理论研究课题“新型受贿罪的形式及认定”的研究成果。

** 邓鹏:四川省乐山市中级人民法院党组书记、院长,二级高级法院法官。

*** 张理恒:四川省成都市人民检察院研究室副主任,四川省乐山市中级人民法院党组成员、副院长(挂职),四级高级检察官。

贿赂犯罪特别是新类型贿赂犯罪的构罪标准一直是刑法学研究的特点之一。近年来，在党风廉政建设和反腐败工作深入推进背景下，《刑法修正案》（七）和（九）等系统增设了利用影响力受贿罪、对由影响力的人行贿罪等罪名，司法机关也通过对立法的解释以及司法"能动"适用逐步建立起有力惩治贿赂犯罪的司法规则体系，进一步完善了贿赂犯罪的罪行结构，满足了反腐败刑法供给的需要。

贿赂犯罪的共同犯罪问题，是一个比较复杂的理论和实践问题。本文专门选取"特定关系人参与国家工作人员受贿问题"进行研究，涉及对不同情态下特定关系人与被利用的国家工作人员之间刑法定性的区分与统一，要注意同以往贿赂犯罪共犯理论的衔接与扬弃。

## 一、特定关系人参与受贿的法律、司法解释沿革与主要问题点归结

关于特定关系人参与国家工作人员受贿的规定，最早见于2007年7月8日最高人民法院、最高人民检察院《关于办理受贿刑事案件适用法律若干问题的意见》（以下简称《刑案问题意见》）。《刑案问题意见》第11条规定了"特定关系人"的含义和范围，特定关系人是指"与国家工作人员有近亲属、情妇（夫）以及其他共同利益关系的人"。《刑案问题意见》第7条第2款还规定了"特定关系人以外的其他人"。《刑案问题意见》第6条、第7条规定，对于以下四种情况，特定关系人（或其他关系人）参与国家工作人员受贿，按照受贿罪的共犯论处：(1)国家工作人员利用职务上的便利为请托人谋取利益，要求或者接受请托人以给特定关系人安排工作为名，使特定关系人不实际工作却获取所谓薪酬的；(2)国家工作人员利用职务上的便利为请托人谋取利益，授意请托人以本意见所列形式，将有关财物给予特定关系人的；(3)特定关系人与国家工作人员通谋，共同实施前款行为的；(4)特定关系人以外的其他人与国家工作人员通谋，由国家工作人员利用职务上的便利为请托人谋取利益，收受请托人财物后双方共同占有的。

2009年颁布的《刑法修正案（七）》在现行《刑法》第388条之一设立了利用影响力受贿罪。根据这一规定，利用影响力受贿罪是指国家工作人员的近亲属或者其他与该国家工作人员关系密切的人，通过该国家工作人员职务上的行为，或者利用该国家工作人员职权或者地位形成的便利条件，通过其他国家工作人员职务上的行为，为请托人谋取不正当利益，索取请托人财物或者收受请托人财物，数额较大或者有其他较重情节的行为。在这种情况下，特定关系人或者其他关系人就可能单独构成利用影响力受贿罪。当然，如果这些人与国家工作人员之间具有犯意联络，仍然构成受贿罪的共犯。

应当承认，《刑法修正案（七）》设置利用影响力受贿罪包括《刑法修正案

(九)》设置对有影响力的人行贿罪,特定关系人参与国家工作人员受贿的立法规制体系即已基本建构完善。但在司法实践中仍有疑难问题需要解决,我们认为至少有以下两个疑难问题需要研究:第一个问题是,2016 年 4 月实施的最高人民法院、最高人民检察院《关于办理贪污贿赂刑事案件适用法律若干问题的解释》(以下简称《刑案问题解释》)第 16 条第 2 款规定:“特定关系人索取、收受他人财物,国家工作人员知道后未退还或者上交的,应当认定国家工作人员具有受贿故意。”《刑案问题解释》所规定的“应当认定国家工作人员具有受贿故意”言下之意是,国家工作人员应当以受贿罪论处,而特定关系人也应当以受贿罪的共犯论处。应当承认,《刑案问题解释》创制的这一规定是可取的,如何在刑法教义学上对这一规定的合理性予以充分论证和说明,还需要深入研究。第二个问题是,国家工作人员有时并不直接出面接洽请托人,而是安排特定关系人作为自己的代理人向请托人索取或者收受确定数额的贿赂,但在很多情况下特定关系人可能超出国家工作人员的授意范围向请托人索取额外的贿赂并将超出部分据为己有,需要研究国家工作人员与特定关系人之间各自刑事责任的确定。

## 二、国家工作人员事后知道特定关系人受贿而未退还上交的刑法定性

《刑案问题解释》第 16 条第 2 款规定:“特定关系人索取、收受他人财物,国家工作人员知道后未退还或者上交的,应当认定国家工作人员具有受贿故意。”应当承认,《刑案问题解释》这一规定的政策性相对较强,在现有刑法理论层面确实具有一定的困惑性。在此,笔者主要谈两个方面问题。

一是在理念层面,《刑案问题解释》的设置符合当前反腐败工作的需要,刑法学说的作用不应满足于批判《刑案问题解释》的浅层次;相反,在刑法基础理论层面做出有益创新尽量论证《刑案问题解释》的合理性。陈兴良教授在《贪污贿赂犯罪司法解释:刑法教义学的阐释》中指出:“《刑案问题解释》的以上规定,对于正确认定国家工作人员的受贿罪以及正确划分受贿罪共犯与利用影响力受贿罪之间的界限具有重要意义。”①这一观点无疑具有启发性,也为《刑案问题解释》颁布后刑法学说的作用指明了方向。关于这一点,笔者想到日本刑法共谋共同正犯理论的创制过程。日本刑法共犯理论实行相对严格的区分制,这样一来在实行者背后制订犯罪计划、发号施令、指挥监督的大人物如果将其认定为教唆、帮助,要科处与实行正犯相同甚至更重的刑罚是困难的,充其量按照教唆犯“处以正犯之刑”,但从实务的感觉上看这些实行背后的幕后人物或是犯罪黑手无形中发挥着比实行者更重要的作用,基于这种实务上的正义理念(“幕后重罚

① 陈兴良:《贪污贿赂犯罪司法解释:刑法教义学的阐释》,载《法学》2016 年第 5 期,第 65 ~ 78 页。

论”理念），日本早在在大审院时代初期的判例中就创制了共谋共同正犯的概念，以便将这些幕后人物作为共谋者直接认定为共谋共同正犯。但是在学说上一开始是否定说占通说地位，日本刑法学界的绝大多数学者是坚决反对判例所确立的共谋共同正犯理论的。一直到平野龙一教授提出“共谋共同正犯论业已为确立的判例理论，应如何改变现有学说的现状，才是刑法学说引起的作用”之见解，才为改变学说与判例的对立状况提供了契机。平野龙一教授还从学理上充分论证了共谋概念的重要作用，即在有复数参加者的情况下，现实犯意的形成，与教唆、帮助、实行的形态相比，更多的是采取“共谋”的形态。也就是说，实行、教唆、帮助等类型，与现实的犯意形成过程未必一致，多是相互影响而形成犯意，可以说是相互教唆、相互精神帮助的复合形态，为了理解这一实态，“共谋”的概念更为适当。① 平野龙一教授的教诲促成了日本刑法学界所持共谋共同正犯否定说的学者锐减，尔后尽管人们肯定共谋共同正犯的理由与范围不尽相同，但均朝着肯定共谋共同正犯的方向发展。②

二是技术层面，在现有刑法理论基本框架下创新论证《刑案问题解释》规定。解释规定：“特定关系人索取、收受他人财物，国家工作人员知道后未退还或者上交的，应当认定国家工作人员具有受贿故意（言下之意是认定国家工作人员构成受贿罪）。”对此需要区分情况：第一种情况是，特定关系人索取、收受他人财物，国家工作人员事后知道未退还或者上交，进而实施了利用职务便利为请托人谋取利益的行为，这种情况当然可以认定国家工作人员构成受贿罪，因为国家工作人员知道特定关系人代其收受财物后实施了利用职务便利为请托人谋取利益的行为，该行为显然是受贿罪实行行为之一部分，根据“部分行为，全部责任”之法理，国家工作人员构成受贿罪之受贿行为和受贿故意问题当然可以解决。第二种情况是，特定关系人索取、收受他人财物，并承诺国家工作人员会为请托人谋取利益，国家工作人员事后知道未退还或者上交，但未实施利用职务便利为请托人谋取利益的行为。第三种情况是，特定关系人索取、收受他人财物，并承诺国家工作人员会为请托人谋取利益，国家工作人员在特定关系人影响下为他人谋取利益，事后才知道特定关系人收钱但未退还或者上交。第四种情况是，国家工作人员实施职务行为客观上为他人带来利益，他人出于感谢给予特定关系人财物，国家工作人员事后知道未退还或者上交，但未实施利用职务便利为请托

① 参见［日］山中敬一：《共谋共同正犯理论的经纬详述》，赖正直译，载赖正直博客，http://blog.sina.com.cn/s/blog_3f0068fd01000915.html，2016 年 6 月 19 日访问。

② 参见［日］西田典之：《共谋共同正犯》，载《平野龙一先生古稀祝贺论文集上卷》，第 263 页，转引自李海东主编：《日本刑事法学者》（下），中国法律出版社、日本成文堂 1999 年版，第 316 页。

人谋取利益的行为。在第二、三、四种情况中要认定国家工作人员成立受贿罪，必须要说明国家工作人员具有受贿行为和受贿故意。论证难点在于，这三种情况都是特定关系人实施收受财物行为之后，国家工作人员才知道并不予退还或上交，在刑法理论上收受财物属于状态犯型行为，特定关系人收受财物（财物占有状态调整）之后，收受行为即结束，法益受侵害的状态即形成并具持续性，这与非法拘禁、绑架等持续犯型行为（行为和法益侵害状态都并行持续）具有显著不同，国家工作人员收受行为实施完毕之后得知并不予退还或上交，即使认为其"不予退还或上交"构成故意的不作为，但毕竟属于收受行为实施完成后的行为和故意，难以评价为受贿行为和受贿故意。

为了证成在以上三种情况下国家工作人员具有受贿行为和受贿故意，进而成立受贿罪。笔者初步提出两种思路：（1）第一种思路是，国家工作人员就特定关系人代其收受贿赂的行为成立受贿罪。如前所述，特定关系人与国家工作人员具有共同利益关系，在法律效果上特定关系人收受财物就相当于国家工作人员本人收受财物，这就解决了国家工作人员的受贿行为问题；在将特定关系人收受财物理解为相当于国家工作人员收受财物之后，《刑案问题解释》第 16 条第 2 款的规定通过法律拟制进一步明确了在"国家工作人员知道后未退还或者上交的"条件下可以推断或追认国家工作人员对于之前特定关系人代表其收受财物（也就是国家工作人员收受财物）具有受贿故意，因为国家工作人员知道后未退还或者上交即表明国家工作人员对于事前特定关系人代表其收受财物是肯定或至少是默认的（就是一种法律上的追认），如果国家工作人员事前处于特定关系人的立场、面对请托人也当然会索取或者收受财物。笔者认为，第一种思路的局限性很明显，硬伤过多，并不科学合理。一方面，第一种思路以特定关系人与国家工作人员具有共同利益关系为由将特定关系人收受财物在法律效果是等同于国家工作人员收受财物。但是，根据行为论中有意行为论的基本知识，要将某一事实或举动归属于特定行为人，必须以其在行为当时具有意识或意识的可能性作为前提，显然，国家工作人员不应对自己事后才知道但在事前却毫不知情的他人行为担责。另一方面，第一种思路以司法解释规定作为法律拟制以国家工作人员的事后行为表现为根据追认、推断其之前行为的故意，这显然属于扩张解释的轮廓之外再行解释，使解释结论超出刑法规范的可能含义，以此逻辑得出的解释结论的性质将演变为类推解释，[①]但显然司法解释规定不具有创设法律拟制性规定的权能。（2）设定国家工作人员知情后的退还或上交义务以及拒不履行退

① 参见任跃进：《刑法中扩张解释的规范构造》，载《光华法学》编委会编：《光华法学》（第十二辑），法律出版社 2020 年版，第 53～80 页。

还或上交义务强化贿赂不法占有状态的第二个危害结果（相对于特定关系人收受财物的第一个危害结果而言，因不退还或上交强化贿赂不法占有就是第二个危害结果），所以，国家工作人员故意不退还或上交，就形成了对第二个危害结果的故意的不作为，即可以肯定受贿行为和受贿故意。问题是如何说明国家工作人员知情后还要履行退还或上交义务？笔者初步研究认为，特定关系人收受财物国家工作人员事后知情与国家工作人员本人直接受贿还是有显著区别的："对于疑难案件的破解、分析之道，需得首先关注其所涉及的法益，法益乃定位的标尺"，[①]在通常情况下，国家工作人员本人受贿之后，法秩序并不能期待国家工作人员退还或上交（当然，国家工作人员本人收受财物后立即上交或退还不成立犯罪是另一回事），所以，受贿之后并不直接产生退还或上交义务，之后对于贿赂款的占有、处分等一般都属于不可罚的事后行为（或共罚的事后行为），这与盗窃财物之后，对赃物的持有、处分只要没有造成新的法益侵害，都不单独成立其他犯罪的道理是一致的；但是特定关系人收受财物国家工作人员事后知道的情况下，法秩序就可以能期待国家工作人员在知情后退还或上交，所以，国家工作人员事后不予退还或上交的行为既是具有规范性认识障碍的行为，也是破坏了法秩序合理期待的故意的不作为。

## 三、特定关系人担任代理人超额索取或收受贿赂的刑法定性

近几年，不时出现国家工作人员出于逃避侦查等原因不亲自出面接触请托人，而安排特定关系人（或其他关系人）担任自己的代理人向请托人收取或者收受贿赂的情况。在这些案件中，国家工作人员一般会交代特定关系人索取或者收受确定数额的现金或者其他财物，但特定关系人有些时候会自作主张"雁过拔毛"，向请托人索要或者收取远大于国家工作人员授意数额范围的现金或者其他财物，并私自将超出部分据为己有。所以，特定关系人收受请托人财物这一个自然行为，在法律意义上可以区分为两个部分：第一个部分是特定关系人收取了国家工作人员授意范围内的部分。对此，国家工作人员成立受贿罪，特定关系人成立受贿罪的共犯（如果承认特定关系人这样的无身份者可以成立受贿罪的共同正犯，则特定关系人成立受贿罪的共同正犯）。第二个部分是特定关系人收取国家工作人员授意范围以外的溢出部分。对此，国家工作人员如果在案发前不确知的，不应承担责任，[②]但在此前提下特定关系人的定性则有一定争议。我们初

---

① 王德运：《犯罪对象相关概念检讨》，载《光华法学》编委会编：《光华法学》（第八辑），法律出版社2008年版。

② 但是，如果国家工作人员在案发前知道后为退还或者上交的，根据《解释》第16条第2款的规定，应认定国家工作人员具有受贿故意，溢出部分也应一并计入国家工作人员的受贿数额，相应特定关系人也成立受贿罪的共犯或共同正犯。

步研究认为，可能存在两种对立观点：第一种观点认为，如果认为特定关系人（无身份者）只能成立受贿罪（纯正身份犯）的狭义共犯，考虑到国家工作人员不能直接对特定关系人超越其授意范围额外收受财物承担正犯责任（缺乏受贿正犯的故意和行为），特定关系人的行为只能成立受贿的帮助未遂而不可罚（属于没有正犯的共犯的一种情形）。但是从其他方面仍可确定出特定关系人收受溢出部分贿赂行为的犯罪性：（1）特定关系人收受该溢出部分贿赂显然是通过国家工作人员职务便利，若有为请托人谋取不正当利益（行为或承诺），则其行为可以单独成立利用影响力受贿罪；（2）特定关系人收受该溢出部分，若为请托人谋取的属正当利益，其行为还不成立利用影响力受贿罪，但这些额外收受的溢出部分贿赂，是特定关系人打着国家工作人员旗号骗取请托人的或者是请托人委托其转交给国家工作人员的，其行为可视情况分别单独认定为盗窃罪或者侵占罪。第二种观点认为，如果认为特定关系人（无身份者）也可以成立受贿罪（纯正身份犯）的共同正犯或间接正犯，那么，特定关系人就可对溢出部分贿赂成立受贿罪的共同正犯或间接正犯。更确切地说，特定关系人就应对其收受的贿赂总数承担受贿罪的责任，其中对于国家工作人员授意部分贿赂与国家工作人员成立受贿罪的共同正犯，对于溢出部分贿赂单独成立受贿罪的共同正犯或间接正犯。

笔者赞同第二种观点。上述第二种观点在刑法理论上的认识基础是特定关系人（无身份者）不限于只成立受贿罪（纯正身份犯）的狭义共犯，还可以成立受贿罪（纯正身份犯）的共同正犯或间接正犯。这一认识与刑法通说认为身份是正犯的必要条件[其内部又分为：（1）非身份者事实不可能说：非身份者本来就不能实施纯正身份犯的实行行为或不具有纯正身份犯中任何实行行为的行为能力；（2）非身份者法律不可能说：非身份者即使事实上可以实施纯正身份犯中的部分行为但在法律上是不可能的]具有对立和冲突。笔者认为，可采用以下方法论证第二种观点的合理性：纯正身份犯（构成身份犯）可以分为实行行为可分的纯正身份犯（如受贿罪、强奸罪等）和实行行为不可分的纯正身份犯（如贪污罪、日本刑法公务员制作虚假公文书罪等）两种类型：（1）对于实行行为不可分的纯正身份犯，如贪污罪等一般只能由国家工作人员亲自实施，非身份者难以分担实施，国家工作人员也不可能委托非身份者实施，也很难想象非身份者可以完全驾驭国家工作人员（将国家工作人员作为工具）实施，故非身份证不宜成立这类纯正身份犯的共同正犯或间接正犯；但是像日本刑法公务员制作虚假公文书罪等纯正身份犯，除了由公务员实施外，完全可委托给非身份者分担公文的虚假制作。日本现行刑法实施以来，大审院就有好几个判例①就制作物理意义上的文

① 大判明治44・4・17刑录17—605、大判明治44・4・27刑集17—687。

书之制作虚假的公文书罪肯定非身份者的共同正犯。不仅如此，对于在德国一般被理解为亲手犯的伪证罪，也有判例认为非证人者成立共谋共同正犯，[①]甚至呈现一种所有的身份犯都可以认定非身份者成立共同正犯的倾向。[②] （2）对于实行行为可分的纯正身份犯，通常具有两个以上的实行行为，其中只有某一个特定实行行为（如受贿罪中利用职务便利为他人谋利行为、强奸罪中奸淫行为）具有身份限定性（一般只能由有身份者实施），而其他实行行为（如受贿罪中收受他人财物的行为、强奸罪中暴力、胁迫等手段行为）则在物理意义上可以完全委托给或由非身份者分担实施：①基于“部分实行、全部责任”的法理非身份者可以通过参与实施其中部分实行行为并根据成立纯正身份犯的共同正犯。例如，对于受贿罪，日本的判例基于无身份者与身份者之间可能共谋的理由，出现了承认共谋共同正犯的成立的判例，[③]而且更进一步受公务机关之托的人同正式公务员一起收受回扣的案件中，他们全部被视作具有类似于实行行为的行为。[④] ②非身份者利用有身份者的无知以使其实施纯正身份犯中的身份性实行行为，而自己再实施其他实行行为，非身份者则有可能成立纯正正身份犯的间接正犯。例如，甲女让其闺蜜乙女服用药物后让乙女与丙男发生性行为，丙男并不知乙女服用了药物且以为乙女自愿，丙男不具有强奸故意不成立强奸罪，但乙女成立强奸罪的间接正犯。

以“代理人超额索贿”案为例，被告人余某原系某市出入境检疫局局长（正处级），余某想从承建本单位办公楼和宿舍楼的建筑商肖某处索要好处费，但考虑到自己直接出面要钱不方便，遂找自己的老乡被告人关某（自由职业者）帮忙，向肖某索要好处费20万元，并许诺事成之后给关某分钱。余某将肖某的手机号码告知关某，并授意关某采取使用公用电话、讲普通话、不告诉对方真实姓名以及不与对方见面的方式与肖某联系。为使肖某相信关某有能力为肖某承揽工程、解决工程预付款等相关事务，二被告人商定：每次肖某自己去找余某联系工程上事情的时候，余某都不答应肖某提出的条件，然后由余某将谈话的相关内容告诉关某，关某在了解谈话内容后再与肖某联系，并让肖某坚持自己的条件再去找余某谈条件，余某此时即同意肖某提出的条件。随后关某按照与余某的共谋的内容，在肖某所在公司中标前后，假冒姓张，用普通话多次通过公用电话与

① 大判昭和9·11·20刑集13—1514。

② 参见［日］松宫孝明：《刑法总论讲义》（第4版补正版），钱叶六译，中国人民大学出版社2013年版。

③ 大判大正3·6·24刑录20—1329、大判昭和7·5·11刑集21—614。

④ 参见［日］松宫孝明：《刑法总论讲义》（第4版补正版），钱叶六译，中国人民大学出版社2013年版。

肖某联系,不久便取得了肖某的信任。由于余某没有许诺给关某办理此事而获得好处费的具体数额,关某由此认为余某不耿直,便产生了在余某授意她索要20万元好处费的基础上私自提高数额的想法,欲使自己得到的好处费能与余某得到的好处费基本相等。于是在与肖某联系的过程中,关某没有按余某授意的20万原数额索要,而是从中加价,向肖某索要40万元。在肖某支付了40万元好处费后,关某隐瞒了好处费的具体数额,而告知余某好处费最后只谈成20万元。余某听后非常满意,主动提出将其中的2万元给关某做好处费。随后,关某按照余某要求将18万元存入余某的银行账户,自己留下22万元。本案处理意见可见表1。

本文认为:(1)对于关某根据余某的指示索要20万元的行为,余某应成立受贿罪的正犯;关某则应成立受贿罪的共犯。如果承认无身份的人(关某)可以成立纯正身份犯(受贿罪)的共同正犯,关某则可以成立受贿罪的共同正犯。(2)对于关某超越余某的指示范围额外索要另外20万元的行为,就存在较大争议。如果坚持上述第一种观点,即无身份的人(关某)只能成立纯正身份犯的狭义共犯,关某的行为就只成立受贿的帮助犯,由于余某不能直接对代理人超越其授意额外索要的财产负正犯的责任(缺乏受贿的正犯),关某的行为仅成立受贿的帮助未遂而不具有可罚性(属没有正犯的共犯中的一种情形)。但关某毕竟实施了将自己占有的本来应归他人(余某)非法所有的20万元财产据为己有的行为,可将其行为认定为侵占罪,但余某不需要对这20万元负责。如果坚持上述第二种观点,即承认无身份的人(关某)也可以成立纯正身份犯的共同正犯,同时又认为受贿罪的数额属于客观的超过要素,那么,余某和关某就应对这20万承担受贿罪的共同正犯的责任。本文认可第二种观点。

**表1 “代理人超额索贿”案的处理意见**

| 类型 | 结论 | | 理论旨趣 |
|---|---|---|---|
| 关某根据余某指示索要20万元 | 观点一 | 余某:受贿罪的正犯<br>关某:受贿罪的共犯 | 无身份者不能成立纯正身份犯的共同正犯 |
| | 观点二 | 余某:受贿罪的共同正犯<br>关某:受贿罪的共同正犯 | 无身份者可成立纯正身份犯的共同正犯 |
| 关某超额索要另外的20万元 | 观点一 | 余某:不负刑事责任<br>关某:侵占罪 | 无身份者不能成立纯正身份犯的共同正犯 |
| | 观点二 | 余某:受贿罪的共同正犯<br>关某:受贿罪的共同正犯 | 无身份者可成立纯正身份犯的共同正犯 |

很明显，之所以会形成两种观点并立的局面，关键问题不在受贿罪的构成内部，而在于刑法总论中有关共犯论的部分问题还存在较大争议。对这类特殊类型犯罪的某些客观方面可以适用推定，以此缓解犯罪证明上的困难，从而切实降低刑事诉讼的社会成本，从而折射出对于社会政策、价值取向的考虑。[①] 具体来说，受贿罪是只有国家工作人员才能单独实施的纯正身份犯，但是没有身份的普通人能否与国家工作人员分担实行受贿罪中的部分实行行为（如国家工作人员单独实施利用之便为他人谋取利益的行为，无身份者单独实施索取或者收受财物的行为）？无身份者利用国家工作人员的法定身份直接收财又可否构成受贿罪的间接正犯？如果进一步追问的话，就势必涉及刑法理论中更多的微观问题。比如，无身份者是否具有独立实施"索取财物"或者"收受财物"（身份犯中的部分行为）的行为能力？无身份者在事实上无疑可以支配国家工作人员的法定身份，但在法律上是否具有支配这一身份的可能性？这些问题还需要刑法理论界和实务界同仁进一步深入研究。这也从侧面反映了刑法学基础理论的研究，对于刑事司法具有重要的理论指导价值与制约作用。

## Study on the Bribery of State Functionaries by the Special Relation Person

Deng Peng　Zhang Liheng

**Abstract**: For a particular party use of national staff seeks unlawful profits for the entruster shall fulfill the interests and accepting property and state personnel informed later did not return or turned over to the behavior, considering the state functionaries delayed in return to hand in duty (not as intentional) further strengthened the bribery of illegal possession of state, national staff taking bribes. As for the specific relationship as the agent of the state staff to ask for or accept bribes beyond the scope of the state staff's instructions, the specific relationship is established as the indirect principal or joint principal of the crime of taking bribes, not established as the use of influence to take bribes or fraud, occupation and other common property crimes.

**Key words**: Specific Relation Person; Taking Bribes; Not Returned to Hand in; The Extra Bribes

---

① 参见黄维智：《论刑事推定》，载《光华法学》编委会编：《光华法学》（第九辑），法律出版社 2009 年版，第 91 ~ 98 页。

# 论合同法对交易的关注*

## ——以原因和约因为重点

■ 杨志利**

[内容摘要] 合同法与市场交易的内在精神是一致的，都尊奉自由自愿原则。交易增进社会福利，合同法注重社会福祉，所以合同法关注市场交易。在制度设计上，合同法通过原因和约因原则，强调交易行为的重要性，限制了赠与允诺的法律执行效力。原因和约因原则中的相互性要求将交易性行为筛选出来，并与赠与等行为区分开。我国合同法同样关注交易行为，相关制度与原因和约因原则的运行机制一致，结果也一样。但我们仍需要进一步对这些制度安排进行研究和阐述，发展合同法学理论，助益于合同法律实践。

[关键词] 合同法 交易 原因 约因

### 引 言

没有哪一个国家的法律对所有私人合意行为都赋予

* 本文为辽宁省社会科学规划基金项目“民法典编纂中的法律行为解释研究”(项目批准号:L16BFX006)的阶段性成果。

** 杨志利:沈阳大学马克思主义学院副教授。

法律效力或予以执行，法律总是设计相应的合同制度来实现对某些社会生活的关注。因应经济社会的发展，尤其是资本主义的兴起，民法上形成了私法自治或合同自由原则，[①]承认或赋予私人约定以法律效力。于是，法律要求当事人有产生法律拘束力或创设法律关系的意图，逐步放松合意行为形式上要求的同时，在合同内容方面要求满足原因与约因条件，[②]把自己能调整并愿意调整的合同聚焦于交易性行为，突出强调法律增进社会福利的功能与目的。我国民法主要继受于德国法，合同的效力问题意思表示或法律行为效力问题的一部分，但也同样对交易行为给予了高度关注，只是相关制度安排因为意思表示对原因等因素的吸收而略有不同。

原因与约因作为合同效力一般基础分别是法国法与英美法的显著特色，所以，我国对它们的介绍较少，而且还大多从效力正当性或效力根源的角度予以论述。[③] 原因与约因虽然并不是合同效力正当性的根源，但它们却是法律确定合同有无效力的标准。法律以原因与约因作为合同效力一般基础选择部分私人合意行为赋予其效力，实际是以原因与约因为工具选择了自己愿意执行的行为，法律是如何实现的并这些行为的特征怎样都是有意义的研究课题。[④] 合同是双方法律行为，通常仅在涉及财产给与的债权合同上考虑原因问题，则有要因行为，要因行为涉及有偿合同和无偿合同，似乎在我国法上原因只有分类的价值，但分析分类的结果以及相关法律制度所表明的可能态度，也是有意义的研究课题。

本文首先论述合同法关注交易的基础理论以及法律实现对这些行为选择的一般性法技术，之后论述原因或约因在这种选择过程中发挥的作用，之后论述我国合同法关注交易的相关制度安排，最后是结语。

## 一、合同法关注交易

交易与分工是市场经济发展以及社会福利增长的重要动力，法律对自愿交易的保护会增加社会财富。合同法关注交易，很多国家的合同法都表现出对交

---

① 参见唐晓晴：《从合意契约到私法自治——意志论征服民法理论的道路》，载《私法研究》2016 年第 2 期，第 30、40 页。

② 法律发展出合同效力的一般基础理论是个复杂的长期过程，原因、约因只是认定合同效力的标准之一，具体参见[意]托马索·达拉·马萨拉：《一个理念的诞生：合同原因》，娄爱华、徐铁英译，载《私法研究》2015 年第 2 期，第 222 页；[美]E. 艾伦·范斯沃斯：《美国合同法》，葛云松、丁春燕译，中国政法大学出版社 2004 年版，第 16 ~ 19 页。

③ 参见徐涤宇：《原因理论研究：关于合同（法律行为）效力正当性的一种说明模式》，中国政法大学出版社 2005 年版；刘承韪：《英美法对价原则研究：解读英美合同法王国中的“理论与规则之王”》，法律出版社 2006 年版。

④ 与本文旨意相近的论述可参见李永军：《论债因在合同法中的作用》，载《当代法学》2018 年第 2 期，第 83 ~ 96 页。

易性合同比非交易性合同有更大的兴趣，通过各种办法限制非交易性合同的效力。合同法对交易性合同的执行会保护交易双方的预期，激励交易投资，增进社会财富，并合同法也应该以此为主要目标。

（一）交易与合同法的精神契合

分工与交易增进社会福利的认识得益于亚当·斯密的天才发现，在广泛引用的唤起人们利己心的论述之前，斯密对分工与交易促进财富增长已有论述："在一个政治修明的社会里，造成普及到最下层人民的那种普遍富裕情况的，是各行各业的产量由于分工而大增。各劳动者，除自身所需数的以外，还有大量产物可以出卖；同时，因为一切其他劳动者的处境相同，各个人都能以自身生产的大量产物，换得其他劳动着生产的大量产物，换言之，都能换得其他劳动者大量产物的价格。别人所需的物品，他能与以充分供给；他自身所需的，别人亦能与以充分供给。于是，社会各阶级普遍富裕。"①现代经济学对其中原理的描述是：将买卖双方参与市场活动得到的收益分别称为消费者剩余和生产者剩余，将两个剩余之和称为总剩余，作为衡量社会经济福利的指标。② 但市场交易也是有成本的，包括签约成本、执行成本等，称为交易成本，降低交易成本会相应地提供社会经济福利。③ 合同法随着社会经济而发展，针对人们之间的合意行为提供规范，其中所包含的默示条款或任意条款等内容可以节约交易的签约成本，其中的执行合同或违约救济等制度可以节约交易的执行成本，至少在节约交易成本上，合同法有利于社会福利的增长。而且交易与合同法内在的品性上也深刻一致，如自愿交易原则和合同自由原则就是内在的深刻一致。在交易之中，消费者剩余是买者为一种物品愿意支付的量减去其为此实际支付的量，包含了买者的支付意愿，生产者剩余是卖者出售一种物品得到的量减去其生产成本，成本即机会成本，衡量的是卖者的销售意愿，略去其中的技术性细节，我们看到交易中极端重要的是自愿，因为支付意愿和销售意愿都是交易参与者愿意的结果。同样，法律行为理论以及合同自由原则都在表明法律对行为者意志的尊重。更有甚者，法律还尊重当事人对法律强制力的选择，即在当事人希望他们的意思行为获得法律效力时，法律在其满足相应条件的情况下会赋予其效力，此即私法自治原则，在当事人不希望他们的意思行为具有法律效力时，法律也会尊重他们的选

① ［英］亚当·斯密：《国民财富的性质和原因的研究》（上卷），郭大力、王亚南译，商务印书馆1972年版，第11页。

② 参见［美］曼昆：《经济学原理（第5版）：微观经济学分册》，梁小民、梁砾译，北京大学出版社2009年版，第143～155页。

③ 参见［美］罗纳德·科斯：《社会成本问题》，龚柏华、张乃根译，载陈郁、盛洪校，载盛洪主编：《现代制度经济学》（上卷），北京大学出版社2003年版，第13页。

择，于是，创设法律关系的意图就成了区分合意行为是否具有法律执行效力的标准之一。①

（二）法律对合同的选择

法律上合同概念的核心是法律效力或可执行性、违约救济，是法律对私人合意行为技术性选择的结果。例如，《法国民法典》第 1101 条规定合同为一种合意，以此合意，一人或数人对于其他一人或数人负担给付、作为或不作为的债务，其中债务在于表明法律效力。在德国民法，合同是法律行为的下位概念，而法律行为是“个体基于法律秩序可以按照自己的意思通过其创造性地形成法律关系的一类行为”，②法律关系即已表明法律效力。我国《民法典》第 464 条规定合同是民事主体之间设立、变更、终止民事法律关系的协议，也是同样的道理。美国《合同法（第二次）重述》称，合同是一个或一组允诺，违反该允诺时法律提供救济，或者法律以某种方式承认该允诺的履行是一种义务，则法律执行或违约救济是概念的重心，甚至有学者说合同不过是法律执行的允诺。③

法律如此选择与私法自治原则是一致的。私法自治是私人基于自己的意思为自己形成法律关系的原则，表明私人约定的法律效力是私人所欲并法律赋予的双向满足，则私人可以选择让自己的约定具有法律拘束力，也可以选择让自己的约定不具有法律拘束力，法律当然可以选择赋予某些合意行为以法律效力，而对某些行为则不。但这只是问题的一个方面，问题的另一面是最终决定合意是否构成法律行为的仍然是法律，即基于私法自治形成的法律关系，其内容和形式都由法律所决定，私人只能在法律秩序提供的类型范围内进行设权活动，而且只能以法律秩序所认可的方式形成为法律秩序所允许的法律关系。④

有时法院会以不具有法律意义、不属于法律调整的范畴等理由直接排除掉家庭关系、爱情、友情及社会交往中的约定行为。例如，德国帝国法院判决按照犹太教仪式离婚的约定无效，是因为当事人的约定“完全没有法律意义”，德国联邦最高法院判决“违反约定停服避孕药”案的核心理由是“法律不调整这一约定”。⑤ 更多的时候是规定合同成立生效制度来选择法律规范的对象。这些制度安排总体上可分为形式上的和实质上的。形式上的要求主要为合同订立方

---

① 参见谢鸿飞：《论创设法律关系的意图：法律介入社会生活的限度》，载《环球法律评论》2012 年第 3 期，第 6 页。

② ［德］维尔纳・弗卢梅：《法律行为论》，迟颖译，法律出版社 2013 年版，第 28 页。

③ 参见［美］杰弗里・费里尔、［美］迈克尔・纳文：《美国合同法精解》（第 4 版），陈彦明译，北京大学出版社 2009 年版，第 1 页。

④ 参见［德］维尔纳・弗卢梅：《法律行为论》，迟颖译，法律出版社 2013 年版，第 2 页。

⑤ 参见［德］维尔纳・弗卢梅：《法律行为论》，迟颖译，法律出版社 2013 年版，第 96 页；［德］迪特尔・梅迪库斯：《德国民法总论》，邵建东译，法律出版社 2000 年版，第 156～157 页。

式,如罗马法上的要式口约、要物合同,以及现代合同法上的公证方式要求等,或为合同表现形式,如英美法上的盖印合同,以及现代合同法的书面形式要求等。实质上的要求主要是对合同内容的限定,如罗马法上的诺成合同仅限定为买卖、雇佣、合伙和委托,以及现代合同法上的内容确定、合法,且须满足原因和约因要求等。典型的情况是法律会直接规定合同有效成立的要件。比如,《法国民法典》第 1108 条规定,合同有效成立的四个必要条件是:负担债务当事人的同意、其订立合同的能力、构成约束客体的确定标的、债的合法原因。例如,我国《民法典》第 143 条规定民事法律行为有效条件是:行为人具有相应的民事行为能力;意思表示真实;不违反法律、行政法规的强制性规定,不违背公序良俗。美国有学者总结构成合同的必要因素(essential elements)是:口头或书面协议、两个以上当事人、交换关系、至少一个允诺、可执行性。[①] 法律更关注财产给与行为,比如大陆法上原因的要求,如对有偿合同与无偿合同的区别对待,英美法走得更远,约因原则将赠与允诺排除在外,这类允诺在美国要获得救济须寻求条件苛刻的允诺禁反言原则。更有甚者,英美法上的合同须为允诺,而允诺是面向未来的,所以,即时交换,如即时的易货交易和现货买卖,和即时赠与,都因为没有允诺而不构成合同。[②]

没有哪个法律体系鲁莽到让所有的允诺都有执行效力,罗马法和普通法都假定允诺一般没有执行效力,而将其认为应当执行的允诺设置为例外。[③] 区别允诺有无执行效力的法律形式,诸如盖印、书面形式,主要发挥了证明合同条款存在的证据功能、提醒当事人慎重考虑的警示功能,[④]或还可加上表明允诺具有执行效力的标识功能,[⑤]法律在形式上的要求使那些想要获得执行效力的允诺注意满足形式要求并慎重做出,而相应地减少了法院要审理的合同案件。负担债务方同意、意思表示真实和双方同意等实质条件表明了私人自治,由此将合同法的关注导向了负担行为、债权合同、财产合同,原因和约因则更进一步将有偿合同与无偿合同区别对待,从而区分了交易性合同与非交易性合同,交易性合同的经济功能受到了合同法的格外重视。

---

① 参见[美]布莱恩 · 布鲁姆:《合同法》(注译本),张新娟注,方正出版社 2004 年版,第 3 页。

② 参见[美]E. 艾伦 · 范斯沃斯:《美国合同法》,葛云松、丁春燕译,中国政法大学出版社 2004 年版,第 4 页。

③ 参见[美]E. 艾伦 · 范斯沃斯:《美国合同法》,葛云松、丁春燕译,中国政法大学出版社 2006 年版,第 11 ~ 12 页。

④ 参见[德]康拉德 · 茨威格特、[德]海因 · 科茨:《合同形式》,纪海龙译,高鸿钧校,载《中外法学》2001 年第 1 期,第 81 页。

⑤ See Lon L. Fuller, *Consideration and Form*, Columbia Law Review, Vol. 41, No. 5 (May, 1941), pp. 800 – 801.

（三）法律执行合同的经济解释

法律通过相应的制度设计选择性地执行了一些允诺，于是，可能会出现法律为什么执行合同与合同效力正当性或效力根源的问题，其答案或理由至少可以归纳为六个核心原则，即意志、信赖、返还、效率、公平和磋商（bargain），而且大部分合同法学者都认为，单一原则不能解释和证成所有合同的执行效力。[①] 也有学者认为现代合同理论的哲学起源是亚里士多德和托马斯阿奎那哲学思想经后期经院哲学家与罗马法的综合，合同具有法律拘束力的条件是在信守诺言的基础上当事人践行了交换正义的德性或慷慨的德性。[②] 虽然这些理论不能一般性地论证和解释法律为什么赋予合同以执行效力，但至少可以给予某些支持，如法律执行合同总有经济效率方面强有力的理由。根据前文的解释，当事人双方之所以自愿交易，是在他们自己看来能因此而变得更好，而不必有人变得更糟。所以，基于经济效率考虑，如果当事人希望他们的合同具有法律效力，法律就应该执行它，因为通过执行允诺，合同法使人们做出可信的承诺以促成互相合作，并因为法律执行产生的效率履行和效率信赖而最大化合作剩余，而且法律还能通过提供有效率的任意条款降低合同协商成本，通过提供强制条款纠正市场错误。[③] 类似地，也有学者认为，合同属于与企业相对的市场契约，是经济主体间的合作关系，合作交易增进社会整体福利，合同法即旨在促进合同合作并提升社会福利。[④] 需要强调的是，执行允诺并非等同于履行允诺，而是通过改变当事人在没有可执行义务情况下的相关收益来改变他们的激励，包括履行、信赖和预防等激励，在新的激励组合有效率时，执行允诺就是有效率的。[⑤] 法律执行的合同的同义语即法律提供违约救济，合同救济制度的目的在于弥补违约受害方的损失，关注的问题是怎样激励人们与允诺人交易，通过激励受允诺人信赖他人的允诺促进人们对合同的利用，这也许和自由企业制度更加一致。[⑥] 合同法执行交易性合同所提供的激励促使当事人采取效率行为，进而增进了社会整体福利。

---

① 参见［美］兰迪·E. 巴尼特：《合同法：案例与原理》（影印本），中信出版社 2003 年版，第 572 页。如果加上他本人主张的同意原则（consent）就至少 7 个了，见所引书第 588 页。

② 参见［美］詹姆斯·戈德雷：《现代合同理论的哲学起源》，张家勇译，法律出版社 2006 年版，第 4、12 页。

③ See Robert Cooter and Thomas Ulen, *Law and Economics* (6th ed.), Addison-Wesley, 2012, p. 283, 305.

④ 参见杨志利：《合同即合作》，载《法理学论丛》2011 年第 5 期，第 149 ~ 150 页。

⑤ See Richard Craswell, *Two Economic Theories of Enforcing Promises*, 载彼得·本森编：《合同法理论新作集》（影印本），中国政法大学出版社 2003 年版，第 19、31 页。

⑥ 参见［美］E. 艾伦·范斯沃斯：《美国合同法》，葛云松、丁春燕译，中国政法大学出版社 2004 年版，第 750 页。

## 二、原因和约因是合同法关注交易的制度安排

原因和约因曾作为合同效力的根源被论述，对此本文无意讨论，本文主要考察这些因此而获得法律执行支持的合同的特征，尤其是它们的交易性特征，主要考察这样的法律制度是如何运行的，尝试揭示它们的内在精神。一般认为原因和约因分属两大法系，交集不多，也有学者认为两者在功能方面有共同之处，[①]但大多语焉不详，本文也试图在其运行方式以及结果方面考察它们的同与不同。本文认为，原因和约因都是在法律技术的意义上实现了在众多合意行为中对交易行为的选择，实现了对赠与行为特殊对待，并它们的运行几乎遵循了相同的思路和方式。

（一）原因

原因在大陆法上是判断合同效力的重要标准：原因代表了法律性的标记，使某些协议在法的层面上具有意义。[②] 罗马法上的合同主要表现为形式主义与象征主义，合同形式包括要式口约、要物合同、无名合同和诺成合同，其中要式口约是无因合同，其他三种形式都是有因合同。但要物合同和无名合同的要物性以及诺成合同仅限于买卖、雇佣、合伙、委托的类型法定性不能满足后来的社会需求，于是，随着教会法放弃了纯粹简约不可诉原则，单纯合意产生债原则开始流行，形成了当事人可以自由约定合同内容的有因债权合同。所以有学者称，除了要式契约之外，所有非要式契约都是根据“合意 + 原因”的模式发生债的效力的。[③]

原因使某些原不具有效力的协议获得法律效力，是以相互性抑或牵连性（sinallagma）的概念作为基础的，并将这些协议限缩为交换性的行为。学者们认为，原因理论的构建主要归功于罗马图拉真时期的法学家阿里斯托（Tizio Aristone）。[④] 牵连性出现在《学说汇纂》D2，14，7，2，乌尔比安《告示评注》第4卷和D50，16，19，乌尔比安《告示评注》第11卷，后者主要强调的是牵连性的相互性，而前者还强调了牵连性的意义在于双方承担的在一个交换约束中相关联

---

① 参见杨桢：《英美契约法论》（第四版），北京大学出版社2007年版，第152页。

② 参见［意］托马索·达拉·马萨拉：《一个理念的诞生：合同原因》，娄爱华、徐铁英译，载《私法研究》2015年第2期，第222页。

③ 参见李永军：《论债因在合同法中的作用》，载《当代法学》2018年第2期，第89页。

④ 以下原因及其牵连性或相互性的论述可参见［意］托马索·达拉·马萨拉：《一个理念的诞生：合同原因》，娄爱华、徐铁英译，载《私法研究》（第18卷），法律出版社2015年版，第217～225页；亦可参见霍尔赫·迈那布利多·帕兹：《从“为了结果的给”（datio ob rem）到阿里斯托的合同原因以及保罗的“有关为了结果的给的全部研究”》，娄爱华译，载陈小君主编：《私法研究》（第18卷），法律出版社2015年版，第238～243页。

的“法律上的牺牲”，以双方当事人所负担的履行为中心，在“以给换给”和“以给换做”的一般模式下，突出强调牵连性所蕴含的“交换”这个核心意义，他所提出的交易与赠与的二分法给后世法学带来了深远的影响。[①] 这样原因逐渐成为合同要素，在大陆法系扮演了极其重要的角色。

但这在法国法和德国法上的表现却并不一样，法国法贯彻了原因理论，而德国法却表现的并不明显。在法国法上，合法原因是合同成立要件之一，而在德国法上，因为意思表示对原因的吸收，有因债权合同的原因就是合同的内容，合同因其内容和法律的认可而具有效力。意思表示本身就是有目的的效力表示，比如，买卖合同买方的目的是获得标的物的所有权，卖方的目的是获得价金的所有权，于是这两个目的互为原因，原因只是作为要件成了意思表示的内部成分，不再被提起，但它在合同成立和合同效力等领域依然发挥决定性作用。虽然如此迥异，但法、德两国的法律却都在对原因及其相互性的要求上体现了对交易行为的关注，对赠与动机作为原因的相应制度安排上表现出了谨慎。

法国法上，原因指的是目的因，即双方当事人订立合同所追求的目的（but）、订立合同的理由（raison）、寻求满足的理由（intérêt），在于回答为了什么承担义务的问题，区分为每类合同都有的近因（或称为抽象原因、客观原因），例如，买卖合同中任一当事人的给付都是对方债的原因，和远因（或称为具体原因、主观原因），如卖方需要现金清偿债务，买方买房结婚。[②]《法国民法典》第 1131 条规定，没有原因之债，或者基于错误原因或不法原因之债，不发生任何效力，即原因必须存在且合法，就是要求当事人的目的是可以实现的，并且要求不违反公序良俗。[③] 法国法上，债的合法原因是合同有效的条件之一，而德国法将给与行为区分为有因（要因）行为和无因（不要因）行为，进行了不同的规定。但首先要强调的是，所有给与行为都须具有正当性，即法律上的原因，之所以存在有因行为和无因行为的区分，只是法律规定无因行为中给与的原因不属于行为的内容。比如，所有权转移本身不包含其法律原因，有因行为中给与的原因属于行为的内容，如基于买卖合同形成的双方当事人的请求权因买卖合同本身存在而具有正当性，这种相互对立的请求权和给付分别互为原因，即卖方义务或给付的原因是

① 参见［意］托马索·达拉·马萨拉：《一个理念的诞生：合同原因》，娄爱华、徐铁英译，载陈小君主编：《私法研究》（第 18 卷），法律出版社 2015 年版，第 228～230 页。

② 参见［法］弗朗索瓦·泰雷等：《法国债法：契约篇》（上），罗结珍译，中国法制出版社 2018 年版，第 659～661 页。

③ 参见［法］弗朗索瓦·泰雷等：《法国债法：契约篇》（上），罗结珍译，中国法制出版社 2018 年版，第 717 页。

买方的义务或给付。[①] 也即,依据法律对给予行为与赋予其正当性的法律原因之间关系的规定,有无因行为与有因行为的区别,无因行为给予的效力只取决于给予行为本身而不以原因存在为必要,即“原因消灭、效力不灭”,而有因行为给予的效力取决于给予行为中法律行为的效力并以此原因存在为必要,即“原因消灭、效力消灭”,是法律技术上的安排。[②] 不限于这种客观原因或近因,德国学者也支持主观原因或远因,认为双务合同中一方承担义务是要对方承担对待给付的义务,即一方承担义务的目的是使对方承担义务,这是承担义务的法律原因,但在其本身承担义务之外还存在每一方所期待的法律行为的其他法律效果,这亦应作为其承担义务的原因。比如,借贷合同中贷款人希望对方将资金暂时交给自己使用,就是其承担偿还贷款和支付利息义务的其他法律效果。[③] 总体来看,给与行为的原因就是行为的目的,是给予具有正当性的理由。

1. 对交易行为的关注

显然,大陆法上的原因是合同是否具有效力的标准,法律借此限定了自己执行的允诺范围。法国法有明确规定自不待言,在德国也同样遵循这样的理念。按德国法,给予的允诺需要一个使承诺人基于允诺而对允诺人享有的请求权具有正当性的法律原因,至于允诺的法律原因是允诺行为的组成部分抑或允诺的效力独立于其法律原因,只是法律技术上的安排,无因行为不是没有原因,而是原因问题相对独立于有关允诺行为本身。[④]

不仅如此,法律通过原因的规定更关注交易行为。前文已述,合同的原因即当事人的合同目的,当事人的承担义务的同意还需要正当理由的支持,而正当性就在他们的目的之中,原因存在表明当事人的目的可以实现,这在于保护当事人的利益。在法国,法院在审查原因是否存在时,倾向于将原因视同为促使每一方当事人订立合同的“最近的理由”或当下“直接的目的”,以此赋予当事人各自的债务以意义。[⑤] 就此而言,双务合同中双方的负担行为均需有原因,每一方都要有目的,而且每一方当事人债的原因都是对方接受或期待的给付。例如,买卖合同,买受人许诺支付价金,是因为出卖人承诺向其交付出卖之物;反过来,出卖人

---

① 参见[德]维尔纳·弗卢梅:《法律行为论》,迟颖译,法律出版社 2013 年版,第 179 ~ 181 页。

② 参见[德]维尔纳·弗卢梅:《法律行为论》,迟颖译,法律出版社 2013 年版,第 183 ~ 184 页。亦可参见葛云松:《物权行为理论研究》,载《中外法学》2004 年第 6 期,第 730 ~ 731 页。

③ 参见[德]卡尔·拉伦茨:《德国民法通论》(下册),谢怀栻等译,法律出版社 2002 年版,第 443 ~ 444 页。

④ 参见[德]维尔纳·弗卢梅:《法律行为论》,迟颖译,法律出版社 2013 年版,第 186 页。

⑤ 参见[法]弗朗索瓦·泰雷等:《法国债法:契约篇》(上),罗结珍译,中国法制出版社 2018 年版,第 670 页。

许诺交付其物，是因为买受人许诺向其支付价金。① 这与弗卢梅和拉伦茨的论述几无二致。例如，弗卢梅称，法律工作中更便利的办法是将当事人的法律义务视为给予行为的原因，而不是将相关法律规定或法律行为视为原因，在有因行为中，相互对立的请求权与给付分别互为原因，买卖合同中卖方的义务或给付的原因是买方的义务或给付。② 拉伦茨称，负担合同本身即包含了原因，就是当事人承担义务的法律目的，同时也表明了负担合同的经济目的，双务合同中，一方之所以承担给付义务，是因为他要因此使另一方承担对待给付义务，即出卖人之所以承担将买卖物的所有权移转于买受人的义务，是因为他要是买受人承担支付价金的义务，反之亦然。③ 这些论述意在表明通常的原因都是客观原因，并且在双务合同中强调原因的相互性，④也正是这种相互性要求，使交易性合同被遴选出来进入了法律的视野。

原因的相互性，是指双务合同中每一方当事人债的原因都是对方期待的给付，相互对立的请求权与给付分别互为原因。原因的相对性限定了当事人，限定了当事人的给付，限定了当事人的目的，将当事人的意愿和行为内容结合在一起，利用这种法律安排实现了当事人的目的，并间接实现了法律自己的目的，是意思表示一致的必然要求和结果。原因的相互性表明，当事人相互了解对方的合同目的，都同意签订合同并受约定的权利义务约束，形成了法律上确定的交换关系，形成了相互的交换预期，保证了买卖、租赁之类典型交易获得法律效力，激励当事人进行交易行为。原因的相互性排除掉了非交易性的行为，而且使不满足相互性的交易行为不具有法律效力。例如，虽有交易意愿但未形成合意的情形，有效地保护了当事人的预期和目的。原因的相互性是原因在双务合同中的重要特征，前文述及罗马法上的“sinallagma”既表明了原因是合同效力的外观标示也表明了原因内在所蕴含的相互性特征，之后教会法总结的“债的关联性原则”，即“每一债务均应当以对方当事人的相对应的债务为其原因”，成为法国现代法学对双务合同的原因所持观念的来源。⑤ 原因的相互性之所以在德国法上

---

① 参见［法］弗朗索瓦·泰雷等：《法国债法：契约篇》（上），罗结珍译，中国法制出版社 2018 年版，第 673 页。

② 参见［德］维尔纳·弗卢梅：《法律行为论》，迟颖译，法律出版社 2013 年版，第 181 页。

③ 参见［德］卡尔·拉伦茨：《德国民法通论》（下册），王晓晔、谢怀栻等译，法律出版社 2004 年版，第 443 ~ 444 页。

④ 参见易军：《民法公平原则新诠》，载《法学家》2012 年第 4 期，第 59 ~ 60 页；张金海：《论双务合同中给付义务的牵连性》，载《法律科学》2013 年第 2 期，第 113 页。

⑤ 参见［法］弗朗索瓦·泰雷等：《法国债法：契约篇》（上），罗结珍译，中国法制出版社 2018 年版，第 665 ~ 666 页。

隐而不彰，前文也已提到，正像原因本身一样，被法律行为抑或意思表示吸收了。[①] 法律行为是民事主体通过意思表示设立、变更、终止民事法律关系的行为，法律行为可以基于双方意思表示一致成立，于是，双方一致表示设立、变更、终止民事法律关系，内在地包含了当事人相互同意了以对方的义务为自己义务的目的，以自己的给付为对方给付的原因，于是，原因成立应有之义而不是外在的效力条件。但无论怎样，原因的相互性限定了双务合同的交易属性，使之成为法律关注的重点。

2. 对赠与行为的限制

与交易性合同相应，法律将赠与合同置于不受重视的地位。

赠与是合同法上令人着迷的部分，让合同法变得更加丰富多彩，赋予合同法学者无尽的想象，贡献了问题和论题。与交易行为相比，赠与并没有显著的福利增进效果。比如，交易行为至少是零和博弈，往往更多的时候是正和博弈，如前所述，自愿交易会使双方变好而不会使人变差，但赠与却很少是正和博弈，有时是零和博弈，更多的时候是负和博弈，但生活中的赠与却经常发生着，有着对法律规制的需求。合同法内在的交易基因使它对赠与行为另眼相待，因为没有对方当事人允诺来证明原因存在，大多法律都规定了额外的形式要求以判断赠与行为是否足以值得法律去规制，否则就是赋予赠与人自由撤销权，美国合同法还发展出了允诺禁反言制度严格限定赠与允诺的执行。

赠与作为财产给与行为，自然需要原因，尽管是无偿的。原因是当事人的行为目的，在有偿交易行为是当事人的对待给付，但对待给付中重要的因素必须是当事人的意图，这与合同法上的意思自治抑或合同自由相吻合，大陆法将无偿给与行为作为合同对待，自然要求意思表示一致，受赠人只为同意或不同意即可，而赠与人须有原因以表明目的，而目的也在意图之中，只是没有对待给付的辅助证明，所以，需要严格形式以证明赠与允诺的审慎，来保护赠与人的利益。因为赠与行为的典型特征就是一方当事人自愿不要任何对待给付，于是原因就在赠与人的赠与意图中了，如果没有赠与意图就没有赠与，赠与意图就是当事人的同意本身，于是，动机与原因合而为一，动机就是原因了，而不是动机是原因。正如王伯琦所言，目的都存在于意图之内，动机大多存在于意图之外，但也可以存在于意图之内，动机与目的就合而为一了，并无分别，即便如此，影响行为效力的仍然是目的而非动机。[②] 这与广为引用的让·多玛的洞见一致：在赠与或者仅有

① 类似观点参见冯洁语：《论原因在合同效力中的功能》，载《华东政法大学学报》2016年第2期，第102～105页。

② 参见王伯琦：《近代法律思潮与中国固有文化》，清华大学出版社2005年版，第383页。

一方当事人作为或者给与的合同中，赠与人义务的依据是某种正当的动机，如帮人一把，或者对受赠人的赏赐，或者乐善好施。① 让·多玛的见识成为弗卢梅赠与原因分析的基础。弗卢梅认为，多玛所提出的有偿有因合同与无偿有因合同在原因上的差别意义重大，因为他区分了作为合同规则内容的原因与合同当事人的动机，在有偿合同中，当事人的动机并不是约定的内容，不是构成给付与对待给付规则的内容，一般不会影响合同的法律效果，而在无偿合同中，其债权的正当性理由只能源自一方当事人的行为，从而动机取代原因。② 于是，无偿赠与合同获得了原因支持也进入了法律的视野。

尽管如此，法律对赠与行为依然保持了审慎的态度，除了规定严格的形式要求，还将某些赠与排除在外，如对家庭成员间的赠与通常都以缺乏原因为理由拒绝赋予其以合同的法律效力。合同法通过原因制度选择了交易行为为主要规范对象，以原因制度选择了部分赠与行为，表明了对财产给予合同的重视，体现了合同法内在的交易基因，是否有意为之尚可不论，但其结果确定如此。大陆法如此，英美合同法也如此，不过在英美法，约因关注交易，赠与允诺的可执行性判断则是允诺禁反言等原则的职责。

（二）约因

约因是英美法判断合同是否可执行的主要标准，其运行结果实现了对交易行为的关注，与原因有着异曲同工之妙。前文所述美国学者总结合同构成要件包括口头或书面协议、两个以上当事人、交换关系、至少一个允诺、可执行性，更简单的总结是当事人的一致同意（mutual assent）和同意是法律可执行的，根据美国合同法第二次重述的相关规定，判断合同法律执行性的思路是：③

1. 合同是可执行的允诺；

2. 除却某些例外，可执行的允诺必须有约因的支持；

3. 如果允诺是经交易磋商的，那么它就是有约因支持的；

---

① 参见［法］弗朗索瓦·泰雷等：《法国债法：契约篇》（上），罗结珍译，中国法制出版社 2018 年版，第 698 ~ 699 页。

② 参见［德］维尔纳·弗卢梅：《法律行为论》，迟颖译，法律出版社 2013 年版，第 201 ~ 202 页。但拉伦茨认为弗卢梅的观点是不正确的。拉伦茨建议将远因即主观原因，他称为“其他法律效果”，作为合同当事人承担义务在的原因，而不将近因即客观原因，他称为“直接法律效果”，作为原因，于是在赠与中对无偿性明确约定即表明：当事人的目的只在于直接法律效果，不再希望其他的法律效果，而这个约定就是原因。参见［德］卡尔·拉伦茨：《德国民法通论》（下册），王晓晔、谢怀栻等译，法律出版社 2004 年版，第 444 页。但笔者认为，拉伦茨的观点难言正确，至少有偿合同“其他法律效果”原因论与赠与合同“直接法律效果”论的主张就可能是误读了弗卢梅以及多玛的论述，而作为新主张又不能解释原因存在与原因合法的统一要求。

③ 参见［美］兰迪·E. 巴尼特：《合同法：案例与原理》（影印本），中信出版社 2003 年版，第 275、604 页。

4. 如果某允诺是允诺人为了交换他自己的允诺而寻求且是受允诺人为了交换他自己的允诺而给予的,那么该允诺是经交易磋商的。

这就是判断合同执行效力的磋商原则(bargain principle)或约因磋商理论(bargain theory of consideration)。众所周知,美国合同法重视交易,逐渐发展出了基于交易过程的合同执行基础理论,甚至放弃了实际获益受损的约因要求,只审查交易过程中是否存在讨价还价的交易磋商,于是,与磋商相伴的约因就成了合同效力的直观标准。在磋商原则下,交易磋商是合同成立要件,须包含一致同意交换的意思表示和约因,即为允诺交换允诺、允诺交换履行而达成的意思表示一致,其中经磋商的履行或对待允诺(return promise)就是约因。约因是交易磋商原则的核心。

个人经磋商同意用允诺交换的任何东西基本上都可以算作该允诺的约因,包括受诺人的履行或允诺。① 显然,约因可以是履行也可以是允诺,履行既可以是作为也可以是不作为,允诺既可以是明示的也可以是默示的,而更重要的是经磋商和交换,因为这两个方面有一个不满足就会导致允诺不可执行。

首先是经磋商。按《美国合同法(第二次)重述》第 71 条的规定,履行或允诺构成约因须经磋商达成一致,即允诺人希望以自己的允诺所交换的东西就是受诺人想要与允诺交换而提供的东西,显然这里存在允诺与约因之间的相互关系,它们之间互为目的,即允诺以约因为目的,约因以允诺为目的。这也是广为引用的霍姆斯的论断:约因的实质是在约定中作为允诺的动机或诱因被提出和接受,同时,该允诺亦作为约因的动机或诱因而被提出和接受,问题的关键在于允诺和约因之间是相互的诱因。② 其中所要极端强调的是允诺和约因之间的相互性,不满足相互性的,即便存在交换,如允诺人提出了允诺,受诺人提出了允诺或提供了某种履行行为,但若受诺人行为未经磋商,则允诺仍欠缺约因,这样的情形包括:一是允诺人并没有想要引诱出受诺人的这种行为;二是允诺人想要引诱这种行为,但受诺人的行为是并不是受允诺引诱而为的。③ 第一种情形包括受诺人在允诺之前就已经进行的行为,和虽是允诺发生时或发生之后进行的但并非允诺人想要引诱的行为,前者为过去的约因(past consideration),后者为未经请求的行为(unsolicited action)。第二种情形是受允诺人不知道存在允诺的

① 参见[美]E. 艾伦·范斯沃斯:《美国合同法》,葛云松、丁春燕译,中国政法大学出版社 2006 年版,第 47 页。

② 参见[美] 小奥利弗·温德尔·霍姆斯:《普通法》,冉昊、姚中秋译,中国政法大学出版社 2006 年版,第 259 页。

③ 参见[美]E. 艾伦·范斯沃斯:《美国合同法》,葛云松、丁春燕译,中国政法大学出版社 2006 年版,第 53 ~ 68 页。

情况下实施了允诺人所希望的行为。比如,拾得人不知失主悬赏广告的情况下归还失物,此行为未经磋商而不构成约因,不得要求执行所有权人的允诺;再如,交叉要约,双方分别独立做出允诺,其建议所欲达成协议的内容完全一致,但两个允诺交叉而过,在大陆法合同成立,而美国合同法认为每一方都不是为了与对方交换允诺而做出自己的允诺,两个允诺都未经交易磋商,都不能作为对方允诺的约因,也就都没有约因支持。也即允诺人的目的必须是引诱交换且受诺人的目的必须是接受这个交换,这与前文所述原因的相互性有异曲同工之妙。于是,允诺人的目的就进入了法律的视野,判断是否存在磋商,首先要考察允诺人的目的,之后要考察允诺人的手段。① 基于交易磋商理论,目的是磋商的要素,磋商是约因的要素,则允诺的目的就是引诱交换,即引诱对方的某种行为作为回报,于是若允诺的目的不是在引诱一个作为交换的允诺或履行,则允诺人就不是在磋商,对方的任何回报都不能构成约因。而允诺人达到这个目的的方式通常是给自己的允诺或履行附加条件,即表明除非获得自己希望得到的允诺或履行,否则就不履行自己的允诺或给付。显然,磋商的相互性比原因的相互性要求更加严格,相应对交易性的规定也更严格了,从而保证了合同法对交易行为的关注。

不但借磋商原则进行限制,法律还直接排除了不存在交换的允诺的执行效力,典型的如赠与允诺,理由就是不存在交换而不存在约因。在英美法上,赠与行为是财产法上的问题,赠与因交付而完成,赠与人不得撤销,而赠与允诺是合同法上的问题,因为其缺乏交换而不具有执行性,赠与人可以撤销,在这两种情况下法律都不提供救济,即法律让无偿行为的当事人保持其既有的状态。理由是达成分配正义的法律机制是昂贵的,如果不存在增进社会福利的交换,则设置相应的法律机制可能缺乏正当性,而赠与并不必然增进福利。② 这样,无偿允诺不能以约因为基础得到执行,但赠与允诺也需要法律想的规制,于是发展出了信赖为基础的法律救济思想,典型的就是允诺上禁反言制度。《美国合同法(第二次)重述》第 90 条规定的允诺禁反言原则需要满足四个条件:必须有一个允诺,必须有理由预见到对方的信赖,信赖必须由允诺引诱发生,只有执行允诺才能避免不公平。严格的条件表明,执行无偿允诺并不是美国合同法的重点。

约因原则的重要意义在于它是合同法理论的基础之一,因为合同法的首要问题就是什么样的允诺应得到法律执行,而这个问题通常包含在约因之中,这在

---

① 参见[美]E. 艾伦·范斯沃斯:《美国合同法》,葛云松、丁春燕译,中国政法大学出版社 2006 年版,第 62 ~ 66 页。

② 参见[美]E. 艾伦·范斯沃斯:《美国合同法》,葛云松、丁春燕译,中国政法大学出版社 2006 年版,第 51 页。

艾森伯格的“约因三部曲”中被反复提及,[①]但因为它的要件很容易满足,所以在实践中的作用并不那么显著,值得强调的是,它使一些允诺不可执行,唯其如此,这样的结果使合同法聚焦于交易。从原因到约因,本文所欲强调的也是制度或原则运行的结果是合同法更关注交易行为,当然我国合同法也应如此。

## 三、我国合同法关注交易的主要制度安排

在我国,理论上有合同法鼓励交易的主张,立法上有身份协议的除外规定,也有赠与合同的相应规制,充分体现了对交易行为的关注。但我国继受德国法律行为制度,合同有效性的限定经由意思表示的效力规定来实现,而意思表示一致的合同成立要件论说过程中,关于合意的讨论更关注于一致而忽视了双方同意的相互性,原因的意义隐退,于是,合同法理论这对交易的关注也日渐弱化。

合同法与市场经济有着内在的天然联系,合同法关注市场交易行为是其应有之义,所以,合同法鼓励自愿市场交易行为的理论主张只是在于道出了这个关系而已,[②]但是,通过缓和合同成立的严格要求、减少合同无效事由、限制合同的法定解除等制度措施,尽量增加合同成立和有效并得到履行的可能性,来实现鼓励交易的目标,确实有值得商榷的地方。[③] 将鼓励交易的思想修正为便利交易进而构建相应的制度,就会充分地反映出合同法与交易的关系以及对交易成本的正确分析,同时也符合法理学上法律谦抑性要求,鼓励的提法充分反映了法律中心主义的思想,过分的积极并不一定有利于交易,所以,适度在经济学和法学上都是个好想法。[④] 但对某些典型的不属于交易行为的协议法律予以了除外规定,比如,《民法典》第 464 条第 2 款规定“婚姻、收养、监护等有关身份关系的协议,适用有关该身份关系的法律规定;没有规定的,可以根据其性质参照适用本编规定”,表明我国合同法所调整之合同主要是财产行为,身份关系协议存在“参照适用”合同法的空间,但只是在没有相关身份关系法律规定时才可以

---

① See Melvin Aron Eisenberg, *Donative Promises*, 47 The University of Chicago Law Review, 1 (1979); Melvin Aron Eisenberg, *The Bargain Principle and Its Limits*, 95 Harvard Law Review, 744 (1982); Melvin Aron Eisenberg, *The Principles of Consideration*, 67 Cornell Law Review, 640 (1982).

② 参见王利明:《合同法的目标与鼓励交易》,载《法学研究》1996 年第 3 期,第 93 ~ 95 页。

③ 参见罗昆:《鼓励交易原则的反思与合理表达》,载《政治与法律》2017 年第 7 期,第 27 ~ 37 页;陈丹:《民法社会本位——一个否定性的质疑》,载《光华法学》编委会编:《光华法学》(第四辑),法律出版社 2009 年版,第 185 ~ 196 页。

④ 参见艾佳慧:《被规训的自由主义——从〈个人主义与经济秩序〉说开》,载《光华法学》编委会编:《光华法学》(第四辑),法律出版社 2009 年版,第 171 ~ 181 页;雷振斌、汪全胜:《立法的明确性及其限度——基于规则与标准的经济分析》,载《光华法学》编委会编:《光华法学》(第四辑),法律出版社 2009 年版,第 26 ~ 37 页。

根据其性质进行参照，[①]显然，合同法在身份关系上并没有足够的兴趣，原因暂且不论，结果显然是集中关注了财产行为，在此基础上，合同法更关注交易行为。

赠与是典型的非交易性行为，我国法对赠与合同也给予了特殊的限制性规定，进而实现了对交易的关注。同德法一样，我国《民法典》将赠与合同作为一个合同类型，与德法规定为“无偿＋诺成＋要式”合同相反，我国法上的赠与合同为非要式，但有任意撤销权的限制，属于“无偿＋诺成＋非要式＋任意撤销权”模式。[②] 这种差异只是表明法律规制模式的不同选择，其中的精神和目标是一样的：限制非交易行为。要式模式是在事前警醒赠与人谨慎行事，“非要式＋任意撤销权”模式是在事后给予赠与人自我保护的机会，都在限缩合同法要执行的赠与协议。我国《民法典》第657条规定，赠与合同是赠与人将自己的财产无偿给予受赠人，受赠人表示接受赠与的合同，即已表明当事人对无偿的明确约定，这个约定构成赠与合同的内容，是双方意思表示一致的表现和结果，是赠与合同的成立要件，当然也是赠与合同的原因。显然，无论赠与人的动机是什么，具有法律意义的是双方约定中的无偿性，它构成了合同成立要件，“动机”成为原因是规范世界的事，是法律行为意义上的要素内容。[③] 其实“非要式＋任意撤销权”模式下的协议与约因理论下不符合允诺紧反言原则的赠与允诺有着相同的法律对待，即不予执行。相反，交易性的协议，如买卖，虽也是诺成，却有法律效力，法律提供违约救济。

与大多数国家的合同法一样，我国合同法有着对交易的高度关注，并进行了相应的制度安排，但我们没有赤裸裸的约因理论，原因理论又隐而不彰，限制了我们的理论思考和法律适用。例如，合同的必要之点是在强调当事人就必要之点的一致，而不是强调合同成立所必需的条款，[④]在交易性合同中互为目的的条款就是很好的例子，典型如买卖合同。买卖合同定义为出卖人转移标的物的所有权于买受人，买受人支付价款的合同，包含了原因的相互性，所以，标的物与价款作为目的所指才成为必须达成一致的必要之点，同样，赠与合同的无偿和非交

① 参见王雷：《论身份关系协议对民法典合同编的参照适用》，载《法学家》2020年第1期，第34～36页；王雷：《婚姻、收养、监护等有关身份关系协议的法律适用问题——〈合同法〉第2条第2款的解释论》，载《广东社会科学》2017年第6期，第222～229页。《民法典》完全承袭了这样的规定。

② 参见李永军：《“契约＋不要式＋任意撤销权”：赠与的模式与规范分析》，载《中国法学》2018年第4期，第160～177页。有学者认为撤销权应为撤回权，因为不符合意思表示撤销的规范意义，赠与的无偿和诺成性要求赋予赠与人形成权性质的自由撤回赠与意思表示的权利，借以消灭已生效的赠与合同的效力。笔者深以为然，但《民法典》对此并没有采纳。参见宁红丽：《赠与人“撤销权”的厘定与赠与制度的基本构造》，载《暨南学报（哲学与社会科学版）》2006年第4期，第99～105页。

③ 参见白纶：《〈民法典〉无偿合同规范模式研究：以赠与及间接赠与的法律规制为中心》，载《中国政法大学学报》2020年第1期，第111页。

④ 参见王洪亮：《论合同的必要之点》，载《清华法学》2019年第6期，第122～134页。

易性自不需要对待给付作为目的。这些都可以在法律行为、意思表示和合同目的理论中得到解释。法律行为与意思表示都是目的性行为,交易性行为显示为双向目的,非交易性行为则不是,而且创设法律关系和合同当事人具体目的结合产生几乎与原因理论一样的理论结果,足以解释一众有名有偿合同,有助于解释其中的制度意义和效果。只是我们在意思表示理论的论说中大多忽视了包括原因以及其中的相互性抑或牵连性的重要作用,以至于在合同成立要交之意思表示一致的论说中也忽视了其中同意的相互性,追踪溯源,正如前文论述到的,意思表示吸收了原因,同时也与合意合流而成为合同要素,①导致对意思表示一致的理解中相互性的缺失。我国《民法典》第 134 条规定民事法律行为可以基于双方或者多方的意思表示一致成立,第 464 条规定合同是民事主体之间设立、变更、终止民事法律关系的协议,这里的"意思表示一致"和"协议"在理解上都应强调同意的相互因素。但可惜的是我们的理论文章很少强调这种相互性,通常也不大论及原因问题,即便原因仍然确定性地存在于我国的法律之中。比如,论及合同无效之目的违法时,在诸如租赁房屋用于聚众赌博等情况下,我们曾经以"以合法形式掩盖非法目的"样话语,导致了解释上的乱象,究其实质,乃是对"虚假法律行为"的误解,②如今已由《民法典》第 146 条替代了,其实我们应该从违法以及违反公序良俗的合同原因出发,以《民法典》第 153 条来判断租赁合同无效。显然对于合同成立以及效力问题的理解以及适用还是要从意思表示入手,但对于交易性合同需要特别注意的是原因以及内在的相互性要素所体现的意义,并且从中我们依然能感受到交易性合同同样是我国合同法的主要关注对象。

## 四、结语

合同法与交易理论有着内在基因上的相似性。它们都信奉私人个体是自己利益的最佳关注者,都坚持法律人与经济人理性人的初始理论假设,③会对法律制度的激励做出反应。它们都认为当事人自愿的交易行为会使双方都变好或者至少不会使人变差,因而交易行为会增进社会整体福利,于是都非常重视交易性行为,而不是相反。合同法利用原因和约因制度实现了对交易行为的关注和对非交易行为。例如,赠与行为的限制,交易行为的相互性成为制度运行的关键所在,也是很多合同法制度安排的基础,如必要之点的一致等。对于原因和约因这

---

① 参见吴奇琦:《法律行为三元素(要素、常素、偶素)的诞生发展史》,载《交大法学》2020 年第 2 期,第 50 页。

② 参见朱广新:《论"以合法形式掩盖非法目的"的法律行为》,载《比较法研究》2016 年第 4 期,第 174 ~ 178 页。

③ 参见杨志利:《论法律人与经济人的共同性》,载《兰州商学院学报》2013 年第 6 期,第 125 页。

样的制度，我们不应在旁观者的角度淡然处之，而是深刻体会其中的机制所在，反观我们的合同法，从而在理论上有所建树，在法律实践上有的放矢。我国合同法上，没有明确的原因和约因，但有原因理论存在，也有与约因类似的制度结果，都是我们解释合同法制度的考察基点，当然非交易性行为也可以从中得到解释和说明。

基于此，我们无须考虑在我们的《民法典》中规定原因，正如前文所述，原因已融入意思表示之中，内化于法律行为，我们在理论和实践中知道法律行为的内容、目的、标的包含有原因，可以知道我们的相关思考和决策即可，不必重复规定。更无须讨论借鉴约因制度的问题，法律行为内容的规定性已然包含了约因的功能，再则我们的法律传统以及法律共同体都没有这样的基础，自然也没有这样的必要。本文无意于制度变革，在于阐释法律对某些交易形式进行拣选所采取的制度安排以及其中的道理，大多国家的合同法都将交易行为作为主要关注，所利用的制度无非意思表示、原因、约因，只是意思表示隐晦，原因和约因昭然而已，但隐晦不是不存在，内在的机理以及所发挥的作用依然是合同法的重要内容。

## The Contract Law Follows with Interest the Transaction: Focus on Cause and Consideration

Yang Zhili

**Abstract**: The internal spirit of contract law and market transaction is consistent, and they all respect the principle of freedom and voluntariness. Transaction promotes social welfare, contract law focuses on social welfare, so contract law focuses on market transaction. In terms of system design, contract law emphasizes the importance of transaction behavior and limits the legal enforcement effect of gift promise through the principle of cause and consideration. The reciprocity in the principle of cause and consideration requires that transactional behaviors be screened out and distinguished from gifts. China's contract law also pays attention to the transaction behavior, and the relevant system is consistent with the operation mechanism of the cause and consideration principle, and the result is the same. However, we still need to further study and elaborate on these institutional arrangements, develop the theory of contract law, and contribute to the practice of contract law.

**Key words**: Contract Law; Transaction; Cause; Consideration

# 亚当·斯密法理学的伦理基础

## ——以同情共感为核心的体系

■ 刘禹甸*

[内容摘要] 亚当·斯密作为卓越的经济学、道德哲学大师为世人熟知,然而,人们往往忽视了他法理学家的一面。既有研究已表明,斯密的法理学理论构成其人类行为和社会秩序理论系统的重要部分。在亚当·斯密的伦理、法律和经济思想中,其核心论证包括:反思平衡式的同情互动理论以及其展开过程;个体同情在社会互动中产生的"无偏旁观者"以及其构建的正义和社会伦理秩序体系;这些伦理理念在法律理论中的具体展开。斯密的政治经济学、伦理学、法学都建立在同情共感这一人性禀赋之上,也正是这一基础使"斯密问题"——经济自利与道德同情的悖论得到解答。

[关键词] 斯密问题 《法理学讲义》 同情共感 无偏旁观者 商业社会

无论人们认为某人怎样自私,这个人天赋中总是明显

---

* 刘禹甸:南京大学法学院理论法学硕士研究生。

地存在这样一些本性，这些本性使他在意别人的命运，把别人的幸福看成自己的幸福。①

——亚当·斯密

我曾说过，我将在另一本论著中努力说明法律和政治的一般原理，以及它们在不同社会时代和时期所经历的不同革命……在《国民财富的性质和原因的研究》中，我已经部分履行了这一诺言，至少在警察、国家岁入和军备问题上。我长期以来关于法学理论的计划，由于目前正在组织书的修订工作，我的另一部书的写作计划无法完成。

——亚当·斯密

## 引言：亚当·斯密未尽的事业

人们对亚当·斯密（Adam Smith）②的印象无外乎两点：一是他在西方经济学史上的崇高地位，被后世自由主义经济学家们奉为开山鼻祖。二是因其思想体系复杂而产生的“斯密问题”，在《国富论》（*Wealth of Nations*，WN）与《道德情操论》（*Theory of Moral Sentiments*，TMS）中“经济理性人”与“道德人”的冲突给人造成斯密理论割裂的印象。这些印象产生的原因，一方面是由于翻译产生的年代断层，早在19世纪末，严复就将《国富论》以《原富》之名译介到中国，斯密关于中国社会“曾经最富有但处于停滞状态”③的判断和分析一下抓住了我国经济学前辈的心，为求富强，早期经济学家们将斯密作为英雄偶像。另一方面，直到20世纪末，亚当·斯密的《道德情操论》才被介绍到国内，人们猛然发现原来被奉为资本主义“自由放任”世界观卫道士的亚当·斯密不但不是那么刻板单调，而且还是一个充满人性与情感的哲人。

然而，翻译年代断层的原因并非主要原因，《国富论》与《道德情操论》表明矛盾的背后暗含着深刻的思考，这些思考源自对现代商业社会的分析，以经济理

① ［英］亚当·斯密：《道德情操论》，蒋自强、钦北愚、朱钟棣、沈凯璋译，商务印书馆1997年版，第5页。

② 亚当·斯密（1723—1790年），生于苏格兰的科卡尔迪，未出生就失去了父亲，一生中大部分时间都与寡母为伴，终身未娶。他青年在学术上取得巨大成功，不到30岁就成为格拉斯哥大学的教授。后作为家庭教师陪同学生周游欧洲大陆，与伏尔泰、杜尔哥、魁奈等启蒙思想家结交，与其好友休谟并列苏格兰启蒙运动的领军人物。晚年隐居乡村，专心著述，他的作品涉及天文学、修辞学、法学、哲学、历史学、经济学、政治学等多个方面。因鸿篇巨著《国富论》《道德情操论》被载入史册，他被认为是现代商业社会奠基者，被自由主义经济学家拥戴为“现代经济学之父”。2007年，他的头像被印在20英镑钞票上以表彰其卓越贡献。

③ ［英］亚当·斯密：《国富论》，郭大力、王亚南译，商务印书馆2019年版，第89页。

性为立身之本的陌生人,通过自由、[1]公平竞争获得自身利益最大化是商业社会中人们行动的准则,而善良、同情与他人共同过着睦邻友好的生活则是一个道德社会中人们应当奉行的规范,非伦理的市场因"以看不见的手"而存在,而伦理性的个人因"同情共感"而共存。这是现代的悖论,是我们这个时代苦思的问题,同样也是亚当·斯密——这位身处世界上最早进入工业革命之国的思想家——所面临的困境。

亚当·斯密先生在《道德情操论》序言中谈道:"我将在另一本论著中努力说明法律和政治的一般原理,以及它们在不同社会时代和时期所经历的不同革命",两百年来,这个著作未见踪影,学者们一度认为它被亚当·斯密临终前焚毁。[2] 但在百年之后,斯密在格拉斯哥大学任道德哲学教授[3]时的讲义被重新发现,这些笔记主要涉及"正义"和"法学理论",故被命名为《法理学讲义》(*Lectures on jurisprudence*)。从中我们更是可以看到斯密对市民社会蓬勃发展与交换正义规则的普遍运用带来的道德危机,的确,受"经济理性"支配的人类自利行为太容易导致个人道德沉沦,最终影响社会公正秩序,而建立在传统宗教、道德基础上的个人伦理观在现代世界的冲击下已经脆弱不堪。法治,或许是解决问题唯一可行的出路,但良法善治的形成并非易事。

亚当·斯密试图从人类情感互通、移情本能以及人类自利天性出发,从中寻找社会秩序、法律制度的合适基础;并创造性阐述了"公正无偏的旁观者"概念,以解释我们如何形成规范性的判断,如何由此产生了个人的权利意识。同样,社会制度如何支持人们从事亲社会行为,抑制其从事成本外部化行为的激励、奖惩机制也成为斯密法律理论关注的重点。他的研究将经济理论和社会心理学交叉结合,也为日后法律经济学的打下基础。

本文第一部分探讨亚当·斯密道德哲学(法理学)的基石——"同情共感"理论以及其论证过程,第二部分将论述基于社会互动产生的"无偏旁观者"以及其构建的法律与政治的一般原则。第三部分将考察斯密法理学中的时间维度,"同情共感"原理并非一成不变,而是随着历史变迁发展。最后,我们将回答斯密的法理学在何种程度上能帮助破解"斯密问题"——自利追逐财富与伦理冲突如何协调?正义、自由与秩序如何在商业社会中建构?对这些问题的思考将

---

① 可以说,斯密的"自由"是一种"被规训"的自由,在《国富论》中常常可见斯密强调政府适当调控和干预的重要性。参见艾佳慧:《被规训的自由主义——从〈个人主义与经济秩序〉说开》,载《光华法学》编委会编:《光华法学》(第三辑),法律出版社2008年版,第178页。

② 斯密曾在遗嘱中写道,他的大部分论文和笔记应该在过世后焚烧。因为担心遗嘱不能被执行,他在生前监督他人进行了这一工作。

③ 按我们今天的划分标准,这个学科的内容涵盖了哲学、神学、法学、政治学和经济学。

把《道德情操论》《法理学讲义》《国富论》连成一个体系，并揭示出斯密传达给每一个正处于经济高速发展、市场趋于完善的社会的启示：市场经济必须建立在合乎人性的法律与秩序之上。

## 一、斯密体系的基石：同情共感

《道德情操论》是亚当·斯密社会伦理体系的开端，也被视为《法理学讲义》和《国富论》的逻辑基础。[①] 其中对于法律和政治的一般原理的思考，被还原为对于人类心理活动机制的探寻，斯密发现人自然拥有一项基本能力——同情心，而且天生就会不自觉对自己和他人行为的合宜性进行判断，这二者共同构成了社会秩序的心理基础以及权利意识的起源。

### （一）人类基本能力

从《道德情操论》的第一句话就可看到亚当·斯密对人性的洞见，“无论人们会认为某人怎样自私，这个人天赋中总是明显地存在这样一些本性，这些本性使他在意别人的命运，把别人的幸福看成自己的幸福”。[②] 他将人类天生的自然禀赋归纳为“自利”（self-interest）和“同情”（sympathy）。值得一提的是，斯密并未对人性本善还是本恶这一形而上学的问题做出判断，并未预设人类存在先天的“德性”，[③]在他的理论体系下，“德性”并非逻辑的起点，“德性”只能在与他人交往的过程中逐步培养。

“自利”是生物所共有且不言自明的禀赋，不过人类实现自利的方式不同于动物，人类要实现自利必须依赖他人，但不是靠他人施舍（乞丐除外），而是告诉他人给我做事你也会有利，这就是人类特有的生活方式——交易。《国富论》中对自利有精彩的描述：“我们每天所需的食料与饮料，不是出自屠户、酿酒师或面包师的恩惠，而是出于他们自利的打算。我们不说唤醒他们利他心的话，而说唤起他们利己心的话。我们不说自己有需要，而说对他们有利。”[④]自利不是自私（selfish），自私是一种负面道德评价，在效用函数上表现为把仅与自己有关或以损害他人为代价的利益给予更高权重，而自利是一种事实描述，较为中性。

“同情”是个日常词汇，但在斯密笔下含义更为丰富。作为天生的禀赋，同

① 关于这三部著作的具体关系，哈孔森、温奇通过文章和亚当·斯密的写作历程，认为《法理学讲义》是连接《道德情操论》与《国富论》的枢纽。参见 Lieberman，David，Adam Smith on Justice，Rights，and Law，*The Cambridge Companion to Adam Smith*，Edited by Haakonssen，Cambridge University Press，2006.

② ［英］亚当·斯密：《道德情操论》，蒋自强、钦北愚、朱钟棣、沈凯璋译，商务印书馆 1997 年版，第 5 页。

③ 在斯密看来，德性更多的是被社会评价为高尚的那些人所拥有的，而非所有人。而即使是恶棍也不会完全丧失同情心和自利心。这里的德性就是我们日常语言中良好的道德品性的意思。

④ ［英］亚当·斯密：《国富论》，郭大力、王亚南译，商务印书馆 2019 年版，第 12 页。

情首先表现为一种想象力，一种通过与目标单位进行换位思考而产生感觉的能力。比如，当看到别人被击打时“凭借想象，我把自己置于他的位置上，我们设想自己也在遭受与他一模一样的痛苦，我们仿佛融入了他的身体”。[①] 其次，同情表现为一种因果关系。例如，像疼痛等简单的情形，我们只要看到别人受苦就会引发同情，但即便在这种情形下，这种同情也不完善。当我们越发理解对方所处的情景时，同情就变得越发需要道德判断，所以，同情的产生实际是由于换位思考后想象力引起的一系列整体情境导致，这表明了同情的对象——想象中他人的情感，和同情的原因——产生这种情感的情境是不同的。由于同情存在原因，人们不仅会去体验他人的感受，还会去判别这种感受的正当性。例如，我们对一个精神病患者痛苦的人生抱有同情，尽管他自己觉得生活得很快乐。我们对他的同情不是跟他一样快乐，而是对他不能理解自身处境的怜悯。

从这里我们可以看到，道德判断从换位思考的想象开始，进过初始的类比反应，随后被常识（自身经验）所评价，被重新理解的情境“纠正”了我们的初始反应并产生了最终的道德判断。能做出道德判断，意味着人拥有理解他人行动的情境知识，这种知识指来自公共生活。亚当·斯密举了儿童成长的过程为例：

> 一个年幼的孩子缺乏自控能力，无论他的情绪是恐惧、伤心或愤怒，总是力图大声喊叫……当孩子年龄大到能够上学或与同龄孩子交往时……他自然想得到别的孩子的好感，避免为他们所憎恨或轻视。不久他就发现：要做到这一点，只有一个办法，那就是不仅把自己的愤怒，而且把自己的其他一切激情压抑到小朋友和小伙伴大概乐意接受的程度。这样，他就进入了自我控制的大学校。[②]

人不得不生活在社会中，意味着他不得不时常注意他人，观察他人喜好什么、厌恶什么，因为人的群居本能要求同居者有跟自己大致相同的行为方式。人们在做出行动时马上发现他人在以批判的方式观察自己，一旦意识到这点，人作为公共生活的主体意识就觉醒了，渴望被他人认同、渴望与人交往、渴望与群体一致性的欲求会驱使我们尽可能想象他人如何判断我们，并按这种判断克制自我的任性，调整自我的言行。这种自我想象中他人可能的评价与他人实际评价的交互经过长期博弈，使自我产生了分化，把自我分成了两个人：一个是检视者和判断者，另一个是被检视和判断的行动者。因为同情能力，我们试图通过对社

① [英]亚当·斯密：《道德情操论》，蒋自强、钦北愚、朱钟棣、沈凯璋译，商务印书馆 1997 年版，第 6 页。

② [英]亚当·斯密：《道德情操论》，蒋自强、钦北愚、朱钟棣、沈凯璋译，商务印书馆 1997 年版，第 177 页。

会评价的模仿、反馈形成一个旁观者视角，它在一定的距离内观察我的行为。通过假想的旁观者，我们判断自己的行为在他人眼中是否适宜，并依此调整。

在斯密看来，一个有健全同情心的人，不会纯粹只站在自己的角度考虑问题，也不是纯粹站在他人角度考虑问题，而是进入一种自我和社会互动博弈形成的综合视角。这时，个人作为社会的一分子，又独立于社会，实质是一种经历了社会化后实现自我独立的人格，这种人格最杰出的表现莫过于孔子所言的“从心所欲，不逾矩”。①

人类的伟大之处就在于这种同情共感的能力，既不是自私也不是利他，而是自利与同情的混合，凭借这种能力，我们得以形成秩序、组成社会、发展自我和他人的利益。

（二）互动交往产生的伦理秩序

以一种现代博弈论的视野来看，旁观者视角的形成源自自我判断与社会评价的长期博弈，②逐渐使个人判断与他人预期的一致。亚当·斯密把这种一致性称为“合宜性”（propriety），这种合宜性的标准存在于同情者与被同情者双方的互动中，“合宜性”带来的是当事人和旁观者之间的同情共感，符合合宜性标准的行为被认为可以被社群认同。

从社会发展的角度，人与人之间仅达到相互认同已经可以形成社会，但绝对不足以成为良性社会，一个充满阿谀奉承的小人社会或一个“各扫门前雪”的冷漠社会也可以达到相互认同的程度。如果一味只是同情共感，则无法避免陷入“与善人居，如入芝兰之室，久而不闻其香，则与之化矣；与恶人居，如入鲍鱼之肆，久而不闻其臭，亦与之化矣”③这种被同化的境地。那么，要构成一个更为完善的良性社会，除了同情共感还需要什么？从社会生活中诞生出相对独立的道德判断是否可能？还是我们只能被环境同化？

不成熟的旁观者视角如同儿童，只能从询问、观察他人的具体反映开始，从而得到个案式的判断，但这种判断不能上升到普遍性，也不能举一反三。社会活动主体也无法完全依从他人的标准，因为每个具体个人都怀有各自的偏见，带有特殊利益，而且不同人评价的标准并不一致。为避免他人评价的矛盾，不被他人私见带偏也不过度固执己见以致被社群排斥，互动中的主体开始建构一个“第三方”的立场，希望它能成为一个不偏不倚的中立旁观者，一个“无偏旁观者”

① （春秋）孔子：《论语·为政篇二》。

② 参见艾佳慧：《埃里克森的挑战？——对科斯定理的再思考及对法学的方法论意义》，载《光华法学》编委会编：《光华法学》（第三辑），法律出版社2008年版，第11页。

③ （汉）孔安国：《孔子家语·六本》。

(impartial spectator)。[1]

社会互动最初欲求的是他人的赞同和认可,这是一种初级而肤浅的"虚荣心",但随着心智的成熟,社会主体对"合宜性"的日益深刻,不再仅对他人承颜候色,不再人云亦云,而是寻求那位无偏旁观者的赞同。在斯密看来,真正的快乐不仅是来自他人赞同不赞同,而是来自自身行为是否"值得"被赞同。这种道德判断的内化过程,形成了良知。这种良知部分独立于社会道德,它以无偏旁观者替代了现实旁观者(actual spectators)。这样从社会生活中诞生某种既独立又兼容的道德观便成为可能。[2]

他习惯于用这个同他共处的人的眼光来观察和自己有关的事物……他处于持续不断的实践之中,而且,他的确不得不经常按照这个威严而可敬的法官的样子,不仅从外部行为,而且尽可能从内心的情感上塑造自己……他几乎把自己变成了那个公正的旁观者。[3]

前文已述,亚当·斯密并未预设人天生具有某些德性,但我们都活在社会环境中,生活在先于自身的价值观、信念、立场、语境中。[4] 这种道德评价注定不会是形而上学中绝对的善恶,而是在充斥着各种各样甚至相互冲突的价值、原则的背景下,[5]与之共存并在对比中显现出来的道德。对于现实环境中的各种价值、信念,对于我们来说都是可以反思的。哈孔森便认为,当我们向着无偏旁观者的立场努力时,我们事实上在寻找这样一种立场,它能最大限度地与既存价值相兼容。[6] 另外,这种立场并未奉行道德相对主义,因为无偏旁观者理念要求主体能

---

① [英]亚当·斯密:《道德情操论》,蒋自强、钦北愚、朱钟棣、沈凯璋译,商务印书馆 1997 年版,第 143 页。

② "无偏旁观者"并不必要是一个可以实现的目标,至少很少有人能做到,但正是每个人在社会生活(自我判断与他人判断的反复博弈中)中自然而然地对这种"更高的普遍立场"的追寻过程,构建了社会伦理秩序。

③ [英]亚当·斯密:《道德情操论》,蒋自强、钦北愚、朱钟棣、沈凯璋译,商务印书馆 1997 年版,第 179 页。

④ 关于如何解释不同社会产生的多元道德观问题,我们可以将斯密的理论作为一种社会道德产生的基本特征,随之产生的不同评价结果与其生长的情境有关,但所依据的心理样态依然相同——都是依据反思平衡式的同情交往理论。特定历史时空下一个社会中的习俗、风尚会影响人们的互动,而此时"旁观者"视角会产生一定的偏离,但斯密指出,习俗、风尚只能影响到特定用途是否合宜,而不可能影响到性格和行动的一般方式。

⑤ 斯密的伦理学面向的是现代商业社会,其一大特征就是道德观的多元与分化和价值分歧。从市场经济蓬勃兴旺时起,因经济模式多元化带来的利益群体多元,因地理位置和发展速度的不平衡,形成了区域化的差异,再加上文化教育资源等因素,国民在正义观、权利、公共事务上的认知已出现很大分化。在这样的现实背景下,斯密试图在自己的道德科学中重塑一种道德体系的想法,必须考虑这一背景。对于现代社会多元与分歧的讨论可以参见[美]沃尔德伦:《法律与分歧》,王柱国译,法律出版社 2009 年版。

⑥ [丹]努德·哈孔森:《立法者的科学》,赵立岩译,浙江大学出版社 2010 年版,第 81 页。

从既定的社会道德中寻得一种独立的、较社会中具体旁观者而言更为客观、更为公正的判断。

## 二、斯密法理学的一般原理

从亚当·斯密的分析中可知,人之所以能同甘共苦、推己及人,是因为人具有情感互通的移情本能,这个本能,跟是人的自利心一样真实。而人们通过对特定情境下合宜性的判断调整自己的行为,在交往互动中构建了无偏旁观者,至此形成了市民社会联结的纽带。然而,人类禀赋中并不只有"同情",还有"自利"。这两种禀赋是如何相互作用的?我们通过同情共感和无偏旁观者获得道德,但我们也是通过功利计算和利益权衡跟人结合起来的,①这时法律的出现就十分必要,但在思考具体的法律制度之前,我们需要对斯密法理学的一般原理作详细的讨论,尤其是其中的正义论、权利论和惩罚论。

### (一)正义作为一种消极的德性

从同情共感理论出发,亚当·斯密试图寻找人们正义感的心理基础。与"正义"最相近的美德是"善",所以,他从两种德性(virtues)的对比开始,一个人缺乏善的行为(如对人吝啬)会使他人心生反感并拒绝与之交往,但不会导致他人憎恨和激起他人惩罚的冲动。不仅如此,对于他人吝啬的举动,我们或许报以舆论谴责,但如果有人试图强制他做出慷慨之举,也是不合宜的。换言之,善这种德性只能被主动行使,而不能被强迫。然而,"还有一种美德,对它的尊奉并不取决于我们自己的意愿,它可以强迫人们遵守,谁违背它就会招致愤恨,从而受到惩罚。这种美德就是正义,违背它就是伤害"。② 可见,人们对两种德性的反应是不同的,旁观者对违反后者的行为报有比前者更高的愤恨。由此看出,正义是一种更严格、更有约束力的标准,遵守正义成为人的责任,按此标准行事并不值得赞美;相反,积极行善应受称颂,没有实行善举也不会受到惩罚;正义与强制联系在一起,而善行则不应通过强制实现;正义是消极德性,善行是积极德性。这一区分,很容易让人联想到富勒在《法律道德性》中对愿望的道德与义务的道德的区分。③

人自利的天性趋向于优先关注自己,当遭遇突发情况时尤其如此,如果自己

---

① [英]唐纳德·温奇:《亚当·斯密的政治学》,褚平译,译林出版社2010年版,第168页。

② [英]亚当·斯密:《道德情操论》,蒋自强、钦北愚、朱钟棣、沈凯璋译,商务印书馆1997年版,第99页。

③ 富勒刻画了道德尺度,在这一标尺上有一条明确的分界线,在这里义务的压力开始发挥作用,往上是一个看不见的指针,它指向人类道德的各种卓越图景。参见[美]富勒:《法律的道德性》,郑戈译,商务印书馆2005年版,第12~14页。

和一个陌生人遭遇同等不幸,我们对自身的遭遇感受更为强烈,甚至感觉他人身上巨大的痛苦也不如自身轻微的不适,一个极端自利(可以被称作自私)的人可能做出使他人付出巨大代价以实现自身小利之事。那么,一个拥有伦理秩序的社会如何维系,怎么才能阻止社会道德滑坡退回"自然状态"呢?①

这里亚当·斯密再次用无偏旁观者做出解释,虽然在每个人眼中自己就是全世界,但对于其他任何人来说他不过是沧海一粟,虽然每个人心中可能都存在那种极度的利己,但他不敢在人群面前表现,总不会过分放肆。"如果他愿意按照公正旁观者能够同情的原则行事,那么……他就一定会收敛起这种自爱的傲慢之心,并把它压抑到别人能够赞同的程度。"亚当·斯密敏锐地意识到商业社会中竞争的频繁极易导致损人利己之事普遍出现,随即指出"在追求财富、名誉和显赫职位的竞争中,为了超过一切对手,他可以尽其所能和全力以赴",但是,如果他恶意损害"旁观者对他的迁就就会完全停止。他们不允许做出不光明正大的行为"。② 他们乐于同情不正当竞争中的受害者,并将憎恨和愤怒的矛头转向加害者。在商业社会中,自由竞争者相互监督且存在市场监管的环境下,公正旁观者可以发现社会正义基本的规则。

善与正义两种德性的差异,表现在法律与道德的区别上。法律的任务是维护正义,正义的第一要务是制止侵害,③而善则不应被当作法律的基础和诉求。在人与人之间相互帮助、充满友谊和善良的地方,社会生活繁荣美好,尽管一个缺乏友谊与良善的社会也是有可能的,如在那些斤斤计较只为私利的商人之间。但倘若人们相互伤害,社会的纽带将不复存在。正如亚当·斯密著名的比喻:

> 行善由于美化建筑物的装饰品,而不是支撑建筑物的地基,因此,作出劝解已经足够,没有必要强加于人。相反,正义犹如支撑整个大厦的主要支柱。如果这根柱子松动,那么,人类社会这个宏伟而巨大的建筑物必然会在顷刻间土崩瓦解。④

### (二)道德情感与法理学的纽结——权利

一旦同情交往中产生了道德评价,规则就开始在人际中发挥作用,规则修正

① 参见罗卫东:《情感 秩序 美德——亚当·斯密的伦理学世界》,中国人民大学出版社 2006 年版,第 107 页。

② [英]亚当·斯密:《道德情操论》,蒋自强、钦北愚、朱钟棣、沈凯璋译,商务印书馆 1997 年版,第 103 页。

③ 参见[英]亚当·斯密:《法理学讲义》,冯玉军、郑海平、林少伟译,中国人民大学出版社 2017 年版,第 381 页。

④ 参见[英]亚当·斯密:《道德情操论》,蒋自强、钦北愚、朱钟棣、沈凯璋译,商务印书馆 1997 年版,第 107 页。

了个体独立道德判断的局限性。其中关乎“正义”的规则相对于关乎“善”的规则而言，人与人之间的共识更为重叠一致，使这部分规则更为严格、精确。同时，正义作为社会纽带，赋予了其自发的优先性和紧迫性，在关乎正义之事上，人们会尽力践行这些规则，然而，在涉及个人利益的情况下，无偏旁观者带来的合宜性将难以保证，这往往导致市民社会成为血腥和无序的舞台，不论何时有人受到侵害，都将亲自或召集盟友复仇。除非无偏旁观者能作为实体介入，形成公共管理最初和最基本的职能，将那些关于正义的规则固定下来，形成法律。

笔者认为，亚当·斯密同情共感理论与其法理学之间的连结点正是权利概念，权利作为法学理论的核心概念，斯密在经典作者的基础上[①]重构了其哲学内涵。权利的界定源自无偏旁观者的认定：“当有人被剥夺权利时，可以向他人主张，或我们没有理由地伤害他时，正义就被侵犯了。”[②]亚当·斯密的权利观是个体本位的，他认为正义的最终目标就在于切实保障公民享有“完全权利”。[③] 与经典作家不同，权利在亚当·斯密那里不是来自理论建构的自然状态（霍布斯）或者个人劳动（洛克），在亚当·斯密的语境中，权利是不正义行为的对立面，是在社会互动中形成的对每个人应然状态的相互认可。所以，权利的存在是默认的，在和谐有序的社会环境中，权利被视为一种背景性存在而无须指明，只有当权利受到侵害时才会显现。

围绕个人可能遭受侵害的类型，亚当·斯密展开了自己的权利理论，这些权利被划分为三类：第一，他作为独立个体享有的权利（人身、财产、名誉）；第二，他作为家庭的一分子享有的权利（配偶之间的婚姻，父母与子女之间的继承、收养，主任与仆人）；第三，他作为国家的公民享有的权利（统治者对公民的权力与公民对统治者的权利）；贯穿于这一分类还有自然权利（natural right）与外生权利[④]（adventitious right），前者只涵盖作为个体权利中的人身权、名誉权的一部分，而大部分权利属于后者，这类权利依附于特定的社会和政治历史环境。

亚当·斯密认为自然权利是很明显的，而获得权利则需要更多解释，因为他们的存在取决于特定统治者与社会的需要，可以说，外生权利只能在特定历史语

① 亚当·斯密权利哲学的来源包括罗马法、哈奇森、普芬道夫、格劳修斯。参见 Haakonssen, *Natural Justice: The Development of a Critical Philosophy of Law from David Hume and Adam Smith to John Millar and John Craig*, *Ph. D. thesis*, University of Edinburgh, 1978. 也可见冯玉军：《亚当·斯密法律思想评述——以法理学讲义为中心》，载《中外法学》2016 年第 5 期。第 1314 ~ 1324 页。

② ［英］亚当·斯密：《法理学讲义》，冯玉军、郑海平、林少伟译，中国人民大学出版社 2017 年版，第 47 页。

③ 哈奇森把权利分为完全权利和不完全权利，完全权利就是我们有权要去，在被拒绝后认可强制履行，而不完全权利则是他人可以选择履行而不能被强迫。

④ 这里的 adventitious right 作为与自然权利的对照，有后天、外来、偶然的含义。

境下解释,斯密课程[①]的一大目标就是勾勒权利与法律发展的历史图景。但自然权利与外生权利的区分似乎是相对的,自然权利并非独立于时空之外的超然之物,奴隶制尽管在希腊、罗马的社会环境下发挥了重要的经济功能,但斯密仍然认为它是"所有状态中最可恶的",这种自人类历史早期就产生的看似"自然"的权利义务关系是一种对人性的藐视。

我们不能简单把自然权利与外生权利划分为"超越历史的"和"历史的",这两种权利的基础都是无偏旁观者对受保护权利被侵害行为产生的同情式愤恨。旁观者的愤恨与侵权行为严重性成正比,与这种权利的重要程度成正比,相应地,保护这种权利的法律就更具优先性。

(三)惩罚理论

当个人被毫无正当理由地损害时,他原有权利的受损将激起旁观者的同情,并自然产生对施暴者的憎恶,当事人和旁观者要求对施暴者进行惩罚。虽然我们可以通过立法将权利笼统地保护起来,但对于对犯罪施加何种程度的惩罚却需要更严格、精确的表述,因为只有罪当其罚,才能令无偏旁观者满意。不适当的酷刑也许满足了原受害者的报复之心,但长久来看会助长统治者的暴行;过轻的惩罚无法令受害者满足,也会因犯罪成本低廉助长新的犯罪。所以,如果没有无偏旁观者的监督,任凭当事人的激情施加惩罚,结果对于各方都没好处。综观历史,这是一项艰巨的任务,这个任务要求第三方能够把握住人们对于憎恶与惩罚的普遍共识,无偏旁观者在这时必须现身成为法官,而政府必须拥有足够权力,才能为无偏旁观者的判断提供保障。

从亚当·斯密的惩罚理论中我们可以更进一步看到,无偏旁观者理论提供的是一种对可能标准的描述,这种标准作用于人们判断一个行为(规则)是否合乎道德。而且就这种标准的诞生而言,它是社会经验的综合与人际互动的必然,这个预设可以被很好地检验。亚当·斯密的道德哲学在进入法理学范围时发挥了规范性功能,虽然无偏旁观者没有告诉我们具体的道德规则,但它为法律规则的批评和检验提供了标准。

## 三、斯密法理学中的时间维度:历史变迁中的法律

亚当·斯密法理学不仅研究"法律与政治的一般原则",[②]还研究"法律发展的进程,从原始时代一直到文明时代,并指出哪些能为人类的持存和财富的积累

---

① 《法理学讲义》是1762~1763年、1766年期间斯密在格拉斯哥大学授课的讲义。

② [英]亚当·斯密:《法理学讲义》,冯玉军、郑海平、林少伟译,中国人民大学出版社2017年版,第381页。

有所贡献的技巧，在法律和政府方面相应地改善或改变中所产生的影响”。[①] 这种法律社会史研究首先判断一个实证法对于制定它的国家而言是否能达到政治、经济方面的效果，其次判断这些法律能否经过无偏旁观者的检验，以得知一个具体的法律是否符合“正义”的标准。选择这种研究进路的原因在于：在斯密眼中，法律是政府为了实现正义（保障人身安全且和平取得财产）、为国家带来富裕而进行公共治理的工具，法律必定跟其他社会活动结合在一起，必须用一种宏观的视野处理法律问题，历史则是这种宏观视野最好的舞台。另外，对于同情共感的哲学而言，历史是最好的老师，可以展示在各种情景下值得同情的例子。

相比于探究希腊罗马、基督教思想家笔下种种精巧的法律思想组成的法律思想史，亚当·斯密将更关注法律的实践史。与韦伯的“理想类型”方法类似，亚当·斯密将经济社会发展分为四个阶段（four-stages theory of society）——“渔猎时代”“游牧时代”“农耕时代”“商业时代”——以一种进化论史观展示人类文明中涌现的各种体制。

当人类的祖先开始聚居生活时，最快捷的维生手段是和动物一样从大自然中寻找食物，采集果实，捕猎动物，这种作业方式受制于自然，只能维持非常少的人口，人们分布在由几个家族组成的聚落中，只有稀少而脆弱的社交。这样的社会根本不需要稳定的权力机制（仅在捕猎和战争时需要战争首领），唯一带来权力的可能只有年龄以及狩猎能力，个人权威无法超越这些，也无法继承。渔猎的方式下，每个人只为吃饱穿暖而劳作，虽然存在劳动分工的萌芽，可是缺乏可以积累和交换的产品。由于狩猎和采集是集体活动，即使存在富裕所有权，也仅限于自身所能实际控制的物品。[②] 渔猎社会的纠纷主要是猎物、战利品分割、对其他成员的身体伤害、不同部落间的血亲复仇，部族内部较轻的纠纷由长老调停，部落之间可能有较弱的合约。

随着时间推移，渔猎因供应不稳定而无法满足人口增长需要，人们尝试储备物资，相较于需要长期观察研究的种植技术，人们更早开始驯服自己抓到的野兽，并让它们在人类的土地上继续繁衍，为人类提供持续的食物供应，这就进入了游牧时代。由于牛、羊被当作食物来饲养，所有权的范围扩展到动物，从无偏旁观者认可的所有权条件来看，实际控制转变为更抽象的占有，因为人无法把动物一直带在身边，而对幼畜和奶的主张使“添附”成为所有权取得的合理形式。

---

① Dugald. Stewart, *Collected Works I*, Edinburgh: Blackwood Press, 1854, p. 19. 转引自［英］伊安·罗斯：《亚当·斯密传》，张亚萍译，浙江大学出版社 2013 年版，第 190 页。

② 罗马法中有大量关于动物从受伤开始的归属问题。巴巴萨罗区分了捕猎工具，如果用投射器射伤猎物，猎物尚未成为财产；但如果用握器（剑、矛）杀伤猎物，则猎物属于捕猎者。格陵兰会根据谁射伤鲸和谁最终杀死鲸，通过鱼叉的位置判断猎户贡献的大小。这背后都是财产必须被实际控制的理念。

所有权范围的扩展和越发脱离实际控制,使保护财产的法律开始变得必要,相应有关盗窃的刑法开始制定。当时,牛、羊是人们唯一的生计来源,旁观者眼中盗窃他人牛羊是严重的损害,故在古法典中盗窃刑罚十分严酷,大多处以死刑,[①]这是发达经济条件下人们难以同情理解的。在游牧时代,由于放牧导致草场消耗,部落需要不断迁徙,这时的社群规模已经很大,管理的工作量和复杂程度使常规时期领袖的出现变得有所必要。与此同时,对财产权的承认带来了社会财富分化,富有者占有更多牲口而取得更大发言权。领袖常常是最富有的人,由此,财富与政治结了盟并通过继承传递,人与人之间的先天差距逐渐拉开,等级社会要求对财产和权力的尊重,这使法律主要用来保护富人和维护统治。另外,拥有实力并需不断迁徙的部落面临与其他部落的纷争,社会从分散变得高度整合,使行政、司法权力稳步发展。斯密将牲口私有带来的财富不平等视为政府产生的原因,政府最初的目的就是保障财产,保护富人的所有权。

当部族人口继续增长时,单纯的放牧也变得非常不方便,于是他们开始开垦土地,观察自然,种植草木。他们观察植物生存所需的环境,并尽量人工模拟,逐步进入农耕时代。定居首先带来土地的私有,在游牧时代,一个牧人的生活要求他改变居所,一旦他离开这个地方,他在这里的居所就被视为终结(很有可能是帐篷),放过牧的土地也不会因为有人在上面待的时间长而使旁观者认可。农耕时代后,最初可能仍是社群共同耕作,然后可能依据家庭人数、地位、财富多寡将土地在各个居民间分配。随着人们长期定居于一处,对于土地的一次性划分并由家族延续被视为最简便的方式,省去了集体产品分配的麻烦,也防止"搭便车"行为和公地悲剧,土地被纳入所有权的范围"是所有权最大限度的延伸",[②]旁观者自然认可属于你的土地上一切生长的动植物都被视为添附归你所有,甚至地表以下的任何东西也被纳入土地所有权。农业带来社会财富积累,社会分工促进了商品交换,不仅在同一个邦国中发生,而且在各国也都有发生。商业发展使早期为缔结契约所需的仪式(铜秤法、要事口约)不再严格,这一方面是为了适应大量交易的需要,另一方面是因为定居带来的个人违约成本提高,法律对契约的形式要求放宽。政府已拥有足够的力量去阻止私人间的血亲复仇,而通

---

① 《赫梯法典》中杀人可赔钱解决,但盗窃、兽交处死刑。《亚述法典》中盗窃死刑、购买盗窃物也死刑。《汉谟拉比法典》中盗窃、诈骗死刑。帮奴隶(财产)逃跑,或不报告,死刑。对盗窃的严苛重于杀人的现象直到犹太律法中才得到改变。Greenberg 教授认为,在其他法典中,生命是廉价的,而财产却是受高度重视的。但其实他忽视了这一现象的经济基础。参见张观发:《汉谟拉比法典简析》,载《政法论坛》1979年第2期,第75~82页;李政:《评〈赫梯法典〉汉译本》,载《中外法学》2002年第1期,第124~128页。

② [英]亚当·斯密:《法理学讲义》,冯玉军、郑海平、林少伟译,中国人民大学出版社2017年版,第59页。

过共同体之名加以惩罚，犯罪不仅被视为对受害者的侵犯，更被视为对统治者的侵犯。财产性犯罪相对于前一时期更为宽缓，政治性犯罪在这一时期出现。

亚当·斯密对商业时代来临的历史做了详细研究，当农耕文明颠覆并逐步步入商业时代的罗马帝国轰然倒塌后，制造业倒退、通讯业完全毁灭，这导致商业文明成为不再可能。同时各个军事领袖和地主们瓜分土地，导致整个欧洲被限制在孤立、自给自足的农业社区中，领主的地方权力足以无视国王中央的命令。封建法与国家法之间、封建法庭和中央法院之间对司法权的争夺是整个中世纪地方与中央关系的缩影。教会则得到了精神的无上权力。在国王与封建贵族、教会的两线斗争中，国王把视线投向了新兴的城市资产阶级，通过授予贸易特权，对贸易城市出售独立证书，国王获得了足够的中央税收，市民们获得了足够的自由和自我管理的权力。在国王与封建贵族、教会的斗争中，城市蓬勃发展，这些城市向乡村购买农产品，在城市与乡村的交界处建立了初级市场，在城市与城市之间开辟了贸易通道。当商人把资产投入其中，封建领主们也看到了一个挥霍财富的好地方，随之带来的财富开始从贵族手中流入商人，而商人养活了大批工人。贵族需要城市以满足奢欲，商人需要城市流通资本，农民和工人需要城市提供生计。在这里，人与人之间政治上的等级差别逐渐磨平，而在这几者之外，王室有了足够的税收来接手原先由教会承担的公共服务，并可以维持常备的国防军队，随着商业利益的吸引，农民不再考虑通过短期服役争取薪水，军队的职业化和专业得到改善。因为贸易活动范围的广阔，当事人往往分散数地，王室创办的中央法院因为其规则的统一性、反地方保护性取得了普遍的司法管辖权，商业活动当然也极大地推动了法律事务的需求，专业性的司法人员也开始了劳动分工。

## 四、对斯密法理学的反思与总结

### （一）唯物主义的经济决定论

对于亚当·斯密的社会阶段论，R. Pascal 认为，“亚当·斯密发现了一种新的社会解释方法，而这种方法无疑是唯物主义的”。[①] 乍看，亚当·斯密关于法律在历史发展中的进程的描述确贯穿着经济的作用，但当考虑到斯密法理学的目的是“一是提供一个建立以一个成文法为背景、国民互动形成的现实正义观为导向的法学体系；二是理清法律实施背后特定社会的政治经济原则，从根源上找

① R. Pascal, *Property and Society: the Scottish Historical School of the Eighteenth Century*, The Modern Quarterly, Vol. 1, 1938, p. 173.

到实证法偏离正义原则的原因”。[①] 可以看到,关于正义的规范性研究与关于历史的描述性研究并未分离。

为了证明亚当·斯密并非经济决定论的又一个“先锋”,研究者需要理解亚当·斯密笔下“经济”或具体说“经济因素”与个人行动之间的关系。只有借助人这个媒介,经济因素才具有社会决定性。那些“独立于人意志外的社会因素”并不能独立于人导致另一个社会现象的出现。但这些现象也不是人故意行为的结果,正如道德、法律的生成过程一样,它们是非目的性行为的结果。这里亚当·斯密确实是自发秩序理论的先驱,他通过建构反思平衡式的同情交往——这一社会行动的框架来解释个人行为背后的动因。毫无疑问,这种“唯物主义”必须建立在社会中的具体个人的心灵动因之上。那些将斯密理论解读为“唯物”因素或“经济”决定个人行为,由此演生出社会秩序的理论是漏洞百出的。

在《道德情操论》中,我们看到了斯密对人性的理解,这些人类基本能力似乎并非按照“决定论”那样完全由物质性存在决定。当我们辛苦劳动时,是什么促使了我们的行动?是生存资料吗?“那么,最低低级劳动者的工资就可以提供它们,我们看到工资为他们提供食物、衣服和舒适的住房,并且养活了整个家庭。”[②]在基本生存之上,人们还追求许多东西,如他人的关注、得到同情、自满,财富和地位所带来愉悦。“如果我们考虑一下所有这些东西所能提供的实际满足,仅凭这种满足本身而脱离用来增进这种满足的美感,它就总是会显得可鄙而无聊”,[③]这种审美背后是人类心理中把现实与想象、社会奉行的评价通过同情共感内化后激发的。而这并不是充满经济理性人的社会所赞同的,同样,在《法理学讲义》中的很多地方,斯密常常点出历史发展背离合理的经济规律,推动历史的很多是人们的品味和虚荣。在早已明了人性真实所需之后,斯密点出“按照我们所说人生的伟大目标,即改善我们的条件而谋求的利益又是什么呢?……吸引我们的,是虚荣而不是舒适或快乐”。[④] 我们可以恰当地得出结论,在社会发展与人类行为中,非经济因素的重要性使“经济决定论”无法成立。

(二)“斯密问题”的最终解

“斯密问题”是后世对《道德情操论》与《国富论》解读断裂的结果,《国富

---

① 见前文第二段“无偏旁观者与正义论”末尾。

② [英]亚当·斯密:《道德情操论》,蒋自强、钦北愚、朱钟棣、沈凯璋译,商务印书馆1997年版,第60页。

③ [英]亚当·斯密:《道德情操论》,蒋自强、钦北愚、朱钟棣、沈凯璋译,商务印书馆1997年版,第231页。

④ [英]亚当·斯密:《道德情操论》,蒋自强、钦北愚、朱钟棣、沈凯璋译,商务印书馆1997年版,第61页。

论》被演绎出“经济人”，而市场秩序的核心“看不见的手”被简化为人们被自我利益驱使的结果，似乎每个人按自利去生活就能得到市场效率最大化。这种对人和社会规律的描述，与《道德情操论》中的描述有巨大差异，不仅造成了理论上的悖论，还造成了现实中对经济效率与社会道德问题不当的应对方案。以囚徒困境为例，如果博弈参与的人是纯粹自利的，那么结果必然导致不合作的纳什均衡，然而，现实生活的种种两难困境中人们却往往选择合作，之后经济学家深化了这一解释，增加了重复博弈、博弈规则等。[①] 但为何不对博弈中人性的预设做出修改，是现代理性主义经济学忽略的问题。纯粹的自利很难解释人类生活的普遍和谐与合作，这要求我们重新寻找那被现代经济学遗忘的“人性科学”，回到亚当·斯密、回到苏格兰启蒙运动。

当《法理学讲义》重新问世后，我们最终发现两者都是其道德哲学体系中的分支，而亚当·斯密学说的特色就是建立一个如牛顿自然科学体系一般的社会科学体系，他希望将自己的政治经济学、伦理学、法学甚至语言学都建立在共同的哲学原理上，这一原理就是同情共感这一人类禀赋。如果我们忽视其经济理论背后的伦理和法律问题，经济行为与政治体制的合法性就将成为问题。社会中，一个仅凭理性自利的人是无法与他人共处的，还需要同情共感能力，这样他才能在与他人交往中明白他也是和我一样自利、一样平等的主体，要在与他人互动中实现自己的目的，就必须把自利压缩到他人能接受的程度，这种想法促成了调解人行为的规范与社会伦理秩序。正是因为同情产生了善和正义，使得我们能超越囚徒困境中个体理性的局限，谋求他人的信赖与合作，在社会选择中人的天然禀赋催生了社会的交往机制和社会规则。随着生产力的进步，人与人之间的后天差别加大，自生自发的社会秩序需要寻求外在手段维护，这就产生了国家法、判例法等法律制度。当工业文明降临、商业时代来到，人际互动与合作达到前所未有的规模，建立一个更正义、更高效的合作秩序成为现代国家的当务之急。

无疑，法理学是“斯密问题”一个最终解，经济自利与道德同情在法律制度下得到缓和，[②]法律保障自由使人能追求个人自利，法律维护正义以维系社会同情形成的伦理秩序。正义是社会的基石，在此之上，商业社会中的个人才能成功。

### （三）斯密法理学的任务

亚当·斯密对法律的讨论方式，首先是从历史维度实证的考察，其次是通过

---

① 汪丁丁、罗卫东、叶航：《人类合作秩序的起源与演化》，载《社会科学战线》2005 年第 4 期，第 39 ~ 47页。

② 我们可以把这种互动演化视为一种公共选择对利益最大化的影响。参见[美]弗朗西斯科·帕瑞斯：《习惯法的形成》，姜世波译，载《光华法学》2008 年第 1 期，第 17 页。

无偏旁观视角的一种同情的批判,这种方法与《国富论》中对现实经济政策和立法的批判是一致的。而且在《法理学讲义》LJ(A)的后部,[①]亚当·斯密就开始讨论劳动分工如何带来财富增长、市场价格规律、货币作为商业工具等主题,考虑到《法理学讲义》的写作年代在前(1762~1763年,1766年),我们可以对《国富论》(1773~1776年)中的法学语境有很好的解释。众所周知,《国富论》坚定地捍卫了公民享有的自由权、财产权,亚当·斯密强烈谴责了学徒关系法、重商主义的关税法,"连最苛酷的岁入法律,与我国商人和工厂主吵吵闹闹地硬要国会颁布,以支持他们那荒谬而不正当的垄断的法律相比,亦会使人觉得平和宽大"。[②] 这一被认为对早期资本主义的谴责,恐怕会颠覆很多人心中斯密作为资本主义辩护人的形象。斯密的法律批判充分体现在他对奴隶制的谴责中,在奴隶制下,"他们的生命和财产完全受他人支配,他们的自由,如果他们可以被认为拥有自由,也受到主人的支配。但除了作家们常注意到的这些艰辛,他们还身处一些我们一般注意不到的困难中。首先,奴隶被认为不能结婚……其次,最需要宗教信仰慰藉的他们却被完全阻止有宗教信仰"。[③] 亚当·斯密没有直接斥责奴隶制有违人性,而是充分阐述奴隶制盛行的历史原因,以此作为否定奴隶制经济的条件。

在身处历史语境下的人培养出无偏旁观者的立场前,无数世代的人们不得不逐渐习得对人性的尊重。正义的力量并不一直强大,通过同情机制的交流互动在身份等级不平等、人格不平等、贫富差距悬殊、文化程度差距巨大的社会中,将因现实因素的阻碍而无法生成无偏旁观者。即使在英国这个商业社会中,既得利益者也会通过对政府的影响压迫经济上弱势的阶级,与奴隶制时代奴隶主与奴隶的矛盾一样,商业社会中剥削阶级与劳动阶级的矛盾也将阻碍同情互动的发生。亚当·斯密与马克思一样看到了资本主义社会必然存在的问题,但他的解决方案不同,斯密寄希望于一个强大的"中产阶级"发挥弥合社会的张力的作用,并通过政府确保阶层之间的流动性。在考虑到资本主义商业社会的现实矛盾之后,亚当·斯密将法律的道德任务放在保护弱者上,"在从事商业的国家,法律的力量总是足以保护地位最低下的国民"。[④]

亚当·斯密尝试将自己的道德哲学与法理学结合,目的不仅是建立一个无

---

① 参见[英]亚当·斯密:《法理学讲义》,冯玉军、郑海平、林少伟译,中国人民大学出版社2017年版,第323页以后。

② [英]亚当·斯密:《国富论》,郭大力、王亚南译,商务印书馆2019年版,第619页。

③ [英]亚当·斯密:《法理学讲义》,冯玉军、郑海平、林少伟译,中国人民大学出版社2017年版,第189~190页。

④ [英]亚当·斯密:《道德情操论》,蒋自强、钦北愚、朱钟棣、沈凯璋译,商务印书馆1997年版,第289页。

偏旁观者认同的法律理论，而且要研究影响法律正当性的经济、政治制度原因，这种法理学不仅是对偏离人性一般原理的实证法进行批判的标尺，还是寻找偏离原因的指南：

> 有时所谓国家的体制，即政府的利益，有时左右政府的特殊阶层的利益，会使国家的成文法偏离自然的正义准则。在某些国家里，人民的粗野和野蛮妨碍天然的正义情感达到比较文明国家里它们自然达到的那种准确和精确的程度。他们的法律像他们的生活方式意义，是粗俗和紊乱的。在其他一些国家里，虽然人民的生活已经改善会使他们承认精确的法律，但他们不恰当的法院制度总妨碍一切正式的法律体系得以确立。①

法理学的任务就很明显了，一是提供一个建立以一个成文法为背景、国民互动形成的现实正义观为导向的法学体系；二是理清法律实施背后特定社会的政治经济原则，从根源上找到实证法偏离正义原则的原因。

## 五、结语：以人性为根基的法律

法理学研究"法应当如何"，故必须在规范和描述层面上争论，经验前提与它们所依据的经验论证一样重要。② 因此，如果没有关于心理、社会和经济事实的经验假设，就不可能有合理的正义状态。亚当·斯密的研究更为我们展示了法学与社会学、心理学、经济学联合的可能。

亚当·斯密的法律学开端于如无偏旁观者一般对人性的洞察，以求达到"以人类之爱，以对自己的一些同胞可能遭受但不便和痛苦产生但真正同情共感为基础"。③

在研究人类历史的成败兴旺时，我们对正义原则的同情逐步加深，由此建构的法理学的任务越发清晰。我们不仅看到经济自由对创建一个繁荣文明社会的价值，还看到把一个国家从贫穷野蛮带进富裕文明的需要的更是正义的法律、宽缓的公共治理和和平的环境。④ 对于历史的无偏旁观者而言，正义之法就是尊重自然人性、适应经济发展条件、合宜于社会合作秩序之法。⑤ 当这些原则作用于现实时，哲人的沉思转化为立法者的指南。

---

① 参见［英］亚当·斯密：《道德情操论》，蒋自强、钦北愚、朱钟棣、沈凯璋译，商务印书馆 1997 年版，第 451 页。

② See Robert Alexy & Ralf Dreier, *The Concept of Jurisprudence*, Ratio Juris, Vol. 3, No. 1, 1990.

③ ［英］亚当·斯密：《道德情操论》，蒋自强、钦北愚、朱钟棣、沈凯璋译，商务印书馆 1997 年版，第 301 页。

④ 参见［英］伊安·罗斯：《亚当·斯密传》，张亚萍译，浙江大学出版社 2013 年版，第 15 页。

⑤ 参见罗卫东、渠敬东主编：《商业与正义》，浙江大学出版社 2016 年版，第 47 页。

亚当·斯密关于法律与政治的著作是一个无尽的宝库。到目前为止,学者们更注重调和《国富论》和《道德情操论》,而缺失对亚当·斯密法理学的研究,这导致我们难以探求亚当·斯密系统性工程的全貌。尽管亚当·斯密非常清晰地研究了国民经济与其发达的原因,但我们也不应忘了他作为一位法学博士和一位道德哲学家的身份,他渴望提醒一切正在走向商业文明的社会:不要忘记社会同情共感所形成的正义!正是这种来自人类交往过程中自生自发的正义,才是国家富强、法律发达、人民幸福的基石。

## The Ethical Foundations of Adams Smith's Jurisprudence
## ——A System with Compassionate Empathy at Its Core

Liu Yudian

**Abstract**: Adam Smith is well known to the world as the pre-eminent economist and ethicist, however people tend to overlook his jurisprudential side. Established research has been shown that Smith's theory of jurisprudence forms an important part of his system of theories of human behavior and social order. In Adam Smith's ethical, legal, and economic thought, the core arguments is a Rethinking Balanced Theory of sympathetic interaction and its unfolding; the "impartial spectator" that individual sympathy produces in social interaction and the system of justice and social ethical order it constructs; and the concrete unfolding of these ethical concepts in legal theory. Smith's political economy, ethics and jurisprudence are all based on the human endowment of compassionate empathy, and it is also the foundation that allows the "Smith problem"—the paradox of economic self-interest and moral sympathy—to be solved.

**Key words**: Smith's Problem; Lectures on Jurisprudence Compassionate; Empathy; Impartial Spectator; Commercial Society

# “赔礼道歉”民事责任的理解与适用

■ 张　源*

［内容摘要］ “民事法归于礼，刑事法归于律。”根源于中国传统文化的赔礼道歉兼具法律责任和道德义务的双重属性，赔礼道歉包含社会组织赖以有效运作的行为规则。作为民事责任承担方式的赔礼道歉合乎“人性”和“理性”，体现“合作”，不侵犯不表意自由和良心自由，是法律对人行为的调整，不强制思想，明确赔礼道歉的适用范围，述明赔礼道歉的执行方式，鼓励道德义务的赔礼道歉，强制法律责任的道歉行为，使赔礼道歉在法律责任和道德义务两种不同的形式上施展社会控制。

［关键词］ 赔礼道歉　不表意自由　良心自由　民事责任　道德义务

作为一种民事责任的承担方式，赔礼道歉被民事立法多次确认，基于其在民事司法领域的息讼止争作用，被学

* 张源：四川省大邑县人民检察院第一检察部主任。

者称为“东方经验”,并主张积极发扬。[①] 与此相反,有的学者则主张,赔礼道歉以民事责任的面貌出现是将道德义务法律化,羞辱了人格尊严,侵犯了道歉者的人格权,违反了基本的思想自由和良心自由,将道德义务和法律责任混为一谈,[②]指出赔礼道歉在我国司法实践中的诸多适用困境,特别是赔礼道歉民事责任的强制执行问题。[③] 有的学者肯定赔礼道歉作为民事责任承担方式的地位,但主张在赔礼道歉的强制执行上,采用谴责声明的替代执行和赔偿执行两种方式。网络侵权纠纷中,常使用的是赔礼道歉和赔偿损失。[④] 面对学界的不同声音,本文以中国《民法典》的起草和编纂为视角,厘清赔礼道歉民事责任法律制度的流变;立足中国传统文化,对赔礼道歉民事责任予以阐明,论述赔礼道歉民事责任独立于道德义务的依据;同时,剖析赔礼道歉民事责任与不表意自由和良心自由的关系,深挖赔礼道歉民事责任的正当性;最后,明晰赔礼道德民事责任的适用,确定赔礼道歉民事责任与道德义务的界分。

## 一、“赔礼道歉”立法进程

### (一)“赔礼道歉”在前两次《民法典》起草中被忽视

赔礼道歉上升为一种法定责任,肇始于1957年的社会主义爱国公约运动。[⑤] 1957年的整风运动中,发动人民群众开展群众性自我教育和自我约束的社会主义爱国公约运动是公认的最好方式,对于农村中“大法不犯、小法常犯”的不良分子,可由社员代表大会或者乡人民代表大会制定并经上级政府批准的公约予以规制,由人民调处委员会来监督执行。[⑥] 人民调处委员会调解人民内部纠纷的方法各地不一。总的来说,有如下几种:赔礼道歉、警告、家庭管教、具结悔过、退赃、赔偿损失、罚劳动日等。[⑦] 违反社会主义爱国公约者,会受到处罚,其中就包括赔礼道歉。

“文化大革命”之后,我国的立法工作逐渐恢复,赔礼道歉作为法律责任首先见诸刑事法律。1979年7月1日,第五届全国人民代表大会第二次会议审议

---

① 参见黄忠:《一个被遗忘的“东方经验”——再论赔礼道歉的法律化》,载《政法论坛》2015年第4期,第115页。

② 参见夏秀渊:《对强制赔礼道歉的质疑》,载《民商法争鸣》2011年第1期,第302页。

③ 参见郝维华:《加拿大—中国道歉法的比较分析》,载《比较法研究》2011年第6期,第70页。

④ 参见魏大平:《网络人格侵权的法律保护路径探析——基于204份判决书的实证分析》,载《光华法学》(第十一辑),法律出版社2019年版,第188~189页。

⑤ 参见王竹:《侵权责任法疑难问题专题研究》(第二版),中国人民大学出版社2018年版,第158页。

⑥ 参见邓小平:《关于整风运动的报告》,人民日报出版社1957年版,第15页。

⑦ 参见张富文:《新中国初期社会主义爱国公约运动初探》,载《北京社会科学》2009年第6期,第91页。

通过了《中华人民共和国刑法》，将赔礼道歉固定于法律，即第 32 条："对于犯罪情节轻微不需要判处刑罚的，可以免予刑事处分，但可以根据案件的不同情况，予以训诫或者责令具结悔过、赔礼道歉、赔偿损失，或者由主管部门予以行政处分。"赔礼道歉作为非刑事责任被规定在成文法典中，是经过深思熟虑的，1954 年 9 月 30 日《刑法指导原则草案》（初稿）第 9 条第 3 款规定："对于不必要判处刑罚的轻微的犯罪，可以适用训诫、责令悔过道歉或者一个月以下拘役的行政处罚。"①此后的《刑法草案》虽然改变了这一体例，但 1962 年 12 月的《刑法草案》（第 27 次稿）予以恢复，该草案稿规定："对于情节轻微的犯罪分子，不需要判处刑罚的，可以根据案件的不同情况，予以训诫或者责令具结悔过、取保、赔礼道歉、赔偿损失。"②此后，《刑法草案》（第 30 次稿）、《刑法草案》（第 34 次稿）、《刑法草案》（第 35 次稿）、《刑法草案》（第 36 次稿）、《刑法草案》（第 37 次稿）、《刑法草案》（第 38 次稿）都予以延续，最终将赔礼道歉写入刑事法律作为一种非刑事责任。

（二）第三次《民法典》起草中"赔礼道歉"的确立

第十一届三中全会的召开是法制建设的转折点，社会主义法制建设的重要性日益凸显，全国人民代表大会常务委员会法制委员会在 1979 年年底成立了民法起草小组，拉开了第三次民法典起草工作的序幕，基于当时的社会条件和经济发展需求，时任全国人大常委会委员长彭真决定按照"成熟一个、解决一个"的办法，针对现实生活中的一些迫切需要解决的问题制定一个民法大纲。③《民法草案》（征求意见一稿）借鉴 1979 年《刑法》第 32 条规定的非刑罚种类，将赔礼道歉规定在第一编"总则"第七章"民事制裁"第 68 条："人民法院、仲裁机关或其他国家机关在当事人的权利受到侵害的事实查明后，可以根据违法行为的性质和后果，采取下列的民事制裁方法：一、罚款；二、收缴非法所得；三、赔偿损失；四、具结悔过；五、责令赔礼道歉；六、通报批评。"④1981 年 4 月，《民法草案（征求意见二稿）》第一编"总则"第八章"民事制裁"第 62 条列举了 12 种民事制裁方法，包括："一、责令排除妨碍；二、责令返还原物、恢复原状；三、责令赔偿损失；四、收缴非法所得；五、罚款；六、责令赔礼道歉；七、责令具结悔过；八、训诫；

① 高铭暄、赵秉志编：《新中国刑法立法文献资料总览》，中国人民公安大学出版社 1998 年版，第 171～172 页。

② 高铭暄、赵秉志编：《新中国刑法立法文献资料总览》，中国人民公安大学出版社 1998 年版，第 287 页。

③ 参见金平：《亲历三次民法典编纂》，载南京人大网，http://www.njrd.gov.cn/rdsl/201609/t20160902_4135544.html，2020 年 6 月 13 日访问。

④ 何勤华、李秀清、陈颐编：《新中国民法典草案总览》（下），法律出版社 2003 年版，第 380 页。

九、剥夺某项民事权利；十、责令停业或搬迁；十一、查封或撤销登记；十二、民事拘留。”[①]与《民法草案（征求意见一稿）》相比，《民法草案（征求意见二稿）》将“具结悔过”改为“责令具结悔过”，在顺序上置于“责令赔礼道歉”之后。总的来说，第二次征求意见稿延续了第一次的体例，但丰富了《民法草案（征求意见一稿）》的“民事制裁”方法，增加了4种，分别是：“剥夺某项民事权利”“责令停业或搬迁”“查封或撤销登记”“民事拘留”。1981年7月，《民法草案（征求意见三稿）》较之前两稿进行了重大的体例调整，《民法草案（征求意见二稿）》第一编总则、第八章民事制裁与第四编侵权损害的责任被合并为《民法草案（征求意见三稿）》第七编民事责任，在第486条规定了12种民事责任方式：“一、责令排除妨碍、停止侵害、消除危险；二、责令返还原物；三、责令恢复原状；四、责令赔偿损失；五、收缴进行非法活动的财物和非法所得；六、罚款；七、支付违约金；八、责令修理、更换、重作；九、责令赔礼道歉、消除影响、恢复名誉；十、责令具结悔过；十一、告诫；十二、责令停业、停产或者搬迁。”[②]与前两稿相比，《民法草案（征求意见三稿）》在定性上，把“民事制裁”改为“民事责任”；在内容上，增加停止侵害、消除危险和消除影响、恢复名誉四种民事责任方式。1982年5月，《民法草案（征求意见四稿）》延续《民法草案（征求意见三稿）》的体例和内容，成为《中华人民共和国民法通则》[③]（以下简称《民法通则》）的制定蓝本，将赔礼道歉规定在原《民法通则》第134条第1款：“承担民事责任的方式主要有：（一）停止侵害；（二）排除妨碍；（三）消除危险；（四）返还财产；（五）恢复原状；（六）修理、重作、更换；（七）赔偿损失；（八）支付违约金；（九）消除影响、恢复名誉；（十）赔礼道歉。”与《民法草案（征求意见四稿）》相比，原《民法通则》将“赔礼道歉”与“消除影响、恢复名誉”在立法上予以区分。

在赔礼道歉的适用上，《民法通则》第120条规定：“公民的姓名权、肖像权、名誉权、荣誉权受到侵害的，有权要求停止侵害，恢复名誉，消除影响，赔礼道歉，并可以要求赔偿损失。”揆诸立法草案，赔礼道歉最初是作为侵害宗教信仰、民族习惯的民事责任方式被特别列举在《民法草案（征求意见一稿）》中，从《民法草案（征求意见一稿）》至《民法草案（征求意见四稿）》侵害自然人姓名权、名誉权、肖像权和法人的名称、名誉、信用等权利的民事责任方式中一直未见“赔礼道歉”的踪影。1986年2月《民法通则草案修改稿》坚持了1985年11月的《民法

① 何勤华、李秀清、陈颐编：《新中国民法典草案总览》（下），法律出版社2003年版，第445页。

② 何勤华、李秀清、陈颐编：《新中国民法典草案总览》（下），法律出版社2003年版，第556～557页。

③ 该法由于《民法典》于2021年1月1日的实施而被废止。

通则（草案）》体例，在第117条规定："公民的姓名权、肖像权、名誉权、荣誉权受到侵害的，受害人有权要求停止侵害，赔礼道歉，消除影响，恢复名誉，并可以要求赔偿损失。"①

（三）第四次民法典起草前"赔礼道歉"的立法样态

在《民法通则》将赔礼道歉确定为民事责任承担方式之一种后，赔礼道歉在民法领域的适用扩大。在对著作权的保护上，1990年的《著作权法》吸收了第三次《民法典》起草过程中确立的赔礼道歉民事责任，在表述上调整为"公开赔礼道歉"，②与"停止侵害、消除影响、赔偿损失"一起被规定为侵害著作权应承担的民事责任。在对消费者权益的保护上，1993年的《消费者权益保护法》第43条，把赔礼道歉作为消费者人格尊严和人身自由受到侵害后的救济途径之一，即"经营者违反本法第二十五条规定，侵害消费者的人格尊严或者侵犯消费者人身自由的，应当停止侵害、恢复名誉、消除影响、赔礼道歉，并赔偿损失"。

在名誉权侵害和精神损害的救济上，1993年最高人民法院《关于审理名誉权案件若干问题的解答》第十点回答部分规定："人民法院依照《中华人民共和国民法通则》第一百二十条和第一百三十四条的规定，可以责令侵权人停止侵害、恢复名誉、消除影响、赔礼道歉、赔偿损失。"2001年最高人民法院《关于确定民事侵权精神损失赔偿责任若干问题的解释》（以下简称2001年《精神损害赔偿解释》）③第8条第1款规定："因侵权致人精神损害，但未造成严重后果，受害人请求赔偿精神损害的，一般不予支持，人民法院可以根据情形判令侵权人停止侵害、恢复名誉、消除影响、赔礼道歉。"第2款规定："因侵权致人精神损害，造成严重后果的，人民法院除判令侵权人承担停止侵害、恢复名誉、消除影响、赔礼道歉等民事责任外，可以根据受害人一方的请求判令其赔偿相应的精神损害抚慰金。"

（四）新时代《民法典》中的"赔礼道歉"

2015年3月20日，第五次《民法典》编纂工作正式启动，采用"两步走"规划编纂21世纪新时代的《民法典》，第一步出台《中华人民共和国民法总则》（以下简称《民法总则》），④第二步完成《民法典》各分编的编纂工作。作为《民法典》

---

① 张谷：《作为救济法的侵权法，也是自由保障法——对〈中华人民共和国侵权责任法（草案）〉的几点意见》，载《暨南学报（哲学社会科学版）》2009年第2期，第24页。

② 2001年修正的《著作权法》将"公开赔礼道歉"中的"公开"二字删除。

③ 第四次《民法典》起草虽然于1998年启动，但2002年4月，起草小组才完成草案"小组稿"，因此将《精神损害赔偿司法解释》作为第四次《民法典》起草前的立法动态。

④ 该法由于《民法典》于2021年1月1日的实施而被废止。

组成部分的原《中华人民共和国侵权责任法》(以下简称《侵权责任法》)①于2009年12月审议通过,将赔礼道歉作为承担侵权责任的方式规定在第15条第1款,与原《民法通则》第134条第1款相比,赔礼道歉的顺序被提前,位列“消除影响、恢复名誉”之前。2017年3月编纂《民法典》的第一步工作完成,原《民法总则》在对“民事责任承担方式”的规定上,保持了原《民法通则》第134条的体例,在第179条第1款将“赔礼道歉”置于“消除影响、恢复名誉”之后,同时,增加“继续履行”作为一种独立的民事责任承担方式。2019年12月16日,第十三届全国人大常委会第十五次会议审议通过的《民法典(草案)》,坚持了原《民法总则》第179条对民事责任承担方式的规定。同时,在第四编“人格权”第一章“一般规定”的第1000条规定了赔礼道歉在人格权遭受侵害时的适用,即“行为人因侵害人格权承担消除影响、恢复名誉、赔礼道歉等民事责任的,应当与行为的具体方式和造成的影响范围相当”。2020年5月28日,第十三届全国人大第三次会议表决通过《中华人民共和国民法典》,基本延续法典编纂时对“赔礼道歉”秉承的立法体例。

梳理“赔礼道歉”的入法源流,可以看出,之所以将赔礼道歉规定为民事责任承担方式,是基于社会环境的考量,是基于我国国情和彻底化解民事纠纷的需要,赔礼道歉在解决纠纷,维护团结方面的作用,契合了时代需要,②部分学者也给予了积极评价,认为其符合我国的民族传统,是民间调处纠纷经验的法律化、制度化。③

## 二、“赔礼道歉”的道德文化承载

所谓“赔礼道歉”,《当代汉语词典》将“赔礼”释义为“向人施礼,请对方原谅”,把“道歉”解释为“表示歉意,特指认错”。④ 作为一种责任方式,赔礼道歉更应在法律层面上予以审视。在《法学大辞典》中,赔礼道歉被界定为一种适应范围广泛的责任方式,既可以是道德上的责任、也可以是行政的、法律的责任。作为一种法律责任,在刑法、民法中皆可适用。⑤ 在《北京大学法学百科全书》中,赔礼道歉指责令侵害他人民事权益的行为人,向受害人当面承认错误、表示歉意,并进一步指出赔礼道歉是安慰受害人,妥善解决纠纷的有效方法,是承担

① 该法由于《民法典》于2021年1月1日的实施而被废止。

② 参见黄忠:《认真对待“赔礼道歉”》,载《法律科学(西北政法大学学报)》2008年第5期,第76~77页。

③ 参见王作堂等编著:《民法教程》,北京大学出版社1983年版,第19~20页。

④ 李国炎等编著:《当代汉语词典》,上海辞书出版社2001年版,第956、315页。

⑤ 参见邹瑜、顾明主编:《法学大辞典》,中国政法大学出版社1991年版,第942页。

民事责任的方式之一。[①]

赔礼道歉作为一种法定的责任方式，肇始于社会主义爱国公约运动，前已论及，但赔礼道歉却根植于中华传统文化。赔礼道歉的核心在于“礼”。在最初的兵法合一时代，“礼”非应有之义，“不识不知，顺帝之则”，社会处于一种无绝对是非标准的状态，相对于“礼”建立之后的社会，陈顾远先生将其称为“俗”，后经古代祭仪和周初“礼制”终致儒家创“礼”。[②] 史证殷氏卜祭，故现代学者多将“礼”的来源追溯至殷的祭仪。《昏义》中载“夫礼，重于祭祀”，《说文》中称“礼者履也，所以事神致福也”等，皆是其证。初源于祭祀之礼，其实质不外乎“礼之仪、礼之文、礼之容、礼之貌”，祭仪的举止行为外化为“敬”，成为“礼之仪”的核心。基于“敬”所蕴含的严肃意味，受到了周初封建制度的青睐，成为分封等级的标准，即所谓的“礼不下庶人，刑不上大夫”，在社会治理上，士以上必以礼数节之，子庶百姓必以法数制之。在周朝，“礼”是贵族之纪。春秋时期，王室渐衰，诸侯争霸，礼崩乐坏，儒家提出克己复礼，将庶民也纳入“礼”的适用范围，将“礼”推广为社会各方面统一的规范。

缘何“礼”会成为社会规范，从消极方面来说，是为了避免“礼”和“仪”的混淆，“礼之所尊，尊其义也，失其义也，陈其数，祝史”，这里的“数”就是“仪”，“礼”不以“仪”为重，有其追求的含义；从积极方面来看，儒家学说独尊“礼”，并积极推崇其为民族精神，将“礼”作为规律，以“礼”节、以“礼”约，“治国不以礼，犹无耜而耕也，为礼不本于义，犹耕而弗种也”。于是，“农分田而治，贾分货而贩，百工分事而劝，士大夫分职而听，建国诸侯之君分土而守”“百王之所同也，礼法之大分也”。也就是说，礼成为“定分”的标准。在儒家看来，“礼”是节制、约束的标准，是个人如何守分的标准，名义上虽无法之头衔，实则具有法之效用，纷争诉讼，非礼不决。儒家推崇“礼”，将成年制度表示在冠礼中，将婚姻制度表示在婚礼中，将亲系表示在丧礼中，将宗教信仰和伦常表示在祭礼中，将军法和战争法规表示在军礼中，将国家和平法制表现在宾礼中。从实质上说，礼与现代政事法、民事法的精神相当，即“民事法归于礼，刑事法归于律”。[③]

经由考证，赔礼道歉是向人施礼，表示歉意，请求原谅，总结其核心内涵，至少包括两点：一是对冒犯别人的歉意；二是对背离社会规则的补救。赔礼道歉是

---

① 参见《北京大学法学百科全书》编委会编：《北京大学法学百科全书·民法学·商法学》，北京大学出版社2004年版，第735页。

② 参见范忠信等编校：《中国文化与中国法系——陈顾远法律史论集》，中国政法大学出版社2006年版，第386~387页。

③ 参见范忠信等编校：《中国文化与中国法系——陈顾远法律史论集》，中国政法大学出版社2006年版，第388页。

内在歉意的外化展现。赔礼道歉是中国传统道德文化的一部分,同时也在发挥着法律的指引、评价作用,上文对“礼”的产生、确立及发展的考证,可兹论证。在我国传统社会中,受礼制的主流地位影响,赔礼道歉兼具内生性和强制性的双重特点,违反者既可主动施礼道歉,也可被族长或长辈强制施礼道歉。① 从古至今,作为道德义务的赔礼道歉,不经意地一直在使用,“对不起”“很抱歉”,就是例证,细想一下使用场景,在我们将要给别人留下不好印象的时候,在我们将要侵犯或者已经侵犯他人利益或者活动范围的时候,为了使自己获得一种满意的自我界定,通常会用赔礼道歉的方式进行补救,缓和双方之间的关系,②道德层面的赔礼道歉动机决定了作为道德义务的赔礼道歉是一种自发式和主动性的行为。基于传统观念和当前社会需要的考虑,赔礼道歉被上升为法律责任,增加了法律上的强制性,部分学者提出反对,认为其违背了道德义务的本意。但因袭传统文化而成的赔礼道歉,并非只是某一个特定历史时期的应急反应,而是我国立法的当然选择。③

放眼世界法哲学理论,自然法学派的古典理论认为,人类行为是有一系列原则的,有待人类理性去发掘,人为制定的法律必须遵循这些原则,才是有效的。自然法学说认为,所有可以名状的存在事物,包括人类、生物和无生物,都不是要追求自我保存,而是会追求某种适合存在的状态,某种“善”,或称之为某种“目的”。按照自然的目的论概念,万物会趋向自身最完美的层次,可以名状的存在事物趋向其独特且适当之目标的各个阶段时,是有规律性的,可以用描述事物变化、行为或发展模式的普遍概念去形构。根据目的论观点,不仅发生的规律应该被考虑,是否真实发生、是否应该发生以及发生的效果都应当被纳入考虑范围。④ 经由考量,如果被认定为朝向合宜的目标迈进,就可以被评价为好的或应该发生的。具体到社会生活,人类会追求合适的生存状态,这是人性使然,赔礼道歉具有法律规范和道德习俗中的共同元素,包含着社会组织赖以有效运作的行为规则——合作。

人性产生关系,而合作使人性的存在成为可能,⑤人的生理机能运转是人的各个器官合作的结果,人的喜怒哀乐的产生也源于相应的合作。“礼”维系着人

① 参见郝维华:《加拿大—中国道歉法的比较分析》,载《比较法研究》2011 年第 6 期,第 69 页。

② 参见黄忠:《认真对待“赔礼道歉”》,载《法律科学(西北政法大学学报)》2008 年第 5 期,第 75 页。

③ 参见黄忠:《一个被遗忘的“东方经验”——再论赔礼道歉的法律化》,载《政法论坛》2015 年第 4 期,第 116 页。

④ 参见[英]哈特:《法律的概念》,许家馨、李冠宜译,法律出版社 2018 年版,第 256 页。

⑤ 参见[英]哈特:《法律的概念》,许家馨、李冠宜译,法律出版社 2018 年版,第 262 页。

与人相互之间的关系，维系着人与人之间的合作，维系着人与社会之间的关系，赔礼道歉可以修复破损的关系。纠纷是一种负关系，产生纠纷，诉诸法律，目的在于消除这种负关系，因此，法院的裁判应有助于这种负关系的消弭，或者至少是缓解。以人格侵权为例，人的尊严受到侵害，对于以赔礼道歉消弭负关系的请求，法律应该予以考虑，赔礼道歉的文化承载是其成为一种法律责任的内生动力。

## 三、“赔礼道歉”的现实意义

### （一）“赔礼道歉”不侵犯不表意自由

我国《宪法》第35条规定公民享有广泛的言论自由，①学者将这里的自由解释为包含积极和消极两层含义，即为之某种言论的自由和不为某种言论的自由，不为某种言论的自由即不表意自由。② 赔礼道歉具有人身属性，强制不愿意道歉之人施礼道歉，是否侵犯其不表意自由，应经由法律论证。

《宪法》不仅保护公民的言论自由，而且维护公民的人格尊严，在公民受害侵害而诉请赔礼道歉时，法院能否出于维护人格尊严而对公民的不表意自由予以限制，涉及宪法上基本权利的冲突，进而要对赔礼道歉进行违宪审查，鉴于我国并未确定违宪审查制度，比较法上的比例原则可兹借鉴。③ 比例原则具体包括妥当性原则、必要性原则和均衡原则三个方面。妥当性原则，也可称为适合性原则，指国家的一种措施是可以达到特定目的的手段；必要性原则，指在所有能够达成特定目的的方式中，必须尽可能选择对人民权利侵害最少的方式；均衡原则，又称狭义比例原则，指国家的这种措施所欲达成的目的与其对于人民的基本权利的限制之间，并非不成比例，在相互冲突的目的间进行权衡，使获益与损害符合比例。④ 以这三个方面进行目的衡量或谓利益衡量，是检验合宪性的三个阶段。⑤

首先，予以妥当性考察，法律规定赔礼道歉是为了维护受侵害者的人格尊严、保护受侵害着的人格权益。主动的赔礼道歉当然会弥补受侵害者的人格尊严，这是赔礼道歉的价值所在。需要检视的是，被法律强制的赔礼道歉是否仍具

① 《宪法》第35条规定：“中华人民共和国公民有言论、出版、集会、结社、游行、示威的自由。”

② 参见张红：《不表意自由与人格权保护——以赔礼道歉民事责任为中心》，载《中国社会科学》2013年第7期，第117页。

③ 参见张翔：《基本权利冲突的规范结构与解决模式》，载《法商研究》2006第4期，第98～99页；聂鑫：《宪法基本权利的法律限制问题——以中国近代制宪史为中心》，载《中外法学》2007年第1期，第66页。

④ 参见郑晓剑：《比例原则在民法上的适用及展开》，载《中国法学》2016年第2期，第145页。

⑤ 参见陈新民：《德国公法基础理论》，山东人民出版社2001年版，第368页。

有此种效果,心理学家的研究已经证实,"即使是一个违心的、并不真诚的道歉,也能发泄受害人的怨恨",有助于受侵害者人格尊严的保护。其实,从社会心理学上的认知失调理论分析此问题,会得出更为妥当的答案。认知失调理论认为,每个人对于认知都有一种保持认知元素之间和谐一致的心理需求,当这种需求被打破时,个体会感到不安,并且会产生内向性的动机去调整自己的认知。① 从理论上讲,当法院判决侵权者向受侵害者赔礼道歉后,原有的认知平衡被打破,会增加侵权者改变自己原有认知的概率,以利于赔礼道歉所追求的社会价值的实现。②

其次,予以必要性考察。不同类型的权利有不同的特征,因此设置了相应的救济方式,在人身权益遭受侵犯后,法律应予以相应的救济,这种救济方式既可以是财产性的责任承担方式,也可以是非财产性的责任承担方式。《民法典》第1183条第1款规定:"侵害自然人人身权益,造成严重精神损害的,被侵权人有权请求精神损害赔偿。"当人身权益受到侵害且导致的精神损害并不严重时,我国民法不允许受害人主张精神损害赔偿,此时,弥补受害人精神损害的责任落到了赔礼道歉身上,赔礼道歉民事责任有助于维护民法救济体系完整性和妥当性。剖析民事责任承担方式的本质,民事责任承担方式是落实民事责任的具体形式,是向法律负责和向被侵权人负责的结合,具有强制性,③任何民事责任承担方式都可能不愿意被接受。④ 有的学者主张以财产性责任方式代替,这就涉及财产权,自然状态时期人就有了财产,政府成立后便开始了对这种权利的保护,财产是合乎自然法的,也是合乎"人性"的,财产是保持生命的必要手段,保护财产合乎自然法,亦合乎"理性"。⑤ 劳动创造了财产,也诞生了自由,财产是自由的表征,这里的自由是广义上的自由,包括言论自由。也就是说,言论自由是财产背后的广义自由的一部分,与限制财产自由相比,采用赔礼道歉救济程度轻微的精神损害是必要的。

最后,施以狭义比例原则考量。不表意自由是言论自由的一部分,言论自由的核心是言论,言论分为事实陈述和价值判断。公民为事实陈述时,不能苛责陈述者保证所陈述言论的绝对真实,否则会引发寒蝉效应。当出现不实陈述时,要求陈述者向因不实陈述受到侵害的一方表示歉意,并不侵害表意者的不表意自

---

① 参见[美]利昂·费斯汀格:《认知失调理论》,郑全全译,浙江教育出版社1999年版,第113页。

② 参见葛云松:《民法上的赔礼道歉责任及其强制执行》,载《法学研究》2011年第2期,第120页。

③ 参见杨立新:《侵权责任法》(第三版),法律出版社2018年版,第156页。

④ 参见黄忠:《一个被遗忘的"东方经验"——再论赔礼道歉的法律化》,载《政法论坛》2015年第4期,第125页。

⑤ 参见[英]洛克:《政府论》(下篇),叶启芳、瞿菊农译,商务印书馆2009年版,第11页。

由，因为表意者应对自己先前的行为负责，同时这也体现了侵权责任中自己责任原则。需要指明的是，要求因不实陈述而致歉与法律不苛责言论真实是不冲突的，二者是两个层面的问题，为自己行为负责是现代法律的通行做法。当公民的言论是一种价值判断时，似乎要求其赔礼道歉会显著侵犯其不表意自由，实则不然。这种错觉的产生原因是法律概念的误导，认为价值判断与事实陈述不同，价值判断源自内心。殊不知，价值是事实的内在视角，价值判断是从内在视角表达的事实陈述，其本质上仍是一种事实。既然是一种事实，遵循事实陈述时的分析机理，赔礼道歉符合狭义比例原则。

因此，赔礼道歉并不侵犯宪法上的不表意自由。而且不仅我国规定有赔礼道歉的民事责任，日本、韩国亦有类似规定。《日本民法典》第 723 条规定："对于损坏他人名誉的人，法院根据受害人的请求，可以替代损害赔偿或与损害赔偿同时命令其作出有利于恢复名誉的适当处理。"《韩国民法典》第 764 条规定："对侵害他人名誉者，法院根据受害者的请求可以作出给予损害赔偿或与损害赔偿并处恢复名誉的适当处分。"《韩国民法典》规定的"恢复名誉的适当处分"在解释上被认为是在报纸上登载道歉广告[①]或者"登报道歉启事"。[②]

（二）"赔礼道歉"不侵犯良心自由

所谓"良心"，即"个人对正当与否的感知，是个人对自己的行为、意图或品格在道德上好坏与否的认识，以及一种要正当地行动或做一个正当的人的责任感，这种责任感在人做了坏事时常能引起自己有罪或悔恨的感情"。[③] 在此基础上，有学者将良心自由界定为："公民有以内心的道德观独立判断是非善恶，并指导自身行为的自由。"[④]判断赔礼道歉是否侵犯良心自由，首先要找寻法律对良心自由的规定。我国《宪法》第 35 条是对公民言论自由的保护，第 36 条是对宗教信仰自由的保护，第 37 条是对人身自由的保护，第 38 条是对人格尊严的保护，第 39 条是对公民住宅的保护，第 40 条是对通信自由和通信秘密的保护。我国《宪法》并未明文规定良心自由，上述已规定的宪法权利未实质触及良心自由，是以，赔礼道歉是否侵犯良心自由，无法从我国宪法上予以说明。[⑤]

为了全面回应反对者的意见，本文有必要从道德层面分析赔礼道歉民事责

---

① 参见姚辉、段睿：《"赔礼道歉"的异化与回归》，载《中国人民大学学报》2012 年第 2 期，第 106 页。

② 参见王泽鉴：《侵权行为》，北京大学出版社 2009 年版，第 111 页。

③ ［美］默里 · 斯坦因：《日性良知与月性良知》，喻阳译，东方出版社 1998 年版，第 21 页。

④ 杜文勇：《认真对待"良心自由"》，载《河北法学》2010 年第 5 期，第 65 页。

⑤ 参见王竹：《侵权责任法疑难问题专题研究》（第二版），中国人民大学出版社 2018 年版，第 174 页。

任与良心自由的关系。之所以会提出赔礼道歉民事责任侵犯良心自由,在于混淆了法律和道德的不同约束力。赔礼道歉具有双重属性,既有道德属性,也有法律属性,与此相类似的有亲属法中的抚养、赡养、扶养义务。出现父母不抚养子女、子女不赡养父母、夫妻之间相互不扶养的情况时,除非具有法定情形,在法院裁判相应义务人履行法定义务时,义务人可以以违背自己的良心自由予以反驳吗?事实证明,这种反驳是无力的,因为法律调整的只是行为,法律不强制存留于个人心中的思想,[①]法律强制赔礼道歉不会侵害良心自由,因为良心自由客观上不可能被强制。[②] 法的力量不可能深入改变人的内心,赔礼道歉也不会,赔礼道歉和其他法律责任一样,调整的是人的行为,不会侵害良心。[③] 我们应该客观的看待良心,对良心自由设定一个合理的预期,[④]既不能夸大良心的作用,高估良心的价值,也不能无视良心对对人们的教化作用,过分夸大良心无异于取消一切法律规范,造成每个人都可以自己良心立法的混乱局面。[⑤]

## 四、"赔礼道歉"的司法适用

### (一)"赔礼道歉"的法礼调和

作为一种民事责任,赔礼道歉的动力是法定强制力,作为一种道德义务,赔礼道歉既可以源自内心,也可以源自功利。作此区分的目的是对法律和道德领域的赔礼道歉分别适用不同的调整方式。对于道德义务上的赔礼道歉,我们的态度应当是鼓励;对于法律责任上的赔礼道歉,我们的态度应当是强制。对赔礼道歉的法律责任进行正本清源和回归后,赔礼道歉与个人思想之间的界限得以明确,施礼道歉是法律对人行为的调整,不表征内心思想,因而,也从根本上解决了赔礼道歉不能强制执行的问题,真正做到"道德的归道德,法律的归法律"。

### (二)"赔礼道歉"的适用范围

"赔礼道歉"民事责任的适用范围取决于特定权益的保护范围,根据"赔礼道歉"责任的性质和立法进程,其适用范围如下:

---

① 参见张力:《信用社会的软法治理——以赔礼道歉的法制化为视角》,载《河北法学》2013 年第 2 期,第 16 页。

② 参见张红:《不表意自由与人格权保护——以赔礼道歉民事责任为中心》,载《中国社会科学》2013 年第 7 期,第 127 页。

③ 参见张力:《信用社会的软法治理——以赔礼道歉的法制化为视角》,载《河北法学》2013 年第 2 期,第 16 页。

④ 参见王竹:《侵权责任法疑难问题专题研究》(第二版),中国人民大学出版社 2018 年版,第 174 页。

⑤ 参见黄忠:《认真对待"赔礼道歉"》,载《法律科学(西北政法大学学报)》2008 年第 5 期,第 76 页。

第一，人格权。根据《民法典》第1000条的规定，人格权受侵害时，可以请求侵权人做出与侵害行为具体方式和损害范围相当的赔礼道歉。需要注意的是，当死者生前的人格利益受到侵害时，构成对死者近亲属人格权的侵害，死者近亲属可以向法院主张侵权者赔礼道歉。①

第二，身份权。《民法典》第1183条第1款规定了自然人人身权遭受严重侵害时的精神损害赔偿，上文已论述"赔礼道歉"在人身权益未遭受严重损害时的作用。身份权作为人身权的一部分，在其受到侵害时可以请求赔礼道歉。在婚姻关系中，《民法典》第1091条继承了原《婚姻法》第46条的内容，规定了无过错方有权请求损害赔偿的五种情形，根据最高人民法院《关于适用中华人民共和国婚姻法若干问题的解释（一）》②第28条的规定："婚姻法第四十六条规定的'损害赔偿'，包括物质损害赔偿和精神损害赔偿。涉及精神损害赔偿的，适用最高人民法院《关于确定民事侵权精神损害赔偿责任若干问题的解释》的有关规定。"因此，在解释上应认可婚姻关系中无过错方的赔礼道歉请求。

第三，具有人身意义的特定物。《民法典》第1183条第2款规定了侵害具有人身意义的特定物的精神损害赔偿，但在适用上要予以区分。侵害具有人身意义的特定物造成了两重损害：一是物品的毁损、灭失；二是物品承载的精神利益损害，但是，物品所承载的精神寄托未必为外人知晓，因此，侵权者对具有人身意义的特定物的侵害没有故意或重大过失的不承担精神损害赔偿。

第四，著作权。《著作权法》第47条、第48条规定了侵害著作权和邻接权时需要承担的赔礼道歉责任。对于专利权和商标权的损害则不适用赔礼道歉，因为这两种权利为纯粹的财产权利，不存在需要保护的精神利益。③

### （三）"赔礼道歉"的执行方式

"赔礼道歉"是道歉者向受害者致歉的外在表达形式，作为责任承担方式的"赔礼道歉"的执行方式的确定要以有利于"赔礼道歉"的强制执行为出发点，以提高"赔礼道歉"的可实施度，化解社会纠纷。

第一，"赔礼道歉"要以不侵害施歉者的人格权为前提，不能以一种违法行为去救济另一种违法行为，因此，下跪、磕头等侵害人格尊严的行为不能被采纳。

第二，"赔礼道歉"的表现形式应当是一种普遍的、基本的、便于操作的致歉方式，不应将某些地区特有的民间习俗吸纳到"赔礼道歉"的责任形式中，因为

---

① 参见葛云松：《死者生前人格利益的民法保护》，载《比较法研究》2002年第4期，第27～28页。

② 在《民法典》实施前最高人民法院制定的有关婚姻法的司法解释，在《民法典》实施后，被最高人民法院制定的《关于适用〈中华人民共和国民法典〉婚姻家庭编的解释（一）》（法释〔2020〕22号）取代。

③ 参见葛云松：《赔礼道歉民事责任的适用》，载《法学》2013年第5期，第94页。

法律只能规定的最低的行为标准而不能规定最高的行为标准,以避免对行为自由的过多限制。

第三,在“赔礼道歉”的具体表现形式上,可以口头或书面作出,也可以通过和解协议对“赔礼道歉”予以协商。口头表达歉意是社会生活中常见的致歉方式,书面赔礼道歉有利于赔礼道歉的强制执行,和解协议可以根据各方需求协商赔礼道歉的各种表现形式。

第四,“赔礼道歉”的范围、方式及“赔礼道歉”未履行时的救济途径等内容应在判决书中述明。为了推动“赔礼道歉”的履行,判决书应明确“赔礼道歉”的具体表现方式,“赔礼道歉”的程度,以及侵权人应道歉而不道歉时的救济途径,比如向法院申请发表谴责声明、以财产方式替代执行等。[①]

## Understanding and Application of “Apology” Civil Liability

Zhang Yuan

**Abstract**: “Civil law belongs to ritual, criminal law belongs to law”, It is rooted in the traditional Chinese culture that an apology has the dual attributes of legal responsibility and moral obligation. An apology includes the behavioral rules that social organizations rely on to operate effectively. An apology as a way of assuming civil liability is in line with “humanity” and “rationality”, reflects “cooperation”, does not infringe the freedom of expression and freedom of conscience, is an adjustment of human behavior by law, does not force thinking, about judicial application, we should clarify the scope of the apology and state how the apology will be executed, encourages the apology of moral obligation, and enforces the apology behavior of legal responsibility, so that the apology can exert social control in two different forms of legal responsibility and moral obligation.

**Key words**: Apology; No Ideographic Freedom; Freedom of Conscience; Civil Liability; Moral Obligatio

① 参见葛云松:《赔礼道歉民事责任的适用》,载《法学》2013 年第 5 期,第 100 页。

# 工伤医疗待遇给付中强制性的偏离及其矫正

汤文承*

［内容摘要］　强制性是工伤保险作为社会保险和责任保险的内在要求，是贯穿整个工伤保险制度的一项基本原则。我国工伤医疗待遇的给付应当始终在强制性原则的要求下展开，既要强制用人单位参保，又要强制保护被保险人。然而，目前相关法规和实践中对工伤医疗待遇给付的规定实则违背了强制性原则，主要表现为以工伤发生之日作为开始给付的时间点较为模糊、以缴纳保费作为给付条件不合理、超出给付范围的合理医疗费用分担主体不明确等问题。基于此，有必要从总结我国工伤医疗待遇给付问题的现状入手，分析其对工伤保险强制性原则的偏离，并进一步指出强制性要求下工伤医疗待遇给付的应然状态，即明确工伤保险关系建立的时间点和工伤医疗待遇开始给付的时间点、不以缴纳保费作为工伤医疗待遇给付

* 汤文承：武汉大学法学院经济法专业硕士研究生、武汉大学劳动与社会保障法研究中心研究员。

的条件及治疗工伤所需的合理必要的自费医疗费用由用人单位承担。

[**关键词**] 工伤医疗待遇给付　强制性　给付开始的时间　给付条件　给付范围

## 一、引言

为了分散用人单位的风险,为工伤职工提供更可靠、更稳定的救济,使其在不幸遭受工伤事故伤害或者罹患职业病之后,能够及时得到医疗救治和康复,免除工伤职工的后顾之忧,同时也分散用人单位的经营风险,中华人民共和国成立伊始便建立了工伤保险制度。作为一种社会保险和责任保险,工伤保险制度的有效运行离不开强制性原则的贯彻实施,在强制性原则的要求下,用人单位必须依法为职工参保、缴纳保费,而这种[①]强制履行并非单一的履行行为,保险基金则必须依法向符合条件的工伤职工给付工伤保险待遇。依照《中华人民共和国社会保险法》(以下简称《社会保险法》)第 38 条和第 39 条的规定,我国工伤保险待遇主要包括以下内容:工伤医疗待遇;一次性伤残补助金和伤残津贴;一次性医疗补助金;丧葬补助金、供养亲属抚恤金和因工死亡补助金;劳动能力鉴定费;治疗工伤期间的工资福利;一次性伤残就业补助金。

其中,工伤医疗待遇作为工伤保险待遇的重要组成部分,指的是职工发生工伤事故或罹患职业病后,治疗工伤所需的各项医疗费用,具体包括治疗工伤的医疗费用和康复费用、住院伙食补助费、到统筹地区以外就医的交通食宿费、安装配置伤残辅助器具所需费用、生活不能自理的经劳动能力鉴定委员会确认的生活护理费等。工伤医疗待遇产生于职工工伤发生之时,对保障职工得到必要、充分的诊疗,帮助其恢复健康,发挥着至关重要的作用,而工伤医疗待遇开始给付的时间点、给付的条件和范围等因素直接影响着职工获得工伤医疗待遇的水平。从我国立法和司法实践来看,首先,立法规定了以工伤事故发生之时作为工伤医疗待遇开始给付的时间点,但涉及职业病型工伤时,如何确定工伤事故发生之日存疑;其次,将缴纳保费作为工伤医疗待遇给付的必要条件,不仅损害了劳动者获得工伤医疗待遇的权利,更破坏了强制用人单位参保的效果;最后,虽然工伤医疗待遇的给付范围被严格限定在一定的目录和标准范围之内,但对于超出目录和标准范围的、治疗工伤所必需的医疗费用如何分担的问题存在较大争议。基于此,本文以工伤保险的强制性作为视角,揭示其两方面内涵,即强制用人单位参保和强制保护被保险人,并在此内涵之下对我国工伤医疗待遇给付存在的

① 参见向东春:《论继续履行合同判决的类型化执行》,载《光华法学》编委会编:《光华法学》(第十二辑),法律出版社 2020 年版,第 122～134 页。

问题进行反思，以期我国工伤医疗待遇给付开始的时间点、给付条件及范围更加合理和明确，并符合强制性之要求。

## 二、强制性是工伤保险的应有之义

### （一）工伤保险强制性之法理基础

1. 强制性是工伤保险社会保险属性的内在要求。为了弥补传统过错和无过错侵权责任在职业灾害补偿中的不足，社会保险机制被引入，通过将个体权利义务之分配转换成社会整体之权利义务再分配，使用人单位的用工风险大大降低，劳动者的生存权得到有效保障。社会保险制度以其特有的分化社会风险的优势在职业灾害事故处理中发挥着不可替代的作用，但社会保险机制的运行要求强制性得到有效实施。首先，克服劳动领域中雇主的私权滥用要求强制。在传统私权领域，各私权主体被假定为完全平等，坚信事实上可能存在的细微不平等可以通过双方身份的相互转换而抵消。[①] 及至现代，私权主体之间经济实力悬殊，在大多数情况下不具有互换性，如雇主与雇员之间身份的转换可能性极小，传统民法规则所依据的“平等性”与“互换性”两大前提皆不复存在，取而代之的是“强者恒强、弱者恒弱”的局面，私权滥用现象愈演愈烈。[②] 这种私权滥用的现象在雇佣劳动领域显得尤为突出。由于劳资双方实力对比悬殊，谈判能力较弱的劳动者往往承担着更多的劳动风险，这些劳动风险随着工业化过程的深入而越来越普遍，进而成为危及社会、经济秩序的“社会风险”。[③] 面对私权滥用造成的严重后果，国家需要行使公权力对私权滥用进行制约，强制符合条件的雇主和雇员参加社会保险，限制私法上合同自由的空间，这样既可以弥补私权自力救济的不足，又可以降低私权保护的成本。[④] 其次，弥补弱势劳动者个人理性的局限性要求强制。大多数的劳动者往往只在乎当前的可得利益，对当期收入采取“今朝有酒今朝醉，明朝没酒喝凉水”的态度，对于日后可能发生的工伤、疾病等社会风险并没有迫切的意识。国家从长远的社会安全出发，借助公权力来建立强制性的社会保险要求劳动者“未雨绸缪，以备不时之需”。最后，社会保险权的内在逻辑要求强制。社会保险权的实质在于当社会风险降临时在劳动者身上时，劳动者拥有给付请求权。这种基于先前缴费的给付请求权将社会风险整合为一个

---

① 参见梁慧星：《从近代民法到现代民法——二十世纪民法回顾》，载《中外法学》1997年第2期，第19～30页。

② 参见李满奎：《强制性工伤保险制度研究》，西南政法大学2014年博士学位论文，第60页。

③ 王健：《社会保险制度中社会风险的产生、内涵及应对》，载《重庆工商大学学报（社会科学版）》2020年第5期，第99～105页。

④ 参见单飞跃：《经济法的法价值范畴研究》，载《现代法学》2000年第1期，第24～28页。

范畴，它不再是单纯的恩惠，而是履行公民与国家之间的契约。国家公权力负有通过社会保险制度确保公民的社会保险权实现的义务，国家作为这一义务的主体，在实现具有社会权属性的社会保险权过程中，需要对社会经济进行强制干预，将更多的社会财富倾斜性地转移分配给处境最差者身上，这一系列国家干预的手段正是社会保险强制性的重要体现。①

2. 作为责任保险的工伤保险要求实现强制保险。工伤保险制度意在通过保险机制形成工伤赔偿风险的分散与共担，工伤保险是一种具有“赔偿责任保险化”特点的、对用人单位的工伤赔偿责任进行担保的制度，②它以用人单位对劳动者依法应负的赔偿责任为保险标的，这与财产保险中的责任保险更为相似。在工伤保险中，保险标的是用人单位的赔偿责任，似乎应当由用人单位自行决定是否需要加入保险来转移分散这种责任，然而，这种赔偿责任是对第三人的责任，涉及第三人的利益，作为缴费义务主体的雇主会对参加保险的成本收益进行分析权衡，进而可能做出不参保的决定。从这个意义上来说，工伤保险作为一种责任保险，具有正外部性特征，如果完全依靠市场机制发挥作用，将会导致严重的“逆向选择”现象。换言之，雇主分析权衡后，加入工伤保险的都是工伤发生频率高的雇主；相反，工伤发生频率低的雇主并不愿意花钱缴纳保费，如此势必导致保费过高、基金支付压力大而不具有可持续性。此时需要国家有形之手来发挥作用，通过法律的强制手段要求雇主无论工伤风险的高低，都要负担一定比例的保费，以矫正市场的不足。

（二）工伤保险强制性原则之具体要求

1. 强制被保险人参保。无论是工伤保险的社会保险属性，还是工伤保险作为责任保险的内在要求，都对工伤保险的强制性提出了相应的要求。正因如此，我国工伤保险制度从一开始便坚持了强制性的特征，通过立法的形式为用人单位设定了强制参保的义务及违反义务的法律后果，并赋予了社保行政部门强制执法的权力和方式。所谓强制参保，是指依法建立劳动关系的用人单位及其职工应当按照法律的规定参加工伤保险，并依法缴纳工伤保险费用；而作为交换，用人单位无须再承担工伤保险承保范围内的工伤风险。依照我国《工伤保险条例》的规定，用人单位自与职工建立劳动关系时起，就应当依法为其参加工伤保险，并缴纳工伤保险费；而对于违法未参保的用人单位，社保行政部门可以责令其限期参加、补缴欠缴的保险费并加收一定比例的滞纳金，若用人单位逾期未补

---

① 参见周林军：《市场强制与国家干预》，载《西南师范大学学报（人文社会科学版）》2002 年第 1 期，第 69 ~ 72 页。

② 参见郭晓宏：《中国工伤保险制度研究》，首都经济贸易大学出版社 2010 年版，第 19 页。

缴，还可对其处以罚款。[1] 诚然，这种强制性可能会对公民的劳动自由和用人单位的经营自由产生一定的限制，但由于这种限制是出于社会公益目的，而不是获取经济利益，便为这种限制提供了合理依据。[2] 具体而言，我国实现强制参保效果之途径主要有二：第一，为用人单位设定相应的参保义务及违反义务的惩罚措施；第二，在用人单位违反参保义务之时赋予社保经办机构强制执法的权限，这既是社保经办机构的权力，也是一项义务。在第一个途径之下，通过法律的威慑作用，用人单位为避相应的法律责任而自愿履行参保缴费的义务；在第二个途径下，由于社保经办机构不仅需要负责工伤保险基金正常运营，还与用人单位共同承担者给付工伤保险的义务，因而社保经办机构有义务也有动力强制用人单位参保。

2. 强制保护被保险人。依法治国的一种解读是法则，是一个国家更有效地管理社会而制定的人们行为规范的基本准则。[3] 作为基本准则之一的《工伤保险法》，其设立的目的不仅在于分散用人单位的经营风险和成本，更在于通过设立保险基金保障遭受工伤的劳动者获得恢复健康、保证自身和家人的基本物质生活水平以及回归社会的经济补偿。因此，工伤保险的强制性不仅体现在强制用人单位参保，更需要通过立法强制保护被保险人。而对被保险人之最大保护便体现为其在发生工伤事故或罹患职业病之后，有权获得相应的工伤保险待遇，尤其是其中的工伤医疗待遇，在工伤职工的治疗期间发挥着不可替代的重要作用。因此，有必要在立法强制保护被保险人的视角之下，重新审视工伤医疗待遇的给付时点、给付条件和给付范围。首先，应当确定工伤医疗给付的时间点，保险关系产生之后，保险人与被保险人即互负给付义务，详言之，即用人单位缴纳保费的义务和保险基金提供给付的义务。因此，被保险人在工伤事故发生之后、经过工伤认定之前的费用，以及疑似职业病病人在诊断、医学观察期间的治疗费用，与经过工伤认定之后和被诊断为职业病之后产生的医疗费用并无本质区别，都是工伤保险关系产生之后治疗工伤和职业病所需的医疗费用，都应当由工伤保险基金一并承担。因此，只要经过相关机构和部门认定为工伤，工伤医疗给付的时间点应当追溯至工伤事故发生之时和疑似职业病病人的职业病诊断期间。其次，工伤医疗待遇的给付不应当以用人单位为劳动者缴纳保费为条件。保险基金的给付义务始于保险关系建立之时，是法律规定的强制性义务，不应适用民

---

① 参见《工伤保险条例》第 2 条和第 62 条。

② 参见赵明昕：《机动车第三者责任强制保险的利益衡平问题研究》，载《现代法学》2005 年第 4 期，第 153 ~ 165 页。

③ 参见曹立群：《重置秩序：法理情——走向法治的中国犯罪学》，载《光华法学》编委会编：《光华法学》（第十辑），法律出版社 2016 年版，第 12 ~ 30 页。

法当中的对价抗辩原则;况且未缴费多源于用人单位的违法行为或保险经办机构执法不力,不应将不利后果由劳动者承担,这不利于保护劳动者。最后,我国《工伤保险条例》规定,只有在工伤保险诊疗项目目录、工伤保险药品目录、工伤保险住院服务标准范围之内的工伤医疗待遇,保险基金才承担给付义务。然而,这些药品目录和服务标准毕竟过于机械,不能囊括各种情形下工伤患者的治疗需求,如果超出药品目录和服务标准的部分对于治疗工伤患者是必需的,那超出部分的费用则不应当由劳动者自身承担,这更加符合工伤保险强制保护被保险人的要求。

## 三、我国工伤医疗给付现状及其对强制性原则的偏离

### (一)我国工伤医疗给付现状

1. 工伤医疗待遇开始给付的时间点。工伤医疗待遇开始给付的时间点,是指工伤保险基金从何时开始负有向工伤职工给付工伤医疗待遇的义务。工伤医疗待遇给付作为工伤保险给付的一项重要内容,是工伤保险基金作为工伤保险关系的一方当事人,即保险人的一项主要的给付义务,因而讨论此项义务开始的时间应当首先考虑的因素便是保险关系产生的时间。本文所指的保险关系,仅指狭义上的社会保险关系,也就是社会保险基础关系,即社会保险当事人(保险人、投保人、被保险人等)之间依法形成的保险权利义务关系。[①] 具体到工伤保险关系中,由于"雇主是基于社会连带关系以及劳动雇佣关系对劳动者的照护义务,才被国家课予缴纳部分社会保险费义务之第三人"。[②] 基于此,工伤保险中真正负担投保义务的主体并非用人单位,而是劳动者,劳动者既是工伤保险关系的被保险人,也是投保人。由此可见,工伤保险关系的产生时间应当界定为工伤保险经办构(保险人)与劳动者(被保险人、投保人)之间的权利义务关系产生的时间。《中华人民共和国社会保险法》(以下简称《社会保险法》)第 33 条和《工伤保险条例》第 2 条规定,职工应当参加工伤保险,由用人单位为职工缴纳工伤保险费。国务院制定的《社会保险费征缴暂行条例》规定,缴费单位必须向当地社会保险经办机构办理社会保险登记,参加社会保险。社会保险经办机构审核后,发给社会保险登记证件。由此可见,我国立法虽然规定了劳动者参加工伤保险的强制性义务,但对于保险人与被保险人之间法律关系的发生时点并未作明确规定。正是由于立法在工伤保险关系产生时点问题上的缺失,在发生争议时,

① 参见张荣芳编著:《社会保险法学》,武汉大学出版社 2012 年版,第 17 页。

② 参见蔡维音:《全民健保财政基础之法理研究》,台北,台湾正典出版文化有限公司 2008 年版,第 37 页。

各地法院的裁判标准不一，多以地方政府下发的规范性文件为依据。例如，浙江省人民政府《关于贯彻执行〈工伤保险条例〉有关事项的通知》规定，“社会保险经办机构为用人单位及其职工办理工伤保险登记。参加工伤保险的用人单位，其职工发生增减时，应在增减之日起30日内，到社会保险经办机构办理增减申报手续。用人单位办理工伤保险参保登记手续后发生的工伤，按规定享受的工伤保险待遇由工伤保险基金支付”。[①] 由此，综合我国现行规定及实务操作观察，可作以下判断：劳动者与用人单位之间劳动关系的建立只是劳动者获得被保险人资格的条件，保险人与被保险人之间的法律关系须以保险人的认定行为始能具体化，即保险人与被保险人之间保险关系的确立以用人单位为劳动者申请办理社会保险登记并经过保险人审核登记为准。[②]

保险关系一旦建立，保险关系的当事人之间便形成了相应的对待给付义务，主要表现为用人单位的缴费义务和保险基金提供给付的义务。然而，值得注意的是，保险基金的给付义务并不因为保险关系的建立而当然产生，还需要发生法律所规定的属于承保范围之内的保险事故，并经过相关部门的工伤认定。我国《工伤保险条例》第30条第1款规定，职工因工作遭受事故伤害或者患职业病进行治疗，享受工伤医疗待遇。但该条并未明确保险经办机构开始给付工伤医疗待遇的时点。根据我国《工伤保险条例》第36条的规定，职工因工作原因受到事故伤害或者患职业病，且经工伤认定的，享受工伤保险待遇。由此可见，经过工伤认定之后，属于工伤保险基金给付范围之内的工伤医疗待遇应当由工伤保险基金依法给付给被保险人。然而，对于在工伤事故发生之后或依法鉴定为职业病之后、进行工伤认定之前产生的医疗费用如何分担的问题，仍未通过该条得到明确。我国《工伤保险条例》第17条规定了未在法定时限内申请工伤认定的用人单位应当承担此期限内所产生的工伤保险待遇，该条从反面论证了一旦被认定为工伤，工伤保险基金给付工伤医疗待遇的义务即可以追溯到工伤事故发生之时或劳动者被鉴定为职业病之时。值得注意的是，与事故型工伤不同的是，职业病型工伤在被鉴定为职业病之前还有一个疑似职业病病人的医学观察期，对于在此期间所产生的医疗费用，《中华人民共和国职业病防治法》（以下简称《职业病防治法》第55条规定由用人单位承担。一言以蔽之，我国工伤保险基金开始给付工伤医疗待遇的时间点为被保险人发生保险事故之日或被鉴定为职业病之日，不包括疑似职业病病人的诊断和医学观察期。

2. 工伤医疗待遇给付的条件。工伤保险关系成立后，保险人承担为被保险

① http://www.hangzhou.gov.cn/art/2019/8/12/art_809057_6328.html，2020年2月25日访问。

② 参见郑尚元、扈春海：《社会保险法总论》，清华大学出版社2018年版，第191页。

人提供保险服务的义务，而被保险人取得在具备条件时获得保险待遇的权利。工伤保险待遇权利是法定的权利，虽然工伤保险待遇给付不进行经济调查，但也有其给付条件，须符合法定条件时，被保险人才可以行使工伤保险待遇权利，而在此之前，该项权利只是一种期待权，并不具有现实的请求效力。[①] 工伤保险待遇的给付条件可以分为积极条件和消极条件。所谓积极条件，是指工伤保险基金给付保险待遇所必须具备的条件；所谓消极条件，是指可以阻碍工伤保险基金给付保险待遇义务的条件。

根据《社会保险法》第 36 条、第 40 ~ 43 条的规定，职工因工受伤或罹患职业病且经过工伤认定的，享受工伤保险待遇，但对符合领取基本养老金条件的工伤职工，停发伤残津贴；再者，在用人单位未依法为职工缴纳工伤保险费且用人单位不支付工伤保险待遇或由于第三人侵权造成工伤且第三人不支付医疗待遇的情况下，发生工伤事故的，从工伤保险基金中先行支付；此外，享受工伤保险待遇的职工不得存在丧失享受待遇条件、拒不接受劳动能力鉴定或拒绝治疗的情形。由此可见，我国工伤保险基金的支付条件如下：积极条件主要包括职工经法定程序认定为工伤、职工所在用人单位已依法为其缴纳工伤保险费用；消极条件主要包括职工所遭受的工伤不是由于第三人侵权所造成的、职工不符合领取基本养老金的条件以及职工不存在法律规定的其他停止享受工伤保险待遇的情形。

3. 工伤医疗待遇给付的范围。虽然我国《工伤保险条例》规定了职工因工作遭受事故伤害或者患职业病进行治疗的，享受工伤医疗待遇，但同时也对工伤保险基金给付工伤医疗待遇的范围进行了一定的限制。根据我国《工伤保险条例》第 30 条的规定，治疗工伤所需费用必须符合工伤保险诊疗项目目录、工伤保险药品目录和工伤保险住院服务标准的，才能从工伤保险基金中给付。但劳动者工伤期间发生治疗费用不符合目录和标准的情况时常发生，现有法律法规并未明确规定该费用由谁承担，司法实践中存在分歧。比如，有的省份规定，仅在用人单位同意或认可使用不符合目录和标准的治疗方案产生医药费时，由其承担该费用；[②]也有省份规定，用人单位与劳动者及其近亲属对此按照“谁同意，谁支付”的原则承担该费用；[③]有的生效判决认为所有超出工伤保险基金统筹报销

① 参见郑尚元、扈春海：《社会保险法总论》，清华大学出版社 2018 年版，第 240 页。

② 参见浙江省高级人民法院民事审判第一庭、浙江省劳动人事争议仲裁院《关于审理劳动争议案件若干问题的解答(二)》第 16 条：用人单位已依法为劳动者缴纳了工伤保险，劳动者工伤医疗费超出社保基金报销目录范围的费用，如何承担？答：用人单位已依法为劳动者缴纳了工伤保险，劳动者工伤医疗费超出社保基金报销目录范围的费用原则上不应由用人单位承担，但超出目录范围的费用经用人单位同意或认可的除外。

③ 参见《辽宁省工伤保险实施办法》第 36 条第 4 项：经用人单位或者工伤职工及其近亲属同意，医疗机构开具、提供工伤医疗目录外的药品、诊疗和服务项目的，其费用按照“谁同意，谁支付”的原则承担。

范围的医疗费均应由用人单位承担；[①]也有生效判决认为该医疗费均应由劳动者本人承担。[②] 因此，结合我国立法和司法实践来看，我国工伤保险基金给付工伤医疗待遇的范围仅限于特定的目录和标准之内，对于超出目录和标准的医疗费用，其分歧主要在于由用人单位还是由劳动者本人承担，工伤保险基金对此部分费用不予承担。

（二）我国工伤医疗待遇给付对强制性原则的偏离

1. 强制劳动者参保之效果受损。一方面，为了强制劳动者参保，我国立法规定了用人单位为劳动者参保和缴纳保费的义务，并对违法行为设定了一定的法律责任，这在一定程度上使用人单位在法律的威慑作用下主动参保，有利于劳动者强制参保效果之实现。然而，现行立法和实践中不以劳动关系的建立而以进行社会保险登记确认作为保险关系的产生要件，实际上赋予了用人单位在是否参保问题上自由选择的空间，如若用人单位不进行社会保险申报登记，则劳动者与用人单位之间的保险关系始终未能产生，立法对强制参保之规定形似空文，强制劳动者参保之效果受损。另一方面，立法也赋予了社保经办机构强制用人单位参保的权力和方式，如可令其限期参保、补缴保费及对其进行罚款。这既是保险经办机构的权力，也是其义务，社保经办机构的强制执法力度越强，无疑强制参保的效果便会越好。首先，从工伤医疗待遇给付开始的时点来看，疑似职业病病人在医学观察期间的费用由用人单位承担有不妥之处，职业病不同于突发性的事故型工伤，是由于长期暴露于有毒有害物质而形成的，职业病鉴定和工伤认定只是对职业病进行一种程序上的认定，一旦认定为工伤，就足以说明，在医学观察期劳动者便已经罹患职业病。既然事故型工伤的医疗待遇给付可以追溯至工伤事故发生之日，职业病型工伤的医疗待遇也理应追溯至医疗观察期。其次，从工伤医疗待遇的给付条件来看，允许保险人以未缴纳保费为由拒绝给付工伤医疗待遇，等于变相给予保险人在征缴保费上一定的选择自由，即当强制征缴的成本过高时，保险人会倾向于逃避自身的征缴义务。由此可见，我国现行立法和实践中关于工伤医疗待遇给付开始时间和给付条件的规定，不合理地将应由工伤保险基金承担的给付义务交给了用人单位，保险基金强制劳动者参保的执法积极性降低，立法强制劳动者参保的效果受损。

2. 强制保护劳动者之目的落空。一方面，从工伤医疗待遇的给付范围来看，对于超出工伤药品目录和服务标准的治疗费用，由于立法明确将其排除在工伤保险基金的给付范围之外，因此，司法实践中一般将用人单位或劳动者自身确定

① 参见北京市第二中级人民法院（2016）京 02 民终 2145 号民事判决书。

② 参见山东省青岛市中级人民法院（2017）鲁 02 民终 9050 号民事判决书。

为其给付主体,但不同情形下工伤的治疗所需药品和方案不同,不可能完全囊括在目录和标准范围之内,如果是治疗工伤所必须且合理的花费,由劳动者自身承担,不免会造成其经济负担过重,不利于劳动者健康的恢复和生活水平的保障,与强制保护劳动者的要求相悖。另一方面,从工伤医疗待遇给付开始的时间来看,仅仅以发生工伤事故和鉴定为职业病之日作为给付工伤医疗待遇开始的时间,而将职业病病人的诊断、医学观察期间规定在给付时间开始之前,将此段时间产生的治疗费用交由用人单位承担。从工伤医疗待遇的给付条件来看,对于未依法缴纳保费的劳动者,其工伤医疗待遇保险基金不予给付,而应当由用人单位承担。虽然立法对用人单位给付义务之规定是出于保护劳动者和惩罚违法的用人单位的目的,也在一定程度上达到了相应效果。但如前文所析,这几种情况下立法所规定的属于用人单位的给付义务都有其不合理之处,并且不符合强制保护被保险人之要求。首先,用人单位作为具有营利性质的私主体,其经济实力及给付意愿往往远不及保险基金;其次,相对于寻求保险基金,劳动者寻求用人单位获得保险待遇之程序更加复杂、成本更高;最后,保险基金给付的保险待遇遵循法定标准,而法律虽然规定了由用人单位给付的保险待遇按照法定的标准给付,但是用人单位与劳动者之间就待遇标准仍然存在可以协商的空间。这三点都说明了工伤保险所要寻求的强制保护劳动者的目的会在一定程度上落空。

## 四、我国工伤医疗待遇给付之完善建议

### (一)明确保险关系产生的时点和工伤医疗待遇开始给付的时间点

正如前文所言,讨论工伤医疗待遇开始给付的时间,首先需要考虑的因素是工伤保险关系的产生时间。现行立法对于保险人与被保险人之间保险关系产生时点规定的缺失,使各地处理此类纠纷时往往莫衷一是,不利于保护作为被保险人的劳动者的利益。笔者认为,以用人单位与劳动者之间劳动关系的建立作为工伤保险关系的产生要件在理论上、立法上及域外实践中均有其存在基础。首先,从理论上看,在将社会保险关系定性为公法之债的基础上,有学者主张保险关系自满足法定要件时即自动发生,此法定要件一般是指劳动关系的建立,即一旦劳动关系建立,无须用人单位的申请或被保险人的审核认定,社会保险关系即自动产生。① 史探径认为:“只要劳动者履行了为社会贡献劳动的义务,就能获得为其自身及其供养的直系亲属享有社会保险待遇的权利。要求社保经办机支付社会保险待遇的请求权作为社会保险权内容的具体体现,其自劳动者履行劳动义务之时即已产生,而劳动者开始履行劳动义务是以劳动关系的确立为标志

① 参见张荣芳:《先行支付制度法理分析》,载《社会保障研究》2012 年第 6 期,第 89 ~ 95 页。

的”。这一观点也有力证明了劳动关系的建立是社会保险关系产生的标志。[1]其次，从立法层面来看，将劳动关系的建立作为工伤保险关系的产生要件也是保持我国立法一致性的要求。根据我国《社会保险法》第58条的规定，用人单位未在法定期限内办理社保登记的，由社保经办机构核定其应当缴纳的保险费。由此可推知，虽然立法赋予了用人单位进行社保登记和缴纳保费一定的宽限期，但这种义务是自劳动关系的建立就已经产生的。保险关系以保险人与被保险人之间的权利义务为内容，其中一项重要的内容便是作为保险关系主体的劳动者所负有的缴纳保费的义务。既然作为保险关系内容的被保险人的这一义务产生于劳动关系的建立，保险法律关系也应当毫无疑问产生于劳动关系的建立。最后，从域外经验来看，《德国社会法典》第40条规定，社会给付请求权于法律中或基于其所规定之要件存在时，立即发生。德国《疾病保险法》第186条第1项明确规定，负有保险义务之劳工，自其进入劳动关系之日起，即成为保险团体之成员，不问其是否缴交保险费，或是否向保险基金登记。[2] 此种做法相比我国现行实务操作中的以申请社保登记和审核认定作为保险关系产生要件之做法更有利于被保险人。

与商业保险一样，工伤保险待遇的给付需要以承保范围之内的保险事故的发生为前提，那么工伤医疗待遇给付开始的时间点是否可以追溯至工伤事故发生之时？我国《工伤保险条例》规定，职工遭受工伤事故或患职业病进行治疗的，享受工伤医疗待遇。由此可见，事故型工伤的工伤医疗待遇给付开始的时间点为职工发生工伤事故之日；而对于职业病型工伤患者，何为工伤事故发生之日值得探讨。实践中，人社部门在其工伤认定结论中往往径直将患者被鉴定为职业病之时确定为工伤事故发生之日，而鉴定为职业病之前的疑似职业病的医学观察期间的治疗费用立法已明确规定由用人单位给付。笔者认为，职业病患者一旦被认定为工伤，工伤保险基金开始给付工伤医疗待遇的时间应当追溯至医疗机构具名其为疑似职业病或告知其需进行职业健康检查、职业病诊断等时开始。法律规定的是疑似职业病病人在医学观察期间的费用由用人单位承担，但何为疑似病人？职业病是由于长期暴露于某些有毒有害物质而形成的，职业病鉴定和工伤认定只是对职业病进行程序上的一种认可，是职工可以获得工伤保险待遇的凭证，而未进行诊断和工伤认定之前是否为职业病是一个客观存在的事实，并不这因些程序而发生变化。既然相关机构已经将其鉴定为职业病且认

① 参见史探径：《我国社会保障法的几个理论问题》，载《法学研究》1998年第4期，第17～34页。

② 参见沈正雄：《社会保障给付之行政法学分析——行政给付法论之再开发》，台北，元照出版有限公司2010年版，第140页。

定为工伤,那么,此种结果就应该可以追溯至职工的诊断和医学观察期,毕竟职业病并非一朝一夕所形成的。相应地,工伤保险基金给付工伤医疗待遇开始的时间也应当追溯至职业病患者的诊断和医学观察期,依前文所析,这种规定不仅有利于强制参保的实现,也符合强制保护被保险人的要求。因此,笔者建议,将工伤医疗待遇开始给付的时间规定为工伤事故发生之日,而在涉及职业病型工伤时,此处的工伤事故发生之日,应当被解释为医疗机构具名其为疑似职业病或告知其需进行职业健康检查、职业病诊断等时。

(二)不以缴纳保费作为工伤医疗待遇的给付条件

诚如上文所述,我国当前立法对于工伤保险基金的给付条件有着较为详述的规定,无论是积极条件还是消极条件,皆有提及。鉴于工伤认定完全依照法律规定的程序进行,停止享受工伤保险待遇的情形也已由法律明文规定,限于篇幅,本文不对其合理性进行分析,而仅以理论与实践中争议颇多的"是否应该以缴纳保费作为工伤保险基金的支付条件"作为讨论范畴。

社会保险作为国家通过立法强制推行的社会政策之一种,与诸如社会救助等其他社会安全政策的典型区别在于通过保险技术的运用,于财源方式上体现出缴费与待遇之间存在关联的财务自主特征。① 正是基于此,实务中社会保险经办机构严格适用商业保险中的对价原理,将社会保险费的未按时足额缴纳作为拒绝给付社会保险待遇的抗辩事由,这一做法甚至在立法中也得到了确认。② 这实际上是社会保险经办机构在立法授意基础上适用对价抗辩规则。然而,依赖公法强制力构建的社会保险制度能否沿袭私法自治理念下的对价抗辩规则,简单以拒付待遇方式处理保险费欠缴问题值得探讨。在以劳动关系的建立作为保险关系产生要件的观点下,社会保险的申报和审核与保险关系的产生并无关系,在此基础之上,部分学者将社会保险关系定性为公法之债的关系。③ 蔡维音认为:"全民健康保险关系是基于法定事实而自动发生;保险费的逾时或拒绝缴纳也不导致对保险关系的内容作任何限制或变更;具体的保险关系均由法律或法律授权主管机关单方决定,当事人没有私法自治的空间存在,也没有退出保险关系的可能"。④ 社会保险公法之债的法律关系属性决定了当事人双方权利义

---

① 参见[德]汉斯·察赫:《福利社会的欧洲设计——察赫社会法文集》,刘冬梅、杨一凡译,北京大学出版社 2014 年版,第 265 页。

② 我国《社会保险法》第 41 条规定,职工所在用人单位未依法缴纳工伤保险费,发生工伤事故的,由用人单位支付工伤保险待遇。

③ 参见郭明政:《社会保险法律关系争议问题之探讨》,载葛克昌、林明锵主编:《行政法实务与理论》,台北,元照出版有限公司 2003 年版,第 476 页。

④ 参见蔡维音:《社会国之法理基础》,台北,台湾正典出版文化有限公司 2001 年版,第 146 ~ 147 页;蔡维音:《全民健保财政基础之法理研究》,台北,台湾正典出版文化有限公司 2008 年版,第 103 ~ 104 页。

务的平衡完全依赖于法律的强制规定。在法律的强制性责任的规定下,社会保险双方主体之间的权利义务可以达成平衡,任何一方怠于履行义务,另一方可以通过诉诸法律责任的落实,实现对对方的抗衡,对此,我国《社会保险法》已经设计了较为完整的法律责任体系。① 基于此,社会保险费的缴纳义务以及社会保险待遇的给付义务都是基于社会保险法定关系的存在而衍生的主体双方的权利义务内容,任何一方义务的瑕疵履行只能导致相应主体法定责任的承担,而绝非该法律关系所指向的社会安全权保障的灭失。② 因此,在公法之债的理论基础之上,我国工伤保险基金不应当以保费的缴纳作为其支付条件,即便在用人单位未依法足额缴纳保费的情况之下,也不能剥夺劳动者要求保险基金支付保险待遇的权利,而只能通过立法对违反缴费义务的主体课以相应的责任。不过,这种做法虽然可以保障劳动者在遭受工伤事故伤害或罹患职业病之后能够得到更加有效的保护,但也可能滋长用人单位不参保的违法行为,破坏强制参保的效果,因而相应的配套措施不容忽视。一方面,可以加大对违法用人单位的惩罚力度,不仅可以对其征收滞纳金或进行罚款,还可以采取强制措施并提高相应的保险费率;另一方面,在一些高危行业,通过事前的预防手段强制用人单位参保往往更加行之有效。以建筑行业为例,要求建筑企业在新的建设项目开工之前应将农民工的工伤保险的费用在工程造价预算造价中单独列项,并由总承包单位在开工前一次缴纳工伤保险费。而且,在建设单位办理施工许可手续的时候,其应提供的材料包括注明该建设项目名称的《社会保险登记证》和建设项目农民工工伤保险缴费凭证,缺乏上述材料的,不予核发《建设工程施工许可证》。③

(三)治疗工伤所需的合理必要的自费医疗费用由用人单位承担

由于立法明确规定只有符合工伤药品目录和住院服务标准等的工伤治疗费用才能由工伤保险基金承担,因而实践中对于超出目录和标准范围之外的费用分担问题,多集中在由用人单位还是劳动者自身承担的分歧之上。笔者认为,工伤保险设立的重要目的在于通过其强制性保护劳动者的合法权益,因而立法应当明确,治疗工伤的医疗费用即使超出了目录和标准的范围,只要在合理、必要的限度之内,也不应当由劳动者本人承担,而应由用人单位分担,因为法律的明

① 我国《社会保险法》《社会保险费征缴暂行条例》《社会保险稽核办法》以及《社会保险费申报缴纳暂行规定》等赋予了社会保险费征收主体强大的征收职权;针对社会保险缴费义务人不履行保费申报义务的现状,规定了社会保险经办机构强制核定缴费义务人应缴社会保险费的权利、社会保险费征收机构征收社会保险费的具体职权以及对缴费义务人不履行足额缴纳社会保险费的行政处罚权。

② 参见房海军:《社会保险欠缴保费适用对价抗辩规则的问题研究》,载《安徽大学学报(哲学社会科学版)》2018 年第 6 期,第 135 ~ 141 页。

③ 参见赵廉慧:《工伤保险制度强制性问题研究》,载林嘉主编:《社会法评论》(第四卷),中国人民大学出版社 2010 年版。

确性是实现法律可操作性的重要条件。[①] 一方面,现代科技日益发达,医疗手段也不断进步,而用于统筹报销项目的目录和标准相对固定,具有滞后性。故完全符合统筹报销范围的治疗方案可能难以达到或不能达到治愈工伤的目的,而适当选用超过该范围的治疗手段往往更能达到或加速劳动者痊愈,并从一定程度上降低劳动者的工伤伤残等级,双方矛盾得以缓解的同时,用人单位后续需支付的工伤补偿费用及护理费用的负担也将随之减轻。另一方面,我国工伤保险待遇的给付主体包括了工伤保险基金和用人单位,这种工伤待遇的二元给付主体结构由来已久。用人单位承担一定范围内的工伤保险待遇,一来可以督促用人单位改善工作环境、加强职业安全建设、减少用人单位的道德风险;二来立法规定了工伤保险的设立只是分散用人单位的经营风险而非完全转移,因而用人单位作为劳动者工作的受益主体,也应当承担一定的工作风险。当然,若一概将治疗工伤期间产生的所有超出统筹报销范围的费用全部划归用人单位承担,又可能会造成劳动者在治疗工伤时刻意要求享受完全不必要的待遇或借机治疗其他伤病的情况,增加工伤治疗过程中的道德风险,从而加重用人单位的负担。因而,由用人单位承担的超出统筹报销范围的工伤医疗费应明确为劳动者治疗工伤所必需的诊疗、住院、用药行为,此处的“合理、必要”可参考医疗服务的审查标准,并对劳动者和医疗机构制定相应的监督制约机制,以避免工伤诊疗过程中的道德风险问题。

## Compulsory Deviation and Its Correction in the Payment of Medical Treatment for Industrial Injury

Tang WenCheng

**Abstract**: Compulsory is an inherent requirement of industrial injury insurance as social insurance and liability insurance, and it is a basic principle throughout the entire industrial injury insurance system. The payment of medical treatment for work-related injuries in our country should always be carried out under the requirements of the mandatory principle. It is necessary to compel the employer to participate in the insurance and to compulsorily protect the insured. However, the current regulations and practices regarding the payment of work-related injury medical benefits actually violate the mandatory principle. The main manifestation is

① 参见雷振斌、汪全胜:《立法的明确性及其限度——基于规则与标准的经济分析》,载《光华法学》编委会编:《光华法学》(第六辑),法律出版社 2011 年版,第 11 ~ 22 页。

that the date of the work-related injury occurs as the time point for the start of payment is rather vague, and the payment of insurance premiums as a payment condition is unreasonable and exceeds the scope of payment. Problems such as the unclear subject of reasonable medical expenses sharing. Based on this, it is necessary to start by summarizing the status quo of work-related injury medical benefits in my country, analyze its deviation from the compulsory principles of work-related injury insurance, and further point out the expected status of work-related injury medical benefits under compulsory requirements, that is, to clarify the establishment of work-related injury insurance relationships. The employer shall bear the reasonable and necessary self-financed medical expenses required for the treatment of work-related injuries as well as the conditions for non-payment of insurance premiums as the payment of the work-related injury medical benefits and the time when the work-related injury medical benefits start to be paid.

**Key words**: Work Injury Medical Treatment Benefits; Compulsory; Payment Start Time; Payment Conditions; Payment Scope

# 实证法学

# 司法政策与法官办案负荷的互动关系解构

## ——基于对西南地区某基层法院的实证观察

■ 安　琪*

［**内容摘要**］　近年来，我国司法中直面的现实难题是司法资源相较于案件数量增长的稀缺性。以西南地区某地基层法院作为实证研究对象，察知该地区基层法院民事案件绝对数量增长峰值集中在2008年、2012年以及2015年，一线民事法官年均审案量也随之爆发式增长。尽管法官员额制改革后，法院中层领导办案量有所增加，但也主要集中于副庭长级别，所考察地区的基层法院中民事法官呈现高负荷运转下的明显疲态。从司法政策施行的视角来看，我国若干次民事案件的快速增长期与诉讼费用下调、诉讼门槛调整、法院庭室的细化分离等改革举措紧密相关，且长期以来型构出的司法在纠纷解决方式中的优势地位也在一定程度上促使更多纠纷通过司法途径解决。未来应对基本思路应当尽

* 安琪：法学博士，云南民族大学法学院讲师。

量摒除司法政策的短期效应和反向效果，基于现代化法院的建构目标，调整法院在纠纷解决机制中的定位和作用。

［关键词］ 司法政策 办案负荷 “案多人少” 实证研究

## 一、问题的提出

近年来，法院“案多人少”的司法现象愈发频繁被提及，特别是自进入 21 世纪以来，随着案件数量的骤增，法官也面临空前的办案压力。就实质而言，“案多人少”现象体现了司法资源与法院审判之间被打破的衡平关系，故下文的研究重点将在法官群体办案负荷的视角之中，试图寻找该变化规律和司法政策导向之间的逻辑关联。鉴于每年法院审理的案件中民事诉讼的案件数量占比极大，①实践中经常讨论的“案多人少”现象在民事诉讼领域最为凸显，因而本文选择了数量基数与案件整体情况更贴合“案多人少”现象的民事诉讼案件作为研究对象，重点考量少有学者关注的西南地区基层法院法官办案负荷的数据变化，以期通过观察司法政策与法官办案负荷之间的关系模式，进而探讨我国未来应对法院“人案矛盾”的具体思路设计。

## 二、我国民事法官办案负荷的实证考察

笔者选取我国西南地区某都会城市 A 市辖区的 B 区基层法院作为实证研究对象，以对微观层面下我国中级及基层法院民事法官数量变化予以把握。作为样本的 A 市为西南某省省会城市，2017 年全市常住人口 1604.47 万人，城镇化率为 71.5%，全市地区生产总值（GDP）13，889.39 亿元，作为西南地区重要的科技、商贸、金融中心，属于西部新兴的一线城市。

### （一）研究对象概览

A 市辖区下属的基层法院共有 21 个，笔者在 A 市法院工作报告中查找到有关 A 市法院辖区内所有基层法院的审判部门人均办案量的数据，如表 1 所示。基于表 1 数据可以看到，在所考察的 10 年期限中，A 市辖区所有基层法院的审判部门民事法官人均办案量无疑呈现直线上升的状态，2008 年之前，人均办案量不足百件，随后 3 年时间里又迅速突破 200 件，虽然在 2013 年与 2014 年人均办案量稍有回落，但在 2015 年再次达到了新的增长期，2016 年这一数据略有上升，达到 248.2 件，为 2007 年数据的约 4.4 倍。就办案量而言，

① 笔者通过查阅《中国法律年鉴》的案件统计发现，民事案件在全部一审案件的占比基本保持在 80% 以上，特别自 2014 年以后，这一占比甚至接近于 90%，可见，民事案件较刑事案件与行政案件具有绝对的数量优势。

这意味着整体上基层法院审判部门民事法官的工作量较之10年之前上升了数倍，而若以2016年的数据为参照，意味着大多数民事法官在一年251个工作日中，平均每天至少完成了一件民事案件的审理工作，且这一数据为所有基层法院平均值。这表明，在民事案件增长幅度更为明显的都会区法院，法官的人均办案量数值必然更为庞大。从这一基层法院人均办案量整体数字变迁情况，可以看到民事法官的办案负荷确呈现逐步递增、任务量相当繁重的情况。

**表1 2007~2016年A市辖区基层法院审判部门民事法官人均办案量统计**

单位：件

| 年份 | 基层法院民事案件总量 | 审判部门民事法官人均办案量 |
|---|---|---|
| 2007 | 37, 080 | 56. 29 |
| 2008 | 44, 053 | 65. 03 |
| 2009 | 52, 944 | 155. 13 |
| 2010 | 51, 937 | 150. 79 |
| 2011 | 59, 277 | 163. 85 |
| 2012 | 77, 749 | 205. 36 |
| 2013 | 82, 180 | 192. 49 |
| 2014 | 90, 458 | 181. 90 |
| 2015 | 119, 738 | 242. 35 |
| 2016 | 127, 080 | 248. 20 |

在所考察的时间周期里，A市辖区基层法院民事案件的绝对数量分别经历了2008年、2012年、2015年的几个增长高峰期，从民事法官人均办案量的数据来看，这体现在2009年以后的人均办案量开始从不足百件达到150件左右的量级单位，2012年以后这一数值上升为190件左右，2015年以后达到人均近250件的平均值，可以看到，2008年对于基层法院民事法官而言为一个“分水岭”，仅在短短1年时间内民事法官的人均办案量便上升近百件，这一增长幅度远超2015年的水平。

在A市辖区的所有基层法院中，B区法院的每年收案数量多年来始终处于首位，该法院成立于1991年9月，是A市辖区基层法院中人案矛盾最为凸显的地区，以B区法院作为本文的研究对象，可以从微观视角下考量我国法官工作负荷的现实状态。

（二）B 区法院法官办案负荷考察

笔者查阅了 B 区法院案件审理情况电子系统，由于该系统于 2005 年开始实施，故表 2 数据仅为 2005 年之后的民事案件审理情况。①

1. B 区法院一线民事法官办案量

笔者通过查阅系统，分别整理出所有办理民事案件的法官及无领导级别的一线民庭民事法官所办理的民事案件数量，并一线办案法官办理案件所占比例、人均办案量予以计算，数据如表 2 所示。

**表 2　2005～2016 年 B 区法院一线办案法官办案情况统计**

| 年份 | 办理民事案件法官总数（名） | 一线民事法官数量（名） | 一线法官在所有办理民事案件法官占比（%） | 民事案件总量（件） | 一线法官办理民事案件数量（件） | 一线法官办理民事案件占比（%） | 一线民事法官人均办案数量（件） |
|---|---|---|---|---|---|---|---|
| 2005 | 34 | 15 | 44. 12 | 3868 | 2232 | 57. 70 | 148. 80 |
| 2006 | 26 | 15 | 57. 69 | 3108 | 1746 | 56. 18 | 116. 40 |
| 2007 | 30 | 22 | 73. 33 | 3964 | 3563 | 89. 88 | 161. 95 |
| 2008 | 27 | 19 | 70. 37 | 4726 | 4541 | 96. 09 | 239. 00 |
| 2009 | 26 | 14 | 53. 85 | 5223 | 3318 | 63. 53 | 237. 00 |
| 2010 | 36 | 20 | 55. 56 | 5911 | 2817 | 47. 66 | 140. 85 |
| 2011 | 33 | 13 | 39. 39 | 4566 | 2631 | 57. 62 | 202. 38 |
| 2012 | 44 | 16 | 36. 36 | 6233 | 3192 | 51. 21 | 199. 50 |
| 2013 | 49 | 27 | 55. 10 | 7185 | 3488 | 48. 55 | 129. 19 |
| 2014 | 64 | 36 | 56. 25 | 8253 | 5502 | 66. 67 | 152. 83 |
| 2015 | 56 | 27 | 48. 21 | 12, 164 | 8983 | 73. 85 | 332. 70 |
| 2016 | 60 | 25 | 41. 67 | 13, 574 | 10, 235 | 75. 40 | 409. 40 |

① 需要说明的是，除一线办案的民庭法官之外，办理民事案件的法官主要分为两类：一类为法院中层领导，如副院长、庭长、副庭长均会参与民事办案，在员额制改革之后，院长办案也开始成为常态，但这一类中层领导办案量相对一线法官办案量较少，若全部被计入统计分母之中，会无法反映一线法官的真实工作负荷；另一类为非民庭法官，笔者查询 B 区法院审理案件电子系统发现，每年都会有若干非民庭法官参与办理民事案件，作为分担与平衡民庭法官的工作量，但这类法官仍有其本职审判工作，所审理的民事案件数量也有多又少，因而不宜将其等同于一线民事办案法官，故在计数时将这两类法官类型予以分别统计。

首先,从表2办理民事案件的法官总量与一线法官的对比中可以看到,B区法院一线法官在所有办案法官总量的占比情况并不占优势,仅在2007年与2008年两年时间中占比超过70%,甚至在2012年,仅占36.36%的比例,虽然随后稍有上升,但直到2016年这一比例也仅为41.67%,意味着在所有参与办理民事案件的法官之中,不到半数的法官为一线民庭法官。

其次,从一线民事法官的办案情况来看,其办理的民事案件的比例在10年间内也发生了较大的浮动变化。在2008年,占所有办理民事案件法官总人数的70.37%的一线民事法官,共办理了占全部民事案件96.09%的民事案件,当年一线民事法官人均办案量为239件。但在2010~2013年,一线民事法官的工作量比例大幅下降,甚至承担了不足一半的工作任务,较之于同时期民事法官数量比例而言,工作量与人员比例略有工作量上的倾斜,但总体上二者基本相当,体现了一线法官人数与办案量之间相对平衡的关系。2014~2016年,一线民事法官的办案量再次迎来增长高峰,一再突破历史峰值,不论是案件绝对量还是增长率都创历史新高;而与此同时,一线法官在全部办案法官的所占比例却在逐步减少,人员与案件之间的失衡比例再次出现。例如,在民事案件数量达到峰值的2016年,一线民事法官在所有办案的民事法官中所占比例为41.67%,但同时却承担75.40%的民事案件审判量,表明繁重的工作负担过于向一线办案法官倾斜的现实命题。

此外,就B区法院一线民事法官人均办案量而言,2016年、2015年和2008年分别占据人均办案量前三位的年份,民事案件人均办案量虽然在2008年稍有上升,但接下来的7年中,这一数值均在200件以下,相对而言较为稳定。但在2015年,一线民事法官人均办案量骤增,首次突破300件,多出上一年度1倍的数值;2016年这一数值再次冲破历史记录,达到409.40件,这意味着B区法院的一线民事法官在每个工作日平均处理1.63起案件,其工作负荷与办案压力不言而喻。从这一意义上讲,民事法官数量与民事案件之间的矛盾在B区法院中得到了最为明显的体现。

2. B区法院中层领导办案量

诚如上文所述,为了防止一线民事办案法官工作量数值“被平均”,本文除了对一线民事法官的人均办案量予以考察外,还分别对院长、副院长、庭长等中层领导的人均办案量进行区分式数据考察,以考察10年以来B区法院中层领导的办案情况的变化,数据如表3所示。

**表3　2005～2016年B区法院中层领导办理民事案件数量统计**　　单位：件

| 年份 | 院长 | 副院长(包括审判委员会专委) | | | 民庭庭长 | | | 民庭副庭长 | | | 非民庭庭长 | | | 非民庭副庭长 | | | 综合部门(政治处、办公室、研究室、审管办、监察庭) | | |
|---|---|---|---|---|---|---|---|---|---|---|---|---|---|---|---|---|---|---|---|
| | 办案总数 | 办案总数 | 办案人数 | 办案平均值 | 办案总数 | 办案人数 | 办案平均值 | 办案总数 | 办案人数 | 办案平均值 | 办案总数 | 办案人数 | 办案平均值 | 办案总数 | 办案人数 | 办案平均值 | 办案总数 | 办案人数 | 办案平均值 |
| 2005 | 0 | 0 | 0 | 0 | 129 | 3 | 43 | 1049 | 6 | 174.83 | 52 | 1 | 52 | 122 | 1 | 122 | 45 | 1 | 45 |
| 2006 | 0 | 0 | 0 | 0 | 227 | 3 | 75.67 | 773 | 5 | 154.6 | 166 | 2 | 83 | 141 | 1 | 141 | 0 | 0 | 0 |
| 2007 | 0 | 0 | 0 | 0 | 250 | 3 | 83.33 | 713 | 3 | 237.66 | 89 | 2 | 44.5 | 0 | 0 | 0 | 6 | 6 | 1 |
| 2008 | 0 | 0 | 1 | 0 | 107 | 3 | 35.66 | 427 | 3 | 142.33 | 25 | 2 | 12.5 | 0 | 0 | 0 | 4 | 4 | 1 |
| 2009 | 0 | 0 | 0 | 0 | 177 | 3 | 59 | 1132 | 5 | 226.4 | 130 | 1 | 130 | 74 | 1 | 74 | 0 | 0 | 0 |
| 2010 | 0 | 8 | 1 | 8 | 334 | 4 | 83.5 | 1225 | 5 | 245 | 202 | 1 | 202 | 161 | 2 | 80.5 | 5 | 1 | 5 |
| 2011 | 0 | 0 | 0 | 0 | 252 | 4 | 63 | 1012 | 5 | 202 | 3 | 1 | 3 | 88 | 2 | 44 | 0 | 0 | 0 |
| 2012 | 0 | 0 | 0 | 0 | 214 | 4 | 54 | 880 | 5 | 176 | 67 | 2 | 34 | 33 | 1 | 33 | 0 | 0 | 0 |
| 2013 | 0 | 0 | 0 | 0 | 233 | 4 | 58.3 | 840 | 5 | 218 | 252 | 2 | 126 | 76 | 3 | 25.3 | 634 | 3 | 257.3 |
| 2014 | 4 | 33 | 5 | 6.6 | 244 | 3 | 81.3 | 461 | 5 | 92.2 | 22 | 2 | 11 | 56 | 3 | 18.7 | 4 | 2 | 2 |
| 2015 | 5 | 20 | 5 | 4 | 626 | 5 | 125.2 | 332 | 2 | 166 | 0 | 0 | 0 | 78 | 2 | 39 | 1 | 1 | 1 |
| 2016 | 8 | 108 | 4 | 27 | 917 | 5 | 183.4 | 268 | 2 | 134 | 0 | 0 | 0 | 155 | 2 | 77.5 | 125 | 2 | 62.5 |

不难发现，院长、副院长(审判委员会专委)级别的院领导直到2014年员额制开始推行以后才开始正式常态化审理案件，并在这3年间办案数量逐步增加，特别是副院长(审判委员会专委)级别的院领导人均办案量从以往的不足10件，上升到2016年人均27件的办案量，体现了较为明显的办案情况差异。

民庭庭长的人均办案量在2005～2013年上下浮动并不明显。最小值为2008年的人均35.66件，而在2014年以后，这一数字开始迅速增长，在2015年突破人均办案量100件，2016年的数据高达183.4件，虽然相较于同时期一线民事法官的办案量并不算多，但考虑到庭长级别的中层领导需履行一定的行政事务，这一人均办案数值已经达到相当之高的负荷水平。相较之下，民庭副庭长的人均办案量则明显较高，在2007年便已突破人均办案量200件，这一数值甚至高于同期民事一线法官的数量，在民庭副庭长之中甚至有几位位列人均办案的首位，这可以说明民庭副庭长在审理案件方面起到的作用相当之大，工作负荷并没有因为民事副庭长的角色而有所减少。但在法官员额制改革之后，法官的职位调动使民庭副庭长的人均办案量出现下滑态势。

横向对比之下，其他非民庭庭长、非民庭副庭长、综合部门的法官的民事案件办案量则相对并不显著，稍显意外的是，非民庭庭长的人均办案量水平高于非民庭副庭长数据的年份有6年，其中，在2010年非民庭庭长所办理的案件数量甚至高达202件，在所考察的数据中实属特例，不具有数据参考意义。综合部门法官办理民事案件的数字也有 3 年为 0 件,另外 5 年时间为 5 件以下的人均办案量,但在 2013 年这一数值突然达到 257.3 件,后续几年又再次落至 1 件的水平,亦属于考察中的特例年份。

(三)民事法官工作负荷的主观认知

为了对民事法官工作负荷有着更为全面的认知,笔者走访了 B 区法院的民庭法官,分别通过发放问卷、个别访谈等形式,以进一步了解民事法官如何看待其办案负荷的变化、如何理解和界定这一变化等内容,调查问卷共回收有效问卷 28 份,调查对象包括 5 名中层领导、15 名一线法官、7 名法官助理与 1 名书记员,50% 的调查对象的工作年限为 1 ~ 5 年,占比 21.43% 的法官的工作年限为 5 ~ 10 年,有 7.14% 的法官工作年限在 10 ~ 20 年,21.43% 的法官为工作 20 年以上的法官,从法官工作年限分布来看基本各工作年限的法官都被纳入到考察对象中,其对法院工作强度、加班情况等问题的看法整理如表 4 所示。

**表 4 B 区法院法官对工作强度及加班时间段统计** 单位:%

| 法官对工作强度看法 | | | | | 加班时间段(多选) | | |
|---|---|---|---|---|---|---|---|
| 工作强度很小,很轻松 | 工作强度一般,相对轻松 | 工作强度适中,能接受 | 工作强度大,勉强承受 | 工作强度很大,长时间难以接受 | 法定节假日 | 工作日延时 | 日常周末 |
| 0 | 0 | 17.86 | 32.14 | 50.00 | 28.57 | 96.43 | 71.43 |

从 B 区法院法官对于工作强度的看法中可以看到,没有一名被调查者选择工作强度轻松活相对轻松的选项,有 17.86% 的被调查法官认为工作强度尚在可接受范围之内,而有 32.14% 的被调查法官认为工作强度大,可以勉强承受,半数的被调查法官认为工作强度已经达到长期间难以承受的程度。可见,有超过八成的 B 区法院法官认为自身的工作强度属于较大或很大的范畴,法官这一职业群体的确在近年工作负荷越发加大。在笔者所访谈的十余名一线办案法官及民庭庭长、副庭长中,除了一名女法官因为怀孕而未有加班情形外,其他人无一例外表明“5 + 2”“白 + 黑”式的加班属于法官的工作常态。

此外,从表 4 中还可以看到,绝大部分法官通过工作日或日常周末的时间段加班,延长工作日时间已经成为办案法官的常态,所占比例高达 96.43% 。除了日常加班外,有半数法官表示年末阶段性加班较为频繁,这主要同年度法官绩效考核任务息息相关,而季末、月末的阶段性加班情况相对较少。就工作日加班频率而言,每周工作日无加班的情况有 3.57% ,而 50% 的被调查法官平均每周工作加班在 1 ~ 2 次的频率,有 39.29% 的法官每周加班频率为 3 ~ 4 次,而有

10.71%的被调查法官表示几乎每天都需要加班。而周末加班的频率统计结果显示，有67.86%的被调查法官每月有1～2次的周末加班，周末基本不加班与几乎每个周末都加班的占比分别为17.86%与14.29%，可见，法官每周工作日加班与周末加班的频率大部分维持在1～2次中，但也有一定比例的法官几乎每个工作日或周末都需要加班，工作强度可见一斑。总体而言，法官工作负荷呈现扩大化与严重化的趋势，特别是对于位于都会区的基层法院的法官而言，其审判工作与其他工作基本上无法在正常工作日完成，主要通过高强度、高频率的加班来完成审判工作。

## 三、司法政策维度下的法官办案负荷影响因素

毋庸置疑，我国法官办案负荷在逐年加大，特别是对于基层法院一线民事法官群体而言，已经较难在正常的工作时间内完成案件审理工作，将法官群体描述为“疲惫的法官”似乎并不为过。不少学者就“人案矛盾”背后原因的解析提出了各异的看法，①但除却外部客观因素（如经济发展水平、城镇化程度等）外，法院司法资源相对窘迫的现实命题也同样离不开一些司法政策的影响。在此，笔者无意否定或批判实践中业已推进的司法政策，仅从探知两者关系的研究视角，厘清我国法官高强度工作负荷背后的政策影响因素。

### （一）宏观政策中的司法倾斜

就宏观层面而言，“法治中国”作为法治在当下中国的政治表达，正在从一个命题具体化为全面改革的行为逻辑。② 促使整个社会层面中已经对法治形成了基本的价值认同，法院也因此获得了较之于其他国家机关与社会组织之间的“正当化效应”，③这使法院职能与实现法治的整体目标之间具有相对明确的指向性。在我国当下对法治化的推进无比重视的时期，当事人对司法手段解决问题产生了与日俱增的信赖感，也间接催生了越来越多的民事纠纷涌入法院处理，

① 有学者将其归因于社会变革导致传统纠纷解决的失灵，参见苏力：《审判管理与社会管理——法院如何有效回应“案多人少”》，载《中国法学》2010年第6期，第178～180页；有学者通过实证研究发现，居民收入差异的加大与法律法规的累积使我国民事诉讼率呈现相应的增长关系，参见王峻峰：《经济增长、收入差距与民事诉讼率——转型期中国民事诉讼率实证研究》，载《学术论坛》2014年第10期，第149～153页；有学者基于政治过程与司法过程的关系解读，认为社会自治空间窄化，限制了纠纷预防与处理机制的多样化，参见姜峰：《法院“案多人少”与国家治道变革——转型时期中国的政治与司法忧思》，载《政法论坛》2015年第2期，第25～37页；还有来自体制内的法官从法院内部管理的视角，认为当下法院内部职能分工不尽合理，司法资源配置不科学，加剧了“案多人少”的矛盾。尽管已有的研究视角都在一定程度上揭示了法院与日俱增的“人案矛盾”，参见邹碧华：《“案多人少”的管理学解读》，载《中国审判》2014年第2期，第24～25页。

② 参见汪习根：《论法治中国的科学含义》，载《中国法学》2014年第2期，第108～122页。

③ 参见王亚新：《社会变革中的民事诉讼》，北京大学出版社2014年版，第5页。

可谓是增加法官工作负荷的一个宏观层面的影响因素。虽然这并非导致法院办案负荷加大的直接成因,但也会间接带来法院不断被强化的审判职责与纠纷解决的地位。

(二)司法便民政策带来的诉讼成本降低

1. 诉讼费用的调整

诉讼费用是当事人面临的最为直观的成本因素,收取诉讼费用的行为体现了典型的国家性质,法院作为国家机关对所承担的纠纷解决功能理应收取一定的费用,而这也是国家抑制公民滥诉的有效手段。

进入21世纪以来,我国开始推动以降低公众诉讼成本及诉讼准入门槛为目标的诉讼费用制度改革。[①] 2006年国务院颁布的《诉讼费用交纳办法》(以下简称《交纳办法》),对原诉讼费用收费办法做出相当大的调整,特别是对于标的数额较大的民事案件,诉讼费用交纳的比例甚至降为原诉讼费用的一半。此外,对于财产案件收费比例的起点由原来所规定的4%下调为2.5%,按照0.5%的比例交纳诉讼费的标的额由100万元调整到2000万元,适用调解与简易程序的案件诉讼费用都减半收取,体现出了非常明显的降低诉讼收费标准、减少诉讼成本的特征。

诉讼费用的改革在实践中所带来的最为直观的后果就是法院民事案件总量的增长,上文数据中可以看到,所考察的基层法院在2008年前后迎来了一次案件数量迅速增长期,而这一时期据《交纳办法》正式运行仅隔1年时间,二者具有相当显著的相关性。这一变化也在学者的观察研究之中得到了印证,[②]对于社会公众而言,诉讼费用收取规则的下调带来的最为直观的后果为司法成本的降低,无疑会促使其在选择纠纷解决方式时,加入对诉讼经济成本的考量,增加诉讼行为的普遍使用度。因而,可以说,我国对诉讼费用收取规则的调整与当事人选择诉讼行为之间具有较强的因果联系。

2. 起诉条件的政策变革

并非所有的纠纷都能转化为诉讼,从纠纷到诉讼的一项最为关键的转化程序为民事立案程序。国家通过设立民事案件起诉的法定要件,进而从程序意义的角度设立了"诉讼门槛",从这一意义上,起诉条件的严苛与否直接影响着对诉讼行为的选择。

我国民事诉讼中长期以来施行实质意义上的立案程序,这一起诉条件的审

---

① 参见廖永安:《民事诉讼制度专题实证研究》,中国人民大学出版社2016年版,第149页。

② 参见苏力:《审判管理与社会管理——法院如何有效回应"案多人少"》,载《中国法学》2010年第6期,第176~189页。

查模式受到了国内学者的反思与批评。[①] 2015年4月1日，中央全面深化改革领导小组审议通过了《关于人民法院推行立案登记制改革的意见》，最高人民法院随后出台了《关于人民法院登记立案若干问题的规定》，以回应与解决各界诟病已久的“立案难”这一司法痼疾。自2015年5月开始，立案登记制正式在全国推行。这项改革措施所带来的最直观后果，就是放低了立案阶段的审理门槛，致使越来越多的纠纷可以被纳入准予立案的范畴。立案登记制施行的年份，恰好为我国民事案件再次迅速增长的时期。可见，旨在保障当事人诉权的立案登记制推行以来，从客观上的确使诉讼门槛得以降低，也导致了更多的民事纠纷涌入法院。

（三）政策导向下的法院科层组织架构

1. 审判庭室分庭式管理

当大部分法院迎来案件数量爆发性增长时，便开始出现了法院审判庭进行分庭式管理的实践。随着案件数量与案件种类的逐渐增加以及立法的逐步完善，原有的法院的庭室设置也显得过于粗犷化，为了回应外部环境的变化，法院的庭室数量开始随之扩张。这一分庭越来越细化的趋势在上文对所考察的民事庭审情况介绍时也有所涉及，如所考察的法院中案件增长趋势最为显著的B区法院，其审判业务部门中民事审判法庭就被分为8个法庭，审判庭的不断扩大与细化虽然可以令民事审判更为精细化与专业化，但也同时意味着较之以往多出几倍的庭长、副庭长职位，法院的层级管理被不断延长与加固，这显然使增加人员编制并没有达到预想的效果，反而令法院面对日益强化的法院科层制，在“多回合内向互动后”形成了当下的法院规模，[②]所管辖的机构及内容都随之增加，对法院管理也是不小的挑战。

此外，还需要关注的是，法官数量的扩充、法院内设机构的细致化分层并未对法官的审判资源形成对应式的增长，庞大的法官队伍并不意味着一线审判法官的数量随之大幅度增加。可以说，我国法院的工作人员中真正属于审判业务部门的法官比例所占较低，这一情况这在官方及学者的论述中均有所涉及。有学者考察发现，“2014年，北京市法院共有工作人员8576名，其中具有法官职称的为4168名”，[③]法官人数在全部工作人员中的所占比例为49%，笔者在上文对

① 有学者认为，《民事诉讼法》将这些既包括“诉讼成立要件”又包括“诉讼要件”的程序性要件设定为当事人起诉的条件，其不仅仅是使当事人起诉条件“高阶化”，更加重了起诉立案程序的“负担”，使得起诉受理程序发生功能性“错位”。参见唐力：《民事诉讼立审程序结构再认识——基于立案登记制改革下的思考》，载《法学评论》2017年第3期，第131～138页。

② 参见刘忠：《论中国法院的分庭管理制度》，载《法制与社会发展》2009年第5期，第124～135页。

③ 叶晓彦、杨昌平：《避免“当了法官还想当长官”》，载《北京晚报》2014年3月11日，第5版。

B 区法院的人员构成考察中也发现这一司法现象。可以说,这一审判人员比例在全部法院人员中比例数量的偏低属于普遍存在的司法现状。并且,不仅我国审判法官数量比例较小的情况并未随着法院人员编制的增加而产生较大改观,法院的内设机构的细致化也使各个庭室之间工作强度不匀、忙闲不均的现象较为明显。

2. 员额制改革的客观影响

员额制改革的基本逻辑为优化审判资源配置,令更多的审判力量集中于一线。① 但不可否认的是,在员额制基本全面落实的当下,意味着法官员额人数基本在制度设计比例中不会浮动太大,而全国 12 万名法官的总体人员数量配置,体现了我国自上而下顶层设计式的法官员额确立,原有的法官队伍中有近 8 万名法官被阻挡在员额制的门槛之外。员额制的改革造成入额法官的数量减少。② 相较于日趋增加的案件数量而言,这一人员配比所带来的直接后果就是法官人均办案负荷的增加,法官的工作量随着员额制改革不降反升,也是制度设计层面对原本存在的"案多人少"现象的再次施压。可以说,法官员额确定标准的一成不变,使"法官数量"与"案件数量"之间存在明显的相关性,案件数量的多少为确定该地区员额的关键性要素。但就实践效果而言,在案件数量上升期单纯通过增加法官数量的解决思路不甚理想。而随着员额制改革的全面铺开,各法院的员额上限标准由中央统一确定,法官人数的减少也会使收案情况不一的法院再次面临法官人手不够的窘境。

## 四、何以实现政策与司法间的良性互动

基于上文的实证观察可见,尽管诸多司法政策是为了更好地实现社会公正、审判权良好运行等目的施行的,但这些政策的实践运行也对我国司法带来了一定的非预期影响,在无意之中扮演了案件数量增长背景下的"催化剂"角色,令本就捉襟见肘的司法资源再一次经历严峻考验。并且,由于司法便民政策、法官员额制等改革措施本身具有非逆向性的特征,可能会在未来较长时间内我国法院会依然保持高负荷运转之下的状态。因而,如何尽量消减因司法政策施行而对法官工作负荷带来的影响,如何建构司法政策与司法资源之间的良性互动关系,也就成为当下一项亟待厘清的实践命题。

---

① 参见刘斌:《从法官"离职"现象看法官员额制改革的制度逻辑》,载《法学》2015 年第 10 期,第 47 ~ 56页。

② 参见李凯、黄婷:《四川藏区基层法官队伍建设机制实证研究》,载《光华法学》编委会编:《光华法学》(第十二辑),法律出版社 2020 年版,第 173 ~ 174 页。

（一）警惕司法政策短期化的负面效应

司法政策作为具备引导、协调作用的公共政策，为我国司法权运行规则提供了现实方向。相较于立法活动的审慎，我国的司法政策的制定和推进则带有鲜明的实用主义特征，往往与某一时期实践中的迫切需求或宏观政策趋向相适应，能够发挥出兼具灵活性和指导性的功能。但同时，也不应忽视部分司法政策所附带的短期化效益。司法政策在制定和施行过程中，可能源自某一时期现实司法的内在驱动力，也就令不少司法政策带有鲜明的时效符号。从长远意义而言，尽管一些司法政策为缓解法官办案压力起到了一定的积极效果，但上文所列举的因政策施行而带来的非预期影响同样不同小觑。因而，在涉及司法政策的制定领域，除却积极回应当下的实践需求外，似乎更需要对我国司法整体运行及其内在特征有着宏观把握，以减少因短期的司法政策施行而可能带来的诸多预想范围外的干扰。

（二）消减司法政策的反向推动力

除了因为短期化而可能带来的负面影响，司法政策还在一定程度上可能带来直接增加法官负担的反面效果，甚至不少司法政策的实施动因就与应对与日俱增的办案压力密切相关，而这些政策尽管指向于提高审判效率、减轻法官工作负荷，也的确可以获得一定的效果，但就长远意义而言，部分司法政策与其说减缓“人案矛盾”，不如说从另一个意义上促使更多的纠纷涌入法院，相较于政策制定的初衷南辕北辙。

例如，随着全国各级法院不同程度上的案件数量增长，对于庭审方式的简化便成为应对案件数量增长的一项有效措施。① 民事诉讼中简易程序的适用在案件增长期得到了前所未有的重视与发展，简易程序实际上已经成为基层人民法院审理一审民商事案件所适用的最主要程序，提高简易程序的简易性和效率性的关键在于简化诉讼过程、压缩诉讼时间。整体的司法政策导向在于扩大化地适用更为快捷的审案程序。但同时，我国当下所呈现民事庭审的效率化、简易化的特征，无疑会降低当事人的成本，这会促使更多地纠纷当事人在作出经济判断时倾向于通过诉讼方式解决纠纷，相对快捷又具备权威性的裁判对很多纠纷当事人而言，是难以抗拒的筹码，这就造成非预期地更多案件涌入法院的尴尬局面。

① 据学者统计：全国各基层法院适用简易程序审理的案件基本上都在民事案件收案数的80%以上，有些基层法院甚至在90%以上，而且居高不下，个别基层法院几乎百分之百地将案件适用简易程序进行审理，审限内结案率有的达99%以上。例如，2010年，云南省昆明市五华区、吉林省九台市简易程序适用率分别达77.3%、86.4%；2011年，上海市卢湾区、普陀区简易程序适用率分别达83.4%、89.2%。参见杨卫国：《论民事简易程序系统之优化》，载《法律科学（西北政法大学学报）》2014年第3期，第169～176页。

可见，这些旨在应对法院案件数量增长的司法政策可能无法从长远角度解决这一司法困境，反而可能造成反向助力的效果。因而，在制定和施行这类指向明显的司法政策之前，应当尽量避免“治标不治本”的思路，而是基于对司法政策与司法资源的双向互动关系的考量上，寻求更具现实裨益的政策出口。

（三）构建现代化法院的破解思路

诚然，在缺乏对司法结构与审判制度予以宏观构图时所采取的改革举措，难以挣脱“治标不治本”的弊端。问题的症结在于我国当下法院所面临的负担，不仅仅包括案件骤增而带来的“案件增加型负担”，还包括法院所承担的非司法职能而形成的“功能增加性负担”。[①] 虽然诸如人口上升、经济发展、城市化进程加快等为案件增长的客观因素，但从上文对实践中民事案件数量变化的分析来看，几次颇为明显的民事案件增长期，都分别与诉讼费用的下调、立案登记制的施行与法官员额制等宏观国家政策的颁行密切相关，我国法院在一系列扩大司法社会治理功能的政策理念指导下越发显得不堪重负。

在笔者看来，包括法官高负荷工作压力在内的诸多司法困境的解决之径有赖于对我国司法制度予以审视，应当继续以构建现代化司法、现代化法院为目的展开我国法院的改革构图。[②] 现代化法院一方面意味着在司法职能范围之内的事项应当由司法机关依照法定程序予以处理，不受其他国家权力机关的干涉；另外，非司法职能的事务应当被排除在司法权运行的职能范围之内，不应将司法权力机关过多地赋予除解决纠纷外的责任与义务。对法官队伍进行职业化建设，独立行使权力。[③] 构筑现代化法院的重要标志之一就是将法院的中立裁判角色予以凸显，法官并非“造法者”，而是通过运用现有的法律规则，划分出司法职能的严格界限，[④]在司法克制的整体模式之下，令法官得以在法定框架之中行使审判权，以尽量消减来自宏观政策所带来的负面影响，这似乎可以被视为解决当下难题的有效路径。

整体而言，民事案件的绝对数量增长以及法官办案负荷的增大实属多项因素共同作用之下的结果，而我国不少业已施行的司法政策起到了“推波助澜”的效果，尽管司法政策指向于司法便民、司法公正等正向目的，但其带来的非预期

---

① 参见姜峰：《法院“案多人少”与国家治道变革——转型时期中国的政治与司法忧思》，载《政法论坛》2015 年第 2 期，第 25 ~ 37 页。

② 参见陈刚：《民事诉讼法制的现代化》，中国检察出版社 2003 年版，第 3 页。

③ 参见黄桂晗、李晓东：《法院队伍职业化建设问题研究——以完善职业保障为重点》，载《光华法学》编委会编：《光华法学》（第八辑），法律出版社 2014 年版，第 63 ~ 64 页。

④ 参见［美］P. 诺内特、P. 塞尔兹尼克：《转变中的法律与社会：迈向回应型法》，张志铭译，中国政法大学出版社 2004 年版，第 60 页。

的负面影响也同样会映射在我国的法院审判体系中。司法公信力是司法公正的要求①因而，未来涉及司法领域宏观政策的施行应当尽量避免短期化、粗糙化的制定方案，而是应当充分考量我国的司法体系特征，以发挥司法职能为关键词，构建以实施审判权为核心的司法体系的现代化法院。

**Research on the Interactive Relationship between Judicial Policy and Judges' Working Pressure: Based on the Empirical Study of a Grassroots Court in Southwest China**

An Qi

**Abstract**: In recent years, the reality of China's judicial system is that compared with the increase of the number of cases, judicial resources are extremely scarce. This article takes a grassroots court in Southwest China as the object of empirical research. The empirical research shows that the peak of the absolute number of civil cases in the grassroots courts is concentrated in 2008, 2012 and 2015, and the average annual number of civil judges has also increased rapidly. Although the number of cases handled by middle-level leaders of the people's courts has increased after the reform of the legal official quota system, they are mainly concentrated at the level of deputy chief judges. Civil judges in the grassroots court have shown obvious fatigue under high-pressure operation. From the perspective of the implementation of judicial policies, the rapid growth of several civil cases in China is closely related to reform measures such as the reduction of litigation costs, the adjustment of litigation thresholds, and the refined separation of courts and chambers, and the judicial advantage has long been the dominant position in dispute resolution. To a certain extent, it also prompted more disputes to be resolved through judicial procedures. The reform plan to be dealt with in the future should try to eliminate the short-term and reverse effects of judicial policies, and adjust the position and role of the court in the dispute resolution mechanism based on the goal of constructing a modern court.

**Key words**: Judicial Policy; Judges' Working Pressure; "More Cases but Fewer Judges"; Empirical Study

① 参见张承思：《论我国司法官惩戒体系的重构——以司法责任制与国家监察体制改革为中心的分析》，载《光华法学》（第十二辑），法律出版社2020年版，第15、16页。

# 认罪认罚案件二审裁判实证研究

## ——基于1557份刑事裁判文书

■ 德格县人民法院课题组*

[内容摘要] 认罪认罚从宽制度在提高办案效率的同时,也暴露出一些问题。从2020年4月热议的北京“余某平”案反思,法院如何妥善处理量刑建议成为当下亟须关注的问题。对此,首先,有必要从实证的角度考察被告人上诉、检察机关抗诉、二审法院改判和发回重审等具体问题。首先,在规范层面,虽然《刑事诉讼法》第201条规定法院“一般应当”采纳量刑建议,但不意味着量刑建议对法院具有强制约束力。其次,法院对量刑建议的审查应是实质审查而非形式审查。再次,法院应采取一种“保守”的立场分情况决定是否采纳量刑建议。最后,当前迫切需要加强法检之间的量刑协调机制,联合制定量刑细则。

[关键词] 认罪认罚 二审 量刑裁判 量刑建议

---

* 课题组成员:伍子平,德格县人民法院院长;三郎仁青,德格县人民法院副院长;陈燕,德格县人民法院刑庭庭长;严英,德格县人民法院法官助理。

2020年4月，一起看似简单的“余某平”案引起法学界热议，各方对该案的一、二审判决争议不断。被告人余某平因犯交通肇事罪，北京市门头沟区人民法院认为，被告人余某平的行为已构成交通肇事罪，应依法惩处，而且其主观恶性较大，判处缓刑不足以惩戒犯罪，因此，公诉机关建议判处缓刑的量刑建议，不予采纳。鉴于被告人余某平自动投案，到案后如实供述犯罪事实，可认定为自首，依法减轻处罚；其系初犯，案发后其家属积极赔偿被害人家属经济损失，得到被害人家属谅解，可酌情从轻处罚。最终判处有期徒刑2年。[①] 控辩双方均不接受一审判决，被告人提出上诉，原公诉机关提出抗诉。二审法院北京市第一中级人民法院经审理后，撤销一审判决，改判上诉人余某平有期徒刑3年6个月。[②] 问题在于，一审法院没有采纳公诉机关的量刑建议以及二审法院在被告人上诉、检察机关抗诉均认为原判量刑畸重的情况下加重处罚，两者是否正当？

关于第一个问题，有学者指出，“认罪认罚”实际包括了实体面向的认罪认罚和程序面向的认罪认罚，前者涉及实体法层面的认罪答辩和实体和解，属于刑法范畴；后者涉及速裁程序和程序和解，属于刑事诉讼法范畴。注重程序与实体价值并重的理念，以认罪认罚的程序与实体价值为导向，分别从程序与实体两个维度作出不同的安排与完善。[③] 就程序面向的认罪认罚，检察官的量刑建议对法官具有约束力，法官可以选择转而适用普通程序或者简易程序重新审理（《刑事诉讼法》第226条），或者首先与检察官协商变更量刑建议[最高人民法院、最高人民检察院、公安部、国家安全部、司法部《关于适用认罪认罚从宽制度的指导意见》（以下简称《认罪认罚指导意见》）第41条]，总之不得直接作出新的量刑裁判。就实体面向的认罪认罚，法官则可以拒绝量刑建议，直接作出新的量刑裁判。“余某平”案属于程序面向的认罪认罚，法官以“主观恶性较大，判处缓刑不足以惩戒犯罪”为由不认同量刑建议的，可以选择转而适用普通程序，但不得作出新的量刑判决。[④]

关于第二个问题，《刑事诉讼法》第237条明确规定，只有被告人上诉的案件，二审法院不得加重被告人的刑罚。但检察院提出抗诉或自诉人提出上诉的案件不受限制。表面上看，“余某平”案系被告人上诉、检察院抗诉的案件，二审法院不受“上诉不加刑”的限制。然而，学界多数人认为，二审法院如此适用法

---

① 参见北京市门头沟区人民法院刑事判决书（2019）京0109刑初138号。

② 参见北京市第一中级人民法院刑事判决书（2019）京01刑终628号。

③ 参见陈雨：《认罪认罚从宽的路径探索——基于程序与实体的双重视角》，载《光华法学》编委会编：《光华法学》（第十一辑），法律出版社2019年版，第150～151页。

④ 参见施鹏鹏：《认罪认罚从宽适用中的抗诉与改判问题》，载微信公众号，https://mp.weixin.qq.com/s/09zrUVR8wEEpRgVSu9MVUQ，2020年5月1日访问。

律过于机械,有悖刑事诉讼法原意。本案中,上诉与抗诉均为被告人利益,具有同质性,这种情况下对《刑事诉讼法》第 237 条的适用应作实质理解,仍然适用“上诉不加刑”,而且“为被告人利益的抗诉禁止作不利益变更”已在比较法上得到认可。①

认罪认罚从宽制度体现了我国刑事诉讼对特定案件的处理正在迈向控辩协作的司法模式。②《刑事诉讼法》第 201 条第 1 款规定,“对于认罪认罚案件,人民法院依法作出判决时,一般应当采纳人民检察院指控的罪名和量刑建议”。这在一定程度上表明,法院在审判阶段对认罪认罚案件的处理带有对审前控辩协商的司法确认性质。当然,这并不意味法院将失去认罪认罚案件的独立裁判权。③《刑事诉讼法》第 201 条第 1 款同时规定了 5 种法定不采纳量刑建议的情形。《认罪认罚指导意见》第 41 条第 1 款规定:“人民法院经审理,认为量刑建议明显不当,或者被告人、辩护人对量刑建议有异议且有理有据的,人民法院应当告知人民检察院,人民检察院可以调整量刑建议。人民法院认为调整后的量刑建议适当的,应当予以采纳;人民检察院不调整量刑建议或者调整后仍然明显不当的,人民法院应当依法作出判决。”实践中,法院遇到可能不采纳量刑建议时的具体问题,即如何阐明不采纳的理由? 又如何与控辩双方进行有效的协调? 这些都是当下值得关注的问题。

## 一、认罪认罚案件二审裁判的整体情况

为全面掌握控辩双方及二审法院对认罪认罚案件一审裁判的接受性问题,本文基于北大法意“法学大数据实证研究平台”(http://bigdata. lawyee. net/login),设置以下检索指标:“案由”选择“刑事”,“审判程序”选择“二审”,“全文”检索“认罪认罚具结书”,裁判日期为“2016 年 12 月 1 日至 2019 年 12 月 31 日”。

需要说明的是,受统计方式的影响,本文所谓的“认罪认罚案件的二审”属于广义概念:一是被告人在一审判决前认罪认罚,但判决后又提出上诉,或者检察院提出抗诉的案件;二是被告人在二审才认罪认罚的案件。统计结果并不影

---

① 参见龙宗智:《余金平交通肇事案终审判决》,载微信公众号,https://mp. weixin. qq. com/s/ylOM0RfV_XQMw34w9GPOxw,2020 年 5 月 1 日访问;韩旭:《检察机关为被告人利益抗诉,法院能否作不利变更?》,载 https://mp. weixin. qq. com/s/mNOHK-BlMkRV-2CflMXb5Q,2020 年 5 月 1 日访问;张建伟:《法律盲点与司法违拗:余金平二审改判案解析》,载 https://mp. weixin. qq. com/s/y_XAdr0ACL3UPO0YBS3FRA,2020 年 5 月 1 日访问。

② 参见张建伟:《协同型司法:认罪认罚从宽制度的诉讼类型分析》,载《环球法律评论》2020 年第 2 期,第 38 ~ 41 页。

③ 参见陈瑞华:《论量刑建议》,载《政法论坛(中国政法大学学报)》2011 年第 2 期,第 18 页。

响本文的整体评价和个案分析。

本次共检索到1557份刑事裁判文书。其中,2016年8件,2017年133件,2018年462件,2019年964件。自2016年9月全国人民代表大会常务委员会授权最高人民法院、最高人民检察院在部分地区试点认罪认罚从宽制度以来,仅至2017年12月,认罪认罚案件已经占试点法院同期审结刑事案件的45%,[①]相信这一数字在2018年《刑事诉讼法》正式确立认罪认罚从宽制度后还会进一步增加。同时,进入二审的认罪认罚案件数量也有明显增加,表明不少案件的控辩双方对一审裁判并不满意。认罪认罚案件的二审数量变化,如图1所示。

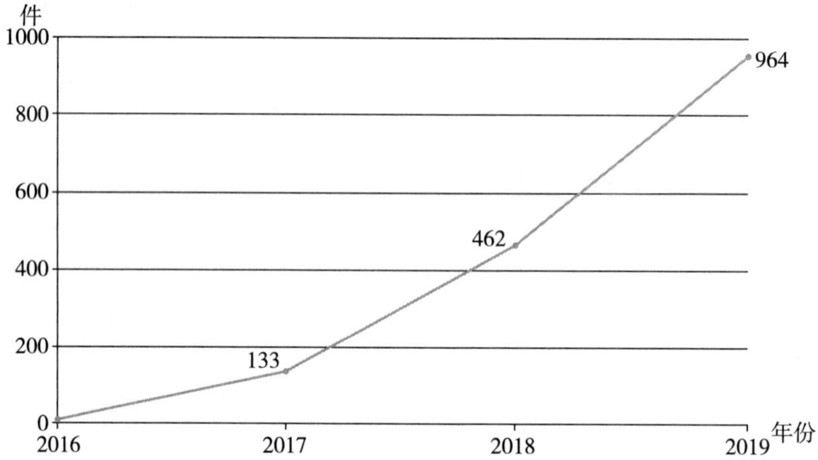


**图1　认罪认罚案件二审数量变化**

1. 二审法院方面。在有效样本1551份裁判文书中,普通法院审理的案件有1547件,还有4件为铁路运输法院审理的案件。所有案件涵盖全国共30个省、直辖市、自治区。在这些省、直辖市或自治区中,受案量较大的前十位的分别是广东省254件、占比16.31%;重庆市209件、占比13.42%;北京市162件、占比10.40%;江苏省116件、占比7.45%;天津市97件、占比6.23%;福建省89件、占比5.72%;四川省80件、占比5.14%;湖南省79件、占比5.07%;河南省77件、占比4.95%;浙江省52件、占比3.34%。从地域分布来看,各地认罪认罚案件均出现不服一审裁判而上诉、抗诉的现象,其中二审审理量较大的法院分布如图2所示。

① 参见最高人民法院、最高人民检察院《关于在部分地区开展刑事案件认罪认罚从宽制度试点工作情况的中期报告》,载人民网,http://npc.people.com.cn/n1/2017/1225/c14576-29726965.html,2020年5月2日访问。

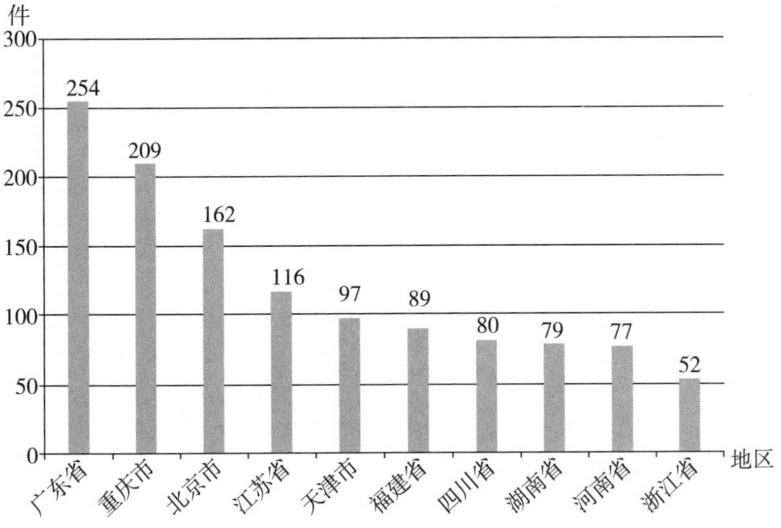


**图 2　二审审理量较大法院地域分布**

2. 被告人方面。本次统计共涉自然人被告 2926 人,单位被告人 33 个,少数民族被告人 181 人。另外,在有效统计的 2351 名自然人被告中,文化程度为初中的有 1086 人,占比 36.22%;高中 437 人,占比 14.58%;小学 435 人,占比 14.51%;大专以上 343 人,占比 11.44%;文盲 50 人,占比 1.67%。有两个数据值得注意:(1)在有效统计的 2926 名自然人被告中,有 1426 人显示曾有刑事犯罪前科,占比 48.73%,还有 559 人曾受过行政处罚,占比 19.1%,一共占到 67.84%。(2)在有效统计的 1557 份裁判文书中,显示有律师参与诉讼的有 759 件,占比 48.75%,而没有律师参与诉讼的却有 798 件,占比 51.25%。

第一,在有上诉的认罪认罚案件中,过半数的被告人曾有前科。或许可以推知,对刑事诉讼有一定经历的被告人,对法院裁判方式也有一定了解,这或许是这类被告人容易不服一审判决的一个原因。另外,反映出这类有前科的被告人,对第二次犯罪在主观上并不排斥,甚至是有意图的再犯。也就是说,对某些被告人而言,“认罪认罚”和“上诉”已经成为其应对诉讼的策略,而非出于犯罪后真实悔改的意图。

第二,即使是在刑事案件律师辩护全覆盖的背景下,全国范围内审判阶段律师参与认罪认罚案件的比率仍然较低,真实原因有很多。例如,案件收益较小,律师参与的积极性不高;多数认罪认罚案件属于轻刑,被告人自己认为没有必要聘请律师参与;再如,一些被告人已有刑事前科,在轻微案件中选择自行辩护等。总之,认罪认罚案件以值班律师为主为犯罪嫌疑人、被告人提供法律帮助(《刑事诉讼法》第 36 条、《认罪认罚指导意见》第 10 条)看似满足了提供法律帮助的要求，但由于值班律师不是辩护人、不能参与庭审，审判阶段律师参与的总体效果不尽如人意。值班律师参与仍然以形式参与为主，所发挥的作用并不明显。①

3. 罪名方面。2018 年《刑事诉讼法》第 15 条以“总则”的方式将“认罪认罚从宽”作为一项基本的刑事诉讼制度，或者刑事诉讼的基本原则。② 比如，2019 年《认罪认罚指导意见》第 5 条明确指出，认罪认罚从宽制度没有适用罪名和可能判处刑罚的限定，所有刑事案件都可以适用。本次统计共涉及 97 个罪名，其中排在前 10 的罪名依次是盗窃罪 289 件，占比 18.56%；危险驾驶罪 200 件，占比 12.85%；走私、贩卖、运输、制造毒品罪 150 件，占比 9.63%；故意伤害罪 106 件，占比 6.81%；诈骗罪 105 件，占比 6.74%；寻衅滋事罪 80 件，占比 5.14%；交通肇事罪 46 件，占比 2.95%；容留他人吸毒罪 46 件，占比 2.95%；开设赌场罪 45 件，占比 2.89%；非法吸收公众存款罪 29 件，占比 1.86%。直观统计，如图 3 所示。

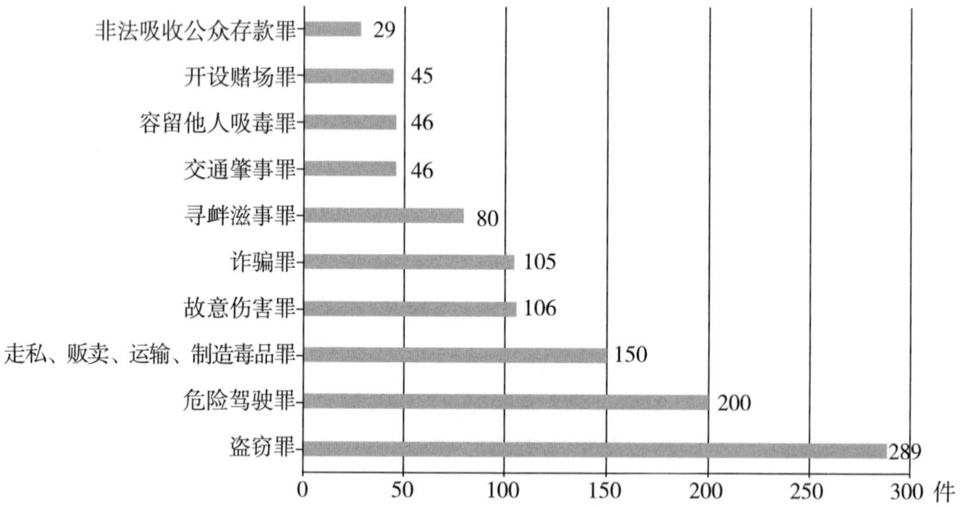


**图 3 认罪认罚二审主要罪名统计**

尽管认罪认罚案件一般犯罪事实清楚、证据确实、充分，控辩双方对定罪量刑没有争议的案件中发挥作用，但随着盗窃罪、危险驾驶罪、毒品类犯罪、故意伤害罪、诈骗罪等案件仍然存在一些争议。争议主要与量刑有关。反而，通常所谓的“一对一”案件，如受贿罪案件，其争议并不明显，或许与认罪认罚从宽制度在职务犯罪中适用率偏低有关。③

① 参见周新：《值班律师参与认罪认罚案件的实践性反思》，载《法学论坛》2019 年第 4 期，第 43 页。

② 参见孙长永：《认罪认罚从宽制度的基本内涵》，载《中国法学》2019 年第 3 期，第 204 页。

③ 参见韩旭：《监察委员会办理职务犯罪案件程序问题研究——以 768 份裁判文书为例》，载《浙江工商大学学报》2020 年第 4 期，第 7 页。

4. 审理方式方面。在有效统计的 1513 件中,有 1218 件是不开庭审理,占比 80.5%;仅有 295 件开庭审理,占比 19.49%。根据《刑事诉讼法》第 234 条第 1 款的规定,被告人、自诉人及其法定代理人对第一审认定的事实、证据提出异议,可能影响定罪量刑的上诉案件,被告人被判处死刑的上诉案件和人民检察院抗诉的案件,二审法院应当组成合议庭,开庭审理。由于认罪认罚案件二审通常是因为被告人对一审量刑不满而引起,因此,二审法院通过阅卷和讯问上诉人,在认为本案事实清楚的前提下,则不开庭审理。① 换言之,"书面审"是认罪认罚案件二审的主要方式,如图 4 所示。

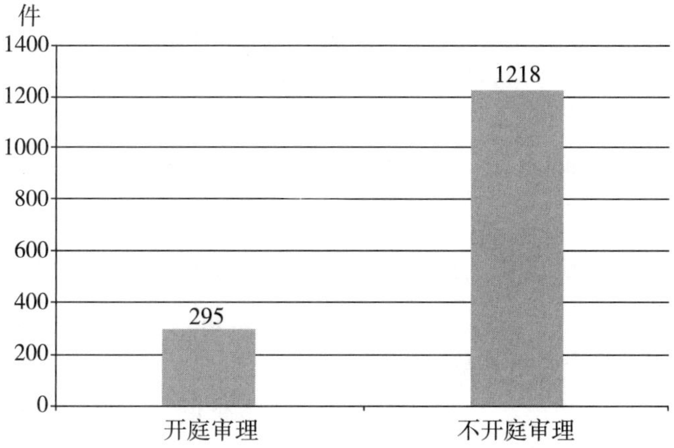


**图 4　审理方式统计**

## 二、认罪认罚案件二审裁判的微观考察

### (一)二审启动类型

表 1 是本文对 1553 件有效样本统计的认罪认罚案件二审启动方式:

**表 1　二审启动方式统计**

| 提起抗诉的类型 | 案件数量(件) | 占比(%) |
|---|---|---|
| 被告人上诉 | 1413 | 90.75 |
| 检察机关抗诉 | 53 | 3.40 |
| 被告人上诉、检察机关抗诉 | 75 | 4.82 |
| 附带民事诉讼原告上诉 | 4 | 0.26 |

① 例如,北京市第一中级人民法院刑事裁定书(2019)京 01 刑终 562 号;湖北省荆州市中级人民法院刑事裁定书(2019)鄂 10 刑终 271 号;安徽省合肥市中级人民法院刑事裁定书(2019)皖 01 刑终 1012 号。

续表

| 提起抗诉的类型 | 案件数量（件） | 占比（%） |
|---|---|---|
| 被告人上诉、附带民事诉讼原告上诉 | 6 | 0.39 |
| 检察机关抗诉、附带民事诉讼原告上诉 | 1 | 0.06 |
| 检察机关抗诉、被告人上诉、附带民事诉讼原告上诉 | 1 | 0.06 |
| 合　计 | 1553 | 100.00 |

第一，因被告人上诉而启动二审是认罪认罚案件二审的主要原因。根据《刑事诉讼法》第227条第1款的规定，被告人可以只因为"不服"一审裁判而提出上诉，这可称为被告人"无因上诉"。仅在量刑问题上，被告人上诉的主要原因如下：（1）真正因为一审"量刑畸重"，试图根据"上诉不加刑"原则在二审获得更轻处罚；（2）为了利用二审的审限以及上诉不加刑原则拉长诉讼周期、延长羁押期限，使自身的羁押期限在折抵刑期后余刑符合留在看守所服刑的条件，从而达到逃避监狱劳动等目的。[①] 在此目的下，上诉成为被告人拖延时间的一种策略。

第二，"因上诉而抗诉"的现象值得关注。这是指由被告人的上诉而引起的检察机关抗诉，就是说如果被告人没有上诉，检察机关是不会抗诉的。例如，"唐某某盗窃罪"案，被告人唐某某认为一审法院量刑过重上诉，请求二审从轻处罚。检察机关因此抗诉，指出："被告人唐某某在一审期间认罪认罚仅仅是为了获得从宽处理的诉讼策略，其主观上没有真正的认罪认罚，本案基于认罪认罚而给予的从宽处罚失去正当性依据，导致一审判决法律适用、量刑均不当。"[②]

问题在于，如果被告人仅是"不服"一审量刑而上诉，是否属于"反悔"，是否会导致之前的《认罪认罚具结书》失去效力？一种观点认为，认罪认罚具结书具有公法上的契约效力，被追诉人原则上不得反悔，除非被告人系非自愿的认罪认罚、控方违背承诺、法官认定的罪名或量刑超出量刑建议的范围、认罪认罚有可能导致错案。[③] 另一种观点认为，应当肯定被告人的反悔权，被告人有权针对法院判决所认可的量刑建议提起上诉。[④] 该问题直到2019年《认罪认罚指导意见》仍未明确，该意见第51～53条明确了不起诉后反悔的处理、起诉前反悔的处理和审判过程中反悔的处理，却唯独对"一审判决作出之后，生效之前（上诉）"

---

① 参见董坤：《认罪认罚从宽案件中留所上诉问题研究》，载《内蒙古社会科学（汉文版）》2019年第3期，第118页。

② 浙江省金华市中级人民法院刑事判决书（2019）浙07刑终787号。

③ 参见秦宗文：《认罪认罚案件被追诉人反悔问题研究》，载《内蒙古社会科学》2019年第3期，第128～129页。

④ 参见陈卫东：《认罪认罚从宽制度试点中的几个问题》，载《国家检察官学院学报》2017年第1期，第8页。

没有涉及。

(二)上诉抗诉对象和理由

在统计的1554份有效裁判文书中,控辩双方对刑事判决上诉、抗诉的有1517件,占比97.44%;对刑事、民事判决均上诉、抗诉的有32件,占比2.06%;仅对附带民事判决上诉、抗诉的有5件,占比0.31%,如表2所示。

**表2　二审上诉、抗诉对象统计**

| 上诉、抗诉对象 | 案件数量(件) | 占　比(%) |
| --- | --- | --- |
| 刑事部分 | 1517 | 97.43 |
| 民事部分 | 32 | 32 |
| 刑事、民事部分 | 5 | 5 |
| 合　计 | 1554 | 100 |

1. 针对刑事部分的上诉、抗诉

(1)被告人上诉的理由。如前所述,尽管被告人可以"无因上诉",但实践中被告人通常会为自己的上诉提供相应的理由。这些理由主要针对"一审量刑过重"。其一,认为一审法院在量刑建议所提的幅度区间量刑过重。例如,"许某某走私、贩卖、运输、制造毒品"案中,《认罪认罚具结书》中建议量刑"有期徒刑一年以上至一年六个月以下",而一审法院宣告刑为"有期徒刑一年四个月"。① 其二,认为一审法院确定的刑罚执行方式过重。"缓刑"作为我国重要的刑罚执行方式,一般认为缓刑相比于直接收监关押的实刑是更重的刑罚。例如,"刘某某危险驾驶罪"案中,上诉人认为一审判决拘役两个月的量刑过重,请求二审适用缓刑。② 其三,在认罪认罚的前提下,一审确定的刑期接近法定刑上限而认为一审量刑过重。例如,"宋某某危险驾驶罪"案,一审判处"拘役五个月,并处罚金人民币一万元",上诉人认为"一审量刑在法定刑幅度内距最重刑期仅少一个月则过重"。③

(2)检察机关抗诉的理由。在认罪认罚案件中,根据《刑事诉讼法》第15条和第201条的规定,检察机关提起抗诉的主要原因有如下:

一是就被告人上诉的案件,主张因被告人的上诉而导致原审案件丧失认罪认罚从宽的基础,故提请二审判处相比于一审量刑更重的处罚,前文所述的"因上诉而抗诉"。例如,"梁某危险驾驶罪"案,抗诉意见认为:"上诉人梁某以原判决量刑确实偏重,适用法律有误为由提出上诉,认罪并不认罚,对依法签订的认

① 参见湖南省长沙市中级人民法院刑事裁定书(2019)湘01刑终1460号。

② 参见湖南省长沙市中级人民法院刑事判决书(2019)湘01刑终1383号。

③ 参见河南省郑州市中级人民法院刑事裁定书(2019)豫01刑终1121号。

罪认罚具结书予以反悔，该院基于梁某认罪认罚基础上提出的从轻处罚量刑建议显然不宜，故原判决采纳该院建议对梁某作出的该判决量刑畸轻。”①

二是检察机关认为一审法院没有采纳量刑建议系程序违法。例如，“边某危险驾驶罪”案，抗诉意见认为：“本案被告人边胜自愿认罪认罚，同意我院量刑建议和程序适用，并在值班律师在场的情况下签署认罪认罚具结书。冀州区人民法院审理期间，未发现该案存在人民法院应当采纳人民检察院指控罪名和量刑建议的除外情形，被告人边胜也未对量刑建议提出异议，人民法院应当采纳我院量刑建议。冀州区人民法院无正当理由未采纳我院量刑建议，违背了《中华人民共和国刑事诉讼法》第201 条的规定。”②具体而言，又分两种情况：一种是一审法院没有采纳量刑建议而轻判，如“陈某交通肇事罪”案，量刑建议提出“判处有期徒刑两年六个月至三年，可适用缓刑”，而一审法院判决“有期徒刑一年八个月，缓刑二年六个月”；③另一种是一审法院没有采纳量刑建议而重判，如“耿某某危险驾驶罪”案，量刑建议提出“拘役一个月零十五天，并处罚金五千元”，而一审判决“拘役二个月，并处罚金五千元”。④

三是认为一审法院违反法定程序适用认罪认罚从宽制度。例如，“陈某某、何某、吴某某盗窃罪”案，抗诉理由认为：“原判采信辩护人提交的原审被告人陈某军认罪认罚具结书，并认定陈某军认罪认罚并予以从宽处罚，违反了《中华人民共和国刑事诉讼法》第一百七十四条规定：‘犯罪嫌疑人自愿认罪，同意量刑建议和程序适用的，应当在辩护人或者值班律师在场的情况下签署认罪认罚具结书’的规定，属于采信证据错误。在审查起诉阶段，检察机关告知认罪认罚相关规定时，陈某军否认有盗窃的主观故意；在审理阶段，人民法院认为陈志军符合认罪认罚从宽制度适用条件，未建议检察机关启动该制度，未经控辩协商，检察机关也未基于其认罪认罚提出量刑建议，人民法院直接适用该制度，认定其认罪认罚并予以从宽处罚，不符合刑事诉讼的规定。”⑤

2. 针对民事部分上诉、抗诉的理由

在有被害人的案件中，被害人即一审附带民事诉讼的原告人，往往因为没有得到预期的经济赔偿而提起上诉。理由包括：一审法院认定的赔偿金额有误；⑥

---

① 山西省吕梁市中级人民法院刑事裁定书（2019）晋 11 刑终 439 号。
② 河北省衡水市中级人民法院刑事裁定书（2019）冀 11 刑终 370 号。
③ 广东省惠州市中级人民法院刑事判决书（2019）粤 13 刑终 241 号。
④ 河南省焦作市中级人民法院刑事裁定书（2019）豫 08 刑终 172 号。
⑤ 四川省乐山市中级人民法院刑事裁定书（2019）川 11 刑终 144 号。
⑥ 例如，湖北省宜昌市中级人民法院刑事附带民事裁定书（2019）鄂 05 刑终 219 号；天津市第一中级人民法院刑事附带民事裁定书（2018）津 01 刑终 728 号。

请求被告人赔偿其他的财产损失。① 个别附带民事案件的上诉人还以“原审对被告人量刑过轻”为由提出上诉。②

(三)二审处理方式

以下是本文统计的有关认罪认罚案件二审结案方式的整体情况,如表3所示。

**表3 二审结案方式统计**

| 结案方式 | 案件数量(件) | 占比(%) |
|---|---|---|
| 维持原判 | 1303 | 83.69 |
| 依法改判 | 211 | 13.55 |
| 发回重审 | 9 | 2.12 |
| 准予撤回上诉 | 33 | 0.58 |
| 合　计 | 1556 | 100 |

1.维持原判及其理由

《刑事诉讼法》第236条第1款第1项规定,原判决认定事实和适用法律正确、量刑适当的,应当裁定驳回上诉或者抗诉,维持原判。这在规范层面表明若原判定罪和适用法律正确、量刑适当、审判程序合法,则应当驳回上诉或者抗诉,维持原判。具体而言,维持原判的理由主要如下:(1)原判认定事实清楚、证据确实充分。例如,“廖某某危险驾驶”案,廖某某上诉提出一审判决量刑过重请求对其适用缓刑,二审法院查明的事实和证据与一审查明的事实和证据相同,法院予以驳回上诉,维持原判。③ (2)原审判决量刑适当。例如,在“张某危险驾驶”案,上诉人张某上诉称其犯罪情节轻微,造成的后果较轻,认罪认罚,且受害人没有驾驶资格对造成的危害结果也有过错,请求二审法院从轻处罚,二审法院认为原判决根据其犯罪的事实、犯罪的性质、情节和对于社会的危害程度及其悔罪表现,对其确定的刑罚适当,该上诉理由不予采纳,维持原判。④

2.依法改判及其理由

通过对1556份有效裁判文书中结案方式为依法改判的211份裁判文书进行分析发现,二审依法改判的主要原因如下:

(1)被告人积极退赔获得谅解。二审期间上诉人积极退赔,获得被害人谅解是法院从轻处罚的重要考量因素。例如,“肖某、刘某某非法吸收公众存款

① 参见天津市第一中级人民法院刑事附带民事裁定书(2019)津01刑终231号。
② 参见北京市第三中级人民法院刑事附带民事裁定(2018)京03刑终507号。
③ 参见湖北省荆州市中级人民法院刑事裁定书(2019)鄂10刑终271号。
④ 参见山西省吕梁市中级人民法院刑事附带民事裁定书(2019)晋11刑终418号。

罪”案中，在二审期间，肖某、刘某某自愿认罪认罚，共同退赔被害人全部损失，取得被害人谅解，法院依法予以从轻处罚结合肖某退赔数额和积极缴纳罚金情节及其符合社区矫正之条件，法院依法对上诉人肖某适用缓刑。①

（2）重新认定从轻、减轻情节。原审判决中对上诉人的从轻、减轻情节认定有误将会造成量刑畸轻，影响司法公正。例如，“李某某贩卖毒品”案中，二审法院查实李某某初到案时对其贩卖毒品的犯罪事实拒不供认，后经进一步讯问才如实供述了贩毒事实，故认定原审被告人李某某构成自首不当，致使量刑畸轻，依法予以纠正。②

（3）二审期间出现新的事实（如立功）。针对二审期间出现的新事实，二审法院需重新认定，对案件作出重新判决。例如，“邱某某危险驾驶”案中，二审法院鉴于二审期间邱某某有立功表现，认为可以对其从轻处罚，依法改判。③

（4）二审期间主动缴纳罚金。上诉人在二审期间积极认罪悔过，主动缴纳罚金，法院应依法从宽处理。例如，“周某某危险驾驶”案中，法院鉴于二审期间周某某在人民检察院自愿签署认罪认罚具结书并主动交纳罚金，可依法从宽处理并可适用缓刑，故对人民检察院提出对原审被告人周某冉判处拘役 2 个月，可判处缓刑，并处罚金 3000 元的出庭意见，对上诉人周某某提出适用缓刑的上诉理由予以支持，依法改判。④

（5）二审期间提供社区矫正评估意见。根据《认罪认罚指导意见》第 37 条的规定，被告人认罪认罚，人民法院拟判处管制或者宣告缓刑的，既可以及时委托被告人居住地的社区矫正机构进行调查评估，也可以自行调查评估，社区矫正机构出具的调查评估意见，是人民法院判处管制、宣告缓刑的重要参考。例如，“陈某某交通肇事”案，二审期间，经扶沟县司法局调查评估，符合社区矫正条件，法院根据提供社区矫正评估意见认为判处陈某某缓刑确实不致再危害社会，依法判处其缓刑。⑤

（6）一审认罪认罚的基础改变。这种方式的改判主要是由于前文所述的“因上诉而抗诉”，以及根据《刑事诉讼法》第 237 条第 2 款对上诉不加刑的例外规定。而且，二审法院一般加重处罚。例如，“胡某贩卖毒品”案中，被告人胡某对于原审判决认定的事实和法律适用没有任何异议，单纯以量刑过重为由提出

① 参见新疆维吾尔自治区伊犁哈萨克自治州塔城地区中级人民法院刑事判决书（2019）新 42 刑终 161 号。

② 参见山东省青岛市中级人民法院刑事判决书（2019）鲁 02 刑终 304 号。

③ 参见湖北省襄阳市中级人民法院刑事判决书（2019）鄂 06 刑终 255 号。

④ 参见河北省唐山市中级人民法院刑事判决书（2019）冀 02 刑终 540 号。

⑤ 参见河南省周口市中级人民法院刑事判决书（2019）豫 16 刑终 627 号。

上诉,违背认罪承诺,认罚动机不纯,对于自己签署的认罪认罚具结书缺乏最基本的敬畏和尊重,严重影响了认罪认罚制度的正确贯彻实施,破坏了认罪认罚制度的严肃性和权威性,同时也造成司法资源被严重消耗,胡某的上诉导致原审判决从宽处理的基础已不存在,客观上导致了原审判决量刑明显不当。①

(7)原审无法定情形未采纳人民检察院的量刑建议。根据《刑事诉讼法》第201条的规定,除非被告人的行为不构成犯罪或者不应当追究刑事责任;被告人违背意愿认罪认罚;被告人否认指控的犯罪事实;起诉指控的罪名与审理认定的罪名不一致以及其他可能影响公正审判的情形,否则法院应当采纳量刑建议。在"陈某盗窃"案中,二审法院认为原判认定事实清楚,证据确实、充分,定罪正确,审判程序合法,唯在无法定情形以及量刑建议并无明显不当的情况下,未采纳人民检察院的量刑建议不当,本院依法予以纠正。②

3. 发回重审及其理由

在统计的1556份有效裁判文书中,发回重审的案件9件,占比0.58%。在9份发回重审的裁定书中,其中以《刑事诉讼法》第238条第3款为由发回重审的有5件;以《刑事诉讼法》第238条第5款为由发回重审的有3件;以《刑事诉讼法》第236条第3款为由发回重审的有1件,详见表4。

**表4　二审发回重审理由统计**

| 发回重审理由 | 样本数(个) | 占比(%) |
|---|---|---|
| 原判剥夺被告人法定权利,可能影响公正审判 | 5 | 55.56 |
| 审判组织不合法 | 3 | 33.33 |
| 原判事实不清、证据不足 | 1 | 11.11 |
| 合　计 | 9 | 100 |

(1)二审法院认为被告人认罪认罚,一审法院未采纳量刑建议系剥削或限制了当事人的法定诉讼权利,可能影响公正审判,故裁定发回重审。例如,"曾某危险驾驶罪"案,二审法院认为:"原判决在人民检察院提出了明确量刑建议且被告人签署有认罪认罚具结书的情况下,作出判决前既未建议人民检察院调整量刑建议,也未对不采纳量刑建议的原因进行释明,致使被告人的辩护权未得到充分保障,可能影响公正审判。依照《中华人民共和国刑事诉讼法》第二百三十八条第一款第(三)项之规定裁定发回重审。"③

① 参见上海市第二中级人民法院刑事判决书(2019)沪02刑终673号。
② 参见四川省宜宾市中级人民法院刑事判决书(2019)川15刑终314号。
③ 四川省宜宾市中级人民法院刑事裁定书(2019)川15刑终64号。

（2）二审法院以不适用认罪认罚程序为由发回重审。具体而言，分为三种情况：一是被告人不愿意签署认罪认罚具结书，一审法院适用简易程序错误，如“江某涉嫌妨碍公务罪”案，上诉人江某才提出一审法院认定的认罪认罚具结书系在其非主观自愿的情况下所签。鉴于这一情形，二审法院认为原审适用简易程序审理本案不当而发回重审。① 二是被告人未认罪认罚，但一审法院适用认罪认罚程序进行审理，如“景某涉嫌行贿罪一案”，二审法院认为：“在原审被告人景宏杰没有签署认罪认罚具结书、公诉机关没有提出量刑建议的情况下，原审法院根据辩护律师提交的所谓申请书及量刑建议，对原审被告人景宏杰适用认罪认罚从宽处罚，违反了刑事诉讼法有关规定，侵犯了检察机关诉讼权利，审判程序严重违法，可能影响案件公正审判。”②三是以原判认定事实不清，适用法律错误，违背真实意愿签署了《认罪认罚具结书》为由提出上诉，二审法院发回重审。例如，“刘某涉嫌拒不支付劳动报酬罪”案，二审法院认为：“原审违反法律规定的诉讼程序，可能影响公正审判。依照《中华人民共和国刑事诉讼法》第二百三十八条第（五）项裁定发回重审。”③

（3）二审法院以事实不清、证据不足为由发回重审。例如，“唐某涉嫌危险驾驶罪一案”，二审法院认为：“原审判决部分事实不清，依照《中华人民共和国刑事诉讼法》第二百三十六条第一款第（三）项之规定，裁定发回重审。”④

4. 准予撤回上诉及其理由

在统计的1556份有效裁判文书中，裁定准予撤回上诉的案件有33件，占比2.12%，这33件案件均是在二审审理过程中提出撤回上诉的请求，其中“无因上诉”后撤回上诉有28份，占比84.84%；以“量刑过重”为由提起上诉后又撤回上诉的有5份，占比15.16%；在这其中有一份检察院也同时提起抗诉最后也撤回了抗诉，如表5所示。

**表5　二审撤回上诉理由统计**

| 上诉理由 | 样本数（个） | 占比（%） |
|---|---|---|
| 无因上诉 | 28 | 84.84 |
| 量刑过重 | 5 | 15.16 |
| 样本总数 | 33 | 100 |

① 参见江西省鹰潭市中级人民法院刑事裁定书（2019）赣06刑终153号。
② 湖北省高级人民法院刑事裁定书（2019）鄂刑终172号。
③ 四川省达州市中级人民法院刑事定书（2019）川17刑终194号。
④ 四川省达州市中级人民法院刑事裁定书（2019）川17刑终157号。

法院准予撤回上诉的理由,在认罪认罚案件中,根据最高人民法院《关于适用〈中华人民共和国刑事诉讼法〉的解释》第383条[①]和第385条[②]的规定。

在实践过程中二审法院裁定准予撤回上诉只有一个主要原因:原判决认定事实和适用法律正确,量刑适当且被告人撤回上诉符合法律规定,如"曹某涉嫌犯危险驾驶罪"案,二审法院认为:"上诉人曹某违反交通运输法规,醉酒后在道路上驾驶机动车,已构成危险驾驶罪,依法应予惩处。因其醉酒驾驶机动车造成交通事故并负事故的全部责任,且血液酒精含量达到200毫克/100毫升以上,应对其依法从重处罚。鉴于其到案后能够如实供述自己的罪行,自愿签署认罪认罚具结书;且积极赔偿被害人的经济损失并取得对方谅解,可对其依法从轻处罚。原审人民法院根据上诉人曹某犯罪的事实、犯罪的性质、情节和对于社会的危害程度所作出的判决事实清楚,证据确实、充分,定罪及适用法律正确,量刑及判处罚金的数额适当,审判程序合法,应予维持。曹某撤回上诉的申请符合法律规定,本院依法予以准许。"[③]

## 三、结论与建议:《刑事诉讼法》第201条的理解与适用

综上统计,再结合本院审判经验,我们发现导致认罪认罚案件被告人上诉、检察院抗诉的主要原因,即《刑事诉讼法》第201条"一般应当采纳量刑建议"和"依法作出判决"的理解与适用问题。对此,建议如下:

第一,虽然法院"一般应当采纳"量刑建议,但不意味着量刑建议对法院具有强制约束力。就审判的角度而言,认罪认罚案件中的量刑建议仍是可裁量的。[④] 我们并不赞同有的学者所谓的"量刑建议实际上是一种赋予检察机关量刑建议刚性的授权规范"。[⑤] 相反,法院在审理认罪认罚案件时,要避免被"一般应当"的字面意思迷惑。实际上,法院采纳量刑建议是有条件的,《刑事诉讼法》

---

① 最高人民法院《关于适用〈中华人民共和国刑事诉讼法〉的解释》第383条规定:"上诉人在上诉期限内要求撤回上诉的,人民法院应当准许。上诉人在上诉期满后要求撤回上诉的,第二审人民法院经审查,认为原判认定事实和适用法律正确,量刑适当的,应当裁定准许;认为原判确有错误的,应当不予准许,继续按照上诉案件审理。被判处死刑立即执行的被告人提出上诉,在第二审开庭后宣告裁判前申请撤回上诉的,应当不予准许,继续按照上诉案件审理。"

② 最高人民法院《关于适用〈中华人民共和国刑事诉讼法〉的解释》第385条规定:"人民检察院在抗诉期限内要求撤回抗诉的,人民法院应当准许。人民检察院在抗诉期满后要求撤回抗诉的,第二审人民法院可以裁定准许,但是认为原判存在将无罪判为有罪、轻罪重判等情形的,应当不予准许,继续审理。"

③ 参见北京市第一中级人民法院刑事裁定书(2019)京01刑终346号。

④ 胡云腾主编:《认罪认罚从宽制度的理解与适用》,人民法院出版社2018年版,第53页。

⑤ 卞建林、陶家培:《认罪认罚从宽制度中的量刑建议》,载《国家检察官学院学报》2020年第1期,第141页。

第 201 条应当理解为量刑建议的“裁量约束力”。一方面,法院采纳量刑的前提是该案不存在以下情形:被告人的行为不构成犯罪或者不应当追究其刑事责任的;被告人违背意愿认罪认罚的;被告人否认指控的犯罪事实的;起诉指控的罪名与审理认定的罪名不一致的;其他可能影响公正审判的情形。如果审判中发现不符合认罪认罚从宽制度的情形,如被告人反悔不再认罪认罚的,法院则应根据审理查明的事实,依法改判(《认罪认罚指导意见》第 53 条)。因此,由法院裁量是否存在法定的五类不采纳量刑建议的情形。另一方面,即使本案不存在五类不予采纳量刑建议的情形,也不等于量刑建议“应当”采纳。这是因为认罪认罚案件的证明标准并未降低。① 法院采纳量刑建议的另一个前提,即案件证据符合《刑事诉讼法》第 55 条规定的“证据确实、充分”。这也是由法院裁量的。

第二,对量刑建议的审查应是实质审查而非形式审查。无论是在起诉书中载明量刑建议,还是单独的《量刑建议书》,量刑建议的裁量效力决定了法院应当在经过实质审查后决定是否采纳。这里的实质审查又包括三个层面:其一,对案件事实和证据的本身问题进行审查;其二,对案件是否适用认罪认罚从宽制度进行审查;其三,对检察机关建议的量刑是否过轻或者过重进行审查。我们认为,在量刑问题上,认罪认罚的自愿性并不是唯一问题。还有的问题是,比较指控罪名的基准刑减去可以从轻、减轻的处罚,再减去被告人认罪认罚可得的量刑优惠,最后所得的量刑建议刑罚,其与基准刑的差距。

第三,法院应采取“保守”立场不采纳量刑建议。虽然量刑建议对法院不具有强制效力而是可裁量的,但在实施认罪认罚从宽制度的宏观背景下,法院在行使量刑裁量的同时,也应当从司法公信力的角度维持认罪认罚“从宽”的稳定性。所谓的“保守”立场,是指法院经审查仅认为量刑建议不当时,不宜直接改变量刑,而应分情况处理:如果只是认为量刑建议过重,但控辩双方并未提出异议,并且被告人系真实、自愿认罪认罚的,则无须改变量刑,除非较重的刑罚明显导致罪责失衡。如果认为检察机关的量刑建议过轻,此时即使案件不存在《刑事诉讼法》第 201 条规定的五类不采纳情形,法院也应当需要审慎地做如下处理:

对一审法院而言,即区分不采纳的“实体原因”和“心理原因”。(1)不采纳的“实体原因”,是指法院经审查认为量刑建议根据的实体法事实认定错误,如被告人行为不构成自首而检察机关以自首为由建议从轻或者减轻处罚。法院在此类实体原因上与起诉意见的差异,已经成为案件法律适用的实体性问题。在技术上,法院不采纳量刑建议可以有两种操作方式:其一,以《认罪认罚指导意见》第 41 条为根据,在说明理由后,告知检察机关调整量刑建议;如果检察机关

① 参见孙长永:《认罪认罚案件的证明标准》,载《法学研究》2018 年第 1 期,第 181 页。

不调整或者调整后仍然不当的，则依法判决。其二，以《刑法》和《刑事诉讼法》第200条为根据，根据已经查明的事实、证据和有关的法律规定直接作出判决。这里尤其要注意不同方式的法律依据。(2)不采纳的"心理原因"，是指检察机关量刑建议依据的实体法事实准确，只是法院在酌定量刑情节方面认为量刑建议从宽的幅度过大。对于这种情况，如果量刑建议仍在法定刑内，为了充分体现对控辩双方认罪认罚合意的尊重，法院不宜再改变具体量刑。

对二审法院而言，鉴于"余某平"案，虽然检察机关抗诉不受"上诉不加刑"的限制，但二审法院欲改变一审量刑裁判，仍应坚持"保守"立场。(1)若二审仅出于"心理原因"而加重一审量刑，这有违认罪认罚从宽制度的初衷，也有损司法公信力，法院应当克制。(2)若二审出于"实体原因"而加重一审量刑，在技术上可以采取上述技术操作，但应明确具体的法律依据。(3)若二审法院系因案件事实、证据问题而改变量刑建议，也应分情况处理。注意的是，对于一审适用速裁程序审理的认罪认罚案件，由于一审省略了大多庭审程序，带有较强的"书面审"特点，与实质化的庭审差距较大，并不能保证每一事实认定的充分性。《刑事诉讼法》第236条虽然规定二审法院在原判决事实不清或者证据不足的情况下，可以查清事实后改判，《认罪认罚指导意见》第41条和第45条也规定法院有权直接依法改判。但鉴于这种情况下的量刑不当是由案件本身的事实认定问题引起，为保证案件的充分调查和被告人的辩论权，二审法院宜选择发回重审而非直接改判。

第四，加强法检之间的量刑协调。首先，以德格法院为例，应积极了解和掌握改革进展，查找总结工作中的不足，切实防范改革推进中不利问题的出现。对检察机关改革有利加强法检交流。[①] 刑事法官还应加强横向交流，以调研座谈、庭审观摩等形式及时与同行交流，互相借鉴，形成改革合力。例如，不定期召开刑事专门研讨会，总结交流改革试点经验，提出完善认罪认罚从宽制度下刑事审判工作的意见建议，及时向上一级法院通报认罪认罚从宽制度重大部署、重大案件审理情况。

最后，法检两家在规范层面联合制定"量刑细则"也是关键，旨在明确认罪认罚案件量刑减让规则，减少量刑建议与量刑裁判之间的张力。例如，辽宁高级人民法院会同省检察院、公安厅、国家安全厅、司法厅等部门联合出台量刑规范化细则，将认罪认罚从宽制度纳入量刑规范化，对于最高人民法院《关于常见犯罪的量刑指导意见》中规定的罪名，可以将认罪认罚作为犯罪事实以外的一个单

---

① 参见张承思：《论我国司法官惩戒体系的重构——以司法责任制和国家监察体制改革为中心的分析》，载《光华法学》编委会编：《光华法学》(第十二辑)，法律出版社2020年版，第8~9页。

独量刑情节，减少基准刑的10% ～30% ，但减少的刑罚量不能超过2年；对未作规定的罪名从宽幅度亦应低于本地区同类案件的刑罚，对可能判处3年以下有期徒刑刑罚案件，从宽幅度不能超过1年，对可能判处3年以上有期徒刑刑罚案件，从宽幅度不能超过2年。再如，山东省高级人民法院、山东省人民检察院、山东省公安厅出台的《关于适用认罪认罚从宽制度办理刑事案件的实施细则（试行）》第40条规定，犯罪嫌疑人、被告人认罪认罚且没有其他法定量刑情节的，人民检察院可以根据犯罪的事实、性质、后果等，减少基准刑的30%以下提出量刑建议。我们认为，当前法检应当首先统一对认罪认罚“从宽”的计算方式，即将刑事诉讼法上的“认罪认罚”作为独立的从轻、减轻情节，其判断标准不独立于实体法上的自首、坦白等，而是以案件是否符合《刑事诉讼法》第15条为准。

## An Empirical Study on the Second Instance Judgment in the Case of Plea —Based on 1557 Criminal Judgment Documents

Dege County People’s Court Research Group

**Abstract**: The leniency system for guilty pleas and punishments not only improves the efficiency of case handling, but also exposes some problems. Reflecting on the Beijing “Yu Jinping” case that was hotly discussed in April 2020, how the court properly handles sentencing recommendations has become an issue that needs urgent attention at the moment. In this regard, it is necessary to examine specific issues such as the defendant’s appeal, the prosecution’s protest, the second-instance court’s revision and remand for retrial from an empirical point of view. First, at the normative level, although Article 201 of the Criminal Procedure Law stipulates that the court “generally should” adopt sentencing recommendations, it does not mean that sentencing recommendations are mandatory for the court. Second, the court’s review of sentencing recommendations should be a substantive review rather than a formal review. Third, the court should adopt a “conservative” position to decide whether to adopt sentencing recommendations based on circumstances. Finally, there is an urgent need to strengthen the sentencing coordination mechanism between law enforcement agencies and jointly formulate sentencing rules.

**Key words**: Plead Guilty and Punished; Second Instance; Sentencing Referee; Sentencing Suggestion

# 比较法与海外法学

# 美国《拜杜法》及其实施条例译注

■ 宁　茜* 　辜　岸** 　王安琪***

## 目　录



* 宁茜,西南财经大学法学院硕士研究生;研究方向:知识产权法。

** 辜岸,吉利学院教师;研究方向:知识产权法。

*** 王安琪,西南财经大学法学院硕士研究生;研究方向:民商法学。

① 20世纪中后期的美国,由于政府资助的科研项目成果归属政府,极大地制约了大学等研究机构的研究热忱和科技成果转化的积极性;同时,因为烦琐的制度羁绊,企业很难从政府手里获得专利权利而将科研成果进行转化应用。因此,政府巨额资金投入所产出的科研成果没有到达促进科技进步与产业发展的预期效果。彼时号称拥有世界第一科研优势的美国,面对诸如德、日等后起发达国家的竞争与挑战,产业竞争力不升反降;加之国际国内各种不利因素叠加,美国国内经济跌入低谷,不仅出口下降,技术产品的国内国际市场份额被蚕食,整体实力陷入1929年以来的又一个低潮。为寻求经济社会发展的新途径,联邦政府和立法机构不得不出台各种新措施和新政策。《拜杜法》(Bayh-Dole Act)就是在这种背景下美国联邦政府和立法机构重新审视科技体制,并进而谋求科技成果管理制度创新的具有标志性的科技政策。《拜杜法》的立法案因由民主党参议员伯奇·拜赫(Birch Evans Bayh J r.)和共和党参议员鲍勃·杜尔(Robert Joseph "Bob" Dole)共同提出,被"礼貌性"地称为《拜杜立法案》(*Bayh-Dole Bill*)。该立法案最初关注的是美国联邦政府资助合同中如何确定专利条款的政策问题。立法案由杜尔牵头于1978年9月13日提交给美国参议院司法委员会(编号为

U.S.C)①第 35 编《美国专利法》②第 18 章　联邦政府资助的发明专利权

35 U.S.C.18. §200　政策和目标

35 U.S.C.18. §201　定义

35 U.S.C.18. §202　权利的处分

---

S.3496)；拜赫于 1979 年 2 月 9 日再次牵头继续向司法委员会提出名称相同的参议院立法案(编号为 S.414)。该立法案明确提出修改《美国专利法》，确立适合非营利性组织和小型企业的统一联邦专利程序。但是，在正式的立法记录中，S.414 立法案在被参议院通过后，并未以单独形式成为法律。我们看到的《拜杜法》其实是时任美国总统吉米·卡特于 1980 年 12 月 12 日签署的 H.R.6933 号众议院立法案《美国专利商标法修正案》(An Act to Amend the Patent and Trademark Laws, Public Law 96 - 517)。这一立法案的提案人并不是拜赫和杜尔，而是威斯康星州的众议员罗伯特·卡斯滕麦尔(Robert William Kastenmeier)。据说，在 H.R.6933 的立法最后阶段，经多方协调折中，众议院同意以 S.414 号《拜杜立法案》的实际内容替换 H.R.6933 第 6 部分的《1980 年政府专利政策法》(Government Patent Policy Act of 1980)，并于 1980 年 11 月 20 日和 21 日相继在美国众、参两院通过。这样，《拜杜立法案》的实际内容最终以 1980 年《美国专利商标法修正案》第 6 部分的形式正式生效。根据该修正案第 6 部分的规定，《拜杜法》规则被增为《美国专利法》的第 38 章。此后，经 1982 年 9 月美国《专利法技术性修改法》(Public Law 97 - 256)修改，《拜杜法》规则被调整成为《美国专利法》的第 18 章(35 U.S.C 18)；1984 年 8 月《联邦地区法院组织法》(Pub. L. 98 - 620)第 4 部分《1984 年商标澄清法》(Trademark Clarification Act of 1984)对《拜杜法》第 206 条中关于规则实施条例制定机构的规定进行了再次修改，并增加了第 212 条"教育奖励的权利处分"，形成了《拜杜法》的全部内容。由此可见，《拜杜法》的立法案最初就是以修改专利法规则而提出的，并成为专利法修正案的组成部分，最终作为法律文本置于《美国专利法》第 18 章。该法旨在允许大学等非营利性组织和小型企业对联邦政府资助项目的发明享有专利化和商业化的权利，以提升科技成果转化效率，又名《1980 年大学和小型企业专利程序法》(University and Small Business Patent Procedures Act of 1980)。该法改变了政府资助即当然享有成果权属的固有模式，通过赋予大学等非盈利研究机构对联邦政府财政资金资助为主的发明创造享有专利权以及排他性的专利许可权，鼓励大学等研究机构的学术研究以及与企业合作积极转化专利技术成果，支持发明创造的转化应用，促进企业发展，推动产业创新。由于该法产生的较为显著的协同创新效果而具有广泛的影响，据称被英国《经济学家》杂志评价为"可能是在过去半个世纪中，美国制定的最令人振奋的法案"。参见刘燕影、张冬梅：《改变美国的三项科技政策》，载《世界科学》2011 年第 7 期，第 58 ~ 60、64 页；邵慧峰：《从"威斯康星理念"到〈拜杜法〉——美国大学科技成果转化思想的法律进程》，载《文化学刊》2014 年第 5 期，第 130 ~ 135 页；孙远钊：《论科技成果转化与产学研合作——美国〈拜杜法〉35 周年的回顾与展望》，载《法律与科技》2015 年第 5 期，第 1008 ~ 1037 页；窦海元：《再回首：〈拜杜法〉是激励还是误导——基于乔纳森·科尔〈大学之道——美国名校的崛起、不可或缺的地位、必须保护的理由〉的分析》，载《教育研究》2018 年第 2 期，第 1 ~ 3、124 页；肖尤丹：《科技成果转化逻辑下被误解的〈拜杜法〉——概念、事实与法律机制的厘清》，载《中国科学院院刊》2019 年第 8 期，第 874 ~ 885 页。由于《拜杜法》的巨大影响以及我国专利权属改革尚不清晰可见的愿景，我国学者近年来对其重视有加，但是，我们发现有些研究者似乎并不完全了解甚至误读该法的内容以及与此有关的规则体系。为此，我们觉得作为法律研习后进，做一些研究的基础性工作或许是有益的——既有益于我们自身对该法的认知，也许还可以为学界提供一些可能的参考。基于此，我们根据最新文本对该法进行了翻译，供方家批评指正。该法文本源自美国法律修订顾问办公室官方网，https://uscode.house.gov/about_office.xhtml，2020 年 12 月 16 日下载。在翻译该法过程中，我们参考了北京大学易继明教授翻译的《美国专利法》，知识产权出版社 2013 年版，第 73 ~ 86 页。在此，我们对易继明教授致以深切的谢意。

① 《美国法典》是由美国众议院法律修订顾问办公室负责，对生效的公法、一般法以及永久性法律所作的正式汇编，每 6 年刊印一版。

② 《美国专利法》被编入《美国法典》第 35 编(title)的专利(patents)部分，分为 4 个部分(part)共 24 章(chapter)，《拜杜法》即其第 18 章，名曰"联邦政府资助的发明专利权"。

35 U. S. C. 18. §203　介入权

35 U. S. C. 18. §204　美国产业优先

35 U. S. C. 18. §205　保密

35 U. S. C. 18. §206　统一条款和规章

35 U. S. C. 18. §207　归联邦所有的发明的国内外保护

35 U. S. C. 18. §208　联邦许可规章

35 U. S. C. 18. §209　归联邦所有的发明的许可

35 U. S. C. 18. §210　本章的优先适用

35 U. S. C. 18. §211　与反托拉斯法的关系

35 U. S. C. 18. §212　教育奖励的权利处分

**二、《拜杜法》实施条例——《联邦法规汇编》(Code of Federal Regulation, CFR)第37编第401条和第404条**①

(一)《联邦法规汇编》第401条政府批准、合同约定或合作协议之下由非营利组织或小型企业所完成发明的权利

37 C. F. R §401. 1　范围

37 C. F. R §401. 2　定义

37 C. F. R §401. 3　第401. 14. 中标准条款的适用

37 C. F. R §401. 4　项目承担方对免责条款的申诉

37 C. F. R §401. 5　条款的修订

37 C. F. R §401. 6　介入权的执行

---

① 《拜杜法》(35 U. S. C 18,1981年7月生效)第206条授权美国商务部长颁布资助协议下发明专利权属规定,并按照要求制定标准的资助协议条款;第207～209条授权商务部长颁布联邦政府所享有的发明的许可条例。1982年,美国联邦管理预算办公室(Office of Management & Budget OMB)颁布A－124通告(OMB Circular A－124),作为《拜杜法》的具体实施条例来指导联邦机构、非营利性组织和企业贯彻执行《拜杜法案》的专利和许可政策,并收录在《联邦法规汇编》第37编成为其中的第401条和第404条(37 C. F. R 401 &404)。《拜杜法》经过前注1982年公法97－253、1984年公法98－620,以及2000年公法106－4041三次修订(这里的"公法"即public law,是指美国立法机关或行政机关制定的法律法规)。通常,国会通过的法律编入《美国法典》;行政机关颁布或者总统签署的行政令编入《联邦法规汇编》。该实施条例也在2018年经过了最新一次的修订。其中,第401条"政府批准、合同约定或合作协议之下由非营利组织或小型企业所完成发明的权利"对应《拜杜法》中第202～204条,主要是对联邦资助科研成果的权利归属、政府介入权程序以及美国产业和小企业优先原则的细化;第404条"政府享有发明的许可"则是对应《拜杜法》第207～209条,规定了所有权利归属于联邦政府的发明的许可条件、限制以及相应程序。如果企业或非营利组织等科研机构在第401条规定之下选择不保留发明的权利,那么,主题发明将归属于联邦机构,并由联邦机构根据第404条进行发明专利的许可实施。如此这般,形成了对联邦政府资助科研成果完整的专利法律制度体系。我们翻译所用的条例是根据美国众议院法律修订办公室网站(网址:https://www.ecfr.gov/cgi-bin/ECFR? page = browse)提供的文本,2021年2月19日下载。

37 C. F. R § 401. 7　小型企业优先权

37 C. F. R § 401. 8　主题发明利用情况的报告

37 C. F. R § 401. 9　项目承担方所雇用的发明人的权利保留

37 C. F. R § 401. 10　政府将其雇员的发明转让给项目承担方的权利

37 C. F. R § 401. 11　申诉

37 C. F. R § 401. 12　将专利权许可给第三方的条件

37 C. F. R § 401. 13　管理专利权的条款

37 C. F. R § 401. 14　专利权标准条款

37 C. F. R § 401. 15　延期的认定

37 C. F. R § 401. 16　电子申请

37 C. F. R § 401. 17　提交和查询

（二）《联邦法规汇编》第 404 条政府享有发明的许可

37 C. F. R § 404. 1　范围

37 C. F. R § 404. 2　政策和目标

37 C. F. R § 404. 3　定义

37 C. F. R § 404. 4　许可的授权

37 C. F. R § 404. 5　依据本条授权许可的限制和条件

37 C. F. R § 404. 6　普通许可

37 C. F. R § 404. 7　独占许可、共同独占许可和部分独占许可

37 C. F. R § 404. 8　申请许可

37 C. F. R § 404. 9　[保留]

37 C. F. R § 404. 10　许可的修改和终止

37 C. F. R § 404. 11　申诉

37 C. F. R § 404. 12　发明的保护和管理

37 C. F. R § 404. 13　管理权转移

37 C. F. R § 404. 14　信息的保密

## 一、《拜杜法》——《美国法典》(United States Code,USC)第 35 编《美国专利法》第 18 章

35 U. S. C. 18. §200[①] 政策和目标

国会的政策和目标在于利用专利制度促进联邦政府支持研发所完成的发明的利用;鼓励小型企业最大限度地参与联邦政府支持的研发活动;推动商业机构与包括大学在内的非营利性组织之间的合作;在不过分阻碍未来研究和发现的前提下,确保由非营利性组织和小型企业所完成的发明能被用于促进自由竞争和企业发展;推动由美国产业和劳动力在美国本土所完成的发明的商业化和为公众所用;确保政府对联邦支持的发明有充分的权利,以满足政府需求和保护公众免受因不使用或者不合理使用发明所带来的损害;将该领域的政策管理成本降到最低。

35 U. S. C. 18. §201 定义

本章中使用的术语——

(a)“联邦机构”,指第 5 编第 105 条定义的任何行政机构和第 5 编第 102 条定义的军事机关。[②]

(b)“资助协议”,指除田纳西河谷管理局(Tennessee Valley Authority)之外的任何联邦机构与任何项目承担方之间,就由联邦政府全部或者部分资助的试验、开发或者研究工作所达成的合同、授权或者合作协议,以及在此定义的资助协议下,为完成试验、开发或者研究工作达成的转让、当事人变更或者任意类型的分包合同。

(c)“项目承担方”,[③]指资助协议中作为一方当事人的任何个人、小型企业或者非营利性组织。

(d)“发明”,指可以或者可能获得专利保护的任何发明或者发现,或者受本编其他方式保护的任何发明或者发现,或者可以或者可能受到《植物品种保护

---

① 由于《拜杜法》作为《美国专利法》第 18 章,其内容中涉及《美国法典》的其他条文,不便作技术处理。因此,我们在翻译时没有按照我国读者的阅读习惯从“第一条”开始进行条文排序,而是按其本来的番号排序。

② 《美国法典》第 5 编《美国法典》第 5 编第 105 条所规定的行政机构包括行政部门、联邦政府公司和独立行政机构;第 102 条所规定的军事机关包括陆军部、海军部和空军部。

③ 对于“contractor”一词,我国学术界主要有三种译法:承揽人、项目承担方、承包商。我们曾参考易继明教授的译本将其译为“承揽人”。但是,我们认为“项目承担方”可能更符合联邦资助协议中的小企业和非营利组织的性质定位,因此,在本次翻译时,我们将其翻译为“项目承担方”。

法》(7 U. S. C. 2321 起)保护的任何新植物品种。[①]

(e)“主题发明”,指在履行资助协议过程中,项目承担方构思或者首次实施的任何发明;但是,植物新品种的确定日期[由《植物品种保护法》第 41 条(d)款,即 7 U. S. C. 2401(d)定义]必须在协议的履行期间之内。[②]

(f)“实际应用”,指满足以下条件的合成物或者产品的制造、程序或者方法的使用、机械或者系统的运转:发明的利用在法律规定或者政府规章准许的范围内为公众在合理条件下带来收益。

(g)“完成”与任何发明一同使用时,是指该发明的构思或者首次实施。

(h)“小型企业”,指公法 85 - 536 第 2 条(15 U. S. C. 632)[③]和小型企业管理局(Small Business Administration)局长的实施条例定义的小型商业机构。

(i)“非营利性组织”,指大学和其他高等教育机构,或者《国内税收法典》第 501 条(c)款(3)项[26 U. S. C. 501(c)]规定,且依照《国内税收法典》第 501 条(a)款[26 U. S. C. 501(a)]免缴税费的组织,[④]或者符合各州非营利性组织法规规定的非营利性科学或者教育组织。

35 U. S. C. 18. § 202　权利的处分

(a)每个非营利性组织或者小型企业在按照本条(c)款(1)项的要求披露后的合理期间内,可以选择保留任何主题发明的权利(title),但是有下列情形之一的,资助协议可以另行规定:(i)项目承担方不位于美国、项目承担方在美国没有经营场所,或者项目承担方受外国政府管辖;(ii)行政机构认定限制或者取消主题发明权利的保留权能够更好地实现本章的政策和目标的特殊情况;(iii)由制定法或者行政命令授权进行外国情报或者反情报活动的政府机关认定,限制或者取消主题发明权利的保留权对于保护该类活动的安全是必要的;或者(iv)资助协议包括能源部所属,主要致力于该部的海军核动力推进

① 美国于1970 年《植物新品种保护法》通过专利保护的形式,为育种者授予研发品种长达 25 年的独占权。

② 这里“确定日期”的定义在《植物品种保护法》第 41 条修订后现已不复存在。

③ 《美国法典》第 15 编第 632 条所定义的“小型企业”就本章而言,是指各个行业中独立经营且在其经营领域中不占主导地位的企业。

④ 《美国法典》第 26 编第 501 条(c)款第 3 项规定,如果一个公司和任何社区福利基金、基金或者基金会是专以宗教、慈善、科学、公共安全检测、文学、教育、促成国内或者国际业余体育竞赛(前提是其活动不涉及提供体育设施或者设备)或者防止虐待儿童或者动物为目的而被组织和运营的,且该组织净收益的任何部分都不使任何私人股东或者个人受益,其主要活动内容不是以宣传或者其他方式试图影响立法[(h)款规定的情况除外],该组织也不参与或者干预(包括发表或者分发声明)代表(或者反对)任何公职候选人的任何政治活动,那么该组织可获得免缴税费的资格。

或者核武器相关项目的"政府所有、项目承担方运营"设施[①]的运营，且本项中资助协议对项目承担方的主题发明权利保留权的所有限制仅对在能源部的上述两类项目下完成的发明有效。非营利性组织或者小型企业的权利应受本条(c)款和本章其他条款的限制。

(b)(1)联邦机构必须首先认定(a)款(i)至(iv)项中的至少一种情形存在，才能行使(a)款规定的政府权利。除(a)款(iii)项的情形外，联邦机构应在对可适用的资助协议的裁决做出后的30日内向商务部长提交该认定的副本。在认定(a)款(ii)项的情形时，陈述中应包括证明认定合理的分析。在认定同小型企业签订的资助协议时，还应向小型企业管理局宣传办公室的首席顾问(Chief Counsel for Advocacy of the Small Business Administration)提交副本。如果商务部长认为任意单项认定或者认定模式违背了本章的政策和目标或者在其他方面不符合本章的规定，商务部长应当告知相关机构的负责人和联邦采购政策办公室主任，并提议修正措施。

(2)联邦采购政策办公室主任(Administrator of the Office of Federal Procurement Policy)只要认定一个或者多个联邦机构在行使本条(a)款(i)项或者(ii)项规定的权力时违背了本章的政策和目标，便有权发布规章，规定联邦机构不得行使这两项权力的各种情形。

(3)如果项目承担方认为一项认定违背了本章的政策和目标，或者构成联邦机构滥用裁量权，该项认定应按照第203条(b)款处理。

(c)与小型企业或者非营利性组织签订的每个资助协议均应包含实现如下事项的适当条款：

(1)项目承担方方负责专利事务管理的人员知晓每项主题发明后的合理期限内，项目承担方向联邦机构披露该主题发明。联邦政府有权获得在该期限内未向其披露的任何主题发明的权利。

(2)项目承担方在向联邦机构披露后的2年内(或者经联邦机构允许的延长期限内)书面选择是否保留主题发明的权利。但是，如果第102条(b)款[②]规定的1年期限在本项规定的2年期满之前结束，联邦机构可以将选择期限缩短到该1年期限届满前至多60日之内；如果项目承担方在该期限内没有选择保留

---

① 美国国家实验室是美国科技创新体系的重要组成部分。美国政府对于国家实验室的管理模式大致分为三种类型，其中最主要的一种是"政府所有、项目承担方运营"(government-owned-contractor-operated, GOCO)模式：国家实验室的设施设备由联邦政府所有或者租用，由能源部在工业界、学术界或者非盈利性机构中选择依托单位，签署具有法律效力的"管理运营合同"(management and operating contract, M&O contract)，对国家实验室实行合同制管理。

② 《美国法典》第35编第102条(b)款规定了专利新颖性之下不属于现有技术披露的情形。

权利或者选择失败，联邦政府可以取得该主题发明的权利。

（3）选择保留某项主题发明的权利的项目承担方同意在第 102 条（b）款规定的 1 年期限届满之前提出专利申请，并且此后应当在合理期限内在其希望保留权利的外国提出相应的专利申请。如果项目承担方在上述期限内未就该主题发明在美国或者外国提出专利申请，联邦政府可以取得该主题发明在美国或者外国的权利。

（4）对于项目承担方选择保留权利的任何发明，联邦机构有权拥有在世界范围内为美国或者代表美国实施或者使该发明得到实施的非排他性、不可转让、不可撤销、已全额支付许可费（paid-up）的许可。但是，为履行美国在任何条约、国际协定、合作约定、谅解备忘录或者类似约定中的义务，包括与武器开发和生产相关的军事协议中的义务，联邦机构认为有必要时，可以在资助协议中约定附加权利，包括转让该主题发明的外国专利权或者使该外国专利权得到转让的权利。

（5）联邦机构有权要求项目承担方和项目承担方的被许可人或者受让人定期报告利用发明或者为利用发明做出努力的情况。但是，任何此类信息和作为本章第 203 条规定的程序的一部分而获得的关于利用发明或者为利用发明做出努力的情况的任何信息应当被联邦机构视为从个人处获取的商业和金融信息，受特权保护，需要保密，不需要按照第 5 编第 552 条[①]的规定披露。

（6）项目承担方、项目承担方代表人或者项目承担方受让人提交美国专利申请时，项目承担方有义务在专利申请说明书和据此颁发的专利中加入声明，表明该发明是受政府支持完成的，政府对该发明享有一定的权利。

（7）对于非营利性组织，（A）未经联邦机构批准，禁止在美国转让主题发明的相关权利，除非转让对象是以管理发明为其主要职能之一的组织（但是受让人应与项目承担方受到相同条款的约束）。（B）要求项目承担方与发明人分享专利使用费。（C）除为运营“政府所有、项目承担方运营”设施而签订的资助协议外，要求项目承担方将因主题发明获得的任何使用费或者收入支付主题发明管理费用（包括支付给发明人的费用）后的结余用于支持科学研究或者教育事业。（D）要求将主题发明的许可优先授权给小型企业，除非经过合理的调查认定不可行。（E）对于为运营“政府所有、项目承担方运营”设施而签订的资助协议，要

① 《美国法典》第 5 编第 552 条“公众信息；行政机构规则、意见、命令、记录和程序”，又名《信息自由法》（*Freedom of Information Act*），是旨在推进美国联邦政府信息公开化的法律。其中（b）款规定了不适用该法规定的情形，其中包括“从个人处获取的受特权保护或者需要保密的商业秘密和商业或者金融信息”。

求如下：(i)项目承担方在任何财政年度获得和保留的任何使用费或者收入，在支付专利费、许可费、给发明人的费用和管理主题发明的其他费用后，其结余不超过该设施年度预算的5%时，结余应当100%用于与该设施研发任务和目标一致的科学研究、开发和教育，包括增加该设施其他发明的实施许可潜力的活动；如果上述结余超过了该设施年度预算的5%，超出部分的15%应当上缴美国财政部，其余85%应当用于本目所述目的的活动。(ii)在提供最有效的技术转让的前提下，主题发明的许可应由设施所在地的项目承担方雇员管理。

(8)本章第203条和第204条的要求。

(d)在本条规定的情况下，如果项目承担方不选择保留一项主题发明的权利，联邦机构可以考虑，并且在与项目承担方协商后同意发明人依照本法和根据本法颁布的规章提出的保留权利的请求。

(e)对于非营利性组织、小型企业或者非联邦发明人完成的任何发明，当联邦政府职员是其共同发明人时，雇用该共同发明人的联邦机构认为合并发明权利有利于促进发明开发的，可以为了合并发明权利作出如下行为：

(1)根据本章规定，向非营利性组织、小型企业或者非联邦发明人许可或者转让联邦机构获得的该主题发明的权利；

(2)从非营利性组织、小型企业或者非联邦发明人获得该主题发明的任何权利，但仅限于权利出让方自愿进行交易，本章规定的其他交易不以此获得行为为条件。

(f)(1)与小型企业或者非营利性组织签订的资助协议中不得包含允许联邦机构要求将属于项目承担方的非主题发明范围内的发明许可给第三方的条款，除非联邦机构的负责人已经批准此种条款并签署书面的理由说明。任何此类条款应当明确说明被要求的发明许可是否和主题发明的实施相关，或者是否和具体明确的工作目标相关，或者是否和上述两者皆相关。联邦机构的负责人不得授权他人批准协议条款或者签署本款规定的理由说明。

(2) 联邦机构不得根据任何此类条款要求将主题发明许可给第三方，除非联邦机构的负责人认定，他人使用主题发明对于主题发明的实施或者资助协议工作目标的使用是必要的，并且该行为对于实现主题发明或者工作目标的实际应用是必要的。此类认定应当在经过联邦机构听证会后记录在案。针对此类认定的司法审查诉讼应当在认定通知发出后60日内提起。

35 U. S. C. 18. §203　介入权

(a)对于小型企业或者非营利性组织根据本章规定取得权利的主题发明，如果根据资助协议资助完成该主题发明的联邦机构认定存在下列有必要采取行动的情形，该机构有权按照根据本法颁布的规章所规定的程序，要求该主题发明的项目承担方、受让人或者独占被许可人，在条件合理的情况下，将任何使用领域里的一项非独占许可、部分独占许可①或者独占许可授予一个或者多个负责任的申请人。如果项目承担方、受让人或者独占被许可人拒绝此要求，该联邦机构有权自行授予许可：

（1）项目承担方或者受让人没有采取，或者在合理期限内预计不会采取有效措施实现该主题发明在其应用领域的实际应用；

（2）项目承担方、受让人或者被许可人没有合理地满足健康或者安全需要；

（3）项目承担方、受让人或者被许可人没有合理地满足联邦法规规定的公共使用要求；

（4）第 204 条要求的协议没有被达成或放弃，或者在美国境内使用或销售任何主题发明的独占被许可人违反了其根据第 204 条达成的协议。

（b）根据本条或者第 202 条（b）款（4）项②作出的认定不受第 41 编第 71 章③约束。应当根据第 206 条颁布规章以建立行政上诉程序。另外，项目承担方、发明人、受让人或者独占被许可人因为根据本条作出的认定而遭受不利影响时，可以在认定公布后 60 日内向美国联邦索赔法院提起申诉。该法院有权对记录在案的上诉予以判决，并对联邦机构作出的认定视情况予以维持、撤销发回或者变更。对于本条（a）款（1）项和（3）项规定的情况，在根据前文提起的上诉或者申诉用尽之前应当搁置联邦机构的认定。

35 U. S. C. 18. §204　美国产业优先

无论本章的其他条款如何规定，取得任何主题发明的权利的小型企业、非营利性组织和该小型企业或非营利性组织的受让人都不得将在美国境内使用或者销售主题发明的独占权授予任何人，除非此人同意，包含该主题发明的产品或者使用该主题发明生产的产品将主要在美国境内进行制造。但是，在个别情况下，如果根据资助协议完成发明的小型企业、非营利性组织或者受让人表明已经作出合理努力但无法以类似的条件将主题发明许可给可能主要在美国境内进行制造的潜在被许可人，或者在这种情况下国内制造不具有商业上的可行性，则联邦机构可以放弃要求本条规定的协议。

35 U. S. C. 18. §205　保密

为提交专利申请，联邦机构有权在合理时间内不向公众披露联邦政府拥有

① 《美国法典》第 10 编第 781 条《美国能源部专利许可条例》规定：部分独占许可（partially exclusive licenses），是指所授予的独占许可仅限于制造、使用或者销售该专利发明，或者仅限于在特定领域或者特定地理范围使用；也指该专利发明的许可数量有上限。

② 原第 202 条（b）款（4）项现已被改为第 202 条（b）款（3）项，但此处文本未随之修改。

③ 《美国法典》第 41 编第 71 章是对公共合同（或者政府合同）之下合同纠纷的相关规定。

或者可能拥有权利或者权益(包括非独占许可)的发明的相关信息。此外,不得要求联邦机构公开任何作为向美国专利商标局或者任何外国专利局提交的专利申请的一部分的文件的副本。

35 U.S.C.18. §206　统一条款和规章

商务部长可以颁布适用于实施本章第202条~第204条的联邦机构的规章,并应当按照本章要求制定标准的资助协议条款。规章和标准资助协议颁布之前,应当听取公众意见。

35 U.S.C.18. §207　归联邦所有的发明的国内外保护

(a)联邦机构有权:

(1)针对联邦政府拥有权利或者权益的发明,在美国和外国申请、取得和维持专利或者其他形式的保护;

(2)针对归联邦所有的发明,以免收使用费、收取使用费或者其他对价的方式,以包括根据第29章[①]的规定授权被许可人执行在内的符合公共利益的条件为前提,进行非独占许可、独占许可或者部分独占许可;

(3)直接或者通过合同代表联邦政府采取所有其他恰当和必要的措施,保护和管理归联邦所有的发明的权利,包括获取任何发明的权利和向联邦政府提供任何发明的使用费,以促进归联邦所有的发明的许可,但仅限于出让权利的一方自愿进行交易;

(4)将归联邦所有的发明的权利或者利益的监管权和管理权全部或者部分转让给其他联邦机构。

(b)为了确保政府拥有的发明得到有效管理,商务部长有权:

(1)协助联邦机构促进对政府拥有的发明的许可和利用;

(2)协助联邦机构在外国寻求保护和持有发明的途径,包括支付相关的费用和开支;

(3)就可能用于商业用途的科技研发领域与联邦机构进行协商并提出建议。

35 U.S.C 18. §208　联邦许可规章

商务部长有权颁布规章,明确除了田纳西河谷管理局拥有的发明外的归联邦所有的发明被非独占许可、部分独占许可或者独占许可的条件。

35 U.S.C.18. §209　归联邦所有的发明的许可

(a)授权。只有满足下列条件,联邦机构才可以根据第207条(a)款(2)项

---

① 《美国法典》第35编第29章规定了专利侵权的赔偿和诉讼的相关问题,涉及专利侵权的救济途径、有效期的认定和防御、强制令、损害程度认定、诉讼程序费用等诸多方面。

对归联邦所有的发明进行独占许可或者部分独占许可：

(1)许可能合理和必要地激励——

(A)投入将发明付诸实际应用所需的投资资本和开支；

(B)以其他方式促进公众利用发明。

(2)联邦机构认为，从申请人的意图、计划和使发明得到实际应用或以其他方式促进公众利用发明的能力来看，进行许可将有利于公众，而且所提出的独占性范围不超过为激励申请人提出的使发明得到实际应用所合理需要的范围，或者以其他方式促进公众利用发明所合理需要的范围。

(3)申请人承诺在合理期限内实现发明的实际应用，如果申请人提出请求，且申请人证明拒绝延长期限是不合理的，联邦机构可以延长期限。

(4)许可不会实质性地减弱竞争，或者造成或维持违反联邦反垄断法的行为。

(5)对于外国专利申请或者外国专利涉及的发明，联邦政府或者美国产业在对外贸易中的利益将得到巩固。

(b)在美国制造。联邦机构通常应当根据第207条(a)款(2)项许可同意主要在美国境内制造包含归联邦所有的发明的产品或者使用该发明生产的产品的被许可人在美国境内使用或销售该发明。

(c)小型企业。根据第207条(a)款(2)项授予任何独占许可或者部分独占许可时，首先应当优先考虑与其他申请人相比有同等或更大的可能性在合理期限内将发明付诸实际应用的小型企业。

(d)条件。根据第207条(a)款(2)项授予的任何许可应当包含授予机构认为适当的条件，并应包括以下条款：

(1)为任何联邦机构保留不可转让、不可撤销、已支付许可费的许可，以在全世界范围内由该机构实施发明，或者由美国政府实施发明，或者由某主体代表美国政府实施发明。

(2)要求被许可人定期报告发明的利用情况以及为利用发明所作出的努力，但是仅以使联邦机构能够认定许可条款是否得到遵守为必要，报告应当被联邦机构视为从个人处获取的商业和财务信息，受特权保护，需要保密，不需要按照第5编第552条的规定披露。

(3)授权联邦机构在其认定出现下列情形时全部或者部分终止许可：

(A)被许可人未履行其对实现发明的实际应用的承诺，包括为支持其许可申请所提交的任何计划中的承诺，并且被许可人不能以其他方式向联邦机构证明其已经采取或者有望在合理时间内采取有效措施以实现发明的实际应用；

(B)被许可人违反了本条(b)款所述的协议；

(C)为满足许可日之后颁布的联邦法规规定的公共使用要求,有必要终止许可,而被许可人没有合理地满足这些要求;

(D)有法定管辖权的法院认为被许可人在履行许可协议过程中的行为违反了联邦反托拉斯法。

(e)公告。联邦机构根据第 207 条(a)款(2)项授予独占许可或者部分独占许可,必须在授予许可的至少 15 日前以适当方式公告授予归联邦所有的发明的独占或者部分独占许可的意向,并且考虑该公告的意见征求期内收到的所有意见。本款规定不适用于按照根据《1980 年史蒂文森 – 怀德勒技术创新法》(15 U. S. C. 3710a)第 12 条达成的合作研究和开发协议(CRADA)①完成的发明的许可。

(f)计划。联邦机构只能在许可申请人向该机构提供关于归联邦所有的发明的开发和营销计划后,才可以根据该发明的专利或专利申请授予其许可,计划应当被联邦机构视为从个人处获取的商业和财务信息,受特权保护,需要保密,不需要按照第 5 编第 552 条的规定披露。

35 U. S. C. 18. §210　本章的优先适用

(a)任何包括但不限于以下法律的处分小型企业或者非营利性组织项目承担方的主题发明权利的法律与本章规定不一致的,优先适用本章:

(1)由《1946 年 8 月 14 日法》第一编增订的《1935 年 6 月 29 日法》第 10 条(a)款[7 U. S. C. 427i(a);60 Stat. 1085];

(2)《1946 年 8 月 14 日法》第 205 条(a)款[7 U. S. C. 1624(a);60 Stat. 1090];

(3)《1977 年联邦矿山安全与健康法》第 501 条(c)款[30 U. S. C. 951(c);83 Stat. 742];

(4)第 49 编第 30168 条(e)款;

(5)《1950 年国家科学基金法》第 12 条[42 U. S. C. 1871(a);82 Stat. 360];

(6)《1954 年原子能法》第 152 条(42 U. S. C. 2182;68 Stat. 943);

(7)第 51 编第 20135 条;

---

① 《1980 年史蒂文森 – 怀德勒技术创新法》(Stevenson-Wydler Technology Innovation Act of 1980)是美国第 39 任总统吉米 · 卡特于 1980 年 10 月 21 日签署生效的美国第一部主要的技术转让法,该法规定联邦机构要积极向公众传播技术信息,并要求联邦实验室参与技术转让过程,为非联邦组织获取联邦实验室技术提供条件。1986 年以《史蒂文森 – 怀德勒技术创新法》为基础的《联邦技术转移法案》(Federal Technology Transfer Act,FTTA)获得国会通过。该法案将技术转移上升为政府所有—政府运营模式(government owned,government operated,GOGO)的联邦实验室所有雇员的一项首要任务,并授权联邦实验室通过与外部机构开展合作研究与开发协议(Cooperative Research and Development Agreement,CRADA)来谈判实验室产生发明专利的许可。

(8)《1960 年煤炭研究与开发法》第 6 条(30 U. S. C. 666;74 Stat. 337);

(9)《1960 年氦法修正案》第 4 条(50 U. S. C. 167b;74 Stat. 920);

(10)《1961 年军备控制与裁军法》第 32 条(22 U. S. C. 2572;75 Stat. 634);

(11)《1974 年联邦非核能源研究与开发法》第 9 条(42 U. S. C. 5908;88 Stat. 1878);

(12)《消费品安全法》第 5 条(d)款[15 U. S. C. 2054(d);86 Stat. 1211];

(13)《1944 年 4 月 5 日法》第 3 条(30 U. S. C. 323;58 Stat. 191);

(14)《固体废物处理法》第 8001 条(c)款第(3)项[42 U. S. C. 6981(c);90 Stat. 2829];

(15)《1961 年对外援助法》第 219 条(22 U. S. C. 2179;83 Stat. 806);

(16)《1977 年联邦矿山安全与健康法》第 427 条(b)款[30 U. S. C. 937(b);86 Stat. 155];

(17)《1977 年露天采矿管控与复垦法》第 306 条(d)款[30 U. S. C. 1226(d);91Stat. 455];

(18)《1974 年联邦火灾防控法》第 21 条(d)款[15 U. S. C. 2218(d);88 Stat. 1548];

(19)《1978 年太阳能光伏能源研究、开发与示范法》第 6 条(b)款[42 U. S. C. 5585(b);92 Stat. 2516];

(20)《1978 年本土乳胶商品化与经济发展法》第 12 条(b)款(7 U. S. C. 178j;92 Stat. 2533);

(21)《1978 年水资源与开发法》第 408 条(42 U. S. C. 7879;92 Stat. 1360)。

制定本章规定的法律应被解释为优先于任何将来的法律,除非将来的法律明确引用本法并规定它应优先于本法。

(b)本章的任何内容均不改变本条(a)款引用的法律或者任何其他法律在与非营利性组织或者小型企业以外的人签订的资助协议被履行时完成的发明的权利处分方面的效力。

(c)本章的任何内容均不限制联邦机构根据 1983 年 2 月 18 日颁布的《政府专利政策声明》、机构规章或其他可适用的条例,接受在与非营利性组织或者小型企业以外的人签订的资助协议下进行的工作中完成的发明的权利的处分,或者以其他方式允许这些人保留发明所有权的权力,但是包括与小型企业或者非营利性组织以外的人签订的协议在内的所有资助协议均应包含第 202 条(c)款(4)项和第 203 条规定的要求。任何根据《政府专利政策声明》或实施条例完成的发明的权利处分,包括本条颁布前作出的任何处分,在此得到授权。

(d)不得将本章的任何内容解释为要求披露情报的来源或获取方法,或者以其他方式影响法规或行政命令授予中央情报局局长保护情报来源或获取方法的权力。

(e)《1980年史蒂文森－怀德勒技术创新法》关于允许或者要求处分主题发明的权利的规定与本章规定不一致时，优先适用《1980年史蒂文森－怀德勒技术创新法》。

35 U. S. C. 18. §211　与反托拉斯法的关系

不得将本章的任何内容视为赋予任何人的对反托拉斯法规定的民事或者刑事责任的豁免，或者反托拉斯诉讼的辩护理由。

35 U. S. C. 18. §212　教育奖励的权利处分

联邦机构主要基于教育目的向获奖人提供的奖学金、研究金、培训资金或者其他资助协议不得包含任何将获奖人完成的发明的权利授予联邦机构的条款。

## 二、《拜杜法案》实施条例——《联邦法规汇编》(Code of Federal Regulation, CFR)第37编第401条和第404条

### (一)第401条 政府批准、合同约定或合作协议之下由非营利组织或小型企业所完成发明的权利

37 C. F. R §401. 1　范围

(a)通常，政府不会限制使用私人设施的研究人员接受其他研究资助，以扩充资金进而协助完成或实施与政府资助的研究活动密切相关的其他研究。尽管，为了加快或更全面地完成政府资助项目的研究目标，研究机构有权接受来自其他渠道的补充资助，但本条例中的所有权条款仍适用于“构思或首次实施”的任何主题发明。这种情况下，两类研究资金进行独立核算，不会影响主题发明。

(1)如果一项非政府资助的研究项目不在政府资助项目计划和执行活动内，且不会减少或转移政府资助的主题发明成果，即使两者密切相关，非政府资助的主题发明也不受本条例约束。例如，研究目的在于扩张某个领域科学认知的政府资助项目和研究目的在于以应用此领域内新知识来开发实用新技术的行业资助项目就是关联却独立的。由于大部分发明都是建立在数年独立研究积累的知识基础之上，因而两个项目开展的时间关系和使用另一项目研究得出的新知识并不是重要的决定因素。如果执行机构认定一项发明为非政府资助主题发明，而资助机构持反对意见，认为该发明是应当向政府报告的“主题发明”，资助机构可以按照第401. 11条(d)款规定申诉。

(2)在政府资助项目研究活动之外完成的发明不视作“主题发明”，因为不能证明该发明是在项目实施过程中“构思或首次实施”。例如，用政府经费购买的设备后来被用于所有费用由非政府机构出资的发明中，不涉及政府资助主题

发明及其成本问题。

(b)本条例是《美国法典》第35编第202～204条的具体实施规定，适用于所有联邦机构与任何规模的企业所签订的资助协议[与第12591号行政命令的第1条(b)款(4)项一致，由第12618号行政命令修订①]以及与非营利组织除基于教育目的之外签订的资助协议。部分内容也为资助协议条款生效之前的管理提供指导。根据《美国法典》第35编第212条的规定，联邦机构主要基于教育目的，与受资助者签订的有关奖学金、助学金、培训资助或其他资助协议中，不得包含将被资助人所完成发明的任何权利转移给联邦机构的条款。

(c)自本条例生效之日起，第401.6条和第401.11条规定的介入权和申诉程序应适用于依据《美国法典》第35编第18章确定的资助协议下进行的任何介入权或申诉程序，包括在生效期之前予以执行的资助协议。

(d)应项目承担方的要求，为运营政府所享有设施签订的且在本条例有效期内生效的资助协议，应当及时修订，将第401.3条(a)款所规定的应有条款内容写入协议，除非联邦机构认为可适用或将适用《美国法典》第35编第202条(a)款中的(i)～(iv)项[本条例第401.3条(a)款(1)～(4)项]中关于例外情况的规定。如果认为符合第401.3(a)款(4)项中的例外情况，则应及时按照本条例第401.3(c)条的规定修改资助协议。

(e)本条例代替了美国管理和预算办公室A－124通告，②并且优先于任何其他关于小型企业与非营利性组织的发明专利权利的规定。资助机构所有相关规定的修订都应遵循本条例和修订后的《美国法典》第35编第18章的要求。当项目承担方提出的要求不符合第18章规定时，无须经过部长批准即可做出决定。适用本条例第401.3条(a)款中(1)～(6)项的情形之一时，根据第401.5条或第401.3条的授权，对条款进行修订也无须部长的批准。为了与本部分规定保持一致，应当将补充这部分的建议和资助机构的最终规定文件，按照本法第401.17条规定向部长提交3份副本。在此之前，依据美国总统的行政命令第12,866条③规定，应将其提交给美国管理和预算办公室(Office of Management

① 第12591号行政命令和第12618号行政命令是由里根总统(Ronald Reagan)分别在1987年4月和12月颁布，第12591行政命令中(b)(4)规定了：联邦政府可以向所有规模的项目承担方，而非仅限于小型企业，授予由联邦全部或部分资助完成的发明专利的所有权利，保留政府的免费实施权，以此促进发明专利的商业化应用。

② 1982年2月10日，美国管理和预算办公室出台了A－124号通报(代替了81－22公告)，向联邦机构提供了《拜杜法案》的实施纲要，即针对行政机构如何应对资助协议下由小型企业、非营利组织和大学完成的发明制定了政策、程序和标准条款。

③ 克林顿总统于1999年颁布第12866号行政命令，其中将管理和预算局作为对行政机构规章制定的协调性审查机构，确保规章同法律和行政命令保持一致，减少行政机构之间的政策和行为的冲突可能。

and Budget,OMB),如果管理和预算办公室不要求提交上述材料,则递交给《联邦公报》(Federal Register)出版。

(f)如果一个资助机构签订的资助协议主要内容尚未完成[协议不包括与本部分保持一致的专利责任传导条款(flow-down provisions)①和早期联邦采购政策办公室(Office of Federal Procurement Policy,OFPP)的规定,即美国管理和预算办公室 A-124 通告或美国管理和预算办公室 81-22 公告],资助机构应当采取适当措施,来确保该资助协议下分包人和在 1981 年 7 月 1 日后接受分包合同的小型企业或者非营利性组织,根据《美国法典》第 35 编第 18 章和本条例规定获得主题发明的权利。

(g)如果协议中约定,政府允许非营利组织,小型企业或其他组织使用政府设施并向其在使用中提供普通技术援助,无论是有偿还是无偿,均不适用本条例。本条例同样不适用于项目投资人对政府或项目承担方的雇员在工作中花费时间的补偿协议。上述协议均不属于《美国法典》第 35 编第 201 条(b)款和本条例第 401.2(a)款规定的“资助协议”。

37 C.F.R § 401.2　定义

本章中使用的术语——

(a)“资助协议”,指除田纳西河谷管理局之外的任何联邦机构与任何项目承担方之间,就由联邦政府全部或者部分资助的试验、开发或者研究工作所达成的合同、授权或者合作协议,以及在此定义的资助协议下,为完成试验、开发或者研究工作达成的转让、当事人变更或者任意类型的分包合同。

(b)“项目承担方”,指作为资助协议一方的任何个人,小型企业或非营利组织,以及根据修订后第 12591 号行政命令第 1 条(b)款(4)项规定的任何不限规模的企业。

(c)“发明”,指可以或者可能获得专利保护的任何发明或者发现,或者受本编其他方式保护的任何发明或者发现,或者可以或者可能受到《植物品种保护法》(7 U.S.C.2321 等)保护的任何新植物品种。

(d)“主题发明”指在履行资助协议过程中,项目承担方构思或者首次实施的任何发明;但是,植物新品种的确定日期[由《植物品种保护法》第 41 条(d)款,即 7 U.S.C.2401(d)定义]必须在协议的履行期间之内。

(e)“实际应用”,指满足以下条件的合成物或者产品的制造、程序或者方法

---

① 专利责任传导条款(flow-down clauses),是指分合同中的某些条款通过引用总合同条款或者并入总合同,将分包主体与项目承担方纳入同一约束范围,即要求分包主体负担项目承担方对专利权人的义务。

的使用、机械或者系统的运转；发明的利用在法律规定或者政府规章准许的范围内为公众在合理条件下带来收益。

(f)“完成”与任何发明一同使用时，是指该发明的构思或者首次实施。

(g)“小型企业”，指公法 85－536 第 2 条(15 U. S. C. 632)和《小型企业管理者实施条例》中规定的小型企业。本条例采用《联邦法规汇编》第 13 章第 121. 5 条规定的关于政府采购和分包的小型企业规模标准。

(h)“非营利性组织”，指大学和其他高等教育机构，或者《国内税收法典》第 501 条(c)款(3)项[26 U. S. C. 501(c)]规定，且依照《国内税收法典》第 501 条(a)款[26 U. S. C. 501(a)]免缴税费的组织，或者符合各州非营利性组织法规规定的非营利性科学或者教育组织。

(i)“第 18 章”，指《美国法典》第 35 编第 18 章。

(j)“部长”，指美国国家标准与技术研究院(NIST)[①]的负责人。

(k)“电子申请”，指通过电子或光电传输系统提交信息。

(l)“电子或光电系统”，指联邦机构为进行信息传送而批准的软件系统。

(m)“专利申请”，指美国《联邦法规汇编》第 37 编第 1. 9 条(a)款(2)项和(3)项所定义的，向美国专利商标局提交的临时或非临时专利申请，[②]或者是向外国或国际专利局提交的专利申请。

(n)“首次专利申请”，指对于既定主题发明，根据美国《联邦法规汇编》第 37 编第 1. 9 条(a)款(2)项和(3)项规定，向美国专利局提交首次的临时或非临时专利申请，或者是根据美国《联邦法规汇编》第 37 编第 1. 9 条(b)款中定义的《专利合作条约》提交的首次国际专利申请，或者是可适用《植物品种保护法案》的首次证书申请。

(o)“法定期限”，是指根据《美国法典》第 35 编第 102 条(b)款[经《美国发明法案》(Leahy-Smith America Invents Act)，即公法第 112－29 条修订]，发明保护请求的有效申请日之前的 1 年内，在此期间存在对现有技术的例外情况。

37 C. F. R § 401. 3 第 401. 14. 中标准条款的适用

(a)项目承担方(除《美国法典》第 35 编第 212 条规定的主体)所签订的每一份资助协议应当包含本条例第 401. 14 条中的条款，并可以按照本条例其他条

① 美国国家标准与技术研究院(National Institute of Standards and Technology，NIST)成立于 1901 年，现隶属美国商务部，主要进行物理、生物和工程方面的基础和应用研究，以促进美国企业创新和增强竞争力，通过推进测量科学、标准和技术的方式，来提高经济安全和改善美国人民的生活质量。

② 《美国法典》第 35 编第 111 条(b)规定了专利的临时申请，临时申请必须包括说明书(不要求权利要求书)，美国专利和商标局并不对其实质审查，因此，临时申请作为一种用于建立本国优先权日的便捷手段，更多用于占位。专利申请人可以在临时申请递交日起 12 个月内递交相应的非临时申请。

款的授权和要求进行修改和调整。但有下列情形之一的，上述条款可以选择适用——

(1)项目承担方不位于美国、在美国没有经营场所，或者受外国政府管辖；

(2)行政机构认定限制或者取消主题发明权利的保留权能够更好地实现本章的政策和目标的特殊情况；

(3)由制定法或者行政命令授权进行外国情报或者反情报活动的政府机关认定，限制或者取消主题发明权利的保留权对于保护该类活动的安全是必要的；

(4)资助协议包括能源部所属，主要致力于该部的海军核动力推进或者核武器相关项目的"政府所有、项目承担方运营"设施的运营，且本项中资助协议对项目承担方的主题发明权利保留权的所有限制仅对在能源部的上述两类项目下完成的发明有效；

(5)根据《美国法典》第15编第3710a条法定授权之下的《合作研究与开发协议》(CRADA)要求项目承担方代表政府在政府实验室进行工作；

(6)协议属于服务性质合同，且项目承担方不是非营利组织，同时不符合《美国法典》第35编第200条规定促进主题发明的商业化和公众使用的要求。

(b)当符合第401.3条(a)款中(2)、(3)、(5)或(6)项规定的例外情形时，联邦机构应适用第401.14条规定的标准条款，并结合例外情形或者导致例外情形的有关原因对条款作出必要修改。例如，若特定应用领域或市场做出相关调整，则该条款可类比第401.3条(c)款的规定进行修改。在任何情况下，应根据第401.15条的规定为项目承担方提供获得更多权利的机会。当联邦机构基于国家安全，证明协议适用本条例第401.3条(a)款(2)项规定的例外情况，并在资助协议中适用选择性条款时，该条款应当给项目承担方提供是否保留主题发明权利的选择权(与本条例第401.14条标准专利条款规定的权利类似)。如果联邦机构或能源部在收到主题发明报告的6个月内未采取保密措施，或在同时期内，能源部未按照法律、行政法规或本条例规定，禁止该发明未经授权的传播，项目承担方有权保留该发明的所有权。但能源部的航海核动力项目的资助协议除外。

(c)当能源部确定使用第401.3条(a)款(4)项规定的选择性条款时，则第404.14条中的标准条款应当进行如下修改，或者按照本条例其他条款的授权或要求进行修改和调整：

(1)该条款的标题应修改为：能源部设施非营利性运营者的专利权。

(2)按如下所示，在第401.14条(c)款(1)项的(1)后添加一个(A)，并在第404.14条(c)款(1)项中添加(B)目和(C)目内容：

(B)如果该主题发明是在美国能源部的航海核事业和武器装备相关计划资

助的活动中完成的，则本条(c)款(1)项(B)目规定将替代本条(c)款(2)和(3)项。在这种情况下，项目承担方同意在全球范围内将本发明的所有权利、所有权和权益转让给政府，除非项目承担方经更高级别的权力授权或者根据本条(e)款规定保留权利。项目承担方或者经其授权的雇用发明人可以在公开发明时或者其后的合理时间内提出更多权利的请求。美国能源部将根据《联邦法规汇编》第37编第401.15条规定的程序处理此类请求。对于更多权利的每一项决定都将受制于本条第(h)～(k)款以及能源部认为适当的附加条件(如果有的话)。

(C)根据本条第(c)款(1)项(A)目规定公开发明时，或者在其后的90日内，项目承担方须提交一份书面陈述，说明其能否完成能源部的航海核事业或核武器装备相关项目下的发明。如果该陈述书没有在规定时间内提交，则本条第(c)款(1)项(B)目将代替本条第(c)款(2)项和(3)项。除非签订协议的长官在60日内提出书面异议，否则项目承担方的陈述将被视作最终结论。如果签订协议长官提出异议，则其书面异议为最终结论，除非项目承担方在其做出决定后60日内根据《合同争议法》提出索赔。在问题解决之前，该发明受到本条(c)款(1)项(B)目规定的限制。

(3)第401.14条中的(k)款(3)项将按照第401.5(g)条的规定进行修改。

(d)当资助协议涉及一系列相互独立的任务时，资助机构可以对单独的任务适用于本条例第401.3条(a)款(2)项或(3)项规定的例外情形，并且拟定合同以使修正后的专利权相关条款适用于这个任务。本条例第401.14条或本条(c)款中规定的修正条款均可适用于合同的其余部分。机构在首次支付资助经费之后，即有权就资助协议中增加的任务条款修订进行谈判。

(e)在适用本条例第401.3条(a)款的例外情况之前，联邦机构应准备书面认定材料，其中包括对认定的事实依据和存在例外情况条件的说明。对每一种例外情况的认定需要进行单独的事实说明，除非该认定可以同时适用于资助协议和协议下签发的任何分包合同或者可适用该例外的任何资助协议。适用本条例第401.3条(a)款(2)项时，认定材料还应当包括对该认定的合理分析。该分析应具体说明，选择性条款如何更好地达到《美国法典》第35编第200条规定的目标。如果可以，每一份认定材料、事实说明和合理分析都应当及时提交给项目承担方或准项目承担方。上述材料应与项目承担方或准项目承担方对例外情况认定申诉的通知一并提交[该申诉依据《美国法典》第35编第202条(b)款(4)项和本条例第401.4条]。

(f)除本条例第401.3条(a)款(3)项规定的认定外，联邦机构还应向部长提交认定材料、事实说明和分析的副本。这些材料应当在资助协议的首次资助经费支付后30日之内提交。如果资助协议是与小型企业签订的，则同样应当向小型企业管理局的首席顾问提交副本。如果认定或认定方式与本部分政策目标或其他规定不一致，部长可以向联邦政策采购办公室的管理者和有关机构提出意见，并推荐纠正措施。

(g)为了协助美国总审计长依据《美国法典》第35编第202条规定履行其义务，所有与非营利组织或者小型企业签订资助协议的联邦机构，应总审计长的要求，于每个财政年度向其或其授权代表人提交自1982年10月1日开始的与非营利性组织或小型企业签订的全部主要协议，协议内容包括本条例或者OMB A－124规定的专利权条款。

(h)联邦机构有权要求准项目承担方证明其属于小型企业或非营利组织。如果联邦机构有正当理由怀疑准项目承担方的性质，则可以要求其提供证据加以证明。

(i)联邦机构适用本条例第401.3条(a)款(5)项规定的例外情况时，应将本条例第401.14条基本条款中的(b)款替换成下列(b)(1)和(2)：

(b)主要权利的分配。(1)根据本条[包括本条第(b)款(2)项和《美国法典》第35编第203条的规定]项目承担方可以保留主题发明在世界范围内的全部权利、所有权和权益。对于项目承担方保留权利的主题发明，联邦政府享有非排他性、不可转让、不可撤销的已全额付费的许可，有权代表美国在世界范围内实施应用该发明。(2)如果项目承担方在“政府所有，政府运营”或“政府所有，项目承担方运营”的实验室里进行研究，以履行合作研究和开发协议(CRADA)规定的政府义务，政府可要求项目承担方与协议合作方就其在该协议项下单独或联合进行的任何主题发明的权利分配问题进行协商。协议内容的协商应当在项目承担方开展合作研究和开发协议工作之前，或者在政府许可的情况下在确定发明主题后进行。在没有此类协议的情况下，项目承担方同意授予某个或多个合作方对该发明的许可，许可范围和条款应与合作研究和开发协议中规定的政府发明相同。

37 C. F. R §401.4　项目承担方对免责条款的申诉

(a)依据《美国法典》第35编第202条(b)款(4)项的规定，如果项目承担方认为，联邦机构作出构成第401.3条(a)款(1)～(6)项所规定例外情形的认定不符合本章政策目标或者构成滥用职权，项目承担方有权对该认定申请行政复议。本条(b)款规定了项目承担方和联邦机构在此情况下应当遵循的程序。项目承担方的复议申请不能作为扣留、延迟资助资金或终止资助的理由。在复议最终结果出来之前，可依据联邦机构提出的专利权条款制定资助协议；但是，如果最终决定有利于项目承担方，则应对资助协议作出相应修订，修订内容效力追溯到协议的生效日。

(b)(1)在收到联邦机构的认定副本之日起的30个工作日内或联邦机构规定的更长时间内，项目承担方可以向该机构提起书面申诉，申诉书中应当明确说明申诉理由。

(2)申述应当交由联邦机构负责人或者其指派人处理，处理人的级别应高于作出该认定的人。如果书面申请提出了事实性争议，机构负责人或其指派人应当就事实进行调查。

(3)事实调查由联邦机构依据既定程序进行。程序应当尽可能非正式并符合基本公平原则。该程序应当为项目承担方提供发表意见、提交文件证据、介绍证人和与联邦机构可信赖人员面谈的机会。执行过程应当被记录下来，并应项目承担方要求向其提供，费用由项目承担方承担。经项目承担方和联邦机构双方同意，可以免除记录。

(4)正式的事实调查过程应当以事实调查书面报告的形式记录。在调查结束后，应当将调查结果附带建议决定及时提交给机构负责人或者其受托人。调查结果和建议决定的副本应当送交给已登记或有确切联络方式的项目承担方。

(5)事实调查应当在自机构收到项目承担方的书面申请起45个工作日内完成。

(6)在事实调查过程中，联邦机构负责人或者其指派人应当基于事实调查结果，并结合项目承担方、联邦机构人员的争议焦点以及管理记录中的其他信息来做出决定。对于事实调查结果，联邦机构负责人或者其指派人可以拒绝那些已被证伪的事实结论，但是，必须说明拒绝理由并指出相反结论的依据。事实调查结束后，联邦机构可以要求并听取在场的项目承担方(或其律师和代表人)口头论证和反驳。机构负责人或者受托人应采取书面形式做出决定。如果该决定结果不利于项目承担方，则应当将决定的理由包括在内。机构的负责人或者其受托人应当在事实调查结束后30个工作日内做出决定，如果无须事实调查，则应当在机构收到项目承担方的书面申请后45个工作日内做出决定。在决定做出60日内，受不利影响的项目承担方有权向美国赔偿法院(United States Claims Court)提起上诉。该法院有权维持、推翻、退回或者修改联邦机构的决定。

37 C. F. R §401.5　条款的修订

(a)联邦机构应当根据其签订的协议或者政府相关规定。例如，《联邦收购条例》(Federal Acquisition Regulation)①，在本条例第401.14条(g)款(2)项中

① 《联邦收购条例》规定在《联邦法规汇编》第48编第1章，主要规定美国政府采购规则、程序、流程等内容，涵盖了大部分联邦机构所签订的政府合同，如美国军方、国家航天局和民生机构。

填写相关内容。在资助协议中，如果联邦机构希望所有分包合同都适用与项目承担方相同的条款，则可以删除本条例第 401.14 条中的(g)款(2)项和(g)款(1)项中“由小型企业或者国内非营利组织执行”的字样。如果资助协议是授权或者合作协议，则也可以删除该条中(g)款(3)项。当(g)款(2)项被删除或者(g)款(2)和(3)项被同时删除时，应当对剩下部分进行重新编号。

(b)为满足本条相关事宜实施中的联络需求，联邦机构应当在本条例第 401.14 条的末尾，通过指定一个合同履行地作为(1)项中规定的“通讯地址”。对于新通信地址的说明也可以包括在(1)项中。

(c)针对于具体的资助协议，资助机构可以用适当的文字或者短语来代替条款中的斜体字或者短语。例如，用“受让人”代替“项目承担方”。根据协议的用途，“资助机构”或者“联邦机构”可以用机构的标识或者机构内部特定办公室或者机构官员名称来替代。

(d)(1)在合同有效期内，资助机构或者真正的授权指派人根据任何现有条约或者国际协议规定，确定对外国政府、外国公民或者国际组织进行再许可授权是符合国家利益时，可以在本条例第 401.14 条(b)款末尾增加以下内容：

根据下列条约或国际协议，本许可将包括政府对外国政府，其公民和国际组织进行再许可的权利：

(2)横线上应当填写可适用的现有条约或者国际协议名称，包括合作协定以及与武器开发和生产有关的军事协议。但是不能填写资助协议有效期内没有列出的条约或者其他协议的名称。资助机构可以使用基本相似的术语填写，该术语与政府在资助协议中其他地方的特定条约或者明确的其他约定的权利相关。资助机构也可以修改术语进而更清晰阐述，授权给外国政府及其公民或者国际组织的权利可以超越许可或者分许可的权利范围。例如，在一些情况下，可能会授予外国独占许可甚至是转让所有权。资助机构也可以修订上述针对外国政府和国际组织的项目承担方直接许可所添加的内容。

(e)如果资助协议涉及履行期限延长的问题，例如典型的涉及使用政府设施的资助协议，可以补充下列内容：在关于主题发明的条约或国际协议修订之后，政府为遵守其签订或即将签订的具体条约或国际公约，并履行其对外国政府、国际组织的义务，在政府需要执行必要许可或行使其他权利时，可以保留政府在资助协议生效后单方面修改协议的权利。

(f)联邦机构可以补充本条例第 401.14 条(f)款中的内容，要求项目承担方履行下列一项或者几项义务：

(1)在资助协议完成之前提供一份列出所有主题发明的报告或者未能产生主题发明的原因报告。

(2)根据要求提交专利申请日期、申请号和发明名称；专利申请副本；项目承担方就该主题发明在任何国家申请专利的专利号和授权日期。

(3)在协议有效期内定期向联邦机构提交(但不得多于一年一次)公开的主题发明清单。

(g)如果资助协议是与非营利组织签订的，且属于项目承担方使用政府设备的情形，则将第401.14条中的(k)款(3)项替换成下列内容：在支付了专利申请费、许可费、发明人报酬和其他主题发明管理的附带费用之后，项目承担方在任何会计年度中根据本合同或包含相同要求的任何后续合同，就本主题发明取得和保留的专利使用费或者收入的余额，如果达到本财政年度预算的5%，则这一所得由项目承担方用于科学研究，开发以及与研发任务、设备目的，包括与提升相关设备的其他发明许可潜力的活动目的相一致的教育事业。如果余额超过了5%，则超额部分的15%应当由项目承担方支付给美国财政部，其余85%应当由项目承担方用于上述目的的活动。在提供最有效的技术转让的前提下，主题发明的许可应由设施所在地的项目承担方雇员管理。

(h)如果资助协议属于使用政府设备的情况，联邦机构可以将下列内容补充到本条例第401.14条(f)款(5)项中：项目承担方应当建立并保持积极有效的程序，确保及时验收和披露主题发明，并且向协议管理者提交该程序的说明便于其评价和确定该程序的效果。

37 C.F.R §401.6　介入权的执行

(a)《美国法典》第35编第203条和本条例第401.14条(j)款规定的联邦机构的介入权按照下列程序执行。

(b)联邦机构无论在何时收到执行介入权的授权通知，都应当在启动介入权程序之前以书面形式通知项目承担方，并要求项目承担方提交正式的书面或者口头答复。如果项目承担方没有在30日之内答复，联邦机构可以酌情决定执行下列程序：如果在30日内或者之后收到答复，且联邦机构还未启动下列程序，则在收到答复60日内，联邦机构要么选择启动下列程序，要么基于已知信息不执行介入权，并书面通知项目承担方。

(c)联邦机构应当以书面通知的形式告知项目承担方、受让人或者独占许可人启动介入权程序。这一要求同样适用于联邦机构准备执行介入权时。通知应当说明对项目承担方实施介入权的理由，并且明确适用范围或者联邦机构正在考虑要求许可的范围。通知还应当向项目承担方(受让人或者独占许可人)说明其所享有的权利。介入权的执行决定应当由联邦机构负责人或者其指派人做出。

(d)在收到执行介入权的书面通知后30日内，项目承担方(受让人或者独占许可人)可以亲自或者委托代表,针对即将执行的介入权提交书面异议,包括提出基于介入权事实材料的真正争议的具体信息。如果在提交的事实材料信息中发现了真正的争议内容,联邦机构负责人或者其指派人应当亲自或者委托其他人员调查事实。

(e)事实调查应当依据资助机构制定的程序进行。该程序应当考虑到基本公平原则并有较强操作性。该程序应当为项目承担方提供聘请顾问、提交文件证据、提供证人和会见资助机构有关人员的机会。过程应当制作书面记录,项目承担方按要求支付费用可以取得该记录。项目承担方和资助机构通过双方协议后可以放弃书面记录的要求。执行介入权的任何一个环节,包括为调查项目承担方、受让人或者被许可人实施主题发明的相关证据或者为实施该发明所做努力的证据而进行的听证会,都应当向公众保密,包括潜在的被许可人。依据《美国法典》第35编第202条(c)款(5)项的规定,除有项目承担方(受让人或者被许可人)授权外,资助机构不能公开在执行介入权期间获得的任何信息。

(f)事实调查结论以及建议决定做出后,负责调查事实的官员应当及时向资助机构负责人或者其指派人提交书面报告。事实调查报告的副本应当通过挂号信或者确切邮件送达到项目承担方(受让人或者独占许可人)。项目承担方(受让人或者独占许可人)和资助机构代表将在30日内向机构负责人或者其指派人提交书面意见,并且在资助机构负责人或其指派人作出最终决定前,如果项目承担方要求,可以进行口头辩论。

(g)事实调查完成后,资助机构负责人或者其指派人应当基于事实调查报告和其他信息作出决定,包括由项目承担方(受让人或者独占许可人)和资助机构代表提交的书面或者口头信息和其他管理性信息。该决定也应当考虑执行介入权是否符合《美国法典》第35编第200条规定的政策目标。在参考事实调查报告时,机构负责人或者其指派人只能拒绝那些已经发现是明显错误的事实,但必须清楚地说明拒绝原因并且指出得出相反结论的依据。机构负责人或其指派人决定是否行使介入权,然后以挂号信或确切邮件的方式,在结束事实调查或口头辩论后90日内(以较晚者为准),或者介入程序宣告终止后,将书面决定送达项目承担方(受让人或者独占许可人),此后不得再以导致程序启动的相同事实和理由行使介入权。

(h)如果不符合介入权执行条件,资助机构可以随时终止介入权程序。

(i)本部分规定的介入权执行程序也适用于依据《美国法典》第35编第202条(d)款规定取得主题发明权利的发明人。本条例所述的项目承担方应当包括发明人。

(j)在项目承担方(受让人或独占被许可人)依据《美国法典》第35编第203

条(2)款穷尽其上诉或申诉手段之前,应暂缓执行资助机构对其作出的决定。

(k)针对本条例的目的,独占许可包括部分独占许可。

(l)资助机构有权颁布与介入权执行程序不冲突的补充程序。

37 C.F.R §401.7　小型企业优先权

(a)本条例第401.14条(k)款(4)项细化了《美国法典》第35编第202条(c)款(7)项(D)目对小型企业优先考虑的规定,以此鼓励项目承担方采取合理措施吸引小型企业被许可人。在符合基本条件的前提下,小型企业相较于其他被许可人而言应当享有优先权。为吸引小型企业被许可人所做的合理努力将随着环境、性质、期限和将发明推向市场所需成本变化而变化。针对大型企业长期或者其他形式约定资助研究产生的发明,(k)款(4)项未限制非营利性组织给大型企业提供该发明优先购买的决定权或者其他选择权。在这种条件下,寻求和给予小型企业的优先权是不合理的。

(b)如果小型企业认为非营利性组织没有按照规定条款履行其义务,可以向本条例第401.14条(1)款中确定的资助机构报告,在收到资助机构对他们报告的初步答复后,或者在自报告提交资助机构之日起90日内未收到资助机构初步答复的情况下,可以向部长反映其报告内容和资助机构初步答复情况。在适当范围内,部长将与资助机构进行协商,对所关注的问题进行非正式调查,并在适当情况下与非营利性组织进行讨论或谈判,促使其按照规定履行义务。但是,无论如何,部长不得干预有关具体主题发明许可的谈判或者项目承担方的决定。上述关于部长的调查、讨论和谈判应当与其他利益机构,包括资助机构和小型企业进行协调。在"政府所有,项目承担方运营"合同中,项目承担方运用政府的研究和设施生产,在与项目承担方进行谈判或谈论之前,部长将与负责管理该设施的机构进行协调。

37 C.F.R §401.8　主题发明利用情况的报告

(a)按照本条例第401.14条(h)款和美国管理和预算办公室通告A-124附件A中相关条款的规定,资助机构有权要求项目承担方定期报告发明利用情况。资助机构行使该权利时应当在可行范围内允许项目承担方根据自身目的准备报告,避免限定报告形式。但是资助机构为了达到目的所采用的任何形式或者标准都必须遵守《减少纸质报告法案》的要求。报告副本应当送达给部长。

(b)按照《美国法典》第35编第202条(c)款(5)项和本条例第401.14条的规定,资助机构不得向政府之外的其他主体公开报告内容。为了防止意外泄露,项目承担方将继续对报告内容信息注明保密标识。

37 C.F.R §401.9　项目承担方所雇用的发明人的权利保留

在《美国法典》第35编第202条(d)款授权之下,资助机构与小型企业或者非营利组织作为项目承担方所签订的资助协议中，可以允许项目承担方所雇佣的发明人对主题发明保留一定的权利。小型企业项目承担方遵循的第 401.14 条(d)款(1)和(3)项、(f)款(4)项以及(j)款规定，也应当适用于发明人。

37 C. F. R § 401.10　政府将其雇员的发明转让给项目承担方的权利

(a)当联邦政府雇员作为共同发明人与项目承担方基于资助协议完成发明时：

(1)雇用共同发明人的联邦机构依据《美国法典》第 35 编第 202 条(e)款规定，将从其雇员处获得的主题发明权利向项目承担方转让或者重新分配时，应当符合项目承担方资助协议的专利权条款。

(2)雇用该共同发明人的联邦机构与项目承担方协商，可以提交首次专利申请，前提是项目承担方根据《美国法典》第 35 编第 202 条(a)款享有是否保留发明权利的选择权。

(3)根据另一机构的资助协议所做的主题发明中，联邦机构雇员与项目承担方雇员是共同发明人时：

(i)资助机构应当把有关发明的报告以及项目承担方是否选择保留发明权利的信息告知给雇用共同发明人的联邦机构。

(ii)如果项目承担方选择不保留主题发明的权利，则资助机构必须在切实可行范围内，至少在法定禁止日期 60 日前，及时告知雇用共同发明人的联邦机构。

(iii)项目承担方选择不保留发明权利的通知由主题发明的资助机构发出之后，雇用联邦共同发明人的联邦机构必须决定是否对该发明进行专利化，并且将其决定通知资助机构。

(iv)在项目承担方选择不保留权利的情况下，如果雇用联邦共同发明人的联邦机构决定为主题发明申请专利，资助机构必须向雇用联邦共同发明人的机构提供行政协助(但不要求提供财政援助)，以便从项目承担方处获得权利进而提出首次专利申请。

(v)当项目承担方选择不保留发明权利时，雇用联邦共同发明人的联邦机构相较于没有雇用联邦共同发明人的资助机构，有申请专利的优先权。

(vi)当项目承担方选择不保留发明权利时，资助机构和雇用共同发明人的联邦机构应当进行协商，以确保根据资助协议进行的计划目标在任何专利决定中都得到贯彻。雇用共同发明人的联邦机构可以将专利管理职责移交给资助机构。

(4)根据《美国法典》第 35 编第 202 条(e)款的规定，当联邦机构认定代表联邦政府保护和管理权利是合适且必要时，雇用此类共同发明人的联邦机构可以与项目承担方签订协议。

（5）如果项目承担方选择保留该主题发明的权利，则雇用该共同发明人的联邦机构应当享有对应的权利。

（b）只要符合《美国法典》第35编第201～206条的规定，机构可以增加附加条件。

（c）本条款不得代替项目承担方与联邦机构之间用于管理共同拥有的主题发明的任何现有机构内部协议。

37 C. F. R § 401. 11　申诉

（a）本条例使用的标准条款是指第401. 14条包括的所有条款和先前美国管理和预算办公室通告A－124或美国管理和预算办公室公告第81－82条规定的条款。

（b）资助机构人员在首次被授权执行下列行为时，应当向项目承担方提供书面说明，该说明包括采取这种行为而依据的相关事实：

（1）依据标准条款（c）（4），拒绝授予延期；

（2）依据标准条款（d），要求转让权利；

（3）依据标准条款（i），拒绝授予放弃权；

（4）依据标准条款（k）（1），拒绝批准转让；

（5）依据先前美国管理和预算办公室通告A－124或美国管理和预算办公室公告第81～82条规定中的（k）款（2）项，[①]拒绝延长独占许可期限

（c）资助机构应当建立并公开申讼的程序，对作出本条（b）所列行为不服的，项目承担方可以向机构负责人或其指派人申诉。机构处理申诉时应当考虑事实和法律依据，并且与《美国法典》第35编第200～206条规定的政策目标相一致。

（d）依据本条（c）款制定包含行政正当程序和事实调查标准的申诉程序，该程序至少与本条例第401. 6条（e）～（g）款规定的程序类似，在资助机构根据标准条款（d）款请求转让所有权的事实依据存在争议时（包括发明是否为主题发明存在争议时）即可启动该程序。

（e）当（b）款列出的行为是《合同争议法》的申诉标的时，该法的程序应当满足本条（c）和（d）款的要求。

37 C. F. R § 401. 12　将专利权许可给第三方的条件

（a）与小型企业或者国内非营利性组织签订的资助协议中不得包含允许联

① 美国管理和预算办公室通告A－124附件A中的（k）款（2）项规定了项目承担方不能在发明被首次商业销售或使用的5年期限届满前或者特定情况下的8年期限届满前，授予除了小型企业以外的主体以主题发明的独占许可。此款项随后被修订。

邦机构将项目承担方所享有的非主题发明的权利许可给第三方的条款，除非该条款已被机构负责人批准且签署了书面证明。这种条款都应当清楚说明，该许可是否与主题发明的实践、具体实施目标或者上诉两者均相关。机构负责人可以拒绝批准此类条款和签署条款所需证明。

(b)联邦机构不能要求给予第三方此类条款的许可，除非机构负责人认定，他人使用对促进主题发明实施是必要的，或者对资助协议的目标实现是必要的，同时这种行为对达到主题发明或者实施目标的实际应用也是必要的。任何此类认定将在机构举行听证会后记录在案，并及时通过挂号信或者确切邮件的方式告知项目承担方。若项目承担方不服该认定，应当在接到认定通知后 60 日内启动司法审查程序。

37 C. F. R § 401. 13　管理专利权的条款

(a)如果主题发明由两个以上的资助机构完成，应项目承担方要求或者资助机构主动提出，指定一个机构负责管理该主题发明中政府的权利。

(b)由于《美国法典》第 35 编第 202 条(c)款(7)项经修订已经取消了对独占许可期间的限制，因此，在没有重大理由反对的情况下，资助机构应当及时批准非营利性组织基于美国管理和预算办公室通告 A – 124 或者美国管理和预算办公室公告第 81 ~ 82 条的(k)款(2)项规定所提出的请求。同样，在没有重大理由反对的情况下，美国管理和预算办公室通告 A – 124 或者美国管理和预算办公室公告第 81 ~ 82 条的(k)款(1)项①规定，如果必要，非营利性组织向其他具备发明管理职能的组织转让发明的请求也应当及时获批，因为在其他组织从事利用发明或以发明为载体进行竞争的产品生产、销售或者方法的使用过程中，专利管理组织是可以获得实质性的利益。修订后的《美国法典》第 35 编第 202 条(c)(7)不再设限。本条政策也应当遵循《专利制度协议》(Institutional Patent Agreements)、其他专利权条款或者《美国法典》第 35 编第 18 章之前豁免所要求的类似批准。

(c)1983 年 2 月 18 日总统专利政策备忘录表明，针对依据《美国法典》第 35 编第 205 条或者其他公法规定，资助机构应当对履行或授权专利所需的发明披露、专利申请、使用报告进行保密。对于本条例第 401 条规定之前的资助协议，应当遵循以下要求：

(1)在《美国法典》第 35 编第 205 条的授权范围内，为了便于专利申请，在

---

① 美国管理和预算办公室通告 A – 124 附件 A 中的(k)款(1)项规定：非营利性组织向其他具备发明管理职能的组织转让发明的前提是，该组织不能从事利用发明或以发明为载体进行竞争的产品生产、销售或者方法的使用过程，也不能从中获取实质利益。此款项随后被修订。

合理期限内,资助机构不能依据《信息自由法》向第三方披露主题发明的任何信息。在小型企业或者非营利性组织作为项目承担方的主题发明中,合理期限是按照本条例第401.14条的标准条款(c)的规定,即首次可以提交专利申请的时间或者资助协议中约定的其他类似条款规定的时间,但是,项目承担方已经选择不保留权利或者合同一方没有在规定时间内做出选择,资助机构可以根据《信息自由法》自行决定是否公开该主题发明的信息。如果资助机构发现发明人、项目承担方或者其他人在此之前已经公开了同样的信息,也可以根据《信息自由法》公开。如果项目承担方选择不保留权利,资助机构计划自己申请专利时,它可以继续依照《美国法典》第35编第205条对该信息采取保密措施。

(2)按照《美国法典》第35编第205条,资助机构不得以《信息自由法》或其他规定,要求公开或者发布依据本条例第401.14条所获得的专利文件副本,该文件是由项目承担方(或者其受让人、被许可人或者雇员)向美国专利商标局或国外专利局针对保留权利的主题发明提交专利申请文件的组成部分。此类禁止性规定不包括向其他政府机构或负有保密义务的政府机构的项目承担方披露。此类禁止性规定不适用于美国专利商标局或者任何外国专利局发布的文件。

(3)大量资助机构已经出台政策,通过政府公开出版或者项目承担方技术报告的出版物或者其他出版物,鼓励向公众传播由资助机构资助完成的科研成果。如果这些出版物中包含不利于保护主题发明的内容,资助机构不得将有关主题发明公开的文件披露给第三人[文件是由小型企业或者非营利性组织根据本条例第401.14条的标准条款(c)款提交的]。除非(c)款(1)项规定资助机构有权按照《信息自由法》公开该信息,资助机构才可以公开这些出版物。

(4)本项规定并非阻止资助机构进行本条(c)款(3)项所述的公开活动。在主题发明的公开资料中,一些是作为技术报告的组成部分,一些是项目承担方基于合同约定的专利权条款要求而单独提交的。但是,如果小型企业或者非营利性组织告知资助机构,在特定报告或者其他资料中包含其已经选择或者可能选择保留权利的主题发明的内容,资助机构应当在自收到报告或者其他材料之日起6个月内,或者更早,做出合理努力以限制公开资料的传播,直到项目承担方提交专利申请。当然,资助机构可以酌情决定是否推迟公开时间。

(5)资助机构依据《美国法典》第35编第205条中享有的权利(该权利未在本条中明确提出)不受本条规定限制。

37 C.F.R §401.14　专利权标准条款

下列是针对第401.3条(a)专门规定的专利权标准条款:

标准专利权

(a)定义

(1)发明,指《美国法典》第35编规定保护的可专利性的发明或者发现,或者《植物新品种保护法》(7 U. S. C. 2321)保护的植物新品种。

(2)主题发明,指项目承担方在履行合同过程中构思或者首次使用的发明;如果是植物新品种,其认定日期[7 U. S. C. 2401(d)、《植物新品种保护》第41条(d)定义之下的]应当在合同生效期间。

(3)实际应用,指满足以下条件的合成物或者产品的制造、程序或者方法的使用、机械或者系统的运转:发明的利用在法律规定或者政府规章准许的范围内为公众在合理条件下带来收益。

(4)与发明相关的制造,指对某一发明的构思或者首次使用。

(5)小型企业,指公法第二部分第85~536条(15 U. S. C. 632)和《小型企业管理实施规定》定义的小型企业。为了契合此规定,小型企业的大小标准也适用于政府采购与《联邦法规汇编》第13编第121.3-8条和《联邦法规汇编》第13编第121.3-12条分别规定的分包合同中规定的标准。

(6)非营利组织,指1954年《国家财政法》(the Internal Revenue Code of 1954)第501条(c)款(3)项[(26 U. S. C. 501(c)]规定且按照该法第501条(a)款规定免除税收的大学、高等教育机构或者其他组织,或者是《国家非营利组织法条例》规定的非营利的科研或者教学组织。

(7)法定期限,是指根据《美国法典》第35编第102条(b)款[经《美国发明法案》,发明保护请求的有效申请日之前的1年内,在此期间存在对现有技术的例外情况。

(8)项目承担方,指作为资助协议一方的任何个人,小型企业或非营利组织,以及根据第12591号行政命令第1条(b)(4)款修订后规定的任何不限规模的商业公司。

(b)主要权利的分配

项目承担方可以依据本条和《美国法典》第35编第203条的规定,在世界范围内对主题发明保留全部权利、所有权和权益。对于项目承担方保留权利的主题发明,联邦政府享有非独占的、不可转让的、不可撤销的、已全额付费的使用权或者代表美国在世界范围内实施该项发明的权利。

(c)项目承担方对发明的公开、权利的选择和专利申请的提交

(1)在发明人向项目承担方的相关部门报告了专利事务后的2个月内,项目承担方应当向联邦资助机构报告主题发明。报告应当以书面形式提交且标明发明所属项目和发明人。报告应当对发明的披露时间、属性、目的、操作,以及其

物理、化学、生物或者电学性质做出充分完整和清晰的详细说明。报告还应当标注该发明的公开、销售和公开使用的内容，同时确认是否已经提交该发明的说明书，如果已经提交，是否同意在公开时发表出版。另外，向资助机构报告后，项目承担方应当及时提交其计划对发明的公开销售或者公开使用的说明。

（2）项目承担方向联邦资助机构提交研究成果后2年之内，应当向联邦资机构提交书面通知，说明其是否保留主题发明的所有权利。但是，在发明公开、销售或者公开使用的1年之内的情况下，仍然可以获得专利权保护，并且向资助机构说明保留权利的期限可缩短到不得超过法定期限前60日。

（3）项目承担方选择应当在选择保留主题发明权利后1年之内提出首次专利申请，或者在发明被公开、销售或者公开使用后处于可获得美国专利权保护的有效期前提出。项目承担方应当向其他国家或者国际专利局提交专利申请，可以在首次提交专利申请10个月之内，也可以在从专利商标局委员许可之日到向外国提交专利申请的保密令被禁止之日起6个月之内。

（4）针对联邦资助机构和项目承担方合作发明的主题发明，如果依据《美国法典》第35编第207条（a）款（3）项的规定，雇用该共同发明人的联邦机构认定对主题发明提出首次专利申请是符合政府利益的，则联邦机构可以自行决定并与项目承担方协商，自费提交专利申请，但前提是项目承担方能够根据《美国法典》第35编第202条（a）款规定选择是否保留发明权利。

（5）根据本款第（1）、（2）和（3）项的规定，延长公开、选择和申请时间的请求可以由联邦资助机构酌情批准。如果项目承担方在提交临时申请后要求延期提交非临时性申请，除非联邦资助机构在收到请求后60日内通知项目承担方，否则应当准予延期1年。

（d）政府取得权利的条件

项目承担方可以向联邦资助机构以书面形式转移主题发明的所有权——

（1）项目承担方没有在本条（c）款规定的时间内公开或者选择本发明的所有权，或者选择不保留权利。

（2）项目承担方没有在本条（c）款规定时间内向相关国家提交专利申请，但是如果项目承担方已经在（c）款规定时间后且收到联邦资助机构书面请求之前，提交专利申请，则项目承担方应当继续保留在该国家的主题发明权利。

（3）项目承担方决定不再向该国继续维持对主题发明的非临时性专利申请、缴纳维持费，年费或者续展费、对专利复审或者异议程序的执行。

（e）项目承担方的最低权利和项目承担方申请权利的保护

（1）项目承担方对所有权归属于政府的主题发明享有在世界范围内的、非独占的、已全额付费的实施权，除非项目承担方没有在上述（c）款规定时间内向资助机构报告发明。作为项目承担方公司旗下的国内子公司和分支机构，享有项目承担方的许可实施权，在合同有效期内可以在相同范围内进行分许可，并履行相应的法律义务。实施许可权利只有在联邦资助机构批准时才可以转让，但转让方是相关主题发明的项目承担方产业的继承者除外。

（2）依据《联邦法规汇编》第 37 编第 404 条的相关条款和机构许可条例（如果有的话）提交的独占许可权申请，联邦资助机构必要时可以撤销或者适当修订项目承担方的国内实施许可权，以加快主题发明投入实际应用。但是，项目承担方已经实际实施，且继续实施能使一定数量的公众获得利益时，这种实施许可权不能在该地理范围和使用领域被撤销。在项目承担方、其被许可人、国内子公司或者分支机构在外国未能实际应用的范围内，联邦资助机构可以撤销或者酌情调整该主题发明在该国的实施许可权。

（3）实施许可权被撤销或者被调整前，联邦资助机构应当书面告知其撤销或者调整实施许可权的意图。项目承担方有权在接到通知 30 日（或者项目承担方有正当理由且经过联邦资助机构授权的其他期限内），说明该实施许可权不能被撤销或者调整的理由。对于相关撤销或者调整实施许可权的决定，项目承担方有权依据《联邦法规汇编》第 37 编第 404 条的相关规定和机构条例对政府享有的发明的许可规定（如果有的话），提出申述。

（f）项目承担方保护政府利益的行为

（1）为建立或者确认联邦政府就其保留权利的主题发明在世界范围内的权利，或者依据本条（d）款的规定，政府需要取得主题发明在世界范围内的专利权而向联邦资助机构转移权利，必要时，项目承担方应同意执行或者在已执行时立即向联邦资助机构提交所有文件。

（2）项目承担方应当同意以书面协议的形式要求其雇员（文职职员和非技术雇员除外）：将资助协议下的各项发明情况及时书面报告给专利管理部门负责人员，并采取项目承担方建议的形式进行说明，以确保项目承担方遵守（c）款规定的报告条款；将资助协议之下的各项发明的所有权利和利益转让给项目承担方；执行主题发明申请专利所需必要文件的任务并且确立政府对主题发明所享有的权利。（c）款（1）项规定的最低限度的信息公开方式须符合要求。项目承担方应当通过雇员协议或者其他适当的培训项目，在美国或者相关国家法律规定的截止期限前，说明主题发明允许申请专利的重要意义，以此教育其雇员。

（3）对于所有主题发明，项目承担方应当至少在法定截止日期前 60 日将下列决定报告给联邦资助机构：不再继续维持非临时性专利申请；不缴纳维持费，年费或者续展费；在任何国家不对专利复审或者异议程序辩护；先于美国专利商标局的专利审判和上诉委员会在审判程序中提出要求、参与或者采取行动，包括但不限于授权后审查、商业方式专利审查、部门内审查以及溯源诉讼程序；对美国专利和商标局的非审判性方法和信息提交提出要求、参与或者采取行动，包括但不限于发行前提交、发行后提交和补充性检查。

(4)项目承担方应该在美国专利申请说明书和任何有关主题发明的出版物中标明“本发明在政府支持之下完成，根据××资助协议(标明合同号)由××联邦机构(标明联邦资助机构)资助，政府对该发明享有一定的权利”。

(g)分包合同

(1)在所有分包合同中都应当包括本条款，并可以对其进行适当修改，以明确参与实施试验、发明或者研究工作的各方主体(无论级别如何)。分包方享有项目承担方在该条款中的所有权利，而作为分包合同对价的一部分，项目承担方不享有分包方对政府资助发明的相应权利。

(2)在其他层级的分包合同中，不管是哪一层，合同应当包括对主题发明试验、发展或者研究工作中的专利权条款(由资助机构规定的实施条例或者《联邦收购条例》规定)。

(3)在任何层级分包合同中，在与联邦资助机构达成总包合同时(除授权或合作协议之外)，资助机构、分包方和项目承担方应达成合意，以由本条款产生的当事各方的相互义务为内容，构成分包方和联邦资助机构之间就该条款所涵盖的事项所订立的合同；但前提是不得依据本条(j)款的相关程序变通《合同纠纷法》的司法管辖权。

(h)对主题发明使用情况的报告

项目承担方应当按照要求，至少一年一次提交定期报告，报告其或者被许可人或者受让人对主题发明的使用或者为了使用所做出的努力情况。该报告应当包括有关主题发明的发展现状、首次商业销售或者使用的日期、由项目承担方获得的专利转让费总额及其他数据和资助机构要求的其他合理信息。项目承担方还应当提供资助机构依据本条(j)款规定的，由资助机构执行的介入权程序时要求的其他信息。依据《美国法典》第35编第202条(c)款(5)项的规定，未经项目承担方许可，资助机构不能向政府以外的个人公开此信息。

(i)美国产业优先

即使本条其他条款有所规定，项目承担方仍应当承诺，项目承担方和其受让人都无权在美国授权他人使用或者销售的独占许可权，除非承诺包含该主题发明的产品或者使用该主题发明形成的产品在美国实质制造。但是，在个别情况下，根据项目承担方或者其受让人说明，其已经向潜在的被许可人授权在美国生产做出了合理努力但未成功，或者说明国内制造业环境没有商业化的可能性的，联邦资助机构可以放弃这种承诺的要求。

(j)介入权

基于其保留权利的主题发明,项目承担方应当承诺:联邦资助机构有权依据《联邦法规汇编》第37编第401.6条规定的程序和其他补充规定,要求项目承担方、主题发明的受让人或者独占许可人授予可靠的申请者,在合理期限内,在相关使用领域的非独占许可、部分独占许可或者独占许可实施权。如果项目承担方、受让人或者独占许可人拒绝这种请求,且联邦资助机构认定有下列情形时,联邦资助机构有权自行授予这种许可权:

(1)项目承担方或者受让人在合理时间内未采取或者预计不会采取有效措施以实现该主题发明在某一领域实际应用的;

(2)项目承担方、受让人或者其被许可人不能满足合理的健康或者安全要求的;

(3)项目承担方、受让人或者被许可人不能满足联邦规定的合理的公共使用要求的;

(4)未获得或者放弃本条(i)要求的协议,或者因为被许可人在美国独占使用或者转让主题发明的许可权超出了该协议范围的。

(k)对非营利性组织项目承担方的特殊条款

如果项目承担方是非营利性组织,则适用下列条款:

(1)未经联邦资助机构准许,不得转让主题发明在美国的权利,除非受让方的主要功能之一是管理相关发明,且与项目承担方受相同规定的约束。

(2)依据《美国法典》第35编第202条(e)款和《联邦法规汇编》第37编第401.11条的规定,转让主题发明时,项目承担方应当与发明人,包括联邦雇员中的共同发明人(资助机构认为其合适时)分享主题发明的专利转让费。

(3)项目承担方就主题发明取得的转让费或者收入,在支付该发明管理附加费(包括对发明人的开支)后所剩金额,应当用于支持科研和教学活动。

(4)如果项目承担方认为,小型企业具备将主题发明市场化的计划或者建议,并且在执行层面上能够与其他市场主体达到相同的应用实践效果,只要小型企业的执行能力和资源能够满足项目承担方的要求,则应当优先考虑小型企业。在具体情况下,是否给予优先的决定由项目承担方自行抉择。但是,项目承担方同意,联邦资助机构对项目承担方许可小型企业申请者的计划和决定有审查权,且如果经审查认为,项目承担方能够采取合理措施更为有效地履行本条(k)(4)的要求时,联邦资助机构可以与项目承担方协商改变其许可的政策、程序或者实施。根据《联邦法规汇编》第37编第401.7条,联邦资助机构或者项目承担方可以要求部长审查项目承担方许可计划和关于小型企业申请许可的决定。

(1)通讯地址

按照本条例第401.5条(b)款中规定的说明完善。

37 C.F.R§401.15　延期的认定

(a)本条适用情形如下：由于适用本条例第401.3条(a)款中例外情况，项目承担方根据资助协议中包含的延期认定条款而就主题发明提出更多权利要求的情况，但能源部有权根据豁免规则或本条规定处理延期认定的除外。要求扩大权利范围的项目承担方应当在其请求中说明其计划和将发明应用于实践的意图。资助机构应当在收到请求和相关信息后90日内，或者法定申请专利截止日期前做出认定。在任何情况下，如果法定申请专利截止时间临近，除非计划自行申请专利，资助机构应当做出认定，并授权项目承担方申请专利。该申请一般由项目承担方自行承担风险和费用。但是，如果资助机构拒绝允许项目承担方保留权利，选择由政府申请专利时，应当补偿项目承担方专利申请提交和准备的支出。

(b)当资助机构最初适用第401.3条(a)款的例外情况的条件不再适用主题发明时或者由于后续事件而失效时，如果第401.14条(a)款规定的标准条款仍然适用，在同等条件下资助机构应当允许项目承担方保留对主题发明的权利，但已被许可的除外。

(c)如果本条(b)款不适用，资助机构应当根据《美国法典》第35编第200条规定的政策目标，对自行实施该主题发明能否优于项目承担方实施而做出评估认定。如果资助机构只关心主题发明的申请和特定用途，就应当考虑让项目承担方拥有所有权，设定额外条件约束项目承担方对专利的申请或者应用，或者扩大政府在应用方面的许可权范围。

(d)如果资助机构不允许承揽人保留发明权利、进行限制或者提出与第401.14条规定不同的条件，项目承担方可以向作出该决定的人的上级提出申诉，除非该决定是由机构负责人作出的。申诉应当适用于本条例第401.11条规定的申诉程序。

37 C.F.R§401.16　电子申请

除非资助机构另有要求或说明，下列书面报告可以用电子方式提交

(a)本条例第401.14条规定的标准条款中的(c)款(1)项要求的书面报告可以用电子方式提交；

(b)本条例第401.14条规定的标准条款的(c)款(2)项要求的书面选择材料可以用电子方式提交；

(c)本条例第401.5条规定的(f)款(2)~(3)项表明的信息和(f)款(1)项中的清单报告可以用电子方式提交；

(d)本条例第401.14条中规定的其他书面通知可以通过电子数据库以电子方式送达给机构或者项目承担方,该数据库用于向资助机构报告主题发明、专利和应用情况。

37 C.F.R §401.17　提交和查询

所有文件或查询申请都应当提交至国家标准与技术研究所的首席顾问:100 Bureau Drive, Mail Stop 1052, Gaithersburg, Maryland 20899 - 1052; telephone: (301)975 - 2803; email: nistcounsel@ nist. gov。本部分之下的有关程序信息的电子申请可访问 Interagency Edison 网站和服务中心, http://www. iedison. gov, telephone(301)435 - 1986。

(二)第404条　政府享有发明的许可

37 C.F.R §404.1　范围

本条规定了联邦政府享有的发明(田纳西谷管理局保管的发明除外)可以获得许可的条款、条件和程序。本条不适用于以下许可:

(a)在2006年4月7日前已生效的许可;

(b)在政府获得发明所有权利时可能存在的许可,包括那些在政府研究与开发合同之下进行发明权利分配而产生的许可;

(c)作为解决专利纠纷(包括专利干扰)的交叉许可;

(d)由其他法律或条约授权的许可,包括《美国法典》第35编第202条(e)款、第207条(a)款(3)项和第15编第3710a条(本条可授权转让发明),尽管在《合作研究与开发协议》下产生的发明的许可不受本条约束,但仍旧鼓励资助机构在合适时采用类似政策和条款。资助机构根据《美国法典》第35编第207条(a)款(3)项获得权利的发明进行授权许可亦是如此。

37 C.F.R §404.2　政策和目标

该政策目的在于利用专利制度以促进联邦资助研发所完成发明的应用。

37 C.F.R §404.3　定义

(a)政府享有的发明是由美国政府全部或部分享有的发明(无论是否受专利或专利申请的保护)或者根据《美国专利法》、《植物品种保护法》或外国专利法可以申请专利或以其他方式保护的发现。

(b)联邦机构是指行政部门,军事机关,政府公司或独立机构,但田纳西河谷管理局除外(该局对联邦享有的发明有保管权)。

(c)小企业,指公法85 - 536第2条(15 U.S.C.632)和《小企业管理者实施条例》中规定的小型企业。

(d)实际应用是指满足以下条件的合成物或者产品的制造、程序或者方法的使用、机械或者系统的运转:发明的利用在法律规定或者政府规章准许的范围内为公众在合理条件下带来收益。

（e）美国指美利坚合众国，其领土和财产，哥伦比亚特区和波多黎各联邦。

37 C. F. R § 404. 4 许可的授权

为符合公共利益，联邦政府享有的发明应当视情况进行许可，各联邦机构应当向公众告知现有发明。保管这些发明的机构可以根据本条规定授予普通许可、共同独占许可（co-exclusive licenses）、[①]部分独占许可或者独占许可。许可可以是免费许可、付费许可或者其他形式。许可可以是全部或部分使用领域，也可以是在特定地理范围内，并且可以是针对过去专利侵权的豁免。所有许可都不会赋予任何人不受反托拉斯法约束或者专利滥用指控的豁免权，并且行使本条规定权利也不会因授权来源而免于州或联邦法律的约束。

37 C. F. R § 404. 5 依据本条授权许可的限制和条件

（a）（1）申请人须提供针对该发明合适的开发或者营销计划（或两者皆有），同时提供自身具备完成该计划能力的证据，联邦机构方可以授予其许可。针对非排他性研究许可的计划仅限于该研究的开发阶段。

（2）通常，被许可人可以在美国获得政府享有的发明的使用或销售许可授权，但条件是被许可人须同意包含该发明或者使用该发明的产品将主要在美国境内制造。但是，如果已经作出合理努力但并未成功将发明许可给可能主要在美国境内进行制造的潜在被许可人，或者在这种情况下国内制造不具有商业上的可行性，则联邦机构可以放弃或者修改本条件。

（b）联邦机构的许可条件中应当包含许可决定利于维护联邦政府和社会公众的利益一项，并且不违反法律和本条规定。以下条款适用于所有许可：

（1）许可的期限应为许可协议中指定的期限，除非根据本条规定提前终止。

（2）专利许可可以授予被许可人实施专利的权利，但不得以符合公共利益的确定身份加入联邦机构。

（3）只要许可规定，许可范围可以延伸到被许可人的子公司或其他主体，但未经联邦机构批准不得转让，除非转让给被许可人涉及该发明业务的继任实体。

（4）被许可人在联邦政府批准后，有权进行分许可。分许可的条件应当参照上述条件，包括政府权利的保留，并且应当及时向联邦机构提交分许可协议副本和附随修订条款信息。

（5）应当要求被许可人执行该发明的开发或营销计划（或两者皆有），以在许可证规定的合理期限内将发明实际化应用，并且使公众合理获得该发明带来

① 共同独占许可，是指专利权人同意向有数量限制的被许可人授权，而被许可人的数量在具体的合同约定。

的利益。

(6)应当要求被许可人定期报告发明的利用情况或者其为利用发明所作出的努力,特别是涉及所提交计划的内容,但是仅以使联邦机构能够认定许可条款是否得到遵守为必要。

(7)许可协议应当引用第404.5条(a)款(2)项规定的体现包含该发明或者使用该发明的产品将主要在美国境内制造的相关约定。

(8)如果联邦机构认定出现下列情况,则有权全部或部分终止许可:

(i)被许可人未履行完成发明实际应用的承诺,包括为支持其申请许可而提交的任何计划中包含的承诺,并且被许可人难以证明其已经采取措施以满足联邦机构要求或者难以证明其有望在合理期限内采取有效的措施来实现本发明的实际应用;

(ii)为满足授权许可后新出台的联邦法规对公众利益的要求(且被许可人不能满足这些要求),而必须终止许可;

(iii)被许可人在申请许可书或者许可协议要求提交的任何报告中故意虚假陈述或者遗漏重要事实;

(iv)被许可人严重违反了许可协议中的约定或规定,包括第404.5条(a)款(2)项的规定;

(v)被许可人执行许可协议时被有管辖权的法院认定违反了反托拉斯法;

(9)被许可人和联邦机构一致同意按照本条规定,可以修改或终止许可。

(10)无论是许可的内容还是授权许可本身,都不得赋予任何人不受反托拉斯法约束或者专利滥用指控的豁免权,并且依据本法取得或者行使权利也不会因授权来源而免于州或联邦法律的约束。

37 C.F.R § 404.6　普通许可

联邦机构可以对政府享有的发明进行普通许可,无须公告潜在许可。

37 C.F.R § 404.7　独占许可、共同独占许可和部分独占许可

(a)(1)对政府享有的发明授予独占、共同独占或者部分独占的国内许可,应当满足下列要求:

(i)通过《联邦公报》或者其他形式公布准许可通知,标明即将授权许可的发明和被许可人,允许在公告发出至少15日内提交书面异议。

(ii)在第404.7条(a)款(1)项(i)目规定期限届满后,考虑该期间内收到的所有书面异议,联邦机构已认定:(A)鉴于申请人对发明实际化应用的意图、计划和能力以及促进发明公共利用的其他方面,授权许可将益于服务公众的;(B)对于鼓励资本投入和支出以实现发明实际化应用和促进发明公众利用的其他方面,授予独占许可、共同独占许可或者部分独占许可是合理且必要的;

（C）申请人提出的独占许可权利不超出合理且必要的范围，能够实现发明实际化应用和促进发明公众利用的其他方面。

（iii）联邦机构认定此许可授权不会减少实质性竞争或者违反反托拉斯法的规定。

（iv）经过联邦机构对申请人所提交计划的认定，已经优先考虑与其他申请人相比有同等或更大的可能性在合理期限内将发明实际化应用的小型企业。

（2）除第 404.5 条规定之外，授予国内独占许可、共同独占许可和部分独占许可还需要满足下列条件：

（i）保留美国政府不可转让、不可撤销、已支付许可费的权利，以便由美国政府实施发明、代表美国实施发明或者根据美国已签订或将签订的条约协议代表外国政府或国际组织实施发明；

（ii）保留联邦机构在必要时向合适申请人通过合理条款进行分许可的权利，以满足健康和安全需求。

（iii）授权独占许可、共同独占许可或者部分独占许可应当受当时已生效的任何许可约束。

（b）（1）对政府享有的发明授予独占、共同独占或者部分独占的国外许可，应当满足下列要求：

（i）通过《联邦公报》或者其他形式公布准许可通知，标明即将授权许可的发明和被许可人，允许在公告发出至少 15 日内提交书面异议，并考虑期间内收到的书面异议；

（ii）机构已经考虑过是否会增加联邦政府或者美国产业在对外贸易中的利益；

（iii）联邦机构已经认定此许可授权不会减少实质性竞争或者违反反托拉斯法的规定。

（2）除第 404.5 条规定之外，授予国外独占许可、共同独占许可和部分独占许可还需要满足下列条件：

（i）保留美国政府不可转让、不可撤销、已支付许可费的权利，以便由美国政府实施发明、代表美国实施发明或者根据美国已签订或将签订的条约协议代表外国政府或国际组织实施发明。

（ii）授权独占许可、共同独占许可或者部分独占许可应当受当时已生效的任何许可约束。

（iii）代表美国政府授予被许可人在必要时采取适当措施来保护许可财产的权利。

（c）联邦机构应当保留授予独占、共同独占或部分独占许可的认定记录。

37 C. F. R § 404. 8　申请许可

(a)许可申请书应当提交给管理该发明的联邦机构，并且通常应当包含如下内容：

(1)所申请许可的发明的信息，包括专利申请序列号或者专利编号、名称、日期(如果已知)；

(2)申请的专利许可类型信息；

(3)申请专利个人、公司或组织的姓名(名称)和地址以及国籍或注册地；

(4)申请方联络通信代表的姓名、地址和电话号码；

(5)申请人公司的性质和种类、已成功商业化的产品或服务以及雇员的大致数量；

(6)获取本发明可申请许可的信息来源；

(7)申请人是否属于第 404. 3 条(c)款所定义的小型企业的说明；

(8)申请人对发明的开发或营销计划(或者两者皆有)的详细说明，应当包括：

(i)申请人认为将本发明实际化应用所需的时间，预期资本投入(性质和数额)以及其他资源；

(ii)申请人完成计划的意图和能力，包括涉及制造、营销、财务和技术资源；

(iii)申请人拟将发明实际化应用的领域；

(iv)申请人拟将包含该发明的任何产品进行制造或者销售或使用的地理范围(或两者皆有)；

(9)申请人先前获得联邦享有发明的专利授权的信息；

(10)申请人所了解到的私营企业或政府针对该发明的实施程度或者可商业化程度(或两者皆有)全部信息的说明；

(11)申请者认为可以支持授权许可的其他任何信息；

(b)联邦实验室可以将已签署的合作研究和开发协议[根据 35 U. S. C. 209 和 15 U. S. C. 3710a(b)(1)]视为许可申请。

37 C. F. R § 404. 9　[保留]

37 C. F. R § 404. 10　许可的修改和终止

除非双方一致同意，联邦机构在修改或终止许可之前应当向被许可人和所有记录在案的分许可人提供书面通知。被许可人可以在收到通知 30 日内对其违反许可规定的行为采取补救措施或者要求联邦机构说明修改或终止许可的原因。

37 C. F. R § 404. 11　申诉

(a)根据联邦机构规定的程序，下列主体有权就授权、拒绝、修改、终止许可的任何决议或认定向机构负责人或者指派人提出申诉。

(1)被拒绝授予许可的自然人或法人；

(2)许可被部分或全部修改、终止的被许可人；

(3)依照第404.7条(a)款(1)项(i)目或(b)款(1)项(i)目，在法定期限内对联邦机构作出的许可通知提出了书面异议，并且能够证明该许可行为会损害其利益的自然人或法人；

(b)被许可人因许可被部分或全部修改、终止而提起申诉，可以要求针对相关事实争议举行听证会。各方可以协商在听证会上达成争议解决方案代替申诉。

37 C. F. R § 404. 12　发明的保护和管理

联邦机构可以采取适当和必要措施，直接或者通过合同间接保护和管理政府享有的发明的权利。

37 C. F. R § 404. 13　管理权转移

保管联邦享有的发明的联邦机构可以将其对该发明的所有权利、所有权、或者权益，全部或部分地转移给另一联邦机构。

37 C. F. R § 404. 14　信息的保密

《美国法典》第35编第209条规定，按照本法第404.8条(h)款提交的任何计划和按照第404.5条(b)款(6)项提交的任何报告均应视为从他人处获取的商业或财务信息，属于应当保密的商业机密，无须根据《美国法典》第5编第552条进行披露。

# 欧洲罚金刑*

■ 塔皮奥·拉皮－塞佩莱 著** 蔡环宇 译*** 熊谋林 校****

## 一、概述

罚金刑是从古至今最常用的刑事制裁手段,也是教科书和刑事政策分析中最被忽视的话题之一。在过去几十年里,罚金刑和其他金钱处罚的使用有所扩大,这是几个同时期变化的结果。交通和其他领域的群体性轻微违法行为的增加,使罚金刑区分为法院罚金和简易罚金(由警察或检察官实施)。行政罚款制度也分为对群体性轻微违法的固定处罚、对大型非法经济活动的巨额处罚和公司罚金。

罚金刑的几个优势,增加了其作为刑罚制裁的潜力,

* 本文原载:Tapio Lappi-Seppälä, *Fines in Europe*, In Gerben Bruinsma & David Weisburd, Encyclopedia of Criminology and Criminal Justice, New York: Springer, 2014, pp. 2149 - 2153.

** 塔皮奥·拉皮－塞佩莱(Tapio Lappi-Sepp):芬兰赫尔辛基国家法律政策研究所。

*** 蔡环宇:西南财经大学法学院研究生。

**** 熊谋林:西南财经大学法学院教授、博士生导师。

包括针对一般违法。这一点已得到共认，那些采用日额罚金（单位罚金）制度的地区对此尤其认可。在这一制度下，违法的严重性体现在实施罚金的单位数量上，而每个单位的金钱价值由罪犯的经济手段反映。因此，两名罪犯若因为相似的罪行被审判，他们被判处的罚金刑也会同样严厉，即使他们的财富和收入有所差异。现有证据（尽管相当少）表明，与更实质性的制裁相比，被处罚金刑之后的再犯率通常会有所下降。

并不是所有的罚金都是自愿支付的，因此需要一个罚金刑的保障系统。如果未缴纳的罚金需转化为监禁，那么，金钱处罚的优势就会丧失。不幸的是，许多司法领域都已将罚金易科监禁作为后备的处罚方式。然而，有迹象表明，为达上述目的，新的社区替代方案逐渐被广泛采用。

## 二、历史

在部落社会，对伤害的惩罚要么是报复，要么是加害者和受害者和解。蛮族法典（The Barbarian Codes）（从公元5世纪开始）规定了抵消复仇的金额。受害者（他/她的亲属）可以选择接受这种方式或采取报复行动。这些规定不能被定义为现代意义上的处罚，因为没有第三方权威强迫各方履行计划中的赔偿。只有通过国家和中央权力的形成，才有可能建立公共刑事司法制度，在这个制度中，统治者有权规定对犯罪行为的刑罚。在欧洲，这一时期大约开始于12世纪中叶（建立"国王的和平"）。这也是罚金刑作为一种刑罚的诞生之时。

纵观历史，罚金刑作为一种刑事处罚，一直占据着核心地位。罚金刑是北欧法律中对大多数违法行为的主要惩罚，最早可追溯到13世纪中叶。罚金的数额则根据行为的后果，在某些情况下还根据违法者的精神状态，具体确定。

但是，从上述之时建立司法是一个缓慢的过程。在中世纪后期，私人复仇仍在继续。此外，罚金刑，在经过国家批准和确认后，除了惩罚作用，还依然带有私人补偿的作用。这也反映在北欧法律将罚金刑分成三部分的方式上：三分之一给受害者或其亲属，另一部分给国王（中央权力），还有一部分给教会。后来，惩罚和补偿性质区别开来，罚金刑成为仅属于中央权力的公共刑事司法问题。除了罚金刑，还增加了民事赔偿，以弥补受害人的损害和损失。

欧洲刑法在中世纪后期逐渐变得更具惩罚性。其结果就是，罚金刑被肉体刑罚所取代，特别是在16世纪和17世纪的中欧和英格兰，那里的刑事司法几乎是国家控制的恐怖活动。18世纪见证了整个欧洲由启蒙运动哲学家的著作所提倡和启发的社会和政治革命。这些批判大多针对古代政权的残暴和严厉的刑事司法。资本和肉体惩罚的使用受到了限制，并被监禁所取代，这成为19世纪欧洲刑事司法制度的主要部分。但是，除了监禁，罚金刑依然被保留，作为对轻微和一般犯罪基本制裁的主要方式，特别是在北欧国家。金钱惩罚的实际优势也得到了像孟德斯鸠这样的改革家的认可，他是最早认识到有必要根据违法者的经济状况对罚金刑进行分级的人之一。

> 我们的祖先德国人只承认金钱处罚。这些人既是战士又是自由人，他们认为只有武装之时，才能洒血。相比之下，日本人以富人可以逃脱惩罚为借口，拒绝接受这类处罚，但富人难道不担心他们的商品会丢失吗？罚金不能与财产成比例吗？最后，这些处罚难道不具有耻辱性吗？
>
> ——孟德斯鸠：《论法的精神》第六册，第十八章

罚金刑的实际使用也受到总体经济条件的制约。Rusche 和 Kirchheimer（1939 年，第 167 页）认为，直到 19 世纪中期，下层阶级的贫困仍然是罚金刑广泛使用的主要障碍，在此之后，罚金刑的广泛使用，在很大程度上是由于失业率的下降和生活水平的普遍提高。例如，在 19 世纪末，芬兰和瑞典法院处理的案件中，90% 的案件都被处以罚金刑。尽管罚金刑常常被历史学家和法律教材所忽视，但在 20 世纪，罚金刑仍然是几种常见违法中使用最多的刑事处罚手段，如表 1 所示。

**表 1　20 世纪 30 年代的罚金刑使用（与所有处罚的百分比）**

| 类型＼国家 | 法国（1933 年） | 比利时（1930 年） | 瑞典（1934 年） | 德国（1933 年） |
|---|---|---|---|---|
| 伤害（故意） | 68.9 | 79.3 | 97.9 | 62.2 |
| 财产损害 | 63.1 | 79.3 | 97.9 | 62.2 |
| 盗窃 | 15.5 | 24.4 | 25.1 | 29.3 |
| 欺诈 | 10.5 | 10.7 | 46.9 | 34.2 |
| 通奸 | 99.5 | 83.0 | 70.9 | 58.1 |

资料来源：Rusche G, Kirchheimer O., *Punishment and Social Structure*, New York, Russel & Russel（1939）。

### 三、财务制裁制度

罚金刑可以由法院下达，也可以由检察官或警察通过简易程序下达。以新的交通违法形式出现的群体性违法的扩大和轻微财产违法的增加（机会结构改变的结果），导致简易程序的采用越来越广泛。如今，在大部分地区，大多数罚金都是由警察或检察官决定的。

除了“罚金刑”，还有其他具有惩罚性和预防性功能的财务制裁，有时很难与罚金刑区分开来。大陆法系理论对刑事处罚与行政处罚作出了明确的区分，

这种区别对实施和执行处罚也有深远的影响。例如,行政案件由行政法院审理,刑事案件由刑事法院审理。刑事处罚的使用受到更为严格的法律保障和程序保障的约束,包括对犯罪的要求、无罪推定和比例原则。

行政处罚的增长则基于两个截然不同的原因。事实证明,刑法及其所有法律保障措施对于处理极其轻微的违法来说过于高昂和沉重。出于程序上的便利,许多国家都建立了自己的行政处罚制度来处理交通违法、违反公共秩序的轻微违法等问题。德国的“轻罪”(qrdnungswidrigkeit)制度已经成为欧洲大陆几个国家和地区的典范。

另外,事实证明,刑法在处理大型经济活动时,是无效且不实际的,因为从这些非法活动中可能获得的收益可高达数百万元。为控制大型经济违法活动而设立的公司责任和公司罚金,可以安排在刑事处罚范围内(具有刑事犯罪的条件),也可以安排在刑法范围外(作为基于客观责任的行政处罚)。

除了基于国内公司责任的罚金,还有越来越多的基于保护超国家市场利益需要的经济制裁(欧盟罚金)。欧盟委员会就对违反欧盟规则、禁止卡特尔和限制性商业行为,以及滥用支配地位的公司如何处以罚金制定了指导方针[article 23(2)(a)of Regulation (EC) No. 1/2003]。基本金额按与侵权有关的销售额的百分比计算,乘以违法行为发生的年数。罚金设定的其他因素还包括违法行为的严重程度以及之前可能发生的违法行为。对每家公司的最高罚金保留了上一营业年度营业额的百分之十(Regulation EC No. 1/2003, http://europa. eu/legislation_summaries/c-ompetition/firms/l26118_en. htm)。传统的罚金刑以数百欧元计,有时甚至以数千欧元计,欧盟企业的罚金则很容易达到数百万欧元。

总的来说,目前的财务制裁制度可分为三大类(具有相当大的管辖权差异):(1)法院或其他刑事司法机构(检察官或警察)对自然人规定的刑事处罚罚金。(2)对群体性的自然人(停车罚单等)的行政处罚。(3)根据国家或超国家(欧盟罚金)对自然人或公司的非法经济活动征收的巨额罚金/费用(公司罚金)。下文主要讨论对自然人征收的罚金(第一类)。

**四、罚金刑的优势**

相比其他刑事处罚,罚金刑的优势是众所周知的(Gordon and Glaser 1991年)。第一,罚金刑的管理成本通常较低,在某些情况下,罚金刑带来的收入甚至超过了管理成本。第二,支付给法院的罚金可以转用于犯罪的受害者,以便为所造成的身心伤害支付经济赔偿。罚金刑是一种灵活的刑罚,可以根据违法的严重程度和违法者的经济状况进行调整(见下文)。最后,经济处罚的使用避免了许多监禁所致的不良社会成本(包括失业,家属的经济来源减少,使罪犯更难以成功重返社会的标签效应)。罚金刑允许违法者继续留在社区和继续工作,这样就减少了对社会帮助的需要。这些优势在很大程度上取决于罚金刑的设置和执行方式。

### 五、日额罚金制度

对罪犯的平等对待,要求对不同罪犯在同样罪行上被同样严厉地处罚。同样一笔钱对富人和穷人来说意义不同,尽管财富和经济资源不同,但人们应该得到同样的处遇,这是社会正义的基本要求。

大多数罚金制度都试图通过制定平衡经济财富差异的计算规则,来满足达到同等影响的要求。斯堪的纳维亚的日额罚金制度已被证明在这方面是最成功的。1921 年,芬兰首先采用了日额罚金制度,1931 年和 1939 年,瑞典和丹麦紧随其后。

这一制度的起源可追溯至在世纪之交,国际犯罪学家协会和他们北欧同行的讨论,而"日额罚金"一词由瑞典法学教授 Johan C. W. Thyrén 创造。日额罚金制度出现的主要原因有三个。首先,它提供了一种机制,确保处罚的严厉性对富人和穷人的影响是平等的。其次,既然罚金数额与收入水平有关,罚金或多或少不受货币价值变化的影响。而且,由于这使维持足够高的罚金水平成为可能,罚金就可以更有效地替代已丧失信任的短期监禁。斯堪的纳维亚的日额罚金制度已在许多欧洲司法领域成为具有影响力的典范。在过去的几十年里,像德国(1975 年)、奥地利(1975 年)、法国(1983 年)和瑞士(2007 年),这些国家都成功地采用了这一制度。

日额罚金制度的主要目标是确保对不同收入和财富的违法者处以"同样严厉"的罚金。在这一制度中,日额罚金数是根据违法的严重程度来确定的,而一次日额罚金的金额则取决于罪犯的经济状况。罚金总额则是以罚金天数乘以其金额得出的。各国的计数规则技术各不相同,但基本原则相同。而应计算税前收入(总收入)还是税后收入(净收入),以及是否应存在日额罚金的确定上限,在很大程度上也是一个国内刑罚(和社会)政策的问题。例如,在芬兰,一天的罚金额大约相当于罪犯税后日收入的一半(而且没有上限;在奥地利,限额是 5000 欧元,德国为 30,000 欧元)。确切的数目是经过相当复杂的计算得出的。不过官方人员(警察、检察官和法院)持有一本手册,可以很容易地计算一天的罚金额。此外,日额罚金的天数在不同的制度中也有所不同:芬兰的罚金期可从 1 日到 120 日,奥地利、德国和瑞士则从 1 日到 360 日不等。

一个芬兰的例子:血液酒精浓度为 1.0‰酒后驾车行为的日额罚

金典型天数将在40日左右。对于一个月收入1500欧元的人来说，一天的罚金额相当于20欧元。对于月收入6000欧元的人，一天的罚金是95欧元。因此，同样的违法行为，对前者的罚金总额为800欧元，对后者的罚金总额为3800欧元。

并非所有国家都遵循这条路线。包括美国在内的大多数普通法国家都实施固定罚金，这大大减少了——如果有的话——根据违法者的经济状况调整罚金的空间。英格兰和威尔士在1991年根据日额罚金原则采用了“单位罚金”制度。然而，在媒体的强烈批评之后，政府在1993年取消了这一制度。正如一位著名法律评论员所指出的：

废除整个体系，并且回到一个在政府自己看来更不公平、更少罚金、更难以执行的保障系统……有力地证明了对短期政治利益权力的考虑优先于刑事政策。（Ashworth and Gibson 1994，Criminal Law Review 1994，101 ff）

1991年，单位罚金制度在英格兰和威尔士的失败基本上是出于政治原因。这主要因为英国政府无力在毫无根据的公众压力和错误的批评下，捍卫一个合理制度，据改革后的调查报告显示，遵循单位罚金程序的法院在罚金刑实践中更加持续一致，并更会根据收入水平按比例设置罚金。简言之，与遵循旧制度的法院相比，他们的罚金刑设定更好地满足了平等和比例的要求（Charman et al. 1996）。

尽管英国失败了，但其他普通法国家一直在努力推行日额罚金制度。在美国，这一制度被重新命名为“结构罚金”。在1987年至1989年，美国第一个结构罚金刑项目示范由纽约斯塔顿岛的维拉司法研究所设计和运作。不久之后，美国其他几个地区也开始实施类似的项目。但需要注意的是，这些项目需要经过深思熟虑的政策制定和项目规划，以及具备一个强大的征收制度。就目前的情况来看，美国越来越多的地区正在尝试结构罚金［*Bureau of Justice Assistance* 1996：*How to Use Structured Fines*（*Day Fines*）*as an Intermediate Sanction*，https://www.ncjrs.gov/pdffiles/156242.pdf］。

## 六、有效执行的制度要求

罚金刑的有效执行需要集中而高效的执行体系。罚金需要征收，有时可能需要国家政府和/或地方市政连续几次的行动。政府需要与债务人联系，并在出现拒付的情况下，强制执行付款，如通过起草允许分期付款的付款计划。罚金制度的可信性在很大程度上取决于这种组织体系的效力。低支付率会破坏整个制度的可信度。它会降低公众对罚金刑的信心,也会降低法院将罚金刑作为一种处罚选择而使用的意愿。北欧国家报告的征收率相当高(例如,Sveri 2005,376份报告显示,在瑞典,5 年内,90% ~95% 罚金都予以缴纳)。然而,由于计算方法的不同,不同制度之间的精确比较会相对复杂。

关于日额罚金制度,有效执行的关键要求是,负责制定罚金的人(无论警察、检察官或法院)必须掌握有关违法者收入和财务状况的可靠资料。这可以通过几种方式来确保。在大多数斯堪的纳维亚国家,刑事司法当局(包括警察)有权查阅上一年的税务文件。具体来说,警方可以根据要求,从税务部门那里通过受保护的短信信息服务(Short Message Service,SMS)数据接收去年的全年总收入。如果没有这种途径,可能需要其他准确的收入数据来源。1999 年,芬兰将为减少罚金额而向警方提供虚假收入信息定为犯罪行为(但是,在建立短信信息服务链之后,“罚金欺诈”定罪逐渐过时,每年只定罪两到三次)。

## 七、罚金易科处罚

罚金作为刑事制裁,其可信性需要一个保障系统,罚金在拒付的情况下将被强制执行。传统上,罚金的标准易科处罚是监禁。在历史的进程中,罚金易科监禁——在一段时期内——已成为监禁的主要原因之一。在 20 世纪 30 年代,二分之一的男性和三分之二的女性因未付罚金而被关入英国监狱(Rusche and Kirchheimer 1939 年)。在芬兰 20 世纪 20 年代末的禁酒令期间,五分之四的囚犯都是因为未缴纳罚金被拘留。

如果罚金被转化为监禁处罚,金钱处罚原本的优势就会丧失。一个人可能会由于一些微小的罪行而入狱,而主要问题却是他们太贫穷,无法支付罚金。人们早已认识到了易科监禁的歧视性质,大多数国家都努力限制这种易科监禁的使用,但结果却不尽相同。一些国家或地区采用社区替代方案作为未缴处罚(如苏格兰的监督考勤令、德国的社区服务或挪威新采用的“罚金服务”)。其他国家只是简单地取消了对未缴罚金的易科监禁,就像 20 世纪 80 年代瑞典所做的那样。近期来看,丹麦在 21 世纪头十年末也几乎停止了对罪犯的罚金易科监禁。芬兰,可能是欧洲罚金刑最多的国家,也是北欧国家中罚金拖欠者最多的国家。然而,在 2006 ~2009 年,除去易科体系中的所有检方罚金,芬兰监狱中(任意一天)的罚金拖欠者平均数量已经从 200 人减少到 50 人左右,如表 2 所示。

表 2 欧洲未支付罚金的易科监禁使用情况(2009 年 9 月 1 日)

| 未缴罚金者 | 绝对值 | % 总监禁数 | /人口 | /10,000 例罚金刑 |
|---|---|---|---|---|
| 丹麦 | 0 | 0.0 | 0.0 | 0.0 |
| 瑞典 | 0 | 0.0 | 0.0 | 0.0 |
| 法国 | 6 | 0.0 | 0.0 | 0.2 |
| 比利时 | 1 | 0.0 | 0.0 | 0.3 |
| 苏格兰 | 4 | 0.0 | 0.1 | 0.7 |
| 英格兰和威尔士 | 113 | 0.1 | 0.2 | 0.9 |
| 克罗地亚 | 32 | 0.7 | 0.7 | 10.5 |
| 芬兰 | 90 | 2.5 | 1.7 | 12.0 |
| 拉脱维亚 | 28 | 0.4 | 1.2 | 28.5 |
| 匈牙利 | 403 | 2.4 | 4.0 | 36.1 |
| 荷兰 | 561 | 4.8 | 3.4 | 46.9 |
| 德国 | 4197 | 5.7 | 5.1 | 72.0 |
| 波兰 | 3302 | 3.9 | 8.6 | 106.6 |

资料来源：采用自欧洲 2010 年原始资料。

从比较分析中可以看出，罚金易科监禁实际上已经在丹麦、瑞典、法国、比利时和苏格兰几个地区消失。在波兰、德国和荷兰，约 5% 的囚犯因未缴纳罚金而被拘留。然而，也是在德国，一些联邦州正在扩展社区服务计划，使得罚金易科监禁显著减少（Dünkel，2004 年）。

## 八、罚金刑实践

不同的刑事司法制度处理轻微违法行为的方式各不相同。有些刑法条例甚至包括最常见的交通违法行为（如芬兰），而其他国家不仅将交通违法行为排除在外，还将许多其他轻微违法行为也排除在刑事司法统计之外。在考虑这些需注意的情形下，表 3 着重介绍了欧洲国家罚金的使用情况。

第一栏显示了所有由法院或检察官实施的处罚（定罪）数目。所有的违法和轻微违法都包括在内。对 D 列进行比较（不包括交通案件的定罪）可以发现每个国家的刑事司法统计数据受交通违法行为的影响程度。芬兰的总体定罪最高（4158 件），但四分之三的定罪是交通案件（非交通案件定罪：1413 件）。英格兰和威尔士则只报告非交通案件，捷克共和国、拉脱维亚和塞浦路斯也是如此。因此，必须谨慎地看待所处罚金的总数（B）。它们主要反映了一些国家的交通违法行为，还有一些其他情况。

**表 3　2006 年欧洲罚金刑使用**

| 国家 | 罚金刑平均应用(全部违法) | | | |
|---|---|---|---|---|
| | A | B | C | D |
| | 全部定罪/人数 | 全部罚金刑/人数 | 全部定罪中罚金刑/% | 非交通定罪/人数 |
| 芬兰 | 4158 | 3659 | 88 | 1413 |
| 英格兰和威尔士 | 2455 | 1768 | 72 | 2445 |
| 比利时 | 1805 | 1661 | 92 | 380 |
| 匈牙利 | 1419 | 412 | 29 | 1120 |
| 瑞典 | 1319 | 712 | 54 | 1023 |
| 苏格兰 | 1318 | 659 | 50 | 1164 |
| 瑞士 | 1308 | 497 | 38 | 703 |
| 波兰 | 1214 | 231 | 19 | 804 |
| 荷兰 | 1025 | 318 | 31 | 722 |
| 德国 | 945 | 756 | 80 | 709 |
| 法国 | 940 | 357 | 38 | 522 |
| 克罗地亚 | 730 | 66 | 9 | 679 |
| 斯洛伐克 | 700 | 28 | 4 | 650 |
| 捷克 | 675 | 27 | 4 | 675 |
| 葡萄牙 | 623 | 473 | 76 | 306 |
| 奥地利 | 489 | 191 | 39 | 489 |
| 拉脱维亚 | 435 | 30 | 7 | 435 |
| 斯洛文尼亚 | 404 | 28 | 7 | 381 |
| 罗马尼亚 | 234 | 44 | 19 | 196 |
| 阿尔巴尼亚 | 222 | 84 | 38 | 214 |
| 塞浦路斯 | 204 | 80 | 39 | 204 |

资料来源:采用自欧洲 2010 年原始资料。

国家依照 A 栏排序:A,法院和检察院的定罪,全部违法与轻微违法;B,被判罚金刑(法院和检察院)/100,000 人数;C,全部定罪(A)中罚金刑比例;D,非交通定罪数/100,000 人数。

对不同违法行为的罚金刑使用分别进行分析,就可解决其中一些困难。表 4 列出了各国和各地区的罚金刑和其他处罚措施与人数的比例。

**表 4　2006 年欧洲伤害与盗窃犯罪的罚金刑使用和其他处罚**

(单位:人数)

| | | 盗窃(全部) | | | | 伤害/全部 | | | |
|---|---|---|---|---|---|---|---|---|---|
| | | 罚金刑 | % | 其他处罚 | 全部 | 罚金刑 | % | 其他处罚 | 全部 |
| 北欧 | 芬兰 | 530 | 91 | 52 | 582 | 112 | 54 | 95 | 207 |
| | 瑞典 | 125 | 47 | 142 | 267 | 18 | 19 | 79 | 97 |
| 西部 1 | 瑞士[a] | 0 | 1 | 37 | 37 | 1 | 9 | 11 | 12 |
| | 德国 | 104 | 71 | 43 | 147 | 41 | 61 | 26 | 67 |
| | 奥地利 | 29 | 30 | 69 | 98 | 38 | 59 | 26 | 64 |
| 西部 2 | 荷兰 | 31 | 18 | 143 | 174 | 25 | 23 | 82 | 107 |
| | 法国 | 14 | 12 | 101 | 115 | 16 | 19 | 70 | 86 |
| | 比利时 | 42 | 53 | 38 | 80 | 32 | 68 | 15 | 47 |
| 英国 | 英格兰和威尔士[b] | 24 | 13 | 160 | 184 | 4[a] | 7 | 56[a] | 60[a] |
| | 苏格兰 | 87 | 30 | 204 | 291 | 136 | 46 | 160 | 296 |
| 南部 | 葡萄牙 | 13 | 37 | 21 | 34 | 39 | 77 | 12 | 51 |
| | 斯洛文尼亚 | 5 | 5 | 92 | 97 | 2 | 4 | 36 | 38 |
| 东部 | 波兰 | 11 | 6 | 165 | 175 | 6 | 6 | 97 | 103 |
| | 斯洛伐克 | 2 | 2 | 122 | 124 | 2 | 6 | 36 | 38 |
| | 捷克 | 3 | 2 | 138 | 141 | 1 | 4 | 25 | 26 |
| | 匈牙利 | 65 | 21 | 246 | 311 | 16 | 24 | 51 | 67 |
| | 拉脱维亚 | 1 | 1 | 137 | 138 | 2 | 9 | 17 | 19 |
| 全部(21) | 平均 | 34 | 22 | 119 | 153 | 22 | 31 | 50 | 72 |

资料来源:采用自欧洲 2010 年原始资料。

[a]瑞士罚金刑的低数量与官方统计不符(参见 http://www. bfs. admin. ch/bfs/portal/de/index/infoth-ek),表明罚金刑(尤其是缓期罚金)在处罚中的重要作用(2010 年全部定罪 98, 200 起,暂缓罚金 71, 881 起,部分暂缓 1050 起,非暂缓 11, 554 起)。可能以前(日额罚金改革前)使用的固定罚金(lump-fine)(Busse)没有包括在表格中。

[b]与早期版本相比,英格兰和威尔士的伤害案件数量较低,这表明统计数据中的定义发生了变化,无法进行可靠的比较。

21 个欧洲国家对盗窃行为实施的处罚平均为 153 人，其中 34 人（22%）是罚金刑，119 人是其他类型的处罚。对于伤害，对应的数字是 72 人（全部），22/31%（罚金）和 50（其他处罚）。

北欧国家对盗窃处罚最多（300～600 人）（连同苏格兰和匈牙利）。然而，在芬兰，十分之九的盗窃被处以罚金。这使得芬兰对盗窃行为除了处以罚金外，剩下大概 52 人被处以其他处罚，远低于欧洲的平均水平（119 人）。芬兰的伤害定罪也有 207 人，仅次于苏格兰，位居第二。其中超过一半（112 人）处罚金刑，是欧洲平均水平的 5 倍（22 人）。这表明芬兰在对这两项犯罪上的金钱制裁远多于其他任何国家（而芬兰的盗窃受害率远低于欧洲平均水平，伤害受害率则略高于平均水平）。另一种解释是，其他国家被处罚的轻微财产和伤害犯罪，并没有包括在欧洲原始资料统计内。

这些国家之间存在明显的差异，很难看出明显的模式。然而，除了匈牙利，东部国家的罚金刑要少得多，而这些国家实施处罚的总体水平相当高，尤其是对盗窃犯罪。苏格兰对盗窃和伤害犯罪实施了大量处罚。罚金刑也被大规模使用。瑞士对这两种犯罪行为的处罚都非常少，而且几乎没有罚金刑。下一步将讨论罚金刑的使用是否与监禁程度有关。

## 九、罚金刑替代监禁

罚金刑提供了短期监禁之外的另一种选择。相对其他类型的处罚，芬兰或许一直在更持续地努力扩大罚金刑的使用。在 1921 年采取日额罚金制度后，芬兰在 1977 年进行了下一项重大改革，这项改革是一项全面减少监禁项目的一部分。日额罚金的金钱价值增加了，从而使罚金成为替代短期监禁更可靠的办法。后续研究表明，这一目标在实践中也基本实现（Lappi-Seppälä，2011 年）。1969 年，德国在以罚金刑替换短期监禁（最多 6 个月）方面也取得了类似的结果，并在 1975 年采用了日额罚金制度（Dünkel and Morgenstern，2010 年）。

罚金的使用与全国监禁率之间的关系见图 1。

尽管芬兰和丹麦的高比率在很大程度上主导了相关关系，但相对于人数的罚金刑的总体使用仍然显示明显的负相关。罚金刑比例和监禁率关系也是一样，并且分布更加均匀。区域分析揭示了北欧国家的特殊地位。他们更频繁地使用罚金刑，监禁率也更低。东部国家则在另一端，高监禁率，少罚金刑。

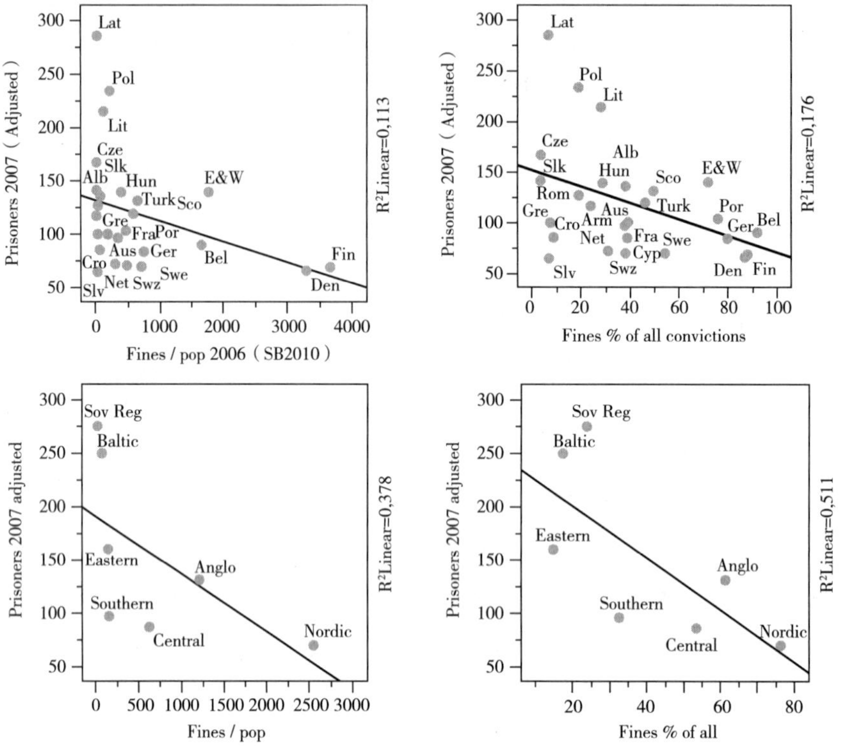


Fines in Europe, Fig.1 The use of fines ( /pop and as % of all convictions ) and imprisonment rates by countries and by regions ( Source: European Sourcebook 2010 ) .

**图1 国家与地区间罚金刑使用(/人数和%全部定罪)和监禁比率分析**

资料来源:欧洲 2010 年原始资料。

## 十、效应

众所周知,接受罚金刑的罪犯再犯率最低。例如,在芬兰,大约 25% 被处罚金的人在接下来 5 年内,再次被判处某种处罚,而对于被判监禁的人,这一数字高达 75% 。但由于两组的初始再犯风险是完全不同的,这些数字不能作为比较的基础。不幸的是,罚金对再犯效应的控制组系统性研究相对较少。

1991 年在美国发表的一项研究(Gordon and Glaser,1991 年)比较了罚金和其他处罚不同组合后的再犯。比起单纯的监督(36% ),监督与罚金刑结合的再犯率降低(25% )。同样,短期监禁加上监督和罚金的再犯率(37% )低于仅有监督和罚金刑的结合(50% )。然而,检测到的关联在统计学上不显著,如表 5 所示。

**表 5 罚金刑后的再犯率**

| 研究 | 结果 |
|---|---|
| Gordon 和 Glaster(1991 年),美国 | 监督和罚金(25%) |
| 无组间匹配数据 | 仅监督(36%),不显著 |
| | 监督,监禁,和罚金(37%) |
| | 监督和监禁(50%),不显著 |
| Tumer 和 Petersilia(1996 年),美国 | 逮捕 |
| 随机试验 | 日额罚金(11%) |
| | 控制组(17%),不显著 |
| 少量控制组处理数据 | 违反缓刑条件 |
| 混合罚金组成 | 日额罚金(9%) |
| | 控制组(22%),显著 |
| Gendreau 等(2000 年),加拿大 | 元分析(18 项研究) |
| | 效应量 -0.04(=4% 差异) |
| Moffatt 和 Poynton,2007 年 | 交通违法罚金刑数量不影响再犯 |
| 罚金刑数量对再犯的边际(特定)威慑效果 | |
| 两步回归模型 | |

另一项在方法上更为先进的美国研究,通过随机实验(Turner and Petersilia,1996 年)来比较日额罚金与定额罚金(无收入差异)。结果表明,与控制组相比,日额罚金组的累犯率较低(11% 对比 17%),违反缓刑规定[①]较低(9% 对比 22%)(后者差异有统计学意义)。

第三项研究是对 18 项研究的元分析(Gendreau et al.,2000 年)。在这 18 项研究中的总效应量为 -0.04。换句话说,在对各组进行匹配之后,那些接受罚金刑的人的再犯率比那些接受其他处罚类型的人低 4%。

澳大利亚新南威尔士州犯罪统计调查局的一项大型研究调查了罚金数额对再犯的影响(Moffatt and Poynton,2007 年):1998～2000 年,共有 7 万人因交通违法而被法庭判处罚金,这些人被进行为期 5 年的跟进,以确定他们是否再次出现交通违法行为。在控制了一系列可能影响再犯的其他因素后,没有发现罚金数额与未来再犯可能性之间的关系。同样的消极结果也出现在酒后驾驶(PCA)

① technical violation 在美国是指违反缓刑规定。参见 Benjamin Herbst, *What Is Maryland Law Regarding Technical Probation Violations*?, October 17 2017, https://www.baltimorecriminaldefenselawyerblog.com/maryland-law-regarding-technical-probation-violations/,2019 年 5 月 20 日访问。——译者注

罪，无驾驶资格犯罪，超速和“其他”交通类违法犯罪。这一结果与普遍调查结果一致，即处罚严厉性的加重并不意味着再犯率降低。然而，这一结果留下了罚金刑的相对有效性问题。

## 十一、日额罚金的公众接受度：一个来自芬兰的案例研究

罚金刑是使用最广泛的刑事制裁。至少十分之一的北欧公民每年会受到一次罚金刑或相应的行政处罚，通常是由于交通违法。瑞典犯罪学教授指出：

> 我们应对罚金刑使用更感兴趣的原因有很多。我们不应该忘记，通过罚金刑而接触法律制度的人比通过其他任何方式都要多。正因为如此，国家的代表运用罚金刑的方式将永远被公民铭记（Sveri，2005年）。

罚金制度能否顺利运行，取决于其合法性和公众接受程度。不幸的是，关于罚金刑的合法性和公众看法的研究非常有限。英国政府取消了单位罚金改革，部分原因就是缺乏公众支持——无论是真实的还是只是在报纸头条上刊登的。在这一点上，芬兰在另一项日额罚金改革上的经验与之形成了一个有趣的对比。

在世纪之交，芬兰的罚金制度受到了全世界的关注，这要归功于对极高收入的违法者征收的巨额交通罚款。芬兰法律没有规定日额罚金的上限，如果罪犯的年收入以百万计，罚金很可能以数千欧元计，甚至更多。

另一种批判源于保守党所表达的担忧，他们担心以总收入而非净收入为基础的制度，会在高收入人群中导致不公正的严厉罚款。在保守党联合政府的领导下，1999年，为了“引入一个罚金数额在不同收入的群体中都被认为是公平的，更加公正的罚金制度”（政府法案74/1998），总（税前）罚金改为净（税后）罚金。

一个后续研究测量了对罚金制度的公平感程度。1999～2001年共有2966人在改革前后的4个不同阶段接受了访问。主要发现包括以下几点（Lappi-Seppälä，2004年）：

- 总体来说，略低于60%的人认为交通罚金基本是公平的，约有五分之一的人认为罚金太低，约有六分之一的人认为罚金过重。
- 四分之三的人认为日额罚金制度总体上是公平的。
- 当被问及超速罚金应该根据司机的收入进行分级，还是应该对所有司机处以相同数额时，五分之四的人倾向于根据收入进行区分。

不同的被调查者对公平性的评价也不尽相同。不足为奇的是，比起开车的人，那些不开车的人认为日额罚金制度更公平（尽管如此，还是有70%的司机认

为这个制度是公平的)。与女性相比,男性对日额罚金制度更为不满。女性往往比男性更倾向于要求更严厉的交通罚金。正如预料的那样,受访者对日额罚金制度的批评态度随着收入水平的提高而提高。

其中几项调查结果与公众对罚金刑支持度的一般假设明显矛盾。显然,对罚金制度不公平感的担忧被严重夸大了。改革前后的调查显示,1999 年开始的罚金制度改革,并没有带来人们意见的显著变化。2000 年夏天激动人心的罚金刑实施也没有影响公众对交通违法罚金制度的信心。

但事实上,公众对交通违法罚金的规定知之甚少。事实证明,无论罚金是根据净收入计算,还是根据总收入计算,都与对罚金制度公平性的认知完全无关。

一个重要的教训是,媒体和政客们所表达的公众舆论形象,可能与“沉默的大多数”所持的观点没有多大关系。毫不奇怪,对公平和适当控制的看法在很大程度上取决于受访者的个人情况和经济状况:不开车的人希望有更多的控制和更严厉的惩罚;开车的人则对罚金制度满意度更低,收入层次最高的人对日额罚金制度最不满意。嫉妒和自利也是公众舆论的基本要素。

立法者似乎试图通过将“总罚金”变为“净罚金”来“满足”富有的违法者,但并未成功。矛盾的是,改革后,尤其是收入最高的受访者,对罚金制度的不满增加了。换句话说,那些从新罚金制度中获益最多的人反而对改革带来的变化最不满意。要么是他们误解了改革的内容,要么是他们对向警方提供有关他们收入的虚假信息而构成犯罪一事感到不满(关于罚金欺诈的刑事定罪,见上文)。

调查为不同的解释敞开了大门。一个相当可信的结论可能是,绝大多数芬兰人认为日额罚金制度和交通违法罚金是合理、公平和公正的。这既是改革前的情况,也是改革后的情况(事实上,改革基本上没有引起他们的注意)。另一个结论可能是,对“公众意见”内容的假设可能建立在不可靠的基础上——即使可能想要努力满足这种(假定的)一般意见。

# 学术动态

# 国家治理现代化与法律制度创新

## ——西南财经大学法学院主办的“治理体系和治理能力现代化语境下的法律制度新发展”第四届博士生创新论坛综述

刘超辉*

党的十八届三中全会通过的《中共中央关于全面深化改革若干重大问题的决定》指出：全面深化改革的总目标就是完善中国特色社会主义制度，推进国家治理体系和治理能力现代化。“立善法于天下者，则天下治；立善法于一国者，则一国治”，强调的是有良法，方才有善治。为寻求良法，追求善治，探讨国家治理体系和治理能力现代化语境下的法律制度新发展，开展创新研究是响应时代的号召。博士研究生是当代法学研究的重要新生力量，西南财经大学法学院创办的博士生论坛是旨在为全国博士生提供一个高起点、大范围、多领域的学术交流平台，论坛以参会博士生自主开展学术交流和研究活动为主，同时，邀请导师与著名专家进行指导，帮助博士生开阔视野，启迪智

* 刘超辉：西南财经大学法学院硕士研究生。

慧，提高创新能力。2017 年、2018 年、2019 年，西南财经大学法学院分别以“供给侧结构性改革背景下法律制度的创新”、“新时代财经法律制度的创新发展”和“创造民营经济发展的法律保障机制”为主题成功召开第一届、第二届和第三届博士生创新论坛。

2020 年 11 月 7 日，由西南财经大学主办，西南财经大学法学院承办，西南财经大学法学综合实验教学中心、《光华法学》编辑部协办的“治理体系和治理能力现代化语境下的法律制度新发展”第四届博士生创新论坛在西南财经大学柳林校区腾骧楼 101 号成功举行。来自清华大学、北京大学、中国人民大学、中国政法大学、四川大学、上海财经大学、贵州大学、西南政法大学、厦门大学、南京师范大学等科研院校的法学博士生提交了 22 篇论文，并与来自本校在读博士生共计 30 余人参与了现场讨论。

论坛开幕式由我院讲师李怡博士主持，法学院院长鲁篱教授在开幕式上致辞。鲁篱教授对与会代表表示欢迎，并寄语青年博士生要发挥学术批评的精神，希望论坛能产生学术争锋、引起学术讨论，对在座的博士生撰写论文有所裨益。

论坛第一阶段由法学院讲师李怡博士主持，《现代法学》副编审邵海老师、法学院博士生导师王伦刚教授点评。

中国人民大学法学院博士生李展硕以“网络经济中的混合市场历练：经济学基础、法律推定和滥用行为规制”为主题进行分享。他认为，混合市场力量是混合网络外部性的结果，对混合市场力量的法律推定，应当依据经营者拥有的各平台所能够参与竞争的市场数量、各平台的市场份额以及用户锁定效应三个必要因素据此进行法律构造。中国政法大学博士生岳万兵、西南财经大学法学院博士生林晓作为与谈人就发言人的论文提出了自己的看法以及疑惑，并与发言人展开讨论。

北京大学法院学院博士生杨秋宇以“信托通道业务的司法构造及其规制逻辑”为主题，提出信托通道业务的金融监管逻辑，既要防范系统性风险的发生，也要确保国家产业政策的有效实施，最后司法应当对金融监管有所礼让。中国政法大学博士生邹学庚、西南财经大学法学院博士生董国彦作为与谈人，与发言人进行了深入的探讨。

西南政法大学博士生钟文财以“互联网金融的话语困境与制度进路”为主题，提出采用理想类型和规定功能的思考形态，超越传统股债之分进行众筹融资的统合监管并建立“网络小额融资板块”，可能是突破互联网金融话语困境与制度实现的较优选择。北京大学法学院博士生吴柯苇、西南财经大学法学院博士生高嘉品对发言人的报告章提出疑问以及反问，为发言人提供了新的思考方向。

上海财经大学法学院博士生吴兵以“税收法定的进阶之路：从税收立法到税

法解释”为主题进行了交流和分享，他认为税法解释与税收法定存在冲突的一面，具体表现为解释性规范本身欠缺合法性和明确性不足等两个问题，在此基础上，他提出，对于未来税法解释领域改革应当着重从推进税法科学化、精细化建设、促进法院合法性审查机制的有效运转以及调整税法解释的解释方式等角度切入，以促进税法解释的规范表达。北京大学法学院博士生杨秋宇、西南财经大学法学院博士生常琦作为与谈人讲述了自己的思考。

北京大学法学院博士生吴柯苇以“知识产权协同治理：法治化营商环境的现代结构”为主题，提出主体、规范、手段、价值的多元和结构性，是知识产权协同治理基本内涵。知识产权协同治理的具体实施，需要注重宏观定位顶层设计，同时在典型问题上进行针对性施策。四川大学法学院博士生彭诗睿、西南政法大学博士生钟文财就这一主题发表了意见。

论坛第一阶段主题发言与研讨环节结束后，邵海老师与王伦刚教授作为点评人，分别对上述 5 个议题发表了自己的点评意见。邵海老师认为就活动本身而言，应当坚持批判精神，同时也结合自身经验从规范方面给出了发言人有益建议。王伦刚教授提出，学者需要具备的三点意识，即问题意识、对话意识和创新意识，并就此与参会代表进行了深入交流。

论坛第二阶段，由法学院讲师游伟博士主持，《现代法学》副编审邵海老师与法学院博士生导师刘国教授点评。

中国人民法学院博士生杜吾青以“大数据时代通信秘密保护范围于限制方法的宪法重塑——以电子通信元数据为中心”为主题进行了报告，他提出，“通信内容”无疑作为通信秘密的保障范围的核心，而“通信状态秘密”同样也属通信秘密的保障范围，大数据时代电子通信元数据是记录通信状态信息的主要载体，不应被宪法学研究所忽视。同时，他认为，宪法限制公民通信秘密的方式可能解释为“部分宪法保留”模式。西南财经大学法学院博士生周泽中、四川大学法学院博士生严若冰作为与谈人肯定了这一问题的研究价值，发表了独到的见解，为发言人提供了新思路。

厦门大学法学院博士生聂辛东以“立法权横向配置视域下监察法规制定权的法理分析及其反思”为主题进行分享，他提出须构建监察立法事项的法律保留体系，完成授权性立法的解禁授权与创制性立法权限的完整配置。同时，为了防止立法权配置完全堕入实用主义的泥淖，应引入比例性立法权配置原则。贵州大学法学院博士生刘华、四川大学法学院博士生张洪亮作为与谈人提出自己的思考，并与发言人进行了深入交流。

北京大学法学院博士生孔杨以“自然及其实践向度的规范性研究”为主题，提出罗尔斯的分配正义并未关注自然本身的规范性，更加不考虑自然在未来的分配可能会发生的突变。斯宾塞将自然本身的规范性加入正义理论，但自然本身的规范性在整个规范理论中的地位并不清晰，并没有使自然的规范性获得认可。中国人民大学法院博士生李展硕、西南财经大学法学院博士生李瑞康作为与谈人就该主题发表了自己的看法。

论坛的第二阶段主题发言与研讨环节结束后，邵海老师与刘国教授作为点评人，分别对上述三个议题及现场与谈意见进行了点评，并就论文写作误区的避免提出了有益建议。

论坛第三阶段，由法学院讲师李振贤博士主持，《现代法学》副编审邵海老师与法学院兰荣杰副教授点评。

清华大学法学院博士生蔡燊以“论帮助信息网络犯罪活动罪的不法判断”为主题进行分享，指出法益理论无法适用于本罪的不法判断，现有不法判断路径的中立帮助行为、客观规则、不作为犯路径都面临各自的归责难题。在共犯框架的“量刑规则—最小从属性”的不法判断结构在个案适用中具有比较优势。中国政法大学法学院博士生唐露露、中国人民大学社会与人口学院博士生郑丁华作为与谈人发表了自己的观点。

中国政法大学法学院博士生唐露露以“‘一般应当’内涵的争鸣与思辨——兼论刑事诉讼法双轨制发展模式”为主题，提出为避免“一般应当”的内涵解读陷入无解状态，应当打破传统刑事司法理论的禁锢，以把握刑事诉讼双轨制发展趋势为前提，承认“一般应当”立法对量刑权的让渡；南京师范大学法学院博士生乔茹、西南财经大学法学院博士生温馨作为与谈人提出了自己的思考，并与发言人进行了深入交流。

中国人民大学社会与人口学院博士生郑丁华以“干预青少年网络暴力的有效措施——来自西方有关研究的启示”为主题，运用系统地图方法对西方社会青少年网络暴力有效干预措施研究进行概述，以地图结论呈现有效干预措施及其证据研究。清华大学法学院博士生蔡燊、厦门大学法学院博士生聂辛东分别就报告论文发表了与谈意见。

论坛的第三阶段主题发言与研讨环节结束后，邵海老师与兰荣杰副教授作为点评人，分别对上述三个议题及现场与谈意见进行了点评，并就法学研究方法以及论文写作分享了自己的经验，对与会博士生提出了自己的期许，现场掌声雷动。

本次博士生论坛的成功举办，不仅促进了青年学子之间学术交流、增进友谊，而且提出了许多新的学术问题与方法，为以后的学科发展提供了一个重要的交流平台。

经过一整天紧张、激烈的研讨，第四届博士生创新论坛圆满落幕。

# 征 稿 函

《光华法学》是以西南财经大学法学院研究生为主体独立编辑的出版物,《光华法学》感念于“图大学问、治万世平”,以积累知识、解读社会与关涉民生为目标,面向整个学术界,鼓励对于法学的原创性研究,尤其注重对于法律的法理探索和比较研究。致力于回应中国现实需求的基础上不断夯实法学之基础,张扬法学之特质,推动法学研究方法之创新,以提升法学院的研究水准和学术影响,从而对进一步提高西南财经大学法学院的教育水平具有重要的意义。

《光华法学》于2007年9月创办,于国内公开发行。大16开本,读者对象为法学研究人员、政法院校师生及立法、司法工作者。

创办之初,江平先生挥毫题下“点滴之光,聚而为华”。

这八个字既是对法学同仁寄予的期望,更是对我们矢志于《光华法学》编辑工作的鞭策。自创办至今,《光华法学》逐步形成自己鲜明的两大特色:一是法律经济学为重点,兼顾制度分析;二是求新务实。所谓求新,是指刻意追求法学基础理论的创新;所谓务实,是指提倡理论与实践相结合,鼓励作者大胆探索法学研究中的“热点”问题,为依法治国的重大决策提供智力服务和理论支持。

来稿体裁、题材和字数不限,举凡论文、译文、评论、述评和书评,均在欢迎之列。文稿一律采用脚注,每页重新编号连续记码,并请附作者简介。所有文稿在分科编委初审通过后,由编辑部聘请一至两位评审人,实行双向匿名评审。文稿最终采用与否,由主编根据评审报告、学术论题的总体设计和创办宗旨,做最后决定。编辑部将于收到稿件6周内通报评审结果。稿件一经采用,即致稿酬。

投稿邮箱:guanghualawreview@126.com。

在栏目设置方面,我们主要分为以下八个:

1.“法经济学”栏目;

2.“法律社会学”栏目;

3.“法学制度与理论”栏目；

4.“实证法学”栏目；

5.“定量犯罪学”栏目；

6.“比较法与海外法学”栏目；

7.“法学译文、书评与文献综述”栏目；

8.“专家”栏目。

《光华法学》编辑部

二〇二一年八月二十七日

# 《光华法学》编辑部<br>关于执行新的引注标准的公告

为促进法学学术规范化建设,《光华法学》拟从最新一期(第13辑)起,执行《法学引注手册》(北京大学出版社2020年版)引注标准。由此给作者带来的不便,敬请谅解。现将主要内容公告如下:

1. 本出版物将采页下脚注形式,全文连续编号;注释标号用方括号标示,置于相关语句标点后的右上角。

2. 同一个文献多次被引用的,每次引用都需提供文献的完整信息,不采用“同×”的格式。

3. 脚注中的信息,应尽量简明准确,以必要为原则,不提倡大段引用。

4. 脚注中作者名后,应标明作者的著作身份,默认为独著,非独著作品,应注明,例如“主编”“编著”“译”;副主编、译著的校对者,一般不标注。

5. 出版社前,不标注出版社所在城市名。

6. 著作类作品,应标明作者、著作名、出版社及出版年,引用信息的页码。直接引用的,标明具体的信息所在页码,非直接、概括性引用的,标明信息出处的具体页码或起止页码。起止页码之间用短横线连接。作品非首次出版的,应标明“第×版”,或者“修订版”等版次信息;多作者(3人或3人以上)作品,只标注第一作者,后面用“等”。

7. 期刊类作品,标明作者、篇名、刊名、出版年、刊期,页码;期刊的总第期次,不标注;集刊类作品引用,可按照实际出版情况,标明出版年、卷。

8. 网络文献应写明作者、文献名、网址及访问日期。

9. 文献的副标题,以必要为原则,副标题之前用破折号。

10. 本出版物采用匿名审稿制,如果作者引用自己论著,不采用“拙著”“拙文”等谦称,应和标注其他作者作品一样,标明作者姓名;文中应避免直接或间接透露作者身份信息,以方便匿名审稿。

11. 论文集中析出的文献,篇名后文献来源前加“载”。

12. 涉及法律条文条款的，采用阿拉伯数字标明。

13. 外文文献的标注，尊重各该外文的一般标注法。

14. 来稿请附300字左右中英文摘要，3～5个关键词；注明作者真实姓名、职称或职务、所在单位、通信地址、电子邮箱和电话；本刊保证作者个人信息不泄露。

其他未尽事宜，以《法学引注手册》（北京大学出版社2020年版）为准标注。

示例：

**著作类：**

[德]维尔纳・弗卢梅：《法律行为论》，迟颖译，法律出版社2013年版，第32页。

**期刊类：**

张文显：《法治与国家治理现代化》，载《中国法学》2014年第4期，第18页。

**文集中析出的文献：**

陈金钊：《国家治理体系法治化及其意义——兼论法律方法的功能》，载陈金钊、谢晖主编：《法律方法》（第15卷），山东人民出版社2014年版，第66页。

**网络文献：**

王珏：《第八批全国重点文物保护单位确定》，载人民网，http://politics.people.com.cn/n1/2019/1011/c1001－31392850.html，2020年7月31日访问。

**报纸文章类：**

张晋藩：《从古代民事法律中汲取智慧》，载《人民日报》2020年7月2日，第9版。

**外文类：**

（1）外文著作

Hans Kelsen, *Pure Theory of Law*, translated by Max Knight, University of California Press, 1967, p. 146.

（2）英文杂志

Louis D. Brandeis. *What Publicty Can Do*, Harper's Weekly 20 Deeember 1913. p. 10.

（3）外文报纸

Andrew Roseuthal, *White Jutors Kremlin in How a Presidency Work*, New Times, 15 June 1990, at AI.

《光华法学》编辑部

二〇二一年八月二十七日